Virtuelle Netze

Virtuelle Netze

Chance für interdisziplinäre Kooperationen
in Institutionen

Festschrift für Thomas Witte

Herausgegeben von Thorsten Claus, Klaus Helling,
Andreas Knaden und Matthias Kramer

PETER LANG
Frankfurt am Main · Berlin · Bern · Bruxelles · New York · Oxford · Wien

Bibliografische Information Der Deutschen Bibliothek
Die Deutsche Bibliothek verzeichnet diese Publikation in der
Deutschen Nationalbibliografie; detaillierte bibliografische
Daten sind im Internet über <http://dnb.ddb.de> abrufbar.

ISBN 3-631-51990-7
© Peter Lang GmbH
Europäischer Verlag der Wissenschaften
Frankfurt am Main 2005
Alle Rechte vorbehalten.

Das Werk einschließlich aller seiner Teile ist urheberrechtlich
geschützt. Jede Verwertung außerhalb der engen Grenzen des
Urheberrechtsgesetzes ist ohne Zustimmung des Verlages
unzulässig und strafbar. Das gilt insbesondere für
Vervielfältigungen, Übersetzungen, Mikroverfilmungen und die
Einspeicherung und Verarbeitung in elektronischen Systemen.

www.peterlang.de

Vorwort

Mit dieser Festschrift ehren wir Herrn Thomas Witte. Er ist Professor für „Produktions-Management und Wirtschaftsinformatik" am Fachbereich Wirtschaftswissenschaften der Universität Osnabrück und geschäftsführender Direktor des Instituts für Informationsmanagement und Unternehmensführung (IMU).

Alle Autoren dieses Bandes sind Herrn Witte während seines wissenschaftlichen Werdegangs als Kollegen und Mitarbeiter begegnet. Die Inhalte spiegeln seine vielfältigen Forschungs- und Lehrbereiche wider. Die Ursprünge liegen in den Gebieten der Produktionswirtschaft, deren Fragestellungen er mit Simulationsansätzen analysiert hat. Dabei hat er erkannt, dass viele Probleme ohne ein fundiertes Wissen in der Unternehmensführung und Managementlehre nicht lösbar sind. Den Menschen im Blick hat er die Brücke zur Wirtschaft und Ethik geschlagen. Den bahnbrechenden Änderungen in der Präsenzlehre durch neue Medien steht er sehr aufgeschlossen gegenüber und beteiligt sich aktiv an deren Weiterentwicklung.

Thorsten Claus
Klaus Helling
Andreas Knaden
Matthias Kramer

Inhaltsverzeichnis

Würdigung Thomas Witte
Thorsten Claus, Klaus Helling, Andreas Knaden, Matthias Kramer   9

Festvorträge

Warum soll Arbeiten gut sein - sozialethische Überlegungen zur menschlichen Arbeit
Manfred Spieker   13

Web Publishing mit mas2tex
Oliver Vornberger   27

25 Jahre rechnergestützte Netzwerk-Entwicklung für die Umweltsystemforschung in der Universität Osnabrück - ein Rückblick auf die Anfänge einer interdiziplinären Arbeitsgruppe
Helmut Lieth   37

A. Virtuelle Netze

Virtuelle Netze - Chance für interdisziplinäre Kooperationen in Institutionen
Thorsten Claus, Klaus Helling, Andreas Knaden, Matthias Kramer   49

Analyse der Nutzungshemmnisse neuer Medien
Thorsten Claus   65

Virtuelle Netze als Instrument zur Stärkung der Kooperation von Akteuren im Umweltbereich
Klaus Helling, Markus Blim   77

Technisches Instrumentarium zur Unterstützung virtueller standortübergreifender Lehrveranstaltungen
Andreas Knaden, Rüdiger Rolf   93

Virtuelle Netze - Chancen für interdisziplinäre Kooperationen in Hochschulen
Matthias Kramer   115

Pragmatismus in virtuellen Netzen
Kai-Uwe Lindner   145

Netzwerkdenken und Netzwerkhandeln im chinesischen Kontext
Hans-Wolf Sievert   165

B. Simulation und Produktion

Optimierte Zusammenarbeit mit Lieferanten auf Basis von Supplier Relationship Management
Wieland Appelfeller — *181*

Simulationsverfahren in der Investitionsrechnung - Das Praxisbeispiel Gewerbeparkentwicklung
Wolfgang Berens, Klaus Segbers, Andreas Siemes — *201*

Simulation als Methode zur Bewertung der Machbarkeit von logistischen Systemen - dargestellt am Beispiel eines kooperativen regionalen Heimlieferservices
Christian Reuels, Uwe Hoppe — *217*

Denkansätze zur Untersuchung nichtlinearer dynamischer Effekte in produktionstechnischen Systemen am Beispiel der Herstellung von Biopolymeren in verteilten Produktions- und Herstellungssystemen
Michael Meiß — *235*

Erfolgsorientierte Bewertung von Produktionsvorhaben mit Hilfe der investitionstheoretischen Kosten- und Erfolgsrechnung
Bernd Rieper — *255*

C. Management und Organisation

Virtuelle Organisation und Führung
Peter Feil — *273*

Aufbau und Pflege eines virtuellen Gefahrenabwehrmanagementsystems
Claudia Haarmann — *287*

Gesundheitsförderung an Schulen im sozialen Netzwerk
Klaus Neumann — *295*

Entwicklungspotentiale für Management Support Systeme
Heike Dalinghaus, Anja Mentrup, Bodo Rieger, Michael Wolters — *311*

Consumers in Face of Product Risk and Product Liability: Shriking Evidence of Moral Hazard Type Behavior
Dirk Standop — *333*

Würdigung zum 60. Geburtstag Prof. Dr. Thomas Witte

Thorsten Claus, Klaus Helling, Andreas Knaden, Matthias Kramer

Prof. Dr. Thomas Witte ist heute geschäftsführender Direktor des Instituts für Informationsmanagement und Unternehmensführung der Universität Osnabrück. Im Rahmen der Betriebswirtschaftslehre vertritt er das Fachgebiet „Produktions-Management und Wirtschaftsinformatik". Die Betrachtung wichtiger Stationen seines Lebens zeigt auf, welche besonderen Qualitäten und Einflüsse prägend für sein wissenschaftliches Schaffen sind.

Thomas Witte wurde am 11. Dezember 1943 in Idar-Oberstein geboren. Seine Kindheit und Jugend verbrachte er in Vechta. Sein Vater weckte als Lehrer früh das pädagogische Interesse, der Großvater eröffnete als Tischler einen praktisch orientierten Blick auf das Leben. Noch vor dem Abitur, das er 1963 am Gymnasium Antonianum in Vechta erwarb, verbrachte Thomas Witte ein Jahr als Austauschschüler an der St. John's Cathedral High School in Milwaukee, USA. Ein weiteres Auslandsjahr folgte 1966 im Rahmen des Studiums an der Sorbonne in Paris. Auf Basis dieser Erfahrungen motiviert und fördert Prof. Dr. Witte bis heute aktiv Studierende, die im Rahmen ihres Studiums ein Auslandssemester planen. Darüber hinaus hat er in Zusammenarbeit Herrn Prof. Dr. Sievert, der als Honorarprofessor für die Universität Osnabrück gewonnen werden konnte, einen Studienschwerpunkt „Internationale Wirtschaft und Globales Management" entwickelt.

Von 1963 bis 1969 studierte Thomas Witte an der Universität Münster Mathematik, Philosophie und Wirtschaftswissenschaften. Als Diplom-Mathematiker trat er 1970 als wissenschaftlicher Mitarbeiter in das Institut für Unternehmensforschung von Prof. Dr. Adam ein. Inhaltliche Schwerpunkte der Tätigkeit lagen in den Bereichen Produktionswirtschaft und Unternehmensführung. Neben der Mitwirkung in der Lehre im Studiengang Betriebswirtschaftslehre war Herr Witte regelmäßig in die praxisbezogenen Forschungsprojekte des Instituts involviert. 1973 konnte Thomas Witte seine Promotion mit dem Thema „Simulationstheorie und ihre Anwendung auf betriebswirtschaftliche Systeme" am Fachbereich Wirtschafts- und Sozialwissenschaften der Universität Münster mit Auszeichnung abschließen. Seine 1978 vorgelegte Habilitationsschrift befasst sich mit der Frage, inwieweit heuristische Planungsansätze zur Lösung betriebswirtschaftlicher Fragestellungen beitragen können. Promotion und Habilitation zeigen sehr deutlich das Wissenschaftsverständnis von Prof. Dr. Thomas Witte auf: „Wissenschaftliche Theorien und Methoden müssen dazu beitragen, dass Aufgabenstellungen in der Praxis systematisch und nachprüfbar besser gelöst werden." Theorie ist in der Betriebswirtschaftslehre nie Selbstzweck, sondern stets ein Hilfsmittel zur besseren Bewältigung der Praxis.

1979 erhielt Dr. Thomas Witte einen Ruf als Professor für Betriebswirtschaftslehre und Produktion an die Universität Osnabrück. Als Gründungsdekan baute er den neu geschaffenen Fachbereich Wirtschaftswissenschaften mit Diplomstudiengängen für Volks- und Betriebswirtschaftslehre auf. Später unterstützte er als Mitglied des Senats der Universität Osnabrück die Gesamtentwicklung der Hochschule.

Lange bevor das Schlagwort „Interdisziplinarität" die wissenschaftliche Diskussion beherrschte, hat Prof. Dr. Thomas Witte seit 1983 als Direktor in der Arbeitsgruppe Systemforschung interdisziplinär gearbeitet. Am Beispiel einer Region mit Intensivtierhaltung entwickelte er richtungsweisend gemeinsam mit Kollegen anderer Fachdisziplinen ein Modell zur systemischen Simulation der Wechselwirkungen zwischen Ökonomie, Ökologie und Sozialem. Auf dieser Grundlage wurde nicht nur ein theoretischer Erkenntnisgewinn zur Entwicklung des heute allgemein akzeptierten Dreisäulen-Modells der Nachhaltigkeit realisiert, sondern auch eine praktische Validierung durch die Betrachtung des Ursache-Wirkungs-Gefüges der auf die Region bezogenen Nitratbelastung im Grundwasser. Ebenfalls dem Bereich der interdisziplinären Arbeit zuzuordnen ist die langjährige Kooperation mit dem katholischen Sozialethiker Herrn Prof. Dr. Spieker im Bereich „Wirtschaft und Ethik".

Herr Prof. Dr. Thomas Witte beteiligte sich 1994 initiativ an der Gründung des Instituts für Informationsmanagement und Unternehmensführung an der Universität Osnabrück. Primäre Zielsetzung des Instituts ist die Verstärkung des Wissenstransfers zwischen Universität und Wirtschaft. Darüber hinaus wurde das Institut von seinem geschäftsführenden Direktor Prof. Dr. Thomas Witte als Plattform zur Entwicklung neuer Studienangebote genutzt. Im Wintersemester 2001/2002 wurden ein Bachelor-/ und ein Masterstudiengang „Information Systems" eingerichtet, die als Intensivstudiengänge eine besonders qualifizierte Ausbildung bieten.

Die aktuellen Arbeitschwerpunkte zeigen, dass Herr Prof. Dr. Thomas Witte ein hervorragendes Gespür in Bezug auf die praktische Umsetzung von neuen Entwicklungen und Trends hat. In Kooperation mit der Wirtschaftspraxis wird das seit vielen Jahren bewährte „OPMAS" (Osnabrücker Produktions-Management-System) als computergestütztes Ausbildungswerkzeug konsequent weiter entwickelt. Im Rahmen der Entwicklung von virtuellen Lehrveranstaltungen und mulitmedialen Lehrplattformen arbeitet Prof. Dr. Thomas Witte eng mit dem Zentrum zur Unterstützung virtueller Lehre der Universität Osnabrück (VIRTUOS) zusammen. Mit der Gründung der WWBOS GmbH hat er sich darüber hinaus als Existenzgründer bewiesen und damit ein unternehmerisches Standbein geschaffen, dessen zukünftige Bedeutung mit Blick auf die Finanzlage der öffentlichen Haushalte nicht zu unterschätzen ist.

Prof. Dr. Thomas Witte zeichnet sich in seiner Arbeit durch eine methodisch fundierte und praktisch orientierte Herangehensweise aus. Im persönlichen Umgang sind Fairness, Offenheit und Beharrlichkeit als wesentliche Eigenschaften hervor zu heben.

Warum soll Arbeit gut sein?
Sozialethische Überlegungen zur menschlichen Arbeit

Manfred Spieker

1. Anthropologische Dimensionen der Arbeit

1. Obwohl wir in Deutschland im Durchschnitt kaum mehr als 10 % unserer Lebenszeit im Beruf verbringen, ist uns der Begriff „Arbeit" wohl vertraut. Arbeit ist das, was den Werktag der Menschen ausfüllt, ist tätige Bemühung um das, was wir zum Leben brauchen. Arbeit ist Herbeischaffung des Brotes, wobei das „Brot" ein Synonym für alles ist, was wir zum Leben brauchen, die Produktion von Gütern und Dienstleistungen, Betriebswirtschaftslehre und Theologie, Kunst und Politik eingeschlossen. Arbeit ist die Voraussetzung für das Überleben des Menschen.

Das einzige Land, in dem diese Erkenntnis nicht gilt, ist das Schlaraffenland. In der Realität ist der Mensch nicht in der Lage, sein Leben mit natürlichen, direkt verbrauchsreifen Gütern zu fristen. Und wenn er doch - in gewiss seltenen Ausnahmefällen - dazu in der Lage wäre, dann fristet er sein Leben auf einem Niveau, das niemand von uns für erstrebenswert hält.

2. Arbeit ist also das Schicksal des Menschen - so sehr, dass das Arbeiten zu den konstituierenden Merkmalen menschlicher Existenz gehört. „Steinbeile schleifen, Pyramiden bauen, Reis pflanzen, Raketen starten: Die Arbeit ist so alt wie die Menschen. Arbeit hat viele Formen: die Arbeit der Krankenschwester, die Arbeit der Müllabfuhr und die Arbeit am Schaltpult im Stellwerk; Forschungsarbeit, Büroarbeit, Hausarbeit, Fließbandarbeit, Schularbeit - auch die Arbeit des Bildhauers, der aus einem Stein eine Plastik herausmeißelt, und des Pfarrers, der einen Kranken besucht".[1]

Arbeit ist die Hauptform menschlicher Tätigkeit. Sie füllt den Werktag aus. Sie dominiert so sehr, dass es vielen Menschen schwer fällt, die anderen spezifisch menschlichen Tätigkeitsformen im Blick zu behalten: das Spiel, die Muße, das Gebet, das Zusammensein der Liebenden. Erst wenn es dem Menschen gelingt, alle Tätigkeitsformen im Blick zu behalten, ein ausgeglichenes, harmonisches

---
[1] Zeichen der Hoffnung, Sek. I, S. 129.

Verhältnis von Arbeit, Spiel, Muße und Gebet zu finden, kann er dem Gelingen seines Lebens einen Schritt näher kommen.

3. Dass Arbeit ein konstituierender Bestandteil des menschlichen Lebens ist, zeigt sich auch in den Einstellungen zur Arbeit. Rund 60 % (Ostdeutsche 63 %) würden, so eine Allensbach-Umfrage vom Dezember 1996, auch arbeiten, wenn sie es finanziell nicht nötig hätten. Rund 20 % würden es nicht tun und ebenfalls rund 20 % konnten sich nicht entscheiden. Dem entspricht eine andere Umfrage: auf die Frage, „Glauben Sie, es wäre am schönsten zu leben, ohne arbeiten zu müssen?" antworteten 2001 27 % mit ja und 58 % mit nein. (1952 13 % ja, 82 % nein). Die Arbeitszufriedenheit ist erstaunlich hoch: 43 % aller Berufstätigen waren 1997 völlig zufrieden und 49 % einigermaßen zufrieden (Ostdeutschland 50 %, Westdeutschland 48 %). Nur 7 % (Ostdeutschland 8 %) waren nicht zufrieden. Sehr stolz oder ziemlich stolz auf Arbeit und Beruf waren in Westdeutschland nur 63, in Ostdeutschland dagegen 77 % (Frankreich ebenfalls 77 %, Großbritannien 89 %, USA 96 %). Und auf die Frage, ob man die Stunden, in denen man nicht arbeitet, lieber hätte oder eventuell beide gern hat, antworteten 2002 in Westdeutschland auch noch 53 % (Ostdeutschland 65 %), sie hätten beide gern, und nur 42 % (Ost 30 %) bevorzugten jene Stunden, in denen sie nicht arbeiten.[2]

4. Was ist Arbeit? Arbeit ist eine rationale, geplante Tätigkeit des Menschen, durch die er die Natur umwandelt und seinen Bedürfnissen anpasst oder sich selbst und seine soziale und natürliche Umwelt erkennen, schützen und fördern will. Dieser Begriff von Arbeit umfasst körperliche und geistige, selbständige und unselbständige, bezahlte und unbezahlte Arbeit.

Indem der Mensch die Natur umwandelt und die soziale und natürliche Umwelt gestaltet, schafft er Güter und Dienstleistungen, die seine und der Gesellschaft Bedürfnisse befriedigen. Dies ist die objektive Dimension jeder Arbeit.

5. Arbeit hat aber zugleich eine subjektive Dimension: Der Mensch entfaltet seine Anlagen, seine Talente, indem er arbeitet. Arbeit ist das Medium seiner Selbstverwirklichung. „Arbeit ist ein Gut für den Menschen - für sein Menschsein -, weil er durch die Arbeit nicht nur die Natur umwandelt und sei-

---

[2] Allensbacher Jahrbuch der Demoskopie 1998-2002, Allensbach/München 2002, S. 182f.

nen Bedürfnissen anpasst, sondern auch sich selbst als Mensch verwirklicht, ja gewissermaßen „mehr Mensch wird"[3].

In dieser subjektiven Dimension ist die Würde der menschlichen Arbeit begründet. Nicht die Art der geleisteten Arbeit, ihr gesellschaftliches Ansehen oder das erzielte Einkommen bestimmen also die sittliche Bewertung der Arbeit, sondern die Tatsache, dass der, der sie verrichtet, Person ist. Zweck der Arbeit „bleibt letztlich immer der Mensch selbst."[4] Aufgrund dieser anthropozentrischen Perspektive hat die subjektive Dimension der Arbeit für die Christliche Gesellschaftslehre immer Vorrang vor der objektiven und die Arbeit immer Vorrang vor dem Kapital.[5]

In voreiligen Interpretationen wurden diese Aussagen als prophetisches Plädoyer für eine laboristische Unternehmensverfassung bezeichnet, eine Unternehmensverfassung also, in der nicht die Eigentümer, sondern die Arbeitnehmer die ökonomischen Entscheidungen treffen. Der Enzyklika Laborem Exercens wurde unterstellt, nicht nur für die Mitbestimmung, sondern für die Arbeiterselbstverwaltung und gegen den Kapitalismus einzutreten.[6] Voreilig war diese Interpretation, weil sie darüber hinweg ging, dass Johannes Paul II in Laborem Exercens und auch bei anderen Gelegenheiten betonte, „dass man das Kapital nicht von der Arbeit trennen" könne und dass Arbeit und Kapital keinesfalls in einen Gegensatz zueinander gestellt werden dürfen.[7] Das Kapital sei das „geschichtlich gewachsene Erbe menschlicher Arbeit"[8] und damit die „Frucht der Arbeit von Generationen."[9] Eine Arbeitsordnung kann deshalb nur dann sittlich gerechtfertigt, also ein Beitrag zum Gelingen des menschlichen Lebens sein, „wenn sie schon in ihren Grundlagen den Gegensatz zwischen Arbeit und Kapital überwindet" und sich in ihrem Aufbau am „Prinzip des Menschen als des Subjektes

---

[3] Johannes Paul II, Laborem Exercens 9.
[4] Johannes Paul II, Laborem Exercens 6.
[5] A.a.O., 6 und 10.
[6] Vgl. Friedhelm Hengsbach, Die Arbeit an erster Stelle - Das Sozialrundschreiben des Papstes Woytila, in: Gewerkschaftliche Monatshefte, 32. Jg. (1981), S. 729ff. Hengsbach wirft der Enzyklika andererseits aber auch vor, dass ihre Formulierungen "in einer schwebenden Behutsamkeit" blieben (a.a.O., S. 734).
[7] Johannes Paul II, Laborem Exercens 13. Die Zeit der frontalen Gegenüberstellung von Kapital und Arbeit sei vorbei, erklärte er in einer Ansprache an die Unternehmer von Sizilien am 9.5.1993 in Agrigent, in: Osservatore Romano (deutschsprachige Wochenausgabe) vom 28.5.1993.
[8] A.a.O. 12.
[9] A.a.O. 14.

der Arbeit und seiner wirksamen Teilnahme am ganzen Produktionsprozess" orientiert[10] oder wenn, wie es die Mitbestimmungsdenkschrift der Evangelischen Kirche in Deutschland von 1968 ausdrückt, „aus einem, der Lohnarbeiter ist, immer mehr ein Mitarbeiter wird."[11]

Arbeit ist von konstitutiver Bedeutung für das Gelingen des menschlichen Lebens. Durch Arbeit, nicht außerhalb ihrer wird der Mensch „mehr Mensch" - unabhängig von jeder Arbeitszeitregelung und unabhängig von der Form der Arbeit - ob Lohnarbeit oder selbständige Arbeit, ob bezahlte oder unbezahlte Arbeit.

6. Wenn diese anthropologische Dimension menschlicher Arbeit akzeptiert ist, wird auch schnell klar, welch gravierendes Problem die Arbeitslosigkeit bedeutet. Es liegt nicht primär im Einkommensausfall, sondern in den wesentlich verminderten Chancen, „mehr Mensch zu werden". Auch ein 100% Ausgleich des fehlenden Erwerbseinkommens durch Arbeitslosengeld oder Sozialleistungen kann nicht verhindern, dass dem Arbeitslosen zwei wesentliche Dimensionen personaler Existenz genommen sind: die Möglichkeit sozialer Kontakte und die der Selbstverwirklichung durch Arbeit.

Schon seit den 30er Jahren weiß man in der Soziologie, dass die Langzeitarbeitslosigkeit enorme soziale und psychische Belastungen zur Folge hat, die durch keine Arbeitslosenversicherung aufgefangen werden können. Als langzeitarbeitslos gelten Arbeitslose, die mehr als 12 Monate arbeitslos sind. Zu den sozialen Folgen gehören die Haushaltsbelastungen – im Jahre 2002 betrug der Bundeszuschuss zu den durchschnittlich 4,06 Millionen Arbeitslosen 5,6 Milliarden Euro – und der Verlust an Wissen und Kontakten, zu den psychischen Folgen, die sich oft schon nach sechs Monaten beobachten lassen, der Verlust an Selbstvertrauen und Selbstbewusstsein. „Arbeitslosigkeit wirkt auf die Betroffenen wie eine Krankheit", stellte Elisabeth Noelle-Neumann im Zusammenhang mit dem Allensbacher Ausdruckstest bei Arbeitslosen im vergangenen Jahr fest.[12] Dieser Eindruck würde vermutlich noch verstärkt, wenn die Arbeitslosen-

---

[10] A.a.O. 13. Schon Leo XIII plädierte in Rerum Novarum 15 für die Überwindung dieses Gegensatzes.

[11] Sozialethische Erwägungen zur Mitbestimmung in der Wirtschaft der Bundesrepublik Deutschland, hrsg. vom Rat der EKD, in: Die Denkschriften der EKD, hrsg. von der Kirchenkanzlei der EKD, Bd. 2 "Soziale Ordnung", Gütersloh 1978, S. 89.

[12] Elisabeth Noelle-Neumann, Arbeitslosigkeit im Wahljahr, in: FAZ vom 20.3.2002.

unterstützung mit der Sozialhilfe zusammengelegt würde. Arbeitslose wollen nicht mit Sozialhilfeempfängern gleichgestellt werden.

7. Die Frage, ob das Schicksal der Arbeitslosen verbessert werden könnte, wenn das Grundgesetz ein Recht auf Arbeit enthalten würde, muss verneint werden. Rechte beinhalten Ansprüche, die notfalls vor Gericht eingeklagt werden können. Ein Recht auf Arbeit ist aber nicht einklagbar. Es würde mit verschiedenen Freiheitsrechten kollidieren, die zu den Fundamenten einer freiheitlichen Verfassungsordnung gehören: mit dem Recht auf freie Entfaltung der Persönlichkeit (Art. 2), dem Recht auf freie Wahl des Arbeitsplatzes (Art. 12) und dem Recht auf Privateigentum (Art. 14). Kein Gericht, keine Regierung und kein Gesetzgeber könnten dem Arbeitslosen ein Recht auf Arbeit zusprechen, ohne alle diese Freiheitsrechte zu verletzen und die Marktwirtschaft zu ruinieren.

Wenn mit der Forderung nach einem „Recht auf Arbeit" aber zum Ausdruck gebracht werden soll, dass die Arbeit zu den existentiellen Bedingungen menschlicher Lebensentfaltung gehört und sich daraus eine Verpflichtung für die politischen Gewalten ergibt, die Arbeitslosigkeit zu bekämpfen und für günstige Rahmenbedingungen ökonomischen Handelns zu sorgen, wird eine zentrale Voraussetzung des Gemeinwohls in den Blick gerückt. Aber auch dann kann nicht von einem „Recht" auf Arbeit gesprochen werden.

8. Arbeit ist ein „Gut". Das wissen insbesondere die Arbeitslosen. Aber sie ist ein „bonum arduum", ein mühevolles, ein beschwerliches, ein schweißtreibendes Gut. Das wissen alle. Die christliche Sozialethik verliert diesen Aspekt der Arbeit nicht aus dem Auge. Sie betont ihn gegenüber allen Positionen, die sich auf die Sonnenseiten der Empfindungen des arbeitenden Menschen, auf die „Arbeitslust" oder das „Arbeitsglück" beschränken oder gar - wie Marx - von der Selbsterlösung des Menschen durch Arbeit träumen. Sie übergeht nicht den Zwangscharakter der Arbeit, die mit ihr verbundene Mühe und Last. Dass Arbeit mit Mühe verbunden ist, widerspricht weder der Feststellung, dass sie sinnvoll ist noch der anderen Feststellung, dass sie der Selbstverwirklichung dient. Die Mühe der Arbeit ist eine allgemein bekannte, von allen Arbeitenden - Lohnarbeitern wie Managern, Bauern und Handwerkern, Beamten, Hausfrauen und Politikern, Wirtschaftswissenschaftlern und Theologen, Studenten und Professoren - erfahrene Realität. Der Christ führt sie auf den Sündenfall zurück, auf die menschliche Hybris, sein zu wollen wie Gott. Sie ist durch vielerlei Erfindun-

gen, durch Wissenschaft und Technik reduzierbar, aber nicht aufhebbar. Dies gilt nicht nur für körperliche, sondern auch für geistige Arbeit.

Für Teilhard de Chardin, der über die Schmerzen geistiger Arbeit besonders gegrübelt hat, erfordert Arbeit „Anstrengung und einen Sieg über die Trägheit. So interessant und geistig die Arbeit auch sein mag, man könnte sogar sagen, je geistiger sie ist, desto mehr bedeutet sie ein schmerzhaftes Gebären. Materielle Kraft, Wahrheit oder Schönheit hervorzubringen oder sie zu ordnen, bedeutet eine innere Qual, die jedem, der sich daran wagt, das friedliche und zurückgezogene Leben raubt... Um ein guter Arbeiter ... zu werden, muss der Mensch Ruhe und Frieden opfern. Er muss aber auch immer wieder die früheren Gebilde seines Fleißes, seiner Kunst, seines Denkens aufgeben, um bessere zu finden. Immer und immer wieder muss der Mensch sich selbst überholen und sich selbst entreißen."

Die christliche Sozialethik sieht in diesem Aspekt der Mühe der Arbeit nicht nur etwas Negatives, sondern etwas für den Menschen, seine Reifung und Vervollkommnung Wertvolles. Es gehört zur Würde des Menschen, einer widerspenstigen Umwelt, einer unwirtlichen Natur, einem verrotteten Staat oder einer korrupten Gesellschaft die eigene Existenz abzuringen und seine Kräfte einzusetzen, um dadurch die ökonomischen Voraussetzungen menschlicher Kultur bzw. eines gelingenden Lebens zu schaffen. Das heißt nicht, dass die widerspenstige Umwelt selbst ein Gut wäre, das zu pflegen ist. Sie gehört zu den Übeln, mit denen Menschen immer zu leben und fertig zu werden haben - und doch nie fertig werden.

Diese Übel zu überwinden oder wenigstens zu vermindern, seine Lage zu verbessern, setzt Arbeit voraus. Arbeit ist insofern auch eine sittliche Pflicht. Sie bedeutet eine Leistung, die jeder, sofern er nicht zu jung, zu alt, behindert oder krank ist, erbringen muss. Arbeit ist auf die Tugend des Fleißes angewiesen. Erst dann wird sie zur Charakter- und Lebensschule, durch die der Mensch mehr Mensch wird.

9. Aber Arbeit hat ihren Sinn nicht in sich selbst. Sie dient vielmehr immer zu etwas anderem. Für den Wirtschaftswissenschaftler ist Arbeit ein Produktionsfaktor und das Produkt ist wichtiger als die Arbeit. Das Produkt oder die Dienstleistung ist das Ziel der Arbeit. Sie können einen enormen Preis erzielen, auch wenn der Aufwand minimal ist, einen Preis, der in keinem vernünftigen Verhältnis zur Arbeit steht, der vielmehr von Talent und Nachfrage bestimmt wird.

Die Arbeit „dient" der Herstellung von Nutzwerten, von Gütern und Dienstleistungen. Sie dient dem Gemeinwohl. Sie ist die Voraussetzung der Lebensfristung und darüber hinaus der Muße. Wir leben nicht, um zu arbeiten, sondern wir arbeiten, um zu leben.

Aber auch dann, wenn die Arbeit als Produktionsfaktor betrachtet wird, gilt die grundlegende Erkenntnis der Christlichen Gesellschaftslehre: sie hat dem Menschen zu dienen, sie darf ihn nicht versklaven. Ein wesentliches Instrument zur Verhinderung dieser falschen Rangordnung ist die betriebliche Mitbestimmung.

Die Mitbestimmung ist eine Konsequenz der anthropozentrischen Orientierung der Christlichen Gesellschaftslehre. Wenn der Mensch Ursprung, Mittelpunkt und Ziel der Wirtschaft ist und wenn Arbeit nicht nur der Herstellung von Gütern und Dienstleistungen, sondern der Entfaltung der Person dient, dann muss jeder arbeitende Mensch die Möglichkeit haben, seine Tätigkeit mitzugestalten. „Nicht nur die Verteilung des Wirtschaftsertrages muss den Forderungen der Gerechtigkeit entsprechen, sondern auch der gesamte Wirtschaftsvollzug. In der menschlichen Natur selbst ist das Bedürfnis angelegt, dass, wer produktive Arbeit tut, auch in der Lage sei, den Gang der Dinge mitzubestimmen und durch seine Arbeit zur Entfaltung seiner Persönlichkeit zu gelangen."[13] Die evangelische Sozialethik teilt diese Perspektive.[14] „Die Unterstellung unter die Weisungen einer Betriebsleitung darf aus dem Arbeitnehmer nicht einen bloßen Befehlsempfänger machen. Er muss auch Gelegenheit bekommen, auf seinem eigenen Arbeitsgebiet sachkundig und verantwortlich mitzudenken und dementsprechend gehört zu werden."[15] Die Arbeitnehmer müssen deshalb an der Organisation der Arbeitsprozesse und an der sozialen Ordnung beteiligt werden. Sie müssen sich in ihrer Arbeit als Subjekte und nicht nur als von Vorgesetzten oder

---

[13] Johannes XXIII, Mater et Magistra 82. Vgl. auch Paul VI, der diese Begründung zehn Jahre später in Octogesima Adveniens 41 noch zuspitzte: der Grad der Mitbestimmung und Mitverantwortung sei "für die künftige Gesellschaft nicht weniger bedeutsam und wichtig als die Menge und Vielfalt der produzierten und dem Verbraucher zugeführten Güter". Vgl. auch Michael J. Naughton, Participation in the Organization: An Ethical Analysis from The Papal Social Tradition, in: Journal of Busines Ethics, 14. Jg. (1995), S. 923ff.

[14] Vgl. die Denkschrift "Sozialethische Erwägungen zur Mitbestimmung in der Wirtschaft der Bundesrepublik Deutschland" vom 8.11.1968, hrsg. vom Rat der Evangelischen Kirche in Deutschland, in: Die Denkschriften der EKD, Bd. 2 Soziale Ordnung, Gütersloh 1978, S. 85ff.

[15] "Sozialethische Erwägungen zur Mitbestimmung in der Wirtschaft der Bundesrepublik Deutschland" a.a.O., S. 90. Vgl. auch Martin Honecker, Grundriß der Sozialethik, Berlin 1995, S. 510ff.

Maschinen gesteuerte Objekte erfahren können. Den Arbeitern ist deshalb „eine organische Beteiligung zu sichern nicht nur an den Früchten ihrer Arbeit, sondern auch an den Entscheidungen über wirtschaftliche und soziale Angelegenheiten, die für deren eigenes Los und für dasjenige ihrer Nachkommenschaft von Bedeutung sind."[16]

Weil die Unternehmen demnach nicht nur nach Rentabilitätskriterien arbeitende Produktionsstätten, sondern Personengemeinschaften auf Zeit sind, „sollte man unter Bedachtnahme auf die besonderen Funktionen der einzelnen, sei es der Eigentümer, der Arbeitgeber, der leitenden oder ausführenden Kräfte, und unbeschadet der erforderlichen einheitlichen Werkleitung die aktive Beteiligung aller an der Unternehmensgestaltung voranbringen."[17]

Die Gewerkschaften sind in aller Regel das Instrument der Arbeiter, durch das sie dieses Recht auf Mitbestimmung nicht nur bei Tarifverhandlungen, sondern auch in den in Deutschland z. B. vom Betriebsverfassungsgesetz und von den Mitbestimmungsgesetzen vorgesehenen Gremien wahrnehmen. Ihre Aufgabe ist „die Verteidigung der existentiellen Interessen der Arbeitnehmer in allen Bereichen, wo ihre Rechte berührt werden."[18] Diese Aufgabe erfolgreich wahrzunehmen setzt natürlich auch entsprechend gebildete, erfahrene, kluge und am Gemeinwohl orientierte Gewerkschaftsfunktionäre bzw. Betriebs- und Aufsichtsräte voraus. Die historische Erfahrung zeigt, dass die Gewerkschaften „ein unentbehrliches Element des sozialen Lebens darstellen, vor allem in den modernen Industriegesellschaften."[19] Das Recht, sie zu gründen, ist ebenfalls ein Menschenrecht.[20]

Die Gewerkschaften haben die Arbeiter aber nicht in den Klassenkampf, sondern „zu sozialer Partnerschaft" zu führen[21], was nicht heißt, dass der Streik als

---

[16] Paul VI, Ansprache vor der Internationalen Arbeitsorganisation in Genf am 10.6.1969, Ziffer 21 in: Texte zur katholischen Soziallehre. Die sozialen Rundschreiben der Päpste und andere kirchliche Dokumente, mit Einführungen von Oswald von Nell-Breuning und Johannes Schasching, hrsg. vom Bundesverband der KAB, 8. Aufl., Bornheim 1992, S. 452.
[17] II. Vatikanisches Konzil, Gaudium et Spes 68. Vgl. auch den Katholischen Erwachsenenkatechismus der Deutschen Bischofskonferenz, Bd. 2 "Leben aus dem Glauben", Bonn 1995, S. 408ff.
[18] Johannes Paul II, Laborem Exercens 20; Centesimus Annus 35.
[19] Johannes Paul II, Laborem Exercens 20.
[20] Johannes Paul II, Sollicitudo Rei Socialis 15; Leo XIII, Rerum Novarum 38.
[21] Johannes XXIII, Mater et Magistra 97; Pius XI, Quadragesimo Anno 14; Johannes Paul II, Laborem Exercens 20.

ultima ratio der Interessenverteidigung nicht legitim wäre und von der katholischen Soziallehre nicht anerkannt würde.[22] Diese Position ist durchaus nicht neu. Sie findet sich im Ansatz bereits in Bischof Kettelers berühmter Ansprache an die Arbeiter auf der Offenbacher Liebfrauenheide am 25.7.1869.[23]

Die Mitbestimmung findet in dieser Perspektive ihre Grenze an der einheitlichen Leitung des Unternehmens[24], an der Verantwortung des Unternehmers und am Recht auf Privateigentum. Sie kann also nicht ubiquitär oder auch nur paritätisch sein. Aber sie muss vorhanden sein. Eine wesentliche Aufgabe bei der Realisierung der Mitbestimmung kommt neben den Sozialpartnern dem Staat zu. Er hat durch die Rechtsordnung, im besonderen das Betriebsverfassungsrecht und das Unternehmensrecht die Mitbestimmung den Bedingungen seiner Geschichte, seiner Verfassung und seiner politischen Kultur entsprechend zu regeln. Diese rechtlichen Regelungen werden von Land zu Land verschieden aussehen. Der katholischen Soziallehre lässt sich ein konkretes Mitbestimmungsmodell nicht entnehmen. Wie die Teilhabe der Arbeiter am Produktionsprozess ihres Unternehmens im einzelnen aussehen soll, „ist wohl nicht ein für allemal auszumachen."[25]

10. Wer seine Existenz allein mit Arbeit ausfüllt, ist ein Sklave der Arbeit. Eine solche Existenz wird häufig mit dem Begriff des „Proletariers" gekennzeichnet. In diesem Sinne kann auch der Unternehmer zum Proletarier werden, auch der Politiker und der Professor. Wir sollen also nicht in der Arbeit „aufgehen". Wir versklaven uns selbst, wenn wir die Arbeit zum einzigen Sinngehalt unseres Lebens machen, wenn wir sie zur Droge werden lassen, mit der wir vor uns selbst fliehen, wenn wir zu „Workaholics" werden.

---

[22] Johannes Paul II, Laborem Exercens 20.
[23] Wilhelm Emmanuel von Ketteler, Die Arbeiterbewegung und ihr Streben im Verhältnis zu Religion und Sittlichkeit, in: Texte zur katholischen Soziallehre II, hrsg. vom Bundesverband der Katholischen Arbeitnehmerbewegung (KAB) Deutschlands, 1. Halbband, Kevelaer 1976, S. 245f.
[24] Johannes XXIII, Mater et Magistra 92. II. Vatikanisches Konzil, Gaudium et Spes 68. Vgl. auch Wilhelm Weber, Die Aussagen der katholischen Soziallehre, besonders des II. Vatikanischen Konzils zur Mitbestimmung, in: Anton Rauscher, Hrsg., Mitbestimmung, Köln 1968, S. 251ff.
[25] Johannes XXIII, Mater et Magistra 91; II. Vatikanisches Konzil, Gaudium et Spes 68; Johannes Paul II, Centesimus Annus 43. Vgl. auch die Mitbestimmungsdenkschrift der EKD, a.a.O., S. 105ff.

Wir müssen die Fähigkeit bewahren und pflegen, zur Arbeit auf Distanz zu gehen, nicht indem wir uns zerstreuen, sondern indem wir uns der Muße hingeben. Das Sabbatgebot gehört wie der Arbeit einschließende Herrschaftsauftrag zur göttlichen Normierung des menschlichen Lebens. In der Würdigung, der angemessenen Gestaltung des Sonntags dankt der Mensch Gott für seine geschenkte Existenz, und für seine Befreiung vom Joch der Immanenzverfangenheit durch Jesu Tod am Kreuz und Auferstehung in Jerusalem. Das heißt nicht, dass die Berufung des Christen jenseits der Arbeit läge, dass er Arbeit nur als ein notwendiges Übel ansehen könnte. Die Berufung des Christen zur Nachfolge Christi vollzieht sich vielmehr durch die Arbeit und durch den Beruf. Arbeit und Beruf sind wie die Familie integrale Teile dieser Berufung.

2. Theologische Dimensionen der Arbeit

1. Die Arbeit setzt zunächst eine spezifische Herrschaft des Menschen über die Erde voraus. Zugleich bestätigt und entwickelt sie diese Herrschaft. Der Auftrag des Schöpfers im Buch Genesis „Macht euch die Erde untertan" bedeutet, dass der Mensch über die Erde herrschen soll - durch „dienendes Bearbeiten" und „hütendes Bewachen". Dabei sind zwei Missverständnisse auszuschließen: Mit dem Begriff „Erde" ist hier nicht nur der Boden, sondern die ganze Zivilisation gemeint, und mit dem „Herrschen" ist nicht, wie heute gelegentlich in ökologischen Debatten suggeriert wird, ein „Ausbeuten", sondern ein Bebauen und Behüten gemeint. Man darf die Schafe, heißt es in einer gemeinsamen Denkschrift der Deutschen Bischofskonferenz und des Rates der EKD zu ökologischen Fragen „Verantwortung wahrnehmen für die Schöpfung" (1985), nicht nur aus dem Blickwinkel des Metzgers betrachten. Man muss sie auch mit den Augen des Hirten sehen.

Die Herrschaft des Menschen über die Erde heißt also den Boden bebauen, der Erde und dem Meer Rohstoffe und Nahrungsmittel entnehmen, Tiere zähmen und züchten, aber auch den Menschen selbst und die Natur erforschen, die Technik und die industrielle Produktion entwickeln, sich mit Raumfahrt und adulter Stammzellforschung beschäftigen. Herrschaft des Menschen heißt körperlich und geistig arbeiten. Seine Grenze findet dieser Herrschaftsauftrag immer in der Menschenwürde, die dem Menschen durch sein Menschsein zukommt. Das Menschsein aber beginnt mit der Verschmelzung von Ei und Samenzelle. Diese

Würde, die einen Anspruch nicht nur auf Respektierung, sondern auf Anerkennung der personalen Existenz enthält, kann von niemandem – auch nicht von einer Bundesjustizministerin oder einem Parlament – zuerkannt oder aberkannt werden. Sie verbietet, den Menschen – auch jenen in vitro – zu instrumentalisieren, d.h. ihn ausschließlich als Mittel für Forschungs- oder Therapiezwecke zu benutzen.[26]

2. Arbeit, die als sinnvoll erfahren werden soll, setzt die Bejahung, die Anerkennung der Welt und der Geschichte als sinnvoll voraus. „Am Anfang der menschlichen Arbeit steht das Geheimnis der Schöpfung", schreibt Johannes Paul II in seiner Enzyklika über die menschliche Arbeit Laborem Exercens (12). Lange habe ich bei der Lektüre der Enzyklika über diesen Satz hinweggelesen. Was hat das Geheimnis der Schöpfung mit der menschlichen Arbeit zu tun? Der sich aufgeklärt dünkende Zeitgenosse mag darauf antworten: Geheimnisse müssen aufgedeckt werden und dafür muss eben gearbeitet werden. Doch Johannes Paul II. hat nicht die Aufdeckung, sondern die Annahme dieses Geheimnisses im Auge. Der tiefere Sinn dieses Satzes „Am Anfang der menschlichen Arbeit steht das Geheimnis der Schöpfung" leuchtete mir erst ein, als ich auf einer Hauswand in Westberlin im April 1984 ein Graffito der Aussteigerszene las: „Die Welt ist schlecht, warum soll Arbeit dann gut sein?" Wer Arbeit als gut erfahren will, als sinnvoll, als kreative Tätigkeit, als Beitrag nicht nur zur Vervollkommnung der Zivilisation, sondern zur Heilung und Erlösung der Welt, der muss die Schöpfung als Gabe Gottes anerkennen, der muss sagen können: das Werk ist gut. Wem diese Anerkennung der Welt, die Ehrfurcht vor der Schöpfung fehlt, wer gar annimmt, die Welt sei schlecht und das Dasein sinnlos, hat nur die Wahl zwischen zwei Positionen: der des Sisyphos und der des Prometheus. Er wird Arbeit entweder als sinnlos ansehen, als ewig gleiche, fruchtlose Last und sich wie Sisyphos damit abschinden, seinen Felsblock den Berg hinaufzurollen, ohne sein Ziel zu erreichen. Oder er wird Arbeit als Instrument der Selbsterlösung betrachten und den Göttern das Feuer vom Himmel rauben wollen. Er wird größenwahnsinnig anfangen, einen babylonischen Turm zu bauen und dem Trugbild der Selbsterlösung nachzulaufen.

---

[26] Vgl. die Rede von Bundesjustizministerin Brigitte Zypries „Vom Zeugen zum Erzeugen? Verfassungsrechtliche und rechtspolitische Fragen der Bioethik" am 29.10.2003 an der Humboldt-Universität Berlin, in der sie dem Embryo in vitro die Menschenwürde absprechen wollte.

Die Ambivalenz der menschlichen Natur, seine Fähigkeit aufzubauen und zu zerstören, konstruktiv oder destruktiv tätig zu sein, wirkt sich auf die Arbeit aus - nicht nur, wenn er Arbeit als Instrument der Selbsterlösung missversteht und den Turmbau zu Babel in Angriff nimmt - eine im übrigen nicht nur alttestamentliche, sondern eine zeitlose Versuchung -, sondern auch, wenn er sich der Mühe der Arbeit dadurch zu entziehen sucht, dass er faul ist, gar nicht oder schlecht arbeitet.

Aber Ambivalenz der menschlichen Natur heißt ja, dass der Mensch auch anders kann, dass er nicht nur die Wahl zwischen Prometheus und Sisyphos hat, sondern dass ihm auch gute Seiten zu eigen sind, die er fördern und stabilisieren kann. Er kann an Gottes Schöpfung mitwirken. Er kann es nicht nur; er ist von Gott dazu aufgerufen, es zu tun. Er wirkt durch seine Arbeit mit, nicht nur am Wohl, sondern auch am Heil der Welt. Die von Christus beim letzten Abendmahl den Jüngern zugesagte göttliche Gegenwart im täglichen Opfermahl der Heiligen Messe setzt menschliche Arbeit voraus. Die Eucharistiefeier integriert die Frucht menschlicher Arbeit in den Gaben von Brot und Wein in das Opfer Christi. „Du schenkst uns das Brot, die Frucht der Erde und der menschlichen Arbeit" betet der Priester bei der Gabenbereitung, und ebenso „Du schenkst uns den Wein, die Frucht des Weinstocks und der menschlichen Arbeit". So eröffnen sich der menschlichen Arbeit göttliche Perspektiven.

Wenn die Evangelien von den Wundern Jesu berichten, dann zeigen sie immer wieder, dass Jesus, wenn er Wunder tut, der aktiven menschlichen Partizipation einen nicht geringen Platz einräumt. Bevor er auf der Hochzeit zu Kana das Wasser in den Wein verwandelte, mussten die Diener die Krüge mit Wasser füllen. Bevor er jenen Gelähmten heilte, den dessen Freunde zu Jesus brachten, mussten sie erst einmal aufs Dach steigen, die Ziegel abdecken und ihn hinablassen, und bevor er an einem abgelegenen Ort in Galiläa die 5000 Männer, ihre Frauen und Kinder speiste, mussten seine Jünger erst einmal die fünf Brote und die zwei Fische bringen. Nicht dass diese kleinen Aktionen der Menschen die Ursache der Wunder wären. Dies bleibt Gottes Gnade und Gottes Macht. Aber sie machen deutlich: Jesus handelt nicht ohne uns. Er integriert die menschliche Arbeit in seine Wunder

„In der Arbeit entdecken wir immer, dank des Lichtes, das uns von der Auferstehung Christi her durchdringt, einen Schimmer des neuen Lebens und des neuen Gutes, gleichsam eine Ankündigung des ‚neuen Himmels und der neuen Erde', die gerade durch die Mühsal der Arbeit hindurch dem Menschen und der Welt zuteil werden: durch die Mühsal - und nie ohne sie." Die Erwartung einer neuen Erde darf aber „die Sorge für die Gestaltung dieser Erde, auf der sich der wachsende Leib der neuen Menschheitsfamilie wie ein erster Umriss der zukünftigen Welt darbietet, nicht abschwächen, sondern sollte sie im Gegenteil ermutigen".[27]

3. Die Ausrichtung des christlichen Lebens auf Tod und Auferstehung, seine Jenseitsorientierung kann also weder bedeuten, dass er sich nicht mehr um die Welt kümmert, dass er nicht mehr arbeitet, noch dass er das Feld der für ein christliches Zeugnis geeigneten Berufe auf bestimmte soziale oder pastorale Berufe einschränkt. Was das Spektrum der Berufe betrifft, so gibt es unter Christen gelegentlich die - auch Schulbücher des Religionsunterrichts prägende - Vorstellung, man müsse Krankenschwester, Kindergärtnerin, Pfarrer oder Sozialarbeiter werden, wenn man in seinem Alltag, in seinem Beruf ein Zeugnis christlichen Glaubens ablegen wolle. Dies ist falsch!

In jedem Beruf kann, ja muss der Christ sein Zeugnis ablegen, kann und muss er sich und die Welt heiligen. Wenn sich Gott in seiner Menschwerdung in Christus auf die Nöte der Welt eingelassen hat, hat auch der Christ die Pflicht, sich auf Wirtschaft und Gesellschaft, Kultur und Wissenschaft, Staat und internationale Beziehungen einzulassen und sie zu humanisieren. Die Nachfolge Christi gebietet ihm nicht, ins Kloster zu gehen. Sie fordert ihn auf, in Familie und Beruf, in Fabriken und Kasernen, in Banken und Schulen, in Labors und Theatern, in Rathäusern und Parlamenten Licht und Sauerteig zu sein. Sie gebietet ihm, „dort tätig zu werden, wo die Zukunft der Gesellschaft gestaltet wird. Die aktive Präsenz der Laien in allen Berufen und an den vordersten Fronten der Entwicklung kann sich nur positiv auswirken auf die Stärkung jener Harmonie von Glaube und Kultur, die eine der dringendsten Notwendigkeiten unserer Zeit darstellt." Genau dies sei, so Johannes Paul II. am 7. Oktober 2002, die Botschaft des neuen Heiligen Josemaria Escriva.[28]

4. Sich und die Welt heiligen heißt zunächst einmal, seinen Beruf ernst nehmen, keine mittelmäßige Arbeit verrichten - weder als Arbeitnehmer noch als Unternehmer, weder als Student noch als Professor. Es heißt, die unterschiedlichsten

---

[27] Johannes Paul II, Laborem Exercens 27.
[28] Johannes Paul II., Ansprache an die Pilger, die zur Heiligsprechung Josemaria Escrivas nach Rom kamen, in: Osservatore Romano (deutsch) vom 11.10.2002.

Arbeiten, auch die scheinbar ganz bedeutungslosen, auf eine heiligmäßige Weise zu verrichten, heißt, auch die kleinen, die gewöhnlichen, die sich immer wiederholenden Arbeiten in ein Gebet zu verwandeln, heißt den Kampf des Alltags mit der täglichen Kontemplation zu verbinden.

„Wenn man Gott dienen will, gibt es keine belanglosen oder zweitrangigen Arbeiten: alle sind von größter Bedeutung" schrieb der heilige Josemaria Escriva, der Gründer des Opus Dei.[29] Die Arbeit sei „die ursprüngliche Bestimmung des Menschen und ein Segen Gottes. Sie als eine Strafe anzusehen ist ein beklagenswerter Irrtum. Gott... gab dem Menschen das Paradies zur Wohnstätte, ... damit er arbeite".[30] Die Arbeit sei „nicht allein einer der höchsten menschlichen Werte und das Mittel menschlicher Mitwirkung am Fortschritt der Gesellschaft, sie ist auch ein Weg der Heiligung".[31]

Sich und die Welt heiligen heißt damit auch, sich Sachkompetenz aneignen, die relative Autonomie des Sachbereichs respektieren, in dem der Beruf ausgeübt wird und die ihm eigenen Gesetze und Strukturen achten. „Es genügt nicht, vom Glauben erleuchtet zu sein und beseelt vom Wunsch, Gutes zu tun", um sich und die Welt zu heiligen, um eine humane Kultur zu entwickeln und im Geist des Evangeliums zu beleben", schreibt Johannes XXIII in seiner Enzyklika Pacem in Terris (147ff.). „Zu solchem Zweck ist es notwendig, sich in ihren Einrichtungen zu engagieren und tatkräftig von innen her auf sie zu wirken, ... über reiches Wissen, technisches Können und berufliche Erfahrung" zu verfügen, „die jeder Sache dieser Welt eigentümlichen Gesetze und Normen zu beachten sowie sein Handeln nach dem Sittengesetz zu richten, d.h. die wissenschaftliche, technische und berufliche Betätigung in eine Einheit mit den höheren inneren Werten" zu bringen.

---

[29] Josemaria Escriva, Gespräche, Köln 1969, Nr. 55.
[30] Ders., Die Spur des Sämanns, Köln 1986, Nr. 482.
[31] Ders., Gespräche, a. a. O., Nr. 24.

Web Publishing mit mas2tex

Oliver Vornberger

1. Formatierung

- **fett**
- *kursiv*
- `Typewriter.`

englisch	Happy Birthday
französisch	Joyeux anniversaire
spanisch	Feliz cumpleaños

```
\newpage
\section{Formatierung}

\begin{itemize}
\item   {\bf fett}
\item   {\em kursiv}
\item   {\tt Typewriter}.
\end{itemize}

\begin{center}
\begin{tabular}{|l|l|}
\hline
englisch        & Happy Birthday\\
franz"osisch    & Joyeux anniversaire\\
spanisch        & Feliz cumplea\~nos\\
\hline
\end{tabular}
\end{center}
```

2. Formel

Eine Schätzgröße für den täglichen Kostenerwartungswert ist daher

$$\bar{K} = \frac{1}{T - T_0 + 1} \cdot \sum_{I=T_0}^{T} K(I)$$

```
\newpage
\section{Formel}

Eine Sch"atzgr"o"se f"ur den t"aglichen Kostenerwartungswert ist daher
$$\bar{K} = \frac{1}{T-T_0 + 1} \cdot \sum_{I=T_0}^{T}K(I)$$
```

3. Link

Auf der Seite http://www.thomas-witte.de gibt es weitere Hinweise.

```
\newpage
\section{Link}

Auf der Seite http://www.thomas-witte.de gibt es weitere Hinweise.
```

4. Quelltext

```
Thomas Witte, Kruppstr. 3                    40227 Düsseldorf
Thomas Witte, Rheinallee 134                 40549 Düsseldorf
Thomas Witte, Poßbergweg 75                  40629 Düsseldorf
Thomas Witte, Heiliger Weg 15                44135 Dortmund
Thomas Witte, Missundestr. 55                44145 Dortmund
Thomas Witte, Dorfstr. 5B                    44534 Lünen
Thomas Witte, Am Krausen Bäumchen 84         45136 Essen, Ruhr
Thomas Witte, Germaniastr. 212               45355 Essen, Ruhr
Thomas Witte, Weidkamp 74                    45355 Essen, Ruhr
Thomas Witte, Kolpingstr. 4                  46509 Xanten
Thomas Witte, Am Tannenbusch 29              46562 Voerde (Niederrhein)
Thomas Witte, Hoyastr. 32                    48147 Münster, Westf
Thomas Witte, Werlandstr. 30A                48153 Münster, Westf
Thomas Witte, Am Pastorenbusch 16A           48161 Münster, Westf
Thomas Witte, Holtrupstr. 4                  48231 Warendorf
Thomas Witte, Drivel 41                      48282 Emsdetten
Thomas Witte, Reinhardtstr. 28               48429 Rheine
Thomas Witte, Fasanenstr. 16                 48527 Nordhorn
Thomas Witte, Ebbinkstr. 6                   48529 Nordhorn
Thomas Witte, Eibergener Str. 10             48691 Vreden
Thomas Witte, Mühlenbrey 40                  48739 Legden
Thomas Witte, Spindelstr. 15                 49080 Osnabrück
Thomas Witte, Heroldstr. 12                  49090 Osnabrück
Thomas Witte, Gertkenstr. 14                 49134 Wallenhorst
Thomas Witte, Mentruper Esch 38              49170 Hagen am Teutoburger Wald
Thomas Witte, Schlochterner Weg 54           49326 Melle, Wiehengebirge
Thomas Witte, Föhrengrund 18A                49477 Ibbenbüren
Thomas Witte, Haingortstr. 27                49835 Wietmarschen
```

```
\newpage
\section{Quelltext}

#VIEWCODE{
  file="Text/orte.txt",
  text="Auszug aus Telefon-CD (PLZ-Bereich 4)"
}
```

5. Gnu-Plot

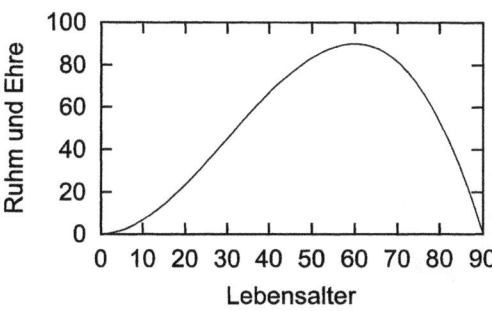

Gnu-Plot, 120 Bytes

```
set size 0.6,0.25
set nokey
set xlabel "Lebensalter"
set ylabel "Ruhm und Ehre"
f(x)=x*x*(90-x)/1200
plot [0:90][0:100] f(x)
```

Quelle zum Gnu-Plot-Dokument

```
\newpage
\section{Gnu-Plot}

#IMAGE{
  file  =Plot/ruhm.plt,
  width =10cm,
  sign  ="Gnu-Plot, 120 Bytes"
}

#VIEWCODE{
  file  ="Plot/ruhm.plt",
  text  ="Quelle zum Gnu-Plot-Dokument",
  center
}
```

6. GIF

```
\newpage
\section{GIF}

#IMAGE{
  file  ="Gif/schild.gif",
  sign  ="Animation im Graphic Interchange Format, 190 K ",
}
```

7. EPS

```
\newpage
\section{EPS}

#IMAGE{
  file  ="Eps/stern-cover.eps",
  sign  ="Fotoscan im Eps-Format, 313 K"
}
```

8. FLASH

Zoomfähige Vektorgrafik im Flash-Format, 28 K

```
\newpage
\section{Flash}

#MEDIA{
    file    ="Flash/flash-karte.swf",
    hwidth  = 350,
    hheight = 350,
    sign    ="Zoomf\"ahige Vektorgrafik im Flash-Format, 28 K",
    alt     ="Flash/flash-karte.eps"
}
```

9. Panorama

Vorlage für Panorama

Zoomfähiger Bestandteil des Panoramas

```
\newpage
\section{Panorama}

#MEDIA{
  file    ="Panorama/imu.ivr",
  options ="type\=i-world/i-vrml",
  hwidth  =480,
  hheight =240,
  hsign   ="interaktives Panorama im FlashPix-Format",
  alt     ="Panorama/katharinenstrasse.eps",
  sign    ="Vorlage f\"ur Panorama",
}

#IMAGE{
  file    ="Panorama/60-euro.eps",
  sign    ="Zoomf\"ahiger Bestandteil des Panoramas"
}
```

10. VRML

3D-Welt im VRML-Format

```
\newpage
\section{VRML}

#VRML{
  file    ="VRML/60.wrl",
  alt     ="VRML/60.eps",
  sign    ="3D-Welt im VRML-Format",
  hheight = 250,
  hwidth  = 250
}
```

11. Java

```
\newpage
\section{Java}

#JAVA{
  codebase  =Java,
  file      =HappyBirthday.class,
  hwidth    =400,
  hheight   =350,
  sign      ="Interaktion durch Java-Applet",
  alt       ="Java/HappyBirthday.eps",
  center
}
```

12. Audio

Noten zur Midi-Datei

Marilyn Monroe singt Happy Birthday

```
\newpage
\section{Audio}

#MEDIA{
  file     ="Audio/happy-birthday.wav",
  hsign    ="Klangdatei im Wave-Format, 20 sec, 434 KB",
  hwidth   = 280,
  hheight  = 20,
  alt      ="Audio/marilyn-monroe.eps",
  sign     ="Marilyn Monroe singt Happy Birthday"
}
```

13. Midi

```
\newpage
\section{Midi}

#MEDIA{
  file     ="Midi/happy-birthday.mid",
  hsign    ="Klangdatei im Midi-Format, 2:35 min, 9 KB",
  hwidth   = 300,
  hheight  = 20,
  alt      ="Midi/happy-birthday-noten.eps",
  sign     ="Noten zur Midi-Datei"
}
```

14. Video

Schnappschuss von Morphing-Sequenz

```
\newpage
\section{Video}

#MEDIA{
  file     ="Video/morphing.mov",
  hsign    ="Video im Quicktime-Format, 8 sec, 1.6 MB",
  hwidth   =240,
  hheight  =316,
  alt      ="Video/morphing.eps",
  sign     ="Schnappschuss von Morphing-Sequenz",
  loop,
}
```

15. RealVideo

Streaming Video vom Server vs1.rz.uni-osnabrueck.de

```
\newpage
\section{RealVideo}

#REALVIDEO{
  file    ="RealVideo/witte.rpm",
  hwidth  =384,
  hheight =288,
  alt     ="RealVideo/witte-ts.eps",
  sign    ="Streaming Video vom Server vs1.rz.uni-osnabrueck.de"
}
```

25 Jahre rechnergestützte Netzwerk-Entwicklung für die Umweltsystemforschung in der Universität Osnabrück -
ein Rückblick auf die Anfänge einer interdisziplinären Arbeitsgruppe

Helmut Lieth

1. Einleitung

Der Begriff Netzwerk umfasst vielerlei Bedeutungen. In jedem Falle ist aber damit gemeint, dass unabhängig und räumlich getrennt voneinander arbeitende Personen versuchen zusammenzuarbeiten. Es kann sich dabei um den Wunsch nach Gedankenaustausch allgemein handeln oder um die Notwendigkeit ein kompliziertes Thema von verschiedenen Fachrichtungen aus zu bearbeiten, um ein praktisch oder theoretisch verwertbares Ergebnis zu erreichen. Letzteres war die Ursache für den Aufbau eines rechnergestützten Netzwerkes für die interdiziplinäre Arbeitsgruppe vorwiegend innerhalb der Universität Osnabrück.

An Universitäten und besonders bei Professoren ist die Zusammenarbeit in Netzwerken schwer zu entwickeln. Im Jahrzehnt 1980 ff. lag die rechnergestützte Arbeit noch in weiter Ferne. Die Terminals der Rechenzentren und die ersten PCs hielten gerade Einzug in die Laboratorien deutscher Universitäten. Auf diesem Hintergrund kann man die Entwicklung eines rechnergestützten Modells über die Probleme der Landwirtschaft in West-Niedersachsen als Pionierunternehmen für Deutschland und ganz gewiss für die Universität Osnabrück ansehen. Heute ist das wissenschaftliche Umfeld ganz anders als damals, aber wesentliche Teile der Entwicklung unseres Modellsystems sind auch jetzt noch gültig. Dieser Bericht wird deshalb nicht nur die historischen Aspekte der Entwicklung schildern, sondern auch von der Ebene des schließlich erreichten, Vorschläge für die Kooperationsweisen in zukünftige Arbeiten bringen. Doch zunächst einige Worte über den Anfang unseres vernetzten Systems.

Der Anfang wurde gemacht, als innerhalb der Jahre 1977 bis 1982 mehrere Professoren an die neue Universität Osnabrück berufen wurden, die alle Grundkenntnisse in der EDV und deren Nutzung in ihren Fachbereichen mitbrachten. Alle waren bereit, den rechnergestützten Arbeiten neue Arbeitsfelder zu erschließen.

Unter diesen Personen waren außer dem Autor im Fachbereich Biologie die Professoren Thomas Witte in den Wirtschaftswissenschaften und Norbert Müller in den Sozialwissenschaften. Alle mussten sich in ihren Fachbereichen ihre Position in Forschung und Lehre erarbeiten. Rückblickend muss man erstaunt fragen, wieso diese Herren einen gemeinsamen Versuchsansatz interdisziplinär anstrebten, wo sie doch alle genügend Probleme in ihren eigenen Fachbereichen zu bewältigen hatten. So musste der Autor um die Eingliederung der EDV in den Lehrkanon in der Biologie kämpfen und für seine globalen Kartierungsinteressen für Klima und Vegetation mit dem Rechenzentrum, Herr Müller hatte sein lokales Projekt HSD Melle aus der Universität Bielefeld im Rechenzentrum bereits untergebracht, hatte aber große Mühe, die ersten Ergebnisse seinen lokalen Partnern verständlich aufzubereiten. Herr Witte hatte die ersten einschlägigen EDV-Erfahrungen aus der Universität Münster mitgebracht und musste seine Arbeitsgruppe erst aufbauen.

Mit ihrer gemeinsamen Entscheidung, ein interdisziplinäres Projekt anzupacken, haben sie den Grundstein für die Entwicklung eines wesentlichen Strukturelementes der Universität Osnabrück gelegt, die interdisziplinäre Systemforschung. Die war damals einmalig in Deutschland und ist heute in zunehmendem Maße an vielen Universitäten zu finden. Der Grund dafür ist zwar nicht deren Erfolgsgeschichte in Osnabrück, sondern der übermächtige Einfluss der EDV in allen Bereichen der Universitäten und die dadurch einfach zu erreichende Nutzung des Internets, trotzdem kann uns keiner absprechen, dass wir Pioniere auf diesem Gebiet waren. Das hat Auswirkungen auf die weitere Entwicklung der noch jungen Universität und der ganzen Region gehabt, und das war gut so. Durch ihre Arbeitsweise brachten die drei Herren größere Summen sogenannter Drittmittel an die Universität, mit denen man die damals noch sehr teuren Arbeitsinstrumente (heute nennt man das Hardware) sowie die geeigneten Studenten mit Vorkenntnissen in der EDV einwerben konnte. Das hat die Nutzung der neuen EDV-Möglichkeiten in der Universität und der ganzen Region stark beschleunigt. Wir machten uns bereits Gedanken über die effizienteste Vernetzung von Rechnern, als andere noch daran arbeiteten, die neuen Medien in ihr Arbeitsfeld einzugliedern.

2. Ein themenorientiertes Netzwerk in den Gründungstagen

Nach diesen Vorbemerkungen können wir das Netzwerk von damals näher betrachten. Was wir für unser Netzwerk brauchten, um interdisziplinär arbeiten zu können, habe ich in Abbildung 1 zusammengestellt.

Heute ist das für große Projekte Stand der Technik. Damals war es notwendig, die Widerstände der anderen Ordinarien in den jeweiligen Fachbereichen zu überwinden. Wenn man interdisziplinär arbeiten wollte, wurde man fast als Verräter des eigenen Fachbereiches angesehen.

Im Prinzip scheint das auch heute noch so zu sein. Da aber damals in der noch jungen Universität Osnabrück die sonst übliche, strikte Gliederung in Fachbereiche und innerhalb derer, die Hierarchie noch nicht ausgeprägt war, konnten wir unsere gemeinsamen Pläne ohne viel Widerstand aus den Fachbereichen verwirklichen. Man wusste nur nicht, wo man uns im Telefonverzeichnis unterbringen sollte und welchem Fachbereich man die eingeworbenen Drittmittel gutschreiben sollte.

- Eine signifikante Fragestellung, deren Bearbeitung mehrere Fachbereiche erfordert;
- Die Spezialisten, die bereit sind an diesem Problem gemeinsam zu arbeiten;
- Der Zugang zu den Rechnern aller Partner;
- Die Erarbeitung einer gemeinsamen Terminologie;
- Die erforderlichen Finanzmittel;
- Die ständige, gemeinsame Kommunikation unter Einschluss der Auftraggeber.

Abbildung 1: Die notwendigen Bedingungen für ein Erfolg versprechendes Netzwerk

Die Einstellung, die mein Fachbereich Biologie zu unserem Unternehmen hatte, kann man aus der Karikatur in Abbildung 2 erkennen, die Herr Kollege Dr. Truckenbrodt damals während einer Fachbereichsratssitzung von mir skizziert hat. Herr Truckenbrodt war ein Kollege, der wie ich selbst viel in Entwicklungsländern gearbeitet hat. Er brachte von seinen Arbeiten an Termiten in Ostafrika eine damals noch unheilbare Krankheit mit, an der er leider viel zu früh verstarb.

Abbildung 2: Der Autor dieses Beitrages aus der Sicht seiner Kollegen im Fachbereich; Karikaturen gezeichnet um 1980/85 von Dr. Truckenbrodt während der Diskussion um die Einrichtung des Projektes durch mehrere Fachbereiche

3. Die Voraussetzungen für das Gelingen eines Netzwerkes

In der Abbildung 2 habe ich die wesentlichsten Bedingungen genannt, die man für unser Projekt benötigte. Die gleichen Bedingungen gelten auch für das Netzwerk, das für unser Projekt entwickelt werden musste. Wir wollen deshalb die Punkte einzeln oder im notwendigen Zusammenhang besprechen.

3.1 Die signifikante Fragestellung

Seit den sechziger Jahren des letzten Jahrhunderts war in West-Niedersachsen die Landwirtschaft gravierend verändert worden. Einige der sogenannten Häusler hatten aus den USA Methoden der Massentierhaltung nach Niedersachsen gebracht. Das hatte die Landwirte in dieser Region vom betriebsgrößenabhängigen, eigenen Futterbau zum Import großer Futtermengen aus Übersee gebracht. In kurzer Zeit konnten selbst kleine Landwirte gewinnbringend größere Mengen an Schweinen, Rindern oder Geflügel halten.

Das Rohfutter wurde in den Nordseehäfen angeliefert, auf dem Weg in die Kreise Vechta und Papenburg veredelt und hier zur Produktion von Fleisch, Milch und Eiern eingesetzt. Die Produkte wurden von hier auf relativ kurzen Wegen an den Verbrauchermarkt gebracht, das Fleisch nur wenige hundert Kilometer nach Duisburg auf den zentralen Fleischmarkt für das Ruhrgebiet und die Eier und Milchprodukte über ganz Deutschland. Die Nähe zur Autobahn und die ausgezeichnete Infrastruktur für Transporte auf der Straße von und zu den Nordseehäfen schafften die besten Bedingungen für geregelten und preiswerten Vertrieb der Waren. Dieses System hatte nur einen Nachteil. In der klassischen Landwirtschaft ist der tierische Abfall ein willkommener Dünger für den Acker, der gerade im richtigen Verhältnis zur Flächengröße des Betriebes anfällt. Bei der neuen Massentierhaltung fiel aber wesentlich mehr Abfall an, der jetzt auf einer wesentlich kleineren Fläche entsorgt werden musste. Das wiederum belastete die Boden- und Grundwässer so stark, dass die festgesetzten Schwellenwerte, vor allem für Nitrate, weit überschritten wurden.

Diese Fragestellung bot sich als hervorragend geeignet für unsere Pläne an. Alle Teile des landwirtschaftlichen Produktionssystems ließen sich in geographische, biologisch/ökologische, bodenkundlich/hydrologische, ökonomische und soziologische Faktoren aufteilen und zu einem Fließmodell vereinigen, in dem das biologische Futter teils zu ökonomischer Ware und damit zu Geld wird und ein anderer Teil zu Mist oder Gülle, deren Entsorgung Kosten verursacht. In Abbildung 3 ist dieses System unter dem Titel Osnabrücker Agrarökosystemmodell abgebildet. Es hat inzwischen vielfältige Verwendung gefunden, sowohl in der Wissenschaft als auch in Politik und Verwaltung.

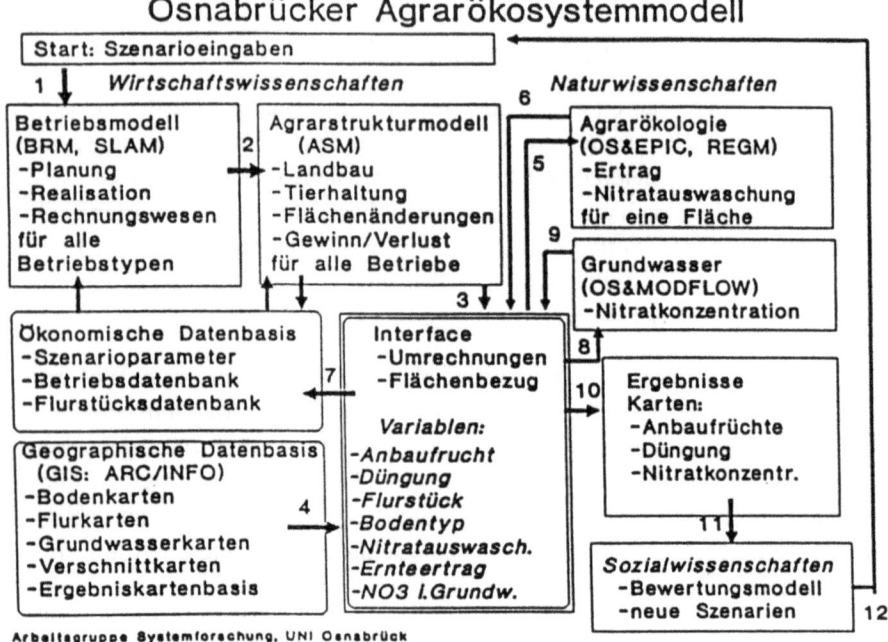

Abbildung 3: Das Osnabrücker Agrarökosystemmodell[1]

3.2 Die Spezialisten und deren Arbeitsplätze

In den Jahren nach 1980 war es in Osnabrück sehr schwierig, geeignete Spezialisten für unsere Arbeit mit EDV-Erfahrung zu bekommen. Wir hatten zwar die Aussicht auf mehrjährige Finanzierung, aber weder das Arbeitsmaterial noch die Arbeitsplätze. Ich selbst hatte lediglich die Zusage für die Finanzierung

---

[1] Forschungszentrum Jülich GmbH 1991: Intensivlandwirtschaft und Nitratbelastung, aus Arbeitsgruppe Systemforschung.

eines größeren Projektes aber keine Arbeitsplätze, da alle Fachbereiche damals noch in vorläufigen Gebäuden untergebracht waren. Diese waren mit dem Rechenzentrum nur durch Telefonleitungen verbunden, die damals nur eine sehr langsame Datenübertragung erlaubten. Jeder von uns drei Professoren hatte aber bereits einen Assistenten in Aussicht, zwar mit EDV-Erfahrung, aber ohne Sachkenntnis von der bevorstehenden Problematik. Die Masse an Geld und Arbeitskräften reichte aber aus, um das Ministerium in Hannover zu überzeugen, dass wir ein eigenes Gebäude benötigten. Das erhielten wir nach einigem Verhandeln von der Bundesliegenschaftsverwaltung, die über die Gebäude auf dem benachbarten Kasernengelände verfügen konnte. Mir schien die Unteroffiziersmesse in der Artilleriestraße nach Art und Größe sehr geeignet, um Hardware, Verwaltung und wissenschaftliches Personal in der vorgesehenen Zusammensetzung unterzubringen. Wir erhielten das Gebäude und verwandelten es in kurzer Zeit in ein Arsenal von geeigneten Zentralservern und Peripheriestationen, die jeder Spezialgruppe genügend Freiraum gewährte. Innerhalb mehrerer Monate wurden in den ehemaligen Kaminzügen die notwendigen Kabel verlegt, mit denen wir unseren eigenen Zentralrechner, eine „Prime" mit allen anderen Terminals, eigenständigen PCs und Servicegeräten vernetzten.

Die Nähe der einzelnen Arbeitsgruppen zueinander aber gleichzeitig mit völliger Selbständigkeit in der Arbeit war sicher ein Grund für den Erfolg, den die Arbeitsgruppe letztendlich erarbeitete. Sowohl gemeinsam als auch getrennt für jedes Fachgebiet wurde sie bald ein Vorzeigeobjekt für die Universität und die einschlägigen Wissenschaften.

Die Wissenschaftler, die von etwa 1985 bis 1990 in der Artilleriestraße an den verschiedenen Aufgaben gearbeitet haben, sind in der Abbildung 4 (aus Kramer 1991) aufgelistet.

Innerhalb weniger Jahre konnten wir die Vorzüge unseres Netzwerkes herausstellen, durch Ergebnisse, die man jeweils einzeln arbeitend nicht hätte erwarten können.

Ich erinnere mich noch lebhaft an die kurze Diskussion mit Herrn Witte auf dem Parkhof hinter unserem Gebäude, wie er zu mir sagte: „Herr Lieth, das Problem mit der Landwirtschaft im Raum Vechta wird nicht die Grundwasserbelastung bleiben, sondern die Tatsache, dass die Bauern dort in den nächsten 20 Jahren keinen Hofnachfolger mehr haben werden", da habe ich nicht schlecht gestaunt. Das war einer der vielen Beweise für den Wert eines interdisziplinären Netzwerkes, das in der Folge sicher vielen Kollegen geholfen hat, ihre Anträge auf Finanzierung zu planen und zu formulieren.

Der Arbeitsgruppe selbst verschafften solch unerwartete signifikante Ergebnisse zusätzlichen Kredit bei den Geldgebern und brachten weitere Aufträge für die einzelnen Arbeitsgruppen.

Was haben wir nicht alles zusätzlich gemacht, ich weiß es nicht mehr, ich erinnere mich nur, dass wir Bodenkarten digitalisiert haben, Stadtgebiete auf Bodenversiegelung untersucht, die ganze Landwirtschaft des Kreises Vechta schlagweise digitalisiert und den Tierbestand nach Art, Menge und Position kartiert haben.

Wir hatten bei unserer Arbeit auch darauf hingewiesen, dass für die Sicherheit gegen Epidemien die Massenhaltungen zu dicht zusammenlägen. Das hat man aber erst zur Kenntnis genommen, als gegen Ende unserer Erhebungen mehrere hunderttausend Schweine wegen der Schweinepest gekäult werden mussten.

4. Der Rechnerverbund und gemeinsame Terminologie

Das Vernetzen der Rechner war innerhalb eines Gebäudes schnell herzustellen. Die kurzen EDV-Leitungen erlaubten für die damalige Zeit schon beachtliche Übertragungsraten. Trotzdem lief damals das in Abbildung 3 gezeigte Modell für den Landkreis Vechta über den Zeitraum von 20 Jahren zu Beginn immerhin 3 Tage; gerade Zeit genug um zwischen 2 Servicezeiten für den Zentralrechner ein Ergebnis zu bekommen.

Um die verschiedenen Unterprogramme miteinander verbinden zu können, waren zahlreiche Schnittstellen zu programmieren, Datenbanken aufeinander abzustimmen und innerhalb der Datenbanken eindeutige Terminologien zu verwenden. Das letztere Problem kannte ich aus meiner früheren Arbeit im Analysis of Ecosystem Programm des US IBP (Internationales Biologisches Programm). Wir hatten dort zu Beginn der Zusammenarbeit (ca. 1970) zahlreiche Kataloge aufeinander abgestimmt, Synonymen registriert und Schreibweisen-Unterschiede diskutieren müssen.

Projektleitung:	Fachgebiet:
Helmut Lieth	Ökologie
Norbert Müller	Sozialwissenschaften
Thomas Witte	Ökonomie
Geschäftsstelle	
Matthias Kramer	Geschäftsführer, Wirtschaftswissenschaften
Britta Kluge	Redaktion
Elke Oetjens, Dagmar Sboron	Sekretariat
Norbert Klausmeyer	Systembetreuung
Wissenschaftliche Mitarbeiter	
Eudolf Engelke	Ökologie
Stefan Fabrewitz	Biologie/Ökologie
Jutta Gerlach	Recht/ Verwaltung/ Sozialwissenschaften
Wolfgang Hilgenhaus	Betriebswirtschaft
Matthias Kramer	Betriebswirtschaft
Karl-Michael Meiss	Betriebswirtschaft
Hans Piehler	Ökologie/ Hydrologie
Bernhard Raming	Recht/ Verwaltung/ Sozialwissenschaften
Thomas Siebe	Volkswirtschaft
Bernd Thober	Softwareunterstützung/ GIS/ Sozialwissenschaften
Eberhard Umbach	Recht/ Verwaltung/ Sozialwissenschaften
Michael Wahl	Volkswirtschaft
Günter Wuttke	Hydrologie

Wissenschaftliche Hilfskräfte für verschiedene Aufgaben

Torsten Ahlers	Renate Aumann	Clemens Fischer	Andreas Koch
Karsten Kuhn	Klaus Lakomiak	Martin Lassahn	Bernhard Maiwald
Andres Otto	Jan Sievers	Susanne Stegmann	

Abbildung 4: Zusammensetzung der Arbeitsgruppe zur Zeit der höchsten Belastung[2]

Viele Begriffe waren aus anderen Sprachen ins Englische übertragen worden und hatten dann verschiedene Bedeutungen für das gleiche Wort, bzw. gleiche Bedeutung für verschiedene Worte. Dies Problem ist in letzter Konsequenz auch bis heute noch nicht gelöst. Damals war es aber möglich eine Einigung unter den Arbeitsgruppen zu erzielen. Wir arbeiteten ja räumlich noch so nahe zusammen, dass man solche Probleme häufiger besprechen und lösen konnte. In einem globalen Netzwerk von heute wird das sicher noch etwas schwieriger zu lösen sein. Nehmen wir mal folgende Beispiele: aus Physik und Biologie den Begriff Plasma, aus Ökologie und Ökonomie den Begriff Produktivität. Das kann man

---

[2] Kramer, 1991, S. IX.

noch einfach mit Indices lösen, wenn man aber die Philosophie mit einbeziehen möchte, ist man dauernd mit neuen Wortschöpfungen konfrontiert. Stellen sie sich einmal vor, wie man für „das Sein" des „Seienden", das „Dasein" und das „Sosein" eine Verknüpfung zu naturwissenschaftlichen „Subroutines" herstellen könnte. Solche Probleme traten damals nicht auf, aber genügend andere, wie z. B. die Quantifizierung der Einheiten in den Agrarstatistiken auf der Basis unserer neuen Digitalkartierung, und die Verschneidung von Geländekarten aus der Ökologie, Hydrologie und Betriebswirtschaft. Für alle musste ja die gleiche Substanz, die Gülle nach Zeit und Menge, in das Modell eingebracht werden, obwohl sie alle unterschiedliche Grenzen für Aufbringungs-Zeiten, Verweilzeiten und Geländeformen besaßen. Das haben wir geschafft!

Durch die Rationalisierungs-Vorarbeiten von Herrn Piehler konnten wir im europäischen Vergleich unser Modell als eines der effizientesten vorstellen. Solche Erfolgserlebnisse haben die Arbeitsgruppe in einer Weise beflügelt, die die anfänglichen Probleme mit der interdisziplinären Zusammenarbeit vergessen ließen.

5. Die Finanzierung und die Kommunikation mit den Auftraggebern

Aus dem ersten Projekt, dessen Entwicklung ich hier geschildert habe, konnte ein Netzwerk hergestellt werden, das man später beliebig ausbauen konnte. Das zunehmende Interesse an vernetzten Projekten in der Wissenschaftsförderung sorgte dafür, dass bald in den Fachbereichen Platz für solche Aktivitäten geschaffen wurde. In unserem Falle hatte die Finanzierung des ersten Projektes dafür den Boden geebnet und die Gründer des Projektes konnten in ihren eigenen Fachbereichen größere Projekte nach ähnlichem Muster aufbauen. Das traf für Herrn Witte und mich zu. Leider starb Herr Müller etwa zu Ende des Projektes, so dass in den Sozialwissenschaften die Kontinuität der Entwicklung für rechnergestützte Netzwerke abbrach.

Die rasche Entwicklung des Rechenzentrums an der Universität sorgte dafür, dass wir die Verbindung mit den Wirtschaftswissenschaften weiterführen konnten. Die einzelnen Fachbereiche erhielten schnelle Rechner-Verbindungen zueinander und kurz danach auch den Anschluss ans Internet. Während wir in den Anfangszeiten mit unseren Sponsoren nur per Telefon und Post verbunden waren, konnten wir am Ende bereits ganze Modelle über die Datenleitungen des Internets zu unseren Auftraggebern sowie zu unseren Partnern in anderen europäischen Ländern und zu Tagungen nach Übersee schicken. Was wir zu Beginn an der Universität als hervorragendes Instrument für interdisziplinäre Problemlösung beweisen konnten, die Vorteile eines rechnergestützten Netzwerkes, war gegen Ende der Arbeit Stand der Technik geworden.

Es ist der normale Gang der Dinge in den Wissenschaften, dass mit der Lösung eines Problemes jeweils neue Fragestellungen gesucht werden, so war das auch in unserem Falle. Jeder Teilnehmer an dem erfolgreichen Projekt fand neue Arbeitsrichtungen, wie das in den Universitäten auch sein muss. Die ursprünglich zusammenarbeitenden Wissenschaftler fanden fast alle neue Arbeitsstellen, und aus der Arbeitsgruppe wurde in kurzer Zeit ein Institut und schließlich ein interdisziplinäres Arbeitszentrum. Neu hinzukommende Wissenschaftler brachten neue Ideen und moderne Fragestellungen und Arbeitsweisen mit.

Dies und die intensiven Kommunikationen mit unseren Auftraggebern trugen dazu bei, dass die Netzwerke zunehmenden Anklang fanden. Die neuen Techniken sorgten dafür, dass sie schnell und effizient in die Projektentwicklung eingebunden werden konnten. Das hat dann dazu geführt, dass wir häufiger zu internationalen Tagungen zur Präsentation eines Erfolgsbeispiels eingeladen wurden.

6. Ein kurzer Ausblick in die Zukunft

Ich will weiter nicht auf die Erfolge des Projektes eingehen. Seine Auswirkung in der Universität spricht für sich selbst. Wir hatten dafür gesorgt, dass in Osnabrück eine junge Wissenschaftlergeneration herangebildet wurde, die die neuen Entwicklungen auf dem Gebiet der Datenverarbeitung nutzen konnten. Aus unserer eigenen Arbeitsgruppe ging eine konzertierte Aktion der EU hervor, dessen Koordination aus dem Osnabrücker Institut bewältigt wurde. Wir entwickelten ein projektorientiertes Netzwerk über die ganze Welt mit Schwerpunkten der Forschung in Arabien und Nordafrika. Für die EXPO 2000 entwickelten wir aus dieser Gruppe eine Homepage, die immerhin innerhalb von 2 Jahren über 60 tausend mal besucht wurde.

Die Kommunikation über das Internet, die wir damals begonnen haben, sind heute normal. Chatrooms und Netzwerke über Homepages sind heute von Studenten praktisch kostenlos nutzbar. Ich denke Herr Witte ist wie ich mit der Entwicklung zufrieden, zu der wir beide beigetragen haben. Ich wünschte mir nur, dass das Internet mit seinen Möglichkeiten in der Nutzung sicherer würde und die Netzprovider mehr darauf achten würden, dass keine kriminellen oder unsinnigen Nutzungen möglich wären. Dieses Problem, durch „Hacker" verursacht, hat uns mehrfach zu schaffen gemacht.

Es ist heute noch problematischer geworden als früher. Wir haben deshalb in Ansätzen versucht das Problem zu lösen. Ansonsten erwarte ich für die kommenden Jahre ein wachsendes Interesse an Netzwerken, sei es projektorientiert, didaktisch motiviert, interdisziplinär oder monodisziplinär. Was immer man in dieser Form bearbeiten kann, wird man in Zukunft unternehmen. Wenn geistiger Diebstahl und Eifersüchteleien die zukünftige Entwicklung nicht behindern, wird die Technik des wissenschaftlichen Netzwerkens sowohl in reeller als auch virtueller Form stetig zunehmen.

Literatur

Arbeitsgruppe Systemforschung der Universität Osnabrück: Nitratversickerung im Kreis Vechta: Simulationen und ihr Praxisbezug 295 S. Berichte aus der ökologischen Forschung Bd. 3 Jülich, KFA, 1991.
Forschungszentrum Jülich GmbH: Berichte aus der ökologischen Forschung Bd. 3, KFA.
Kramer, M., Witte, T.: Nitratversickerung im Kreis Vechta, Kurzfassung, S. 4-16, 1991.

Virtuelle Netze -
Chance für interdisziplinäre Kooperationen in Institutionen

Thorsten Claus, Klaus Helling, Andreas Knaden, Matthias Kramer

1. Einleitung

Der vorliegende Beitrag der Festschrift soll aufzeigen, welche Chancen virtuelle Netze für die interdisziplinäre Kooperation von Institutionen bieten. Im ersten Teil wird diese Frage auf Basis einer Definition der relevanten Begriffe grundlegend diskutiert. Darüber hinaus werden die facettenreichen Beiträge der drei Abschnitte dieser Festschrift in Relation zu dieser Fragestellung vorgestellt.

Die Motivation, sich mit virtuellen Netzen zu befassen, resultiert nicht aus theoretischen Erwägungen sondern gründet ganz pragmatisch auf der Beobachtung aktueller Entwicklungen der Weltwirtschaft. Die dynamischen Märkte der Gegenwart stellen an das moderne Unternehmen Anforderungen, die vor wenigen Jahren in dieser Form nicht denkbar erschienen. So hat die rapide zunehmende Internationalisierung und der Markteintritt neuer Industrieländer den Wettbewerb massiv verschärft. Die Schnelllebigkeit von Markt- und Kundenanforderungen sowie der stärkere Einfluss des Handels prägen die Wettbewerbsbedingungen maßgeblich. Diese Rahmenbedingungen führen dazu, dass vielfach nur große Wettbewerber am Markt konkurrenzfähig sind.[1]

Allerdings verlangen hohe Qualitätsanforderungen bei gleichzeitig schnellem technologischem Wandel und zunehmender Komplexität der Produkte ein hohes Maß an Flexibilität von den beteiligten Unternehmen. Immer öfter sind Tele(heim)arbeit[2], dynamische Organisationsformen und Unternehmensnetzwerke in der Praxis anzutreffen. Unternehmen überschreiten die herkömmlichen Grenzen Ihrer Systeme nicht mehr nur, um mit Märkten zu kooperieren oder Kapital aufzunehmen, der Einfluss neuer Informations- und Kommunikationstechniken[3]

---

[1] Vgl. Picot, A., Grenzenlose Unternehmung, 1998, S. 9.
[2] Vgl. Davenport, T., Virtual Office, 1998, S. 55.
[3] zur Bedeutung der I&K Technologie in neueren Organisationsformen: Johannsen, A., Telekooperation, 1998, S. 214.

lässt vielmehr die klassischen Grenzen der Unternehmung verschwimmen.[4] Es kommt zur Bildung virtueller Organisationen.

2. Begriffliche Grundlagen

Der Begriff der Virtualität ist vielschichtig interpretierbar. Begriffsstamm ist das lateinische Wort virtus, virtutis (f), zu übersetzen mit Tugend, Tüchtigkeit, Stärke und Kraft. Von der Kernbedeutung hat sich lediglich das in dem Begriff Stärke bzw. Kraft liegende potentielle Element (physikalische Kraft ist ein Potential, Kraft bietet gekoppelt mit zurückgelegtem Weg die Möglichkeit Arbeit zu verrichten) erhalten. In der aktuellen Sprachpraxis wird ein Bezugsobjekt als „virtuell" bezeichnet, wenn

- es fähig ist, etwas zu bewirken,
- möglichst vorhanden ist,
- nicht echt, aber echt erscheinend ist (im Sinne von vorgetäuscht).

Der Begriff „virtuell" kann pragmatisch im Sinne von „netzbasiert", „im Internet" oder „online" definiert werden.[5] Virtualität ist nach Scholz immer in Bezug zu einem Objekt zu betrachten. Ein virtuelles Objekt definiert sich demzufolge über vier Charakteriska:

- Konstituierende Merkmale, die sowohl das reale als auch das virtuelle Objekt aufweisen.
- Bei dem virtuellen Objekt fallen einige physikalische Attribute weg, die das reale Pendant aufweisen.
- Das virtuelle Objekt hat Charakteriska, die die virtuelle Realisierung ermöglichen und damit eine zusätzliche Spezifikation darstellen.
- Virtuelle Objekte bieten auf Grund der Virtualisierung gegenüber den realen Ausgangsobjekten komparative Nutzeneffekte.[6]

Virtualität eines Objekts ist jedoch keinesfalls als Mangel an klarer Abgrenzbarkeit zu verstehen. Neben konstituierenden Merkmalen, die sowohl die reale als auch die virtuelle Variante des Objektes kennzeichnen, und klar umrissenen

---

[4] Vgl. Picot, A., Grenzlose Unternehmung, 1998, S. 263
[5] Vgl. Schulmeister, R., Virtuelles Lehren und Lernen, 2002, S. 129.
[6] Vgl. Scholz, 1994, S. 5 Gefunden bei: Keiser, Virtuelle Teams, S. 36f.

physikalischen Attributen, die die virtuelle Variante eben nicht umfasst, kann das virtuelle Objekt durch seine Lösungsmechanismen und Nutzeneffekte eindeutig klassifiziert werden. Beispiele für virtuelle Objekte sind u. a. virtuelle Speicher, virtuelle Organisationen, virtuelle Seminare und virtuelle Netze.

Für den konkreten Einzelfall lässt sich das virtuelle Objekt anhand der o. g. Kriterien recht gut bestimmen. Betrachtet man beispielshalber ein virtuelles Unternehmen, so besteht auch hier das Netz aus Knoten und Kanten. Die Knoten des Netzes bilden die Akteure, also die beteiligten realen Unternehmen, aber auch einzelne Gruppen bzw. einzelne Mitarbeiter der mitwirkenden Organisationen. Kanten stehen für die Verbindungen der Akteure, repräsentieren einerseits die ablauforganisatorischen Verknüpfungen, stehen aber auch für die Kommunikations- und Interaktionsbeziehungen der beteiligten Mitarbeiter.

Die Arbeitsbeziehungen zwischen den Mitarbeitern des virtuellen Unternehmens sind Beispiele für konstituierende Merkmale, die sowohl das reale als auch das virtuelle Objekt aufweisen. Jedoch gibt es auch einige physikalische Attribute, wie z. B die üblicherweise räumliche Nähe zwischen Mitarbeitern eines Unternehmens, die hierarchische organisatorische Einbindung sowie die in der Regel längere Dauer des Zusammenwirkens, die das reale Pendant aufweist und die bei dem virtuellen Objekt wegfallen. Diese Aspekte werden im virtuellen Unternehmen durch qualitativ hochwertige, vielfach internetbasierte Kommunikationsmedien, eine flache Organisationsstruktur mit dynamischen selbstorganisierenden Mitwirkenden sowie durch eine ausgeprägte Vertrauenskultur ersetzt. Das virtuelle Objekt hat somit Charakteristika, die die virtuelle Realisierung ermöglichen und damit eine zusätzliche Spezifikation darstellen.

Auch die komparativen Nutzeneffekte virtueller Unternehmen gegenüber den realen Ausgangsobjekten sind nachweisbar. Durch das Konzept des virtuellen Unternehmens haben auch kleine und mittelständische Unternehmen bei entsprechender Nutzung (idr: internetbasierter) Informations- und Kommunikationstechnik eine Chance [7]. Der Zusammenschluss erlaubt bei angemessener Risikoverteilung auf verschiedene Partner auch die Bearbeitung umfangreicher Projekte. Die arbeitsmarktpolitische Betrachtung spricht für das virtuelle Unternehmen: Mittelständler und Neugründungen liefern die höchste Zuwachsrate an Arbeitsplätzen im Verhältnis zur Größe der betrachteten Organisationseinheit.

---

[7] Vgl. Bleicher, K., Der Weg zum virtuellen Unternehmen, 1996, S.14

Trotz seiner inneren dynamischen Bewegung wird das aus stabilen Klein(st)-Organisationseinheiten bestehende virtuelle Unternehmen volkswirtschaftlich zu stabilen und langlebigen Strukturen führen. Virtuelle Netze sind somit internetbasierte Verbindungen von Akteuren.

Ein virtuelles Netz ist also keines, das nicht existieren würde, vielmehr werden die zugehörigen Akteure mit Hilfe des Internets vernetzt. Dabei sind wie im o.g. Beispiel die Akteure vielfach Teil von Institutionen. Die neuen Formen medienbasierter Kommunikation sind zwar sicher nicht in der Lage den persönlichen Kontakt vollständig zu substituieren. Ist jedoch eine geeignete Vertrauensatmosphäre entstanden, ermöglichen diese Kommunikationskanäle direkte, unmittelbare Kontakte der Akteure, die zumindest für den Regelfall unternehmensinterner Kommunikation gut ausreichen. Auch die interdisziplinäre Kooperation wird verbessert, weil das Internet direkte Kontakte „beliebiger" Akteure aus unterschiedlichen Institutionen und Disziplinen ermöglicht.

Zusammenfassend lässt sich sagen: „Virtualität wird in dem Moment real, in dem sie in der Realität Wirksamkeit entfaltet. Insofern stellt sie ... keinen Gegensatz zur Realität dar, sondern nur einen erweiterten Möglichkeitsraum."

In diesem Zusammenhang sind auch die in der vorliegenden Schrift veröffentlichten Beiträge zur Simulation zu sehen. Simulation ist ebenfalls eine Art virtueller Realitätsabbildung. Im Mittelpunkt steht hier nicht die Kommunikation zwischen Akteuren unterschiedlicher Institutionen. Dennoch weist das virtuelle Objekt (z. B. das Simulationsmodell eines Fertigungsstranges) die konstituierenden Merkmale der ggf. noch nicht existierenden, aber später zu erstellenden realen Produktionslinie auf. Je nach Simulationstyp (Computersimulation, rechnergestützte Steuerung eines mechanischen maßstabgetreuen Modells oder Prototyps mit teilweise simulierten Funktionen) fallen einige (in der reinen Computersimulation ggf. alle) physikalische Attribute weg, die das reale Pendant aufweisen. Dennoch hat das virtuelle Abbild des Fertigungsstranges Charakteristika, die die virtuelle Realisierung ermöglichen und damit eine zusätzliche Spezifikation darstellen. Gerade diese Charakteristika ermöglichen es, Erfahrungen in der Simulation zu sammeln, die eine Optimierung des zu planenden realen Objekts erlauben. Der komparative Nutzeneffekt des Virtuellen Objekts gegenüber dem realen Ausgangsobjekt ist offenbar. Die für die Gestaltung der realen Produktionslinie erforderlichen Erfahrungen werden erst nach der Implementierung in der Realität gesammelt.

3. Einführung in die Beiträge des Abschnitts „Virtuelle Netze"

3.1 Analyse der Nutzungshemmnisse neuer Medien

Claus widmet sich in seinem Beitrag den Nutzungshemmnissen, die beim Einsatz neuer Medien auftreten können. Trotz offensichtlicher Vorteile stoßen gerade Videokonferenzen auf große Vorbehalte. Es werden viele Argumente ins Spiel gebracht, die einer genaueren Betrachtung nicht standhalten können. Claus stellt heraus, dass der Einsatz neuer Technologien genau dann zu besseren Ergebnissen führt, wenn die Prozesse reorganisiert werden. Eine reine Unterstützung bestehender Prozesse durch IT-Systeme bringt in der Regel keine Vorteile.

Nach einer Eingrenzung des Untersuchungsbereichs werden Bereiche aufgezeigt, in denen der Einsatz neuer Medien auf wenig Widerstand stößt. Im Anschluss werden, getrennt nach Unternehmen und Hochschulen, Nutzungshemmnisse analysiert und Lösungen aufgezeigt.

3.2 Technisches Instrumentarium zur Unterstützung virtueller standortübergreifender Lehrveranstaltungen

Knaden und **Rolf** setzen sich in ihrem Beitrag über das technische Instrumentarium virtueller Lehrveranstaltungen explizit mit den Basistechnologien der Zusammenarbeit in virtuellen Netzen auseinander. Diese Fragestellung ist insbesondere für den dort betrachteten Bereich medienbasiert kooperierender Hochschulen angesichts des starken Wettbewerbs um Finanzmittel, Personalressourcen und Studierende besonders spannend. Doch auch die Wirtschaft sollte daran interessiert sein, dass der künftige akademische Nachwuchs über kommunikative Schlüsselqualifikationen im Bereich der Medienutzung verfügt. Angesichts der zunehmenden globalen Verflechtung und der internationale Zusammenarbeit und Kooperation zwischen Betrieben, gehört die Nutzung der neuen Informations-, Kommunikations- und Logistikinstrumentarien bereits heute zum Regelfall im Wirtschaftsalltag.

Will man das vielfältige Spektrum der Lehre hochschulübergreifend nutzbar machen, dann ist die Verfügbarkeit einfach bedienbarer Technologien für die Standort übergreifende Lehre zwingend erforderlich. Nicht nur einige wenige etablierte Vertreter aus Lehre und Forschung sondern auch der herkömmliche

Dozent am kleineren Standort und insbesondere der wissenschaftliche Nachwuchs sollte sich mit neuen Ideen, Methoden und Veranstaltungsformen medial präsentieren können. Ein solches Vorgehen ist marktgerecht, dient dem Wettbewerb der Institutionen untereinander, macht den Leistungsstand einzelner Einheiten transparent und erlaubt langfristig eine stärkere Spezialisierung der einzelnen Akteure (Knaden & Zettel, S. 7). Eine gute Möglichkeit dies umzusetzen sind medienbasierte Standort übergreifende Lehrveranstaltungen (virtuelle Lehrveranstaltungen).

Vorgestellt werden dabei innovative Techniken der medienbasierten Kommunikation, die zwar primär auf die Ausbildungssituation an Hochschulen zugeschnitten sind, jedoch durchaus auch für den Einsatz im betrieblichen Alltag geeignet sind. Auch hier gibt es Zusammenarbeits- und Schulungsszenarien, in denen eine stärkere Automatisierung der Mediensteuerung hilfreich sein kann.

3.3 Virtuelle Netze – Chancen für interdisziplinäre Kooperationen in Hochschulen

Mit einer Kritik an den vielschichtigen, teilweise noch ungenutzten Möglichkeiten (inter)nationaler und (inter)disziplinärer Hochschulkooperationen beginnt **Kramer** seinen Beitrag „Virtuelle Netze – Chancen für interdisziplinäre Kooperationen in Hochschulen". Er begründet dies durch eine Analyse von Standortfaktoren und der Hochschulentwicklung. Im Rahmen eines geschichtlichen Abrisses wird der Zusammenhang zwischen technischem Fortschritt und anderen Einflussfaktoren auf die standortgebundene Entwicklungsfähigkeit von Hochschulen deutlich. Die Dynamik von Internationalisierung und Globalisierung setzt Kramer ins Verhältnis zu den sich daraus ergebenden Herausforderungen zur Gestaltung einer nachhaltigen Entwicklung. Auch hierbei stellt ein geschichtliches Streiflicht den Einstieg dar. Er argumentiert mit der notwendigen Relativierung heutiger, häufig vom technischen Fortschritt kurzfristig dominierter Prozesse, im Vergleich mit historisch gewachsenen Entwicklungen. Die skizzierte Dynamik führt Kramer logisch zu neuen Herausforderungen in Forschung und Lehre, die er ganzheitlich, systemorientiert und interdisziplinär begründet. Am Beispiel eines richtungsweisenden interdisziplinären Forschungsprojektes stellt er unter Berücksichtigung der zuvor skizzierten Rahmenbedingungen die Chancen für fachliche Netzwerke dar, die er im Weiteren als notwendige Bedingung für die Wettbewerbsfähigkeit von Hochschulen definiert.

Kramer sieht auf dieser Grundlage Perspektiven für virtuelle Lehr- und Forschungsnetzwerke, weist aber stets auf die eher logistische Rolle der modernen Informations- und Kommunikationstechnologien in diesem Zusammenhang hin. Er stellt auf dieser Grundlage innovative Entwicklungsmöglichkeiten für fachlich fundierte Kooperationsnetze in Aussicht, die durch technische Vernetzung standortabhängige Defizite in Forschung und Lehre ausgleichen können. Dabei stellt er durchgängig das fachlich angestrebte Ziel in den Vordergrund, am Beispiel bereits etablierter Netzwerke verdeutlicht. Abschließend beschreibt er anhand eines Vorgangsschemas die organisatorischen Schritte zur Etablierung von physisch realen oder virtuellen Netzwerken. Auf die Entwicklung seiner eigenen diesbezüglichen Lehr- und Forschungsmethoden bezogen, schließt er den Dank an den Adressaten dieser Festschrift ein.

3.4 Virtuelle Netze als Instrument zur Stärkung der Kooperation von Akteuren im Umweltbereich

Helling und **Blim** diskutieren virtuelle Netzwerke im Kontext des Umweltmanagements. Virtuelle, internetbasierte Kommunikationsformen ermöglichen das Kennenlernen von Akteuren im Umweltbereich. Darüber hinaus unterstützen sie die Durchführung von Projekten und erleichtern die Kommunikation zwischen den beteiligten Institutionen. Aus zunächst virtuell gegründeten Projektteams werden häufig erfolgreiche reale Unternehmen. Die Entwicklungen werden vor allem durch internetgestützte Videokonferenzen vorangetrieben. Ausgewählte Beispiele belegen, dass Umweltkooperationen erst durch den konsequenten Einsatz der Informationstechnologie möglich geworden sind.

Nach einer Einführung ins Thema erarbeiten die Autoren eine Systematik zur Klassifizierung virtueller Netze im Umweltbereich. Anhand mehrerer Beispiele aus dem Bereich des Stoffstrommanagements werden die Potentiale erörtert. Der Beitrag schließt mit dem Aufzeigen von Perspektiven virtueller Netze.

3.5 Pragmatismus in virtuellen Netzen

„Pragmatismus in virtuellen Netzen" lautet der Titel des Beitrags von **Lindner**. Anhand der Technologie virtueller Netze wird dargestellt, was in der modernen Kommunikations- und Verhaltenskultur erfolgreiche pragmatische Verhaltensweisen auszeichnet. Lindner beleuchtet im Anschluss an eine knappe Erläuterung der Grundideen des Pragmatismus, wie mit Hilfe virtueller Netze die Kooperation in (virtuellen) Unternehmen verbessert werden kann. Im Rahmen der Bewertung virtueller Netze wird die Frage diskutiert, welchen Wert virtuelle Netze für einen ökonomisch rational handelnden Menschen beinhalten. Es wird herausgearbeitet, dass der Nutzen virtueller Netze auf einem funktionierenden Zusammenspiel der Faktoren Mensch und Maschine basiert. Die gesteigerten Möglichkeiten der Informationstechnik verschieben sich die Hemmnisse von der Technologie zum Menschen.

Lindner zeigt auf, dass jedes Unternehmen, das sich an der Bildung virtueller Netze beteiligen will, die eigenen Ziele mit denen des Netzwerks in Einklang bringen muss. Entscheidend ist dabei das Vertrauen zu den anderen Partnern. Weiterhin wird gezeigt, dass die Anforderungen an die in virtuellen Netzen agierenden Personen sehr ambivalent sind. Einerseits ist spezifisches technisches Wissen erforderlich, andererseits stellen virtuelle Netze neuartige Anforderungen an das Kommunikationsverhalten der Akteure. Im seinem Fazit unterstreicht Lindner, dass die Optimierung virtueller Netze eine interdisziplinäre Aufgabe ist, die nicht allein in der Theorie sondern vor allem im praktischen Einsatz umgesetzt werden kann.

3.6 Netzwerkdenken und Netzwerkhandeln im chinesischen Kontext

Sievert liefert einen Beitrag, der sich mit Netzwerkdenken und Netzwerkhandeln im interkulturellen Umfeld auseinandersetzt. Er wählt dazu den chinesischen Kulturkreis der selten so sehr im Blickpunkt der Weltöffentlichkeit gestanden wie heute. Namhafte Wirtschaftsinstitute kommen mit unterschiedlichen Berechnungsmethoden zu dem Ergebnis, dass das Bruttosozialprodukt Chinas bereits im Jahre 2015 dasjenige der USA übertreffen wird. So wundert es nicht, dass die restliche Welt wie gebannt auf die beeindruckende Entwicklung in China und den übrigen Ländern des chinesisch geprägten Kulturkreises in Südostasien. Vor diesem Hintergrund stellt sich aus wirtschaftswissenschaftlicher Sicht die Frage nach den Ursachen für diesen raschen ökonomischen Wandel. Ein Schlüsselphänomen stellt in diesem Zusammenhang das chinesische Netzwerksystem dar, das sich mit seinen von den Traditionen Chinas geprägten Verpflichtungs- und Vertrauensstrukturen im gesamten chinesischen Kulturkreis als ein wesentlicher Erfolgsfaktor für den ökonomischen Aufstieg der Region erwiesen hat. In der von hierarchischen Ordnungsvorstellungen geprägten Gesellschaft Chinas wird der vertikale Aufbau des Sozialgefüges von einem Netz von sozialen Beziehungen überwogen, das gleichsam als „sozialer Leim" das chinesische Sozialsystem zusammen- und funktionsfähig hält.

Die diesen Netzwerken zugrunde liegenden Sozialstrukturen werden guanxiwang oder kurz guanxi genannt. Sievert erläutert den der Begriff guanxi zunächst einmal eine allgemeine Beziehung zwischen Objekten, Kräften und Personen. Bezogen auf den sozialen Bereich werden unter guanxi im engeren Sinne „zwischenmenschliche Beziehungen" verstanden. Die hohe Wertschätzung von zwischenmenschlichen Beziehungen ist eines der hervorstechenden Merkmale des kollektivistisch geprägten chinesischen Kulturraums. Dies gilt in einem besonderen Maße für die Geschäftswelt. Sievert erläutert darüber hinaus, die Grundlagen von guanxi in den vorherrschenden chinesischen Philosophierichtungen und gibt einen Ausblick auf Tendenzen und Zukunftschancen des chinesischen Netzwerkdenkens.

4. Einführung in die Beiträge des Abschnitts „Simulation und Produktion"

4.1 Optimierte Zusammenarbeit mit Lieferanten auf Basis von Supplier Relationship Management (SRM)

An der Herstellung eines Endproduktes sind in der Regel mehrere Unternehmen beteiligt. Die einzelnen Produktionsstufen stellen die Knoten und die Güterflüsse zwischen den Institutionen die Kanten eines Netzwerkes dar. Während das Supply Chain Management sich mit der zielgerichteten Integration aller Material-, Informations- und Finanzflüsse innerhalb dieses Versorgungsnetzwerkes beschäftigt, konzentriert sich das Supplier Relationship Management auf die Beziehungen zu den Lieferanten. **Appelfeller** untersucht in seinem Beitrag diese Beziehungen und kommt dabei zu dem Schluss, dass in Abhängigkeit der Materialgruppe unterschiedliche Normstrategien für die Zusammenarbeit mit den Lieferanten eingesetzt werden müssen. Darüber hinaus belegt er, dass es für ein erfolgreiches Beziehungsmanagement nicht ausreicht, herkömmliche Beschaffungsprozesse mit Informations- und Kommunikationstechnologie zu unterstützen. Es ist vielmehr neben der spezifischen Entwicklung von Beschaffungsstrategien ein Redesign der Prozesse notwendig.

Nach einer kurzen Einführung in die Fragestellung diskutiert Appelfeller den Beschaffungsprozess auf der strategischen, taktischen und operativen Ebene. Darauf aufbauend zeigt er auf, wie die einzelnen Prozessschritte mit Hilfe von auf dem Markt zur Verfügung stehenden Softwarewerkzeugen unterstützt werden können. Auf Basis einer Gesamtstrategie passt der Autor für unterschiedliche Materialgruppen die Beschaffungsprozesse derart an, dass die Zusammenarbeit mit den Lieferanten deutlich verbessert wird.

4.2 Simulationsverfahren in der Investitionsrechnung - Das Praxisbeispiel Gewerbeparkentwicklung

Berens, **Segbers** und **Siemes** wenden das Instrument Simulation in der Investitionsrechnung an einem Beispiel der öffentlichen Verwaltung an. Wie bereits oben ausgeführt, stellt Simulation eine virtuelle Realitätsabbildung dar.

Entscheidungen in der öffentlichen Verwaltung waren in der Vergangenheit inputorientiert. Aktuelle Entwicklungen zeigen, dass sich die Verwaltung immer mehr betriebswirtschaftlicher Instrumente bedient. So unterliegen auch Investitionsentscheidungen dem Ziel der Gewinnmaximierung. Die Autoren untersuchen, ob in eine Gewerbeparkentwicklung investiert werden sollte. Eine klassische Investitionsrechnung auf Basis von Zahlungsströmen weist einen positiven Vermögenswert nach 15 Jahren aus. Dieser Ansatz berücksichtigt aber keine Unsicherheiten. Daher wird noch eine Risikoanalyse in Form einer Simulationsstudie durchgeführt. Als Ergebnis halten die Autoren ein erhebliches Verlustrisiko fest, so dass die Investitionsentscheidung einem strikten Projektmanagement und -controlling unterzogen werden muss.

Der Beitrag erläutert zunächst die grundlegenden Methoden der Investitionsrechnung, wobei eine Unterscheidung zwischen Sicher- und Unsicherheit vorgenommen wird. Im Anschluss werden die Verfahren auf das vorgestellte Beispiel angewandt, wobei die Zahlungsreihen abgeleitet und die Vorteilhaftigkeit berechnet wird. Das Beispiel endet mit der Erstellung des Simulationsmodells und der Interpretation der Ergebnisse. Am Schluss des Beitrags ziehen die Autoren ein Fazit.

4.3 Simulation als Methode zur Bewertung der Machbarkeit von logistischen Systemen - dargestellt am Beispiel eines Marktplatzes für regionale Transportdienstleistungen

Die Kundschaft der Einzelhändler setzt sich in der Regel aus Kunden zusammen, die räumlich in der Nähe des Händlers angesiedelt sind. Weiter entfernt liegende Kunden werden nicht bedient, da die Logistikkosten eventuelle Preisvorteile zunichte machen würden. Das Internet eröffnet den Kunden die Möglichkeit, Güter komfortabel online zu bestellen. Damit geht einher, dass die Kunden entsprechende Anforderungen an die Logistikleistung des Einzelhändlers haben. Zusätzliche Serviceleistungen würden aber die finanziellen Möglichkeiten der Einzelhändler übersteigen. **Reuels** und **Hoppe** möchten simulationsgestützt untersuchen, ob mittels eines virtuellen Marktplatzes für regionale Transportdienste diese zusätzlichen Leistungen kostengünstig angeboten werden können. Die hohen Anfangsinvestitionen übersteigen die Möglichkeiten der Einzelhändler. Ob sich mittel- bis langfristig Gewinne realisieren lassen, soll mit der Simulationsstudie beantwortet werden. Gleichzeitig soll das Simulationsmodell potentielle Investoren animieren, in einen derartigen Martktplatz zu investieren.

Nach einer Klärung der Begriffswelt widmen sich die Autoren traditionellen Lösungsansätzen für die Fragestellung. Da dieses Instrumentarium nicht ausreicht, wird die Entwicklung eines Simulationsmodells begründet. Im Anschluss werden grundsätzliche Überlegungen zum Aufbau der Simulationsstudie angestellt. Der Beitrag schließt mit der Skizzierung des weiteren Vorgehens.

4.4 Denkansätze zur Untersuchung nichtlinearer dynamischer Effekte in produktionstechnischen Systemen am Beispiel der Herstellung von Biopolymeren in verteilten Produktions- und Herstellungssystemen

Meiß diskutiert drei Grundthemen der Produktionsplanung und -steuerung im Zusammenhang mit nichtlinearen Effekten. Er erarbeitet ein neues Verständniss für das Phänomen „Komplexität" in produktionstechnischen Systemen. Der Zusammenhang von Komplexität und Vorhersagbarkeit wird in den produktiven Systemen formuliert. Darüber hinaus stellt er die Entwicklung eines möglichen Werkzeugs (Verfahren) vor. Das Werkzeug dient der Analyse und Modellierung der Prozesse und Strukturen auf dem Komplexitätsniveau, das für eine adäquate

Lösungsfindung notwendig ist. Als neues Konzept für Planung und Konstruktion als auch für die Steuerung und Regelung komplexer Produktionssysteme soll die Erstellung und Nutzung von Stabilitätskarten für das entsprechende System entwickelt werden.

4.5 Erfolgsorientierte Bewertung von Produktionsvorhaben mit Hilfe der investitionstheoretischen Kosten- und Erfolgsrechnung

Rieper bewertet in seinem Beitrag Produktionsvorhaben mit Hilfe der investitionstheoretischen Kosten- und Erfolgsrechung. Das Verfahren unterstellt eine Existenz der Datensicherheit, die aber nur virtuell und nicht real vorhanden ist. Der zu Grunde liegende Ansatz geht auf Hans-Ulrich Küpper[8] zurück. Prozesse der Leistungserstellung und -verwertung werden als Produktionsvorhaben betrachtet. Das in sich geschlossene Modell sieht die durch den Faktoreinsatz hervorgehobenen Auszahlungen als Kosten des Faktoreinsatzes an. Die erzielten Einzahlungen sind die Erlöse der Leistungsverwertung. Die Zusammenführung der Zahlungsreihen führt zum kapitaltheoretischen Gewinn.

Nach einer Einführung in die Aufgabenstellung erläutert Rieper die Grundlagen des Ansatzes. Begriffe, Aufgaben und Basiskonzepte werden diskutiert. Anschließend wird das Verfahren auf eine Beispielsituation übertragen. Die einzelnen Zahlungsreihen werden erörtert und zusammengeführt. Rieper liefert das zugehörige Formelwerk und das konkrete Zahlenmaterial des Beispiels.

5. Einführung in die Beiträge des Abschnitts „Management und Organisation"

5.1 Virtuelle Organisation und Führung

Feil diskutiert die Organisations- und Führungsmethoden in virtuellen Unternehmen. Er vergleicht das klassische Projektmanagement mit den Koordinationsverfahren in virtuellen Unternehmen, wobei er die These untersucht, dass sich beide Aufgabenstellungen nur durch den unterschiedlich starken Einsatz der

---

[8] Vgl. Küpper, H.-U., Investitionstheoretische Fundierung der Kostenrechnung, 1985.

Informations- und Kommunikationstechnologie unterscheiden. Die grundsätzlichen Mechanismen seien identisch. Schwierigkeiten sieht er nur bei der räumlichen Entfernung der beteiligten Institutionen, die eine starke Führung und feste Regeln für die Zusammenarbeit erfordern.

Um seine Thesen zu stützen, nimmt Feil zunächst eine Abgrenzung der Begriffe: Netzwerk, Virtualität und virtuelle Unternehmen vor. Im Anschluss analysiert Feil unterschiedliche Formen der Zusammenarbeit in virtuellen Unternehmen. Die virtuellen Führungsstile sind Gegenstand der weiteren Analyse. Feil macht insbesondere darauf aufmerksam, dass Führung den Fokus nicht auf die Sachaufgaben, sondern auf die Menschen legen muss. Gerade bei räumlich getrennt angesiedelten Projektpartnern sei eine persönliche Kommunikation unabdingbar. Die I+K-Technologie weise hier nur einen sehr beschränkten Ausweg auf.

5.2 Aufbau und Pflege eines virtuellen Gefahrenabwehrmanagementsystems

Haarmann erläutert in ihrem Beitrag den Aufbau eines Gefahrenabwehrmanagementsystems in der Stadt Lingen. Erfahrungen aus mehreren Großbränden fordern ein derartiges System. Die Schaffung eines Netzwerkes, das alle am Katastrophenschutz beteiligten Dienststellen und Institutionen umfasst, ist die unabdingbare Voraussetzung für eine erfolgreiche Eindämmung von Gefahren. Die Kommunikaton, der Informationsaustausch und das Management der Prozesse in dem Netzwerk erfolgt über das Softwaresystem DISNA (disaster management). Harrmann beschreibt die Bestandteile bzw. Möglichkeiten des Systems. Darüber hinaus diskutiert sie die Vorgehensweise bei der Einführung, wobei sie insbesondere auf die Beanspruchung von Ressourcen eingeht. Eine Erörterung des operativen Tagesgeschäftes auf Basis des Systems rundet die Darstellung ab.

5.3 Gesundheitsförderung an Schulen im sozialen Netzwerk

Neumann setzt sich mit der „**Gesundheitsförderung an Schulen im sozialen Netzwerk**" auseinander. Er beginnt seinen Beitrag mit einer kurzen Darstellung der aktuellen Problemsituation im Gesundheitswesen in Deutschland. Anschließend bewertet er die Gesundheitsförderung auf verschiedenen Ebenen in Organisationen. Er richtet seinen Beitrag im Weiteren auf die Sichtbarmachung des

Nutzens eines ganzheitlichen Ansatzes zur Gesundheitsförderung in Organisationen aus. Als Lösungsansatz wird ein sog. prozessorientiertes Gesundheitsmanagement vorgestellt. Neumann hebt v. a. die Rolle von Schulen zur frühzeitigen Gesundheitsförderung und Anwendung des prozessorientierten Gesundheitsmanagements hervor. Es wird im Zusammenhang mit dessen effizienten Umsetzung für eine gesundheitsfördernde Schule die Einbindung möglichst vieler Betroffener (Lehrer, Eltern etc.) und die Bildung eines sog. Partnernetzwerkes betont. Der Beitrag schließt mit der Feststellung der besonderen gesamtwirtschaftlichen Verantwortung öffentlicher und privater Organisationen für Gesundheitsförderung, die heute noch gering ist, aber in Zukunft bewusster wahrgenommen werden muss. Dies wird insbesondere im Zusammenhang mit der Erhaltung bzw. Steigerung der Leistungsfähigkeit von Organisationen begründet, die eindeutig von der Gesundheit ihrer Mitarbeiter abhängig sind.

5.4 Entwicklungspotentiale für Management Support Systeme

Dalinghaus, Mentrup, Rieger und Wolter äußern sich in ihrem Beitrag zu „Entwicklungspotenzialen für Management Support Systeme". Der Beitrag beschreibt die Entwicklung und Anwendung eines mehrdimensionalen Rahmens zur Integration von Funktionen des Wissensmanagements (WM) mit Management Support Systemen (MSS). Nach einer ausführlichen Begriffserklärung von MSS und WM werden die Kompatibilität und Integrationsfähigkeit zwischen beiden Ansätzen herausgestellt. Gemeinsames Ziel ist die Reduktion erfolgskritischer Leistungsdefizite von MSS-Anwendungen, insbesondere in Bezug auf die aktive Berücksichtigung qualitativer Informationen in rechnergestützten Entscheidungsprozessen. Es werden sodann Anwendungsbeispiele des vorgestellten Integrationskonzeptes dargelegt. Die aufgezeigten Anwendungen adressieren sowohl den Bereich MSS-interner wie auch systemübergreifender Prozessketten an der Schnittstelle von MSS- zu ERP-Systemen.

5.5 Consumers in Face of Product Risk and Product Liability: Shriking Evidence of Moral Hazard Type Behavior

Dem Verhältnis von Konsumenten- und Produktrisiken sowie -haftung widmet sich **Standop** in seinem Beitrag „**Consumers in Face of Product Risks and Product Liability Shrinking Evidence of Moral Hazard Type Behavior**".

Nach einer Einführung in die Fragestellungen von Produktrisiken, -sicherheit und -haftung und ihrer Bedeutung für Unternehmen (z. B. zusätzliche Kosten) wird die moral-hazard-Hypothese aus der Literatur zur mikroökonomischen Theorie und Wohlfahrtsanalysen präsentiert. In diesem Zusammenhang kommt Standop auch zu dem Ergebnis, dass es noch an empirischen Analysen fehlt. Auf Basis dieser Feststellung legt er empirische Ergebnisse aus Interviews (z. B. zum Verhalten beim Kauf und Gebrauch von Fahrrädern) mit über 1.000 Personen vor und diskutiert diese bezogen auf die moral-hazard-Hypothese. Der Beitrag schließt mit einem Ausblick auf Auswirkungen im Marketingbereich.

Literatur

Bleicher, Knut: Der Weg zum virtuellen Unternehmen, St. Gallen 1996, in Office Management 1-2/1996, S. 10-15.
Davenport, T., Pearlson, K.: Two Cheers for the Virtual Office in Sloan Management Review, Summer 1998, S. 51 - 65.
Johannsen, A., Haake, J., Streitz, N.: Telekooperation in Virtuellen Organisationen, in: Wirtschaftsinformatik (40) 1998 3, S. 214 - 222.
Küpper, H.-U.: Investitionstheoretische Fundierung der Kostenrechnung, in: ZfbF, 37. Jg., 1985, S. 26 - 46.
Picot, A., Reichwald, R., Wiegand, R.: Die grenzenlose Unternehmung, Wiesbaden 1998.
Schulmeister, R.: Virtuelles Lehren und Lernen: Didaktische Szenarien und virtuelle Seminare, in: Lehmann, B., Bloh, E. (Hrsg.): Online-Pädagogik, Hohengehren 2002, S. 129 - 145.

Analyse der Nutzungshemmnisse neuer Medien

Thorsten Claus

1. Einleitung

Neue Medien können das alltägliche Geschäft in Unternehmen und vor allem in Ausbildungsbetrieben im positiven Sinn radikal verändern. Dennoch wird ihr Einsatz nur sehr verhalten vorangetrieben. In diesem Aufsatz soll untersucht werden, wo die Ursachen in einer konsequenten Nutzung dieser Medien liegen könnten. Zunächst werden mögliche Anwendungsszenarien erarbeitet. Im Anschluss werden getrennt nach Unternehmen und Hochschulen mögliche Nutzungshemmnisse diskutiert.

2. Abgrenzungen

Kommunikation lässt sich als ein Austausch von Informationen zwischen Sendern und Empfängern beschreiben, wobei unterschiedliche Medien eingesetzt werden können[1]. Hier sollen nur Medien weiter betrachtet werden, die die Übermittlung von Sprache zulassen[2]. In der Ausbildung fungiert ein Dozent als Sender und die Studenten übernehmen die Rolle des Empfängers. Wenn der Vortragende Fragen zulässt, wechseln die Rollen. Man kann daher zwischen uni- und bidirektionaler Kommunikation unterscheiden. Es sollen im Folgenden nur Kommunikationsprozesse betrachtet werden, an denen mehrere Personen sowohl in der Rolle des Senders als auch des Empfängers beteiligt sind. Die Kommunikation über das Telefon fällt somit als Betrachtungsgegenstand ebenso aus, wie das Abspielen von Videofilmen. Beim Telefonieren findet in der Regel nur ein Informationsaustausch zwischen zwei Teilnehmern statt und bei Videovorführungen sind die Rollen im Vorhinein festgelegt. Dagegen sind Projektbesprechungen in Unternehmen, Schulungen von Mitarbeitern und die Durchfüh-

---

[1] Vgl. Knaden, A., Zettel, M.: Erfahrungsbericht: Einsatz kostengünstiger audiovisueller Medien zur Liveübertragung virtueller Lehrveranstaltungen via Internet im Fachbereich Wirtschaftswissenschaften der Universität Osnabrück, Osnabrück 2002.

[2] Vgl. Kramer, M.: Virtuelle Netze - Chancen für interdisziplinäre Kooperationen in Hochschulen, in diesem Band, S. 133 ff.

rung von Seminaren Ziel dieser Untersuchung. Traditionell findet die Kommunikation an einem einzigen Ort, wie z. B. in einem Vorlesungssaal statt. An diesem Ort müssen sich alle Teilnehmer gleichzeitig befinden, damit die gesendeten Informationen auch die Empfänger erreichen. Abbildung 1 fasst die hier genannten Merkmale und die zugehörigen Ausprägungen zusammen.

Merkmal	Ausprägung
Teilnehmeranzahl	>2
Medium	Sprache
Richtung	bidirektional
Zeit	gleichzeitig
Ort	lokal

Abbildung 1: Traditionelle Kommunikation

Neue Medien haben in den letzten Jahren viele neue Möglichkeiten des Informationsaustausches eröffnet. Primär auf dem Gebiet des Datenaustausches haben bahnbrechende Veränderungen stattgefunden. Erinnert sei hier an die Integration von Informationssystemen. Der große Erfolg des Supply Chain Managements[3] ist ohne diese Entwicklung nicht denkbar. Ebenso wird die RFID-Technologie[4] die Kommunikation revolutionieren.

In Bezug auf die oben angesprochenen Kommunikationsprozesse ermöglichen neue Medien ebenfalls radikale Veränderungen. Die Merkmalsausprägungen Sprache, Zeitbezug und Bidirektionalität bleiben erhalten. Aber der Ortsbezug kann durch den Einsatz der Videokonferenztechnologie sehr flexibel gehandhabt werden. Standortübergreifende Veranstaltungen sind keine großen Herausforderungen mehr.

Neben der verbalen Kommunikation ist die Verbreitung von Informationsmaterial ein wesentlicher Bestandteil von Seminaren und Projektbesprechungen. Früher wurden Papierberge ausgeteilt. Hier hat das Internet mit dem WorldWideWeb ebenfalls neue Wege aufgezeigt. Der hohe Nutzungsgrad lässt auf eine breite Akzeptanz dieses Mediums schließen. Es ist ein deutlicher Unterschied zu den Videokonferenzen festzustellen, die häufig noch ein Schattendasein spielen. Während viele Hochschullehrer auf das Internet als Informationsquelle verwei-

---

[3] Vgl., Corsten, H., Gössinger, R.: Einführung in das Supply Chain Management, München et al. 2001, S. 81 ff.
[4] Vgl. Finkenzeller, K.: RFID- Handbuch, 3. Aufl., München 2002.

sen, nutzen Sie es für die Kommunikation nur im Bereich der elektronischen Post.

Merkmal	*Ausprägung*
Teilnehmeranzahl	>2
Medium	Sprache
Richtung	bidirektional
Zeit	gleichzeitig
Ort	standortübergreifend

Abbildung 2: Kommunikation mittels Videokonferenzen

Abbildung 2 zeigt die Art der Kommunikation, die anscheinend auf Nutzungshemmnisse stößt und daher einer genaueren Untersuchung bedarf. Zunächst sollen die Felder betrachtet werden, in denen der Einsatz neuer Technologien unproblematisch ist.

3. Begünstigende Faktoren für den Medieneinsatz

Neue Medien haben, wie bereits erwähnt, viele Prozesse[5] verändert. Fälschlicherweise wird häufig sogar von revolutionären Veränderungen gesprochen. Im Kern handelt es sich aber meistens um evolutionäre Veränderungen. In jedem Unternehmen läuft beispielsweise die Beschaffung nach einem bestimmten Muster ab. Wenn die Produktion einen Bedarf gemeldet hat, wird zunächst ein Lieferant ausgewählt. Im Anschluss wird die Bestellung aufgegeben. Nach dem Wareneingang folgt die Rechnungsprüfung und der Zahlungsausgleich. Dieser Geschäftsprozess läuft heute im Grunde genommen noch genauso ab wie vor 100 Jahren. Auch der Einsatz neuer Technologien hat an dieser Vorgehensweise nichts Grundlegendes verändert. Der Unterschied liegt darin, dass der Einkäufer statt in einem Katalog aus Papier in einem elektronischen Katalog die Ware aussucht. Statt eines handgeschriebenen Briefes schickt er heute dem Lieferanten eine elektronische Mail. Die Beschreibungen der Abläufe haben sich nur minimal verändert und auch das Anforderungsprofil an die Mitarbeiter bleibt nahezu identisch. Eine Computeraffinität wird natürlich vorausgesetzt. Aus den genannten Gründen werden sich nur wenige Mitarbeiter im Einkauf sträuben moderne

---

[5] Vgl. Rosenkranz, F.: Geschäftsprozesse - Modell- und computergestützte Planung, Berlin et al. 2002.

Medien zur Unterstützung ihrer Arbeit zu nutzen. Sie werden den Umstellungsprozess vielmehr aktiv unterstützen, da die Vorteile, wie eine schnellere Suche von Artikeln und bessere Kommunikationsmöglichkeiten, die Nachteile bei weitem überwiegen. Frustrationen, Ängste, Boykottaufrufe sind hier nicht zu erwarten.

In obiger Situation ist nicht berücksichtigt worden, dass durch neue Medien die Beschaffung aus der Einkaufsabteilung direkt an den Sachbearbeiterplatz verlagert werden kann. Das E-Procurement[6] zeigt hier einige Möglichkeiten auf. In diesem Fall gibt der Sachbearbeiter den Bedarf nicht an den Einkauf weiter, sondern direkt an den Lieferanten. Der prinzipielle Ablauf bleibt aber wiederum gleich. Er wird nur verkürzt, da zwischengeschaltete Organisationseinheiten entfallen können. Appelfeller[7] weist darauf hin, dass in der Vergangenheit häufig Projekte gescheitert sind, die sich bei der Einführung von E-Procurement auf den Einsatz der Informations- und Kommunikationstechnologie beschränken und die Beschaffungsprozesse nicht reorganisieren. Erst in einem zweiten Schritt werden nun auch die Prozesse den neuen Möglichkeiten angepasst, um das Potenzial der neuen Technologien auszuschöpfen und die Integration der Prozesse innerhalb der Lieferantenkette zu verbessern[8]. Die gewählte Vorgehensweise hat zwar nicht sofort zu den gewünschten Ergebnissen geführt, hat aber sicher gestellt, dass in den Unternehmen die neuen IT-Systeme ohne Akzeptanzvorbehalte der Mitarbeiter eingeführt werden konnten. Grundsätzlich sollte der Mensch bei der Einführung neuer Systeme oder bei der Reorganisation der Prozesse eingebunden werden. Feil[9] betont, dass gerade in virtuellen Netzen der Mitarbeiterführung eine wichtige Rolle zukommt.

Die Möglichkeiten der neuen Medien und Technologien gehen aber viel weiter. Sie können nicht nur altbewährte Prozesse unterstützen oder verkürzen, sondern Prozesse radikal verändern oder neue Prozesse erschaffen[10]. Die Vermutung liegt nahe, dass sich diese Veränderungen nicht so leicht am Markt durchsetzten lassen. In den beiden folgenden Kapiteln soll die hier aufgestellte These anhand

---

[6] Vgl. Wirtz, B.: Electronic Business, 2. Aufl., Wiesbaden 2001, S. 309 ff.
[7] Vgl. Appelfeller, W.: Optimierte Zusammenarbeit mit Lieferanten auf Basis von Supplier Relationship Management (SRM), in diesem Band, S. 181 - 200.
[8] Vgl. Nippa, M., Picot, A.: Prozessmanagement und Reengineering, Frankfurt a. Main 1995.
[9] Vgl. Feil, P.: Virtuelle Organisation und Führung, in diesem Band, S. 273 – 287.
[10] Vgl. Töpfer, A.: Geschäftsprozesse: analysiert & optimiert, Berlin 1996.

der Bereiche Unternehmen und Hochschule näher untersucht werden, wobei die Diskussion sich auf den Einsatz der Videokonferenztechnologie beschränkt.

4. Nutzungshemmnisse in Unternehmen

Kommunikationsprozesse finden in Unternehmen zwischen Projektpartnern, Ausbildern und Auszubildenden sowie zwischen Kunden und Lieferanten statt. Der Einsatz neuer Medien ist nur da sinnvoll, wo sich die Gesprächpartner untereinander kennen und regelmäßige Treffen stattfinden. Eine Suche von Gesprächspartnern ist über neue Medien nicht möglich. Die Regelmäßigkeit von Kommunikation ist eine unabdingbare Voraussetzung für den Medieneinsatz. Beziehungen zu Kunden können nicht über Videokonferenzen aufgebaut werden und sollen daher nicht weiter diskutiert werden. Betriebliche Ausbildungsprozesse laufen ähnlich zum Vorlesungsbetrieb in Hochschulen ab und werden im folgenden Kapitel näher untersucht.

Konzerne sind in der Regel weltweit aufgestellt. Neben dem Vertrieb verteilt sich auch die Produktion auf mehrere Länder. Eine optimale Abstimmung der Geschäftsprozesse erfordert daher auch eine internationale Besetzung des Projektteams. Ein erfolgreiches Projekt setzt regelmäßige Treffen der Teammitglieder voraus, um Missverständnisse zu vermeiden, Fehlentwicklungen rechtzeitig zu stoppen und die besonderen Verhältnisse der einzelnen Standorte zu berücksichtigen. Derartige Treffen finden physisch statt, d. h. die Mitarbeiter treffen sich an einem Ort. Die Folge sind hohe Reisekosten in Form von Übernachtungs- und Fahrtkosten. Darüber hinaus können Auslands- und Überstundenzuschläge anfallen. Ein Großteil dieser Kosten könnte durch den Einsatz von Videokonferenzen eingespart werden. Trotzdem wird relativ selten von diesem Medium Gebrauch gemacht. Hierfür kommen mehrere Gründe in Betracht:

- Verfügbarkeit,
- Kosten,
- Komplexität,
- Qualität,
- persönliche Gründe oder
- organisatorische Gründe.

Videokonferenzanlagen stehen vielerorts in den Betrieben nicht zur Verfügung. Die Unternehmen scheuen die Anschaffungs- und Verbindungskosten. Die Kosten sind aber mittlerweile überschaubar. Komplette Videokonferenzanlagen werden für unter 5000,00 €[11] angeboten, wobei das Gerät gleichzeitig als Bildschirm fungiert und mit dem Arbeitsplatzrechner kombiniert werden kann. Die Verbindung erfolgt über ISDN oder über eine IP-Verbindung. Pauschalangebote der Telefonkommunikationsanbieter machen die Verbindungskosten zu einer kalkulierbaren und geringen Größe. Das Kostenargument kann also höchstens für kleine Unternehmen gelten. Leasing-Modelle oder Pool-Lösungen zeigen hier aber einen Ausweg auf.

Die scheinbare Komplexität des Mediums schreckt Mitarbeiter ab, diese Technik konsequent einzusetzen. Moderne Anlagen lassen sich aber ähnlich wie ein Komforttelefon bedienen und stellen niemanden ernsthaft vor intellektuelle Herausforderungen. Die Unterstützung von Servicemitarbeitern muss für die Anwendung am Arbeitsplatz nicht in Erwägung gezogen werden. In der Vergangenheit sind aus Kostengründen häufig komplexe Lösungen realisiert worden, die in der Tat den einzelnen Mitarbeiter vor Herausforderungen stellte. Eine Kombination aus Webcams, Audiokonferenzen und Netmeeting ist nicht für jeden leicht zu bedienen. Hier ist eine professionelle Unterstützung notwendig gewesen, zumal die Systeme auch nicht immer stabil liefen.

Die Übertragungsqualität von Videokonferenzanlagen ist als ausreichend anzusehen. Auf Grund der üblichen Übertragungsraten stehen den Anwendern gerade bei Multipoint-Verbindungen nicht immer gestochen scharfe Bilder zur Verfügung. Im Rahmen von Projektbesprechungen ist dies aber auch nicht notwendig. Im Zentrum der Kommunikation stehen die Sprache und die zugrunde liegenden Unterlagen. Das Bild dient in erster Linie dazu, zu erkennen

- wer spricht,
- wer möchte sprechen und
- ob ich von meinen Gesprächspartnern verstanden werde.

Alle drei Anforderungen sind in der Regel erfüllt. Details an der Kleidung spielen z. B. für Geschäftstermine keine Rolle. Die bis hier diskutierten Nutzungshemmnisse lassen sich also leicht aus dem Weg räumen und erklären nicht den mangelnden Einsatz der Technologie. Die persönliche Einstellung der Mitarbei-

---

[11] SONY PCS-TL50

ter verhindert häufig den Einsatz. Die Kommunikationsprozesse zwischen den Mitarbeitern werden erheblich verändert. Das regelmäßige Reisen zu den Gesprächsteilnehmern entfällt[12]. Es werden mehr Tätigkeiten vom Arbeitsplatz aus erledigt. Das Arbeiten in der Bahn oder im Flugzeug entfällt. Die Mitarbeiter müssen ihre Arbeitsabläufe völlig neu strukturieren. Lieb gewonnene Gewohnheiten müssen aufgegeben werden.

Darüber hinaus erfolgt die Kommunikation über Videokonferenzanlagen nach anderen Spielregeln als bei einem lokalen Treffen. Zunächst müssen alle Gesprächspartner sehr diszipliniert miteinander umgehen. Es ist nicht möglich, dass mehrere Personen gleichzeitig reden. Eigene Gedanken können erst geäußert werden, wenn der Gesprächspartner seine Rede beendet hat. Überhaupt muss das ganze Gespräch nach festen Regeln ablaufen. Der Einsatz von Drehbüchern ist für größere Gesprächsrunden sehr sinnvoll. Dabei werden die Rollen und die Redezeiten der Gesprächsteilnehmer festgelegt. Der Umgang mit Kamera und Mikrophon stellen weitere Herausforderungen dar. Mit der Zeit angewöhntes Verhalten, wie das Wandern bei einem Vortrag, sind nicht möglich. Der Vortragende bzw. der Gesprächspartner müssen einen festen Blick zur Kamera einhalten und auch nur in Richtung der aufgestellten Mikrophone sprechen. Außerdem muss langsam und in einer angemessenen Lautstärke gesprochen werden. Der Erfolg einer Videokonferenz hängt nicht unerheblich von der Einhaltung der hier aufgeführten „Gesetze" ab. Die Nichteinhaltung kann in den Fähigkeiten, aber auch in der Akzeptanz der Gesprächsteilnehmer liegen. Viele Projektpartner sind einfach nicht bereit, sich einem derartigen Diktat der Kommunikation zu unterwerfen und verweigern daher die Mitarbeit.

Die technische und organisatorische Umsetzung der Videokonferenzen erfordert letztendlich eine Stabsstelle im Unternehmen, die sich den konsequenten Einsatz der neuen Medien zum Ziel setzt. Die Abteilung müsste folgende Aufgaben übernehmen:

- Anschaffung und Wartung der Systeme,
- Erschliessung neuer Anwendungsbereiche und
- Schulung und Motivation der Mitarbeiter.

---

[12] Geschäftsreisen können nicht vollständig ersetzt werden. Eine erfolgreiche Kommunikation über neue Medien setzt voraus, dass sich die Teilnehmer an einem Ort persönlich kennen gelernt haben.

Da neue Medien die Geschäftsprozesse ändern, muss eine zentrale Organisationseinheit geschaffen werden, die alle Aktivitäten in dieser Hinsicht bündelt und koordiniert. Positive Erfahrungen in Unternehmen müssen einer breiten Schicht bekannt gemacht werden. Auf diese Weise wird Neugier geweckt und der Reorganisationsprozess angestoßen. Daher kann eine fehlende Organisationseinheit als größtes Nutzhemmnis neuer Medien identifiziert werden.

5. Nutzungshemmnisse im Hochschulbereich

Im Hochschulbereich haben neue Medien den Informationsaustausch und die Informationsbeschaffung erheblich vereinfacht. Die Möglichkeiten der neuen Medien werden aber bei weitem im alltäglichen Vorlesungsbetrieb nicht ausgenutzt. So finden die meisten Vorlesungen nach wie vor im klassischen Frontalunterricht statt[13]. Eine Person doziert vor den Studenten, dabei deckt der Dozent den Stoff eines kompletten Fachgebiets ab. Fachkompetenz von anderen Universitäten wird lediglich in Form von Gastvorträgen eingekauft.

Neue Medien stellen eine Chance dar, dass Universitäten zusammenwachsen, ohne dass sie physisch zusammengelegt werden müssen. Hochschullehrer können mittels Videokonferenzen ihre Kompetenzen bündeln. Ebenso können standortübergreifende Seminargruppen gebildet werden. Standardveranstaltungen, wie sie vor allem im Grundstudium üblich sind, können von einer Universität aus für eine ganze Palette verbundener Partneruniversitäten gesendet werden. Doppelarbeit kann standortübergreifend vermieden werden. Die neuen Freiräume können für interessante weiterführende Veranstaltungen genutzt werden[14].

Die im vorangegangenen Abschnitt erarbeiteten Hemmnisse lassen sich auf den Hochschulbereich übertragen. Unkenntnis und mangelnde organisatorische Unterstützung sind auch hier die wesentlichsten Nutzungshemmnisse. Die Kosten lassen sich auch für Hochschulen einfach kalkulieren und bilden keine finanzielle Herausforderung. Da jede deutsche Hochschule an das deutsche Forschungsnetz angeschlossen ist, fallen so gut wie keine Verbindungskosten an. Die Inves-

---

[13] Vgl. N. N.: E-Learning an deutschen Hochschulen – Trend 2004, Multimedia Kontor, Hamburg 2004.
[14] Knaden, A., Rolf, R.: Technisches Instrumentarium zur Unterstützung virtueller standortübergreifender Lehrveranstaltungen, in diesem Band, S. 93 - 115.

titionskosten bewegen sich in der Höhe von Arbeitsplatzrechnern. Eine für neue Medien zuständige Organisationseinheit, vergleichbar mit den Rechenzentren der Hochschulen, muss den Einführungsprozess begleiten. Einzelne Fachgebiete sind in Regel hier überfordert, gerade wenn sie im Alltag wenig mit der EDV in Berührung kommen[15].

Neben den organisatorischen Maßnahmen beeinflusst die persönliche Einstellung der Hochschullehrer die Verbreitung der Medien. Studierende stehen dagegen neuen Technologien meistens positiv gegenüber. Wenn die technische Qualität der Videoübertragungen akzeptabel ist, werden sie den Einsatz begrüßen[16], da ihre Freiheitsgrade hierdurch anwachsen. Diese Akzeptanz bezieht sich in erster Linie auf den reinen Vorlesungsbetrieb, in denen die Studenten eher eine passive Rolle einnehmen. In Bezug auf Seminare kann das Urteil der Studenten schon anders ausfallen, da sie nun auch einen aktiven Part übernehmen müssen. Vielen Studenten fällt das Sprechen vor einer großen Gruppe schwer. Die Hemmschwelle ist beim Reden vor einer Kamera verständlicherweise noch höher[17]. Abhilfe kann hier nur die Gewohnheit bringen.

Hochschullehrer lassen sich nicht so einfach wie die Studenten auf den richtigen Weg bringen, da sich ihre Lehrprozesse über mehrere Jahre gefestigt haben. Nicht jeder Lehrer ist bereit nach Jahren erfolgreicher Lehre seine Konzepte umzustellen. Die Orientierung an einem starren Drehbuch ist auf den ersten Blick ein Widerspruch zur Freiheit der Forschung und Lehre. Im Rahmen einer standortübergreifenden Lehre konzentriert sich jeder Hochschullehrer auf seine Kernkompetenzen, so dass die Studenten Veranstaltungen auf höchstem Niveau genießen können. Die Lehre läuft nach einem anderen Muster ab. Die Verantwortlichkeiten für einzelne Lehrbereiche sind auf mehrere Standorte verteilt, wobei ein verstärkter Koordinierungsaufwand notwendig ist. Der Ablauf der Lehre wird vollständig neu strukturiert. Die neue Struktur verändert die Zuordnung von personellen und technischen Ressourcen und weist zusätzliche Aufga-

---

[15] Vgl. auch Ollermann, F., Gruber, C., Hamborg, K.-C.: Ergebnisse der Umfrage zum Einsatz digitaler Lehrmaterialien, VIRTUOS, Osnabrück 2003.
[16] Vgl. N. N.: E-Learning an deutschen Hochschulen – Trend 2004, Multimedia Kontor, Hamburg 2004.
[17] Die Aussagen beruhen auf Beobachtungen, die der Autor in zahlreichen standortübergreifenden Vorlesungen und Seminare auf Basis der Videokonferenztechnologie gesammelt hat. Vgl. auch Kramer, M.: Virtuelle Netze - Chancen für interdisziplinäre Kooperationen in Hochschulen, in diesem Band, S. 115 – 144.

ben auf. Der technische und organisatorische Aufwand wächst an, so dass gerade in der Anfangsphase zentrale Ansprechpartner zur Verfügung stehen sollten.

6. Fazit

Der vorliegende Beitrag zeigt einige Hemmnisse auf, die den konsequenten Einsatz neuer Medien in der Bildung und in Projektarbeiten hemmen. Die Vorteile der neuen Technologien überzeugen zwar, deren Einsatz muss aber wohl vorbereitet sein. Daneben muss aber akzeptiert werden, dass nicht alle Bereiche durch neue Technologien bzw. virtuelle Netze ergänzt bzw. ersetzt werden können. Hier können Simulationsstudien[18] einen Ausweg aufzeigen, ob sich in einem konkreten Fall die Umstellung lohnt. Reuels und Hoppe[19] erstellen z. B. eine simulationsgestützte Machbarkeitsstudie für einen virtuellen Marktplatz, auf dem regionale Transportdienstleistungen gehandelt werden.

Erfahrungen zeigen, dass radikale Umsetzungsstrategien selten zum Erfolg führen. Alle betroffenen Institutionen müssen an den Veränderungen beteiligt werden. Eine komplette Umstellung stellt auf Grund der Komplexität, des Informationsmangels und der Koordinierungsschwierigkeiten eine zu große Herausforderung dar. Vielmehr muss die Gesamtaufgabe in kleine zu bewältigende Teilprobleme zerlegt werden. Witte hat in seiner Habilitationsschrift aus dem Jahre 1979 mit dem Heuristischen Planen[20] einen Weg aufgezeigt, wie hier strukturiert vorgegangen werden kann. Der Ansatz hat 25 Jahre später nicht an Aktualität eingebüßt.

Literatur

Appelfeller, W.: Optimierte Zusammenarbeit mit Lieferanten auf Basis von Supplier Relationship Management (SRM), in diesem Band, S. 181 - 200.

---

[18] Vgl. Witte, Th.: Simulationstheorie und ihre Anwendung auf betriebliche Systeme, Wiesbaden 1973.
[19] Vgl. Reuels, C., Hoppe, U.: Simulation als Methode zur Bewertung der Machbarkeit von logistischen Systemen - dargestellt am Beispiel eines kooperativen regionalen Heimlieferservices, in diesem Band, S. 217 - 234.
[20] Vgl. Witte, Th.: Heuristisches Planen, Wiesbaden 1979.

Corsten, H., Gössinger, R.: Einführung in das Supply Chain Management, München et al. 2001.
Knaden, A., Rolf, R.: Technisches Instrumentarium zur Unterstützung virtueller standortübergreifender Lehrveranstaltungen, in diesem Band, S. 93 - 115.
Knaden, A., Zettel, M.: Erfahrungsbericht: Einsatz kostengünstiger audiovisueller Medien zur Liveübertragung virtueller Lehrveranstaltungen via Internet im Fachbereich Wirtschaftswissenschaften der Universität Osnabrück, Osnabrück 2002.
Kramer, M.: Virtuelle Netze - Chancen für interdisziplinäre Kooperationen in Hochschulen, in diesem Band, S. 115 – 144.
N. N.: E-Learning an deutschen Hochschulen – Trend 2004, Multimedia Kontor, Hamburg 2004.
Nippa, M., Picot, A.: Prozessmanagement und Reengineering, Frankfurt a. Main 1995.
Feil, P.: Virtuelle Organisation und Führung, in diesem Band, S. 273 – 287.
Finkenzeller, K.: RFID- Handbuch, 3. Aufl., München 2002.
Ollermann, F., Gruber, C., Hamborg, K.-C.: Ergebnisse der Umfrage zum Einsatz digitaler Lehrmaterialien, VIRTUOS, Osnabrück 2003.
Reuels, C., Hoppe, U.: Simulation als Methode zur Bewertung der Machbarkeit von logistischen Systemen - dargestellt am Beispiel eines kooperativen regionalen Heimlieferservices, in diesem Band, S. 217 – 234.
Rosenkranz, F.: Geschäftsprozesse - Modell- und computergestützte Planung, Berlin et al. 2002.
Töpfer, A.: Geschäftsprozesse: analysiert & optimiert, Berlin 1996.
Wirtz, B.: Electronic Business, 2. Aufl., Wiesbaden 2001, S. 309 ff.
Witte, Th.: Heuristisches Planen, Wiesbaden 1979.
Witte, Th.: Simulationstheorie und ihre Anwendung auf betriebliche Systeme, Wiesbaden 1973.

Virtuelle Netze als Instrument zur Stärkung der Kooperation von Akteuren im Umweltbereich

Klaus Helling, Markus Blim

1. Einführung und Zielsetzung

Der Schutz und der Erhalt der natürlichen Umwelt ist heute auf (fast) allen politischen Ebenen ein anerkanntes Ziel. Ökonomisch betrachtet ist die natürliche Umwelt Quelle und Senke aller von wirtschaftenden Akteuren induzierten Güterströme und Dienstleistungen. Wirtschaften bedeutet die Kombination von Produktionsfakoren zur Erstellung von Gütern und Dienstleistungen, die in der Folge zur Befriedigung von Bedürfnissen dienen. Methodisch hat sich zur Beschreibung des Kombinationsprozesses der systemtheoretisch fundierte Ansatz der produktiven Systeme etabliert.[1] Die natürliche Umwelt ist auf der Inputseite eines Produktionssystems Ressourcenlieferant und zugleich auf der Outputseite Absorptionsmedium.[2]

Die Veröffentlichung der ersten Studie des Club of Rome im Jahr 1973 wies die absolute Knappheit der natürlichen Ressourcen im Hinblick auf die Inputseite von Produktionssystemen nach.[3] Die UN-Konferenz in Rio de Janeiro verabschiedete 1992 die Agenda 21 als Handlungsprogramm für das 21. Jahrhundert. Zentrales Element dieses Programms ist die Forderung nach einer nachhaltigen Entwicklung (Sustainable Development). Gegliedert nach Problembereichen und Akteuren werden allgemeine Forderungen und Lösungsansätze für die nachhaltige Entwicklung beschrieben.[4] Die 1997 im sogenannten Kyoto-Protokoll[5] festgeschriebenen Begrenzungs- und Reduktionsverpflichtungen klimaschädigender Treibhausgase verdeutlichen, dass auch auf der Outputseite eine absolute Verringerung der Belastung der natürlichen Umwelt erforderlich ist. Für Unternehmen bedeutet die Forderung der nachhaltigen Entwicklung, dass die Produktionssysteme hoch effizient auszugestalten sind. Die für Gestaltung

---

[1] Vgl. Rieper/Witte 2001, S. 18ff.
[2] Vgl. Helling 1996, S. 12ff.
[3] Vgl. Meadows 1973.
[4] Vgl. Bundesministerium für Umwelt, Naturschutz und Reaktorsicherheit 1997.
[5] Vgl. Sekretariat der Klimarahmenkonventionen 1997.

der Systeme handlungsleitenden Zielsysteme müssen ökonomische, ökologische und soziale Forderungen berücksichtigen.

Zeitlich parallel zu der skizzierten Entwicklung im Umweltbereich haben sich durch die moderne Informationstechnologie und die damit verbundene Entwicklung des Internets die Kommunikationsmöglichkeiten und die Geschwindigkeit des Informationsaustausches sehr stark verändert. Die Wurzeln des als „Netz der Netze" bezeichneten Internets reichen zurück in das Jahr 1969, als initiiert vom amerikanischen Verteidigungsministerium auf Basis des ARPANet erste Host-to-Host-Verbindungen von Rechnern entwickelt wurden. Die Entwicklung ging zunächst nur langsam voran. Mit der Verbreitung des Protokolls TCP/IP folgte eine Phase exponentiellen Wachstums des Netzes.[6] Die folgende Tabelle zeigt die Entwicklung der Anzahl der an das Internet angeschlossenen Rechner.

Jahr	1977	1983	1987	1992	1994	1996
Rechner	111	4000	27.000	1,14 Mio.	3 Mio.	16 Mio.

Die heutige Größe des Internets wird auf Basis der indizierbaren Webseiten geschätzt. Diese Zahl überstieg im Jahr 2000 die Grenze von 1 Milliarde. 2002 indizierte die Suchmaschine Google bereits über 2,5 Milliarden Webseiten. Die Entwicklung zeigt, dass das Internet offenbar sehr große Potentiale in Bezug auf Information, Kommunikation und Kollaboration seiner Nutzer bietet. Am Rande sei darauf hingewiesen, dass sich der Club of Rome auch mit den gesellschaftlichen Auswirkungen der zunehmenden Vernetzung von Akteuren befass[7]

Der vorliegende Beitrag verknüpft die skizzierten Entwicklungen im Umweltschutz und in der Informationstechnik. Die Zielsetzung besteht darin, aufzuzeigen auf welche Weise virtuelle, internetbasierte Kommunikationsformen zur Zeit zur Vernetzung von Akteuren im Umweltbereich genutzt werden und welche Konsequenzen sich daraus ergeben. Dazu wird zunächst eine Systematik zur Klassifizierung virtueller Netze im Umweltbereich erarbeitet. Der Begriff der „virtuell" wird in diesem Beitrag pragmatisch im Sinne von „netzbasiert", „im Internet" oder „online" definiert.[8] Die virtuellen Netze im Umweltbereich sind somit internetbasierte Verbindungen von Akteuren. Auf dieser Basis wird an-

---

[6] Vgl. Hasenkamp/Stahlknecht 1997, S. 144.
[7] Vgl. Cebrián 1999.
[8] Vgl. Schulmeister 2002, S. 129.

hand von ausgewählten Beispielen aus dem Bereich des Stoffstrommanagements aufgezeigt, welche Potentiale die virtuellen Netze zur Stärkung der Kooperation der verschiedenen Akteure im Umweltbereich bieten. Abschließend werden Perspektiven für die zukünftige Entwicklung virtueller Netze im Bereich des Stoffstrommanagements aufgezeigt.

2. Systematik der virtuellen Netze im Umweltbereich

Virtuelle Netze im Umweltbereich bieten den beteiligten Akteuren Zugang zu Umweltdaten und vor allem Möglichkeiten zur Kommunikation untereinander und mit Außenstehenden. Auf Grund der Heterogenität des Umweltbereiches und der Vielzahl der möglichen Akteure ist eine Systematik zur Klassifizierung der virtuellen Netze im Umweltbereich erforderlich. In Erweiterung der von HELLING beschriebenen Klassifizierung von Umweltinformationssystemen[9] lassen sich die folgenden Merkmale zur Systematisierung virtueller Netze im Umweltbereich heranziehen:

- Beteiligte Akteure bzw. Adressaten

Beteiligte Akteure können z. B. Unternehmen, Behörden, Hochschulen oder Verbraucher sein. Virtuelle Netze können in Bezug auf die beteiligten Akteure homogen oder heterogen sein. Dies gilt auch für die Adressaten eines virtuellen Netzes, die entweder identisch mit den Akteuren sind oder als Zielgruppe des virtuellen Netzes angesehen werden können. Ein Bildungsnetzwerk verschiedener Hochschulen ist beispielsweise in Bezug auf die beteiligten Akteure homogen und hat als Zielgruppe die Personen, die an der entsprechenden Bildungsmaßnahme interessiert sind.

- Abgedeckte Umweltbereiche

Neben globalen virtuellen Netzen, die alle Umweltbereiche umfassen, gibt es medienspezifische (z. B. Abfall, Wasser/Abwasser, Emissionen), stoff- bzw. produktspezifische (z.B. Metall, Biomasse, Automobil) und themenspezifische (z.B. Klimaschutz, Energie, Recycling) Ausprägungen. Weiterhin kann in Bezug auf die abgedeckten Umweltbereiche eine vertikale und eine horizontale Orientierung unterschieden werden. Horizontale Netze verknüpfen Akteure auf einer

---

[9] Vgl. Helling 1996, S. 34ff.

Wertschöpfungsstufe (z.B. Entsorgungsgemeinschaften). Die vertikalen virtuellen Netze werden von Akteuren auf verschiedenen Stufen einer Wertschöpfungskette gebildet und können im Idealfall Akteure über alle Stufen eines Produktlebenszyklus verbinden.

- Geographische Abdeckung

Das Internet engt die Verknüpfung von Akteuren in Bezug auf die geographische Abdeckung nicht ein. Trotz der fehlenden technischen Barrieren gibt es eine Reihe von Aspekten, die zu unterschiedlichen räumlichen Abgrenzungen von virtuellen Netzen führen. Neben sprachlichen Barrieren sind hier markt- und umweltbezogene Gründe ausschlaggebend. Als Varianten lassen sich z. B. globale, internationale, nationale und regionale virtuelle Netze unterscheiden.

- Ziele und Aufgaben

Virtuelle Netze im Umweltbereich haben vielfältige Ziele, die von den jeweiligen Akteuren zu definieren sind. Eine wichtige Rolle spielen in den meisten Fällen der Informationsaustausch und die Anbahnung von Kontakten, Kooperationen und Geschäftsbeziehungen im jeweils abgedeckten Umweltbereich. Die Aufgaben der virtuellen Netze leiten sich aus den Zielen ab. Unter Beachtung der spezifischen Ziele lassen sich u.a. Informations-, Planungs-, Dokumentations-, Überwachungs- und Kommunikationsaufgaben differenzieren.

- Verwendete Technik

Die Leistungsfähigkeit und die Benutzerfreundlichkeit der verwendeten Technik ist entscheidend für die Akzeptanz bei den Akteuren und Adressaten eines virtuellen Netzes. Zur Bereitstellung von Informationen werden von der klassischen Homepage, über datenbankbasierte Lösungen bis hin zu individuell programmierten Informationsportalen verschiedenste Lösungen angeboten. Zur Kommunikation der Akteure in virtuellen Netzen werden E-Mail, Forum, Chat, Audio- oder Videokonferenzsysteme und Groupwarelösungen angeboten. Grundsätzlich lassen sich synchrone und asynchrone Kommunikationstools unterscheiden. Ergänzend zu den vielfältigen internetbasierten Informations- und Kommunikationsformen sind in virtuellen Netzen auch die herkömmlichen Varianten (Brief, Broschüre, Telefon etc.) zu beachten.

- Geschäftsmodell

Das Geschäftsmodell beschreibt, wer zu welchen Bedingungen Zugang zu einem virtuellen Netz hat und wie die notwendigen finanziellen Mittel zur Aufrechterhaltung des virtuellen Verbunds gesichert werden. Im Hinblick auf die Zugangsmöglichkeiten lassen sich offene oder geschlossene virtuelle Netze unterschieden. Weiterhin kann differenziert werden, ob die Nutzung des virtuellen Netzes gebührenfrei oder gebührenpflichtig ist, und ob es für die Entwicklung und Aufrechterhaltung (öffentliche) Zuschüsse gibt. Schließlich lassen sich virtuelle Netze anhand der Rechtsform, die die Akteure für ihre Kooperation wählen, unterscheiden.

Die vorgeschlagenen Systematisierungskriterien bieten zur Beschreibung und Bestandsaufnahme einen groben Orientierungsrahmen und erlauben eine mehrdimensionale Klassifizierung virtueller Netze im Umweltbereich.

3. Virtuelle Netze im Stoffstrommanagement

3.1 Grundlagen des Stoffstrommanagements

Der Begriff des Stoffstrommanagements (SSM) wurde im deutschsprachigen Raum erstmals durch den deutschen Bundestag, als „das zielorientierte, verantwortliche, ganzheitliche und effiziente Beeinflussen von Stoffsystemen, wobei die Zielvorgaben aus dem ökologischen und ökonomischen Bereich kommen, unter Berücksichtigung von sozialen Aspekten.", definiert.[10]

Stoffstrommanagement ist die pragmatische Weiterführung des in der Präambel der Agenda 21 formulierten Leitgedankens, der zur nachhaltigen Sicherstellung der Lebensgrundlage künftiger Generationen einen größeren Schutz und eine bessere Bewirtschaftung der Ökosysteme verlangt.[11] So liefert Stoffstrommanagement insbesondere ein Werkzeug zur zielgerichteten Implementierung dieser nachhaltigen Entwicklungsstrategie. Der intelligente Umgang mit Ressourcen, die Minimierung des Energie- und Materialverbrauchs, die Schaffung und Erhal-

---

[10] Vgl. Enquête-Kommission „Schutz des Menschen und der Umwelt", 1994, S.259.
[11] Vgl. Bundesministerium für Umwelt, Naturschutz und Reaktorsicherheit 1997.

tung von Arbeitsplätzen sowie die Abfall- und Produktvermeidung sind zentrale Aspekte des komplexen Zielsystems des ganzheitlichen Managementansatzes.[12]

Der interdisziplinäre Optimierungsansatz von Stoffflüssen und Stoffsystemen impliziert neue Kooperationsformen der handelnden Akteure sowie den Einsatz innovativer Methoden des Wissensmanagements und der Kommunikation, um der Komplexität der Aufgabenstellung des Stoffstrommanagements auf betrieblicher aber auch auf regionaler Ebene gerecht zu werden. Auf Grund der Komplexität der Fragestellungen und der Vielzahl der beteiligten Akteure ist es nicht verwunderlich, dass gerade im Bereich des Stoffstrommanagements internetbasierte, virtuelle Netze zur Kommunikation und Kollaboration der Akteure entstehen und in der Praxis eingesetzt werden.

3.2 Beispiele virtueller Netze im Stoffstrommanagement

3.2.1 Übersicht der ausgewählten Beispiele

Alle in diesem Abschnitt vorgestellten virtuellen Netze haben einen direkten Bezug zum innovativen Ansatz des Stoffstrommanagements. Stoffstrommanagement beinhaltet sowohl die Erfassung als auch die Planung und Umsetzung von Verbesserungen.[13] Im folgenden werden vier virtuelle Netze vorgestellt, die eng mit dem Tätigkeitsfeld des Instituts für angewandtes Stoffstrommanagement (IfaS), einem In-Institut der Fachhochschule Trier am Umwelt-Campus in Birkenfeld, verbunden sind. Die ausgewählten Beispiele lassen sich im Vorgriff auf die weiteren Teilabschnitte in einer kurzen Übersicht anhand der entwickelten Kriterien wie in Abbildung 1 zusammengefaßt charakterisieren.

3.2.2 VERC - Virtuelles Europäisches Recycling Center

Das Virtuelle Europäische Recycling Center (VERC) verfolgt das Ziel, innovatives Wissen im Bereich der Recyclingtechnik europaweit zu verbreiten, und somit die Wettbewerbsfähigkeit der europäischen Recyclingwirtschaft zu stärken. Gefördert wird die seit Juli 2002 laufende Aufbauphase des Projekts durch das 5. Forschungsrahmenprogramm der Europäischen Kommission. Langfristig

---

[12] Vgl. Heck/Bemmann, 2002, S. 21f.
[13] Vgl. ausführlich zu Grundlagen und Anwendungsbeispielen des regionalen und betrieblichen Stoffstrommanagements: Heck/Bemmann 2002, S. 13ff.

sollen die Dienstleistungen des Netzwerkes privatwirtschaftlich organisiert werden.

	VERC	PIUS	KNUT	IncoWest GbR
Langbezeichnung	Virtuelles Europäisches Recycling Center	Produktionsintegrierter Umweltschutz – Webportal für den Mittelstand	Kompetenznetzwerk Umwelttechnik Rheinland-Pfalz	Ingenieur Kooperation West Gesellschaft des bürgerlichen Rechts
Beteiligte Akteure	17 Partner aus 10 Mitgliedstaaten der EU Projektleitung: Gaiker, Spanien Deutscher Partner: Institut für angewandtes Stoffstrommanagement (IfaS)	Effizienzagentur Nordrhein-Westfalen (EFA), Sonderabfall-Management-Gesellschaft Rheinland-Pfalz (SAM)	Ministerium für Wirtschaft, Verkehr, Landwirtschaft und Weinbau RLP (MWVLW) Institut für angewandtes Stoffstrommanagement (IfaS)	9 Beratungs- und Ingenieurbüros aus RLP
Adressaten	Handel, Forschung, Industrie, Administration	Kleine und mittlere Unternehmen (KMU), Innovationszentren, Verbände, Kammern, Behörden, Beratungsunternehmen	Kleine und mittlere Unternehmen (KMU) der Umwelttechnikbranche aus RLP	Industrieunternehmen, Privatkunden, Ver- und Entsorgungs-unternehmen, öffentliche Auftraggeber, Finanzinstitutionen
Geographische Abdeckung	Europäische Union	Bundesrepublik Deutschland	Rheinland-Pfalz	Rheinland-Pfalz und Süd-/West Deutschland
Abgedeckte Umweltbereiche	Recycling	Produktionsintegrierter Umweltschutz	Umwelttechnik	Bau- und Ausrüstung in den Bereichen Wasser/ Abwasser, Abfall, Energie
Ziele und Aufgaben	Bildung eines europaweiten Kompetenznetzwerks und einer Informationsplatt-form im Bereich Recycling	Ökonomisch und ökologische Unternehmensführung durch produktintegrierten Umweltschutz für KMU's	Unterstützung, Betreuung und Vermarktung der Umwelttechnik-branche RLP	Akquisition und Durchführung nationaler und internationaler Umwelt- und Infrastrukturprojekte
Verwendete Technik	• Elektron. Börsen • Internetbasierte Datenbanken • Internet Foren	• Internetbasierte Datenbanken • Internet Foren	• Internetbasierte Datenbanken • Elektronischer Newsletter	• Gemeinsame Homepage
Geschäftsmodell	Privatisierung nach Abschluss der EU-finanzierten Start-Up Phase	Finanzierung durch die EFA und die SAM	Finanzierung durch das MWVLW und IfaS, langfristig Privatisierung	Teilhabermodell der beteiligten Unternehmen
Internet	www.verc.net	www.pius-info.de	www.umwelttechnik-rlp.de	www.incowest.de

Abbildung 1: Übersicht virtueller Netze im Stoffstrommanagement

Unter Projektleitung des spanischen Forschungs- und Entwicklungsinstituts Gaiker arbeiten 17 Forschungs- und Entwicklungsinstitutionen aus 10 EU-Mitgliedsstaaten an der Etablierung des VERC. Deutscher Projektpartner ist das Institut für angewandtes Stoffstrommanagement (IfaS).

Das Recycling von Reststoffen, Industriegütern und Konsumprodukten bedingt das Zusammenspiel unterschiedlichster Kompetenzbereiche. So erfordert das effiziente Stoffstrommanagement, also Wertschöpfung durch die Umwandlung des „negativen Wertes" eines Abfallsstoffes in einen „positiven Wert" eines Produktes, sowohl technisches und naturwissenschaftliches Wissen als auch logistisches, betriebswirtschaftliches, juristisches und auch sozialwissenschaftliches Know-how.

Durch die Errichtung einer internetbasierten Kommunikationsplattform sollen für den Wissensaustausch relevante Akteure im Bereich des Recyclings miteinander verknüpft werden. Relevante Akteure des VERC sind:

- Die Marktteilnehmer, als Anbieter und Verarbeiter von zu recycelnden Gütern sowie als Abnehmer von aufbereiteten Stoffen und Materialien,
- Die Forschung, welche Methoden und Verfahren zur Verfügung stellt, die die Transformation von nicht mehr brauchbaren Materialien zu neu geschaffenen, recycelten Produkten ermöglichen,
- Die Industrie, welche die tatsächlichen Kapazitäten zur Umsetzung der Methoden und Verfahren schafft,
- Die Administration, die rechtliche Rahmenbedingungen zur Schaffung von Handlungssicherheit setzt

Faktisch hat die virtuelle Einrichtung VERC die Aufgabe, durch umfassende Recherche, Bereitstellung und Verbreitung von wichtigen Informationen im Bereich des Recyclings, die Marktdurchdringung innovativer Recyclingtechnologien und effizienter Stoffstrommanagementsysteme zu fördern. Informationspolitisches Ziel ist die Bereitstellung von Daten im Entwicklungs- und Forschungsbereich mit primärem Technologiebezug. Darüber hinaus sollen rechtliche, betriebswirtschaftliche und sozial-wissenschaftliche Erkenntnisse im Bereich Recycling verbreitet werden.

Der europäische Wissenstransfer soll sowohl auf konventionellem Wege als auch durch virtuelle, internetbasierte Dienste gefördert werden. Derzeit wird das folgende Dienstleistungsspektrum durch die Projektpartner aufgebaut:

- Eine interdisziplinäre Wissensdatenbank,
- Elektronische Börsen für:
  Kontakte zwischen Anbietern und Nutzern von Know-how,
  Materialien,
  Weitergehende Beratungsleistungen,
- Diskussionsforen zur Entwicklung von europäischen Standards und Normen für Recyclingmaterialien und –verfahren,
- Ausbildungsmaßnahmen.

3.2.3 PIUS - Produktionsintegrierter Umweltschutz

Das Projekt umfasst den Aufbau und die kontinuierliche Aktualisierung und Pflege einer Internetplattform über die Aktivitäten der beteiligten Partner auf dem Gebiet des produktionsintegrierten Umweltschutzes (PIUS). Das Internet-Forum wurde im August 1999 von fünf Partnern aus fünf Bundesländern aufgebaut. Die beteiligten Akteure waren die Sonderabfall-Management-Gesellschaft Rheinland-Pfalz (SAM), das Landesamt für Natur und Umwelt (LANU), Schleswig-Holstein, die Hessische Industriemüll Technologie GmbH (HIM-TECH), die ABAG-itm Gesellschaft für innovative Technologie- und Managementberatung mbH, Baden-Württemberg, und die Niedersächsische Gesellschaft zur Endablagerung von Sonderabfall mbH (NGS).

Die Finanzierung des PIUS-Projektes wurde über die ersten beiden Jahre anteilig von der Deutschen Bundesstiftung Umwelt (DBU) gefördert. Die weiteren Kosten wurden von den Initiatoren aufgebracht. Nach Beendigung der Projektförderung wurde das PIUS-Internet-Portal durch drei Institution der Bundesländer NRW, RLP und SH im Rahmen einer Kooperation finanziert. Im September 2001 wurden die Aufgaben der neu gegründeten Geschäftsstelle des PIUS-Internet-Portals an die Effizienz-Agentur Nordrhein-Westfalen (EFA) übertragen. Seit Beginn des Jahres 2003 finanzieren die SAM und die EFA gemeinsam die Plattform.

Die PIUS-Strategie basiert auf der Erkenntnis, dass ein nachsorgender Umweltschutz in Unternehmen zwar zu Verbesserungen von Umweltschutzstandards führt, aber mit erheblichen zusätzlichen Kosten verbunden ist. Produktionsintegrierter Umweltschutz (PIUS) steigert die Wettbewerbsfähigkeit des Betriebes, führt zu Kostensenkungen, effizienterem Einsatz von Rohstoffen und Energie und trägt zur Optimierung betrieblicher Abläufe bei.

Mit www.pius-info.de wurde eine Informationsplattform im Internet aufgebaut, die praxiserprobte Maßnahmen zu umweltschonender und kostensparender Produktion aktuell, benutzerfreundlich und kostenfrei zugänglich macht. Hauptzielgruppe sind kleine und mittlere Unternehmen (KMU), die mit möglichst direkt umsetzbaren Informationen aus der betrieblichen Praxis angesprochen werden sollen. Aber auch Multiplikatoren wie beispielsweise Innovationszentren, Verbände und Kammern, Behörden und Beratungsunternehmen sowie Forschungseinrichtungen finden in dem Netzwerk eine umfassende Informations- und Kommunikationsplattform. Wichtige Informationen finden auch Produkt- und Anlagenanbieter/-hersteller, die PIUS-Maßnahmen umsetzten. Kernstück des PIUS-Internet-Forums ist der 'Info-Pool' in dem kompaktes Know-how zum produktionsintegrierten Umweltschutz in Form von Projektberichten, Branchenleitfäden, Maßnahmenkatalogen, Praxis-Infos, Software, Tagungsbänden und Literaturlisten für Unternehmen zur Verfügung steht.

Die Plattform bietet Unternehmen mit Hilfe von praxisbezogenen Beispielen, eine Optimierung ihrer unterschiedlichen Stoffströme an. Dazu dienen Maßnahmenvorschläge, welche zu einer ökonomisch und ökologisch effizienteren Unternehmensführung beitragen:

- Substitution umweltbelastender Hilfs- und Betriebsstoffe,
- Einsatz effizienter und innovativer Verfahren,
- Nutzung von Energiespar-Potenzialen, z.B. durch Abwärmenutzung,
- Betriebsinterne Kreislaufführung von Einsatzstoffen,
- Hochwertige Verwertung unvermeidbarer Rückstände,
- Berücksichtigung von Vor- und Folgestufen eines Produktionsprozesses,
- Ökologische Produktgestaltung (Langlebigkeit, Reparaturfreundlichkeit, geringer Energieverbrauch, Recyclingfreundlichkeit etc.),
- Nutzen- statt Produktverkauf (Ökoleasing).

Das Angebot der PIUS-Internet-Portal wurde im April 2004 durch das PIUS-Personennetzwerk erweitert. Das Netzwerk bietet Experten aus Beratung, Dienstleistung, Forschung, Wissenschaft, Verwaltung und Wirtschaft die Möglichkeit, neue Kontakte zu Themen des Nachhaltigen Wirtschaftens und des produktionsintergierten Umweltschutzes zu knüpfen

Das europäische Themenzentrum Abfall und Stoffflüsse (European Topic Center on Waste and Material Flows - ETC/WMF) sammelte von Mitte 2003 an "Erfolgsgeschichten bei der Abfallvermeidung". Unter den 91 ausgezeichneten

Projekten – 17 Projekten kamen aus Deutschland – fand sich ebenfalls das PI-US-Internet-Portal.[14]

3.2.4 KNUT - Kompetenznetzwerk Umwelttechnik Rheinland-Pfalz

Das Kompetenznetzwerk-Umwelttechnik Rheinland-Pfalz wurde auf Initiative des Ministeriums für Wirtschaft, Verkehr, Landwirtschaft und Weinbau des Landes Rheinland-Pfalz durch das Institut für angewandtes Stoffstrommanagement (IfaS) im Juni 2002 gegründet. Die Initiative hat die Aufgabe, ein Dienstleistungsangebot für kleine und mittlere Unternehmen (KMU) der Umwelttechnologiebranche mit Sitz in Rheinland-Pfalz anzubieten, um somit der wirtschaftlichen Entwicklung dieser Branche zusätzliche Impulse zu verleihen.

Das Dienstleistungspaket wird derzeit von etwa 780 kleinen und mittleren Unternehmen (KMU) der Umwelttechnikbranche mit Sitz im Bundesland Rheinland-Pfalz wahrgenommen. Die Umweltindustrie ist als Querschnittsbranche nicht exakt abzugrenzen. In den einzelnen Sektoren (z.B. Wasser/Abwasser, Luft, Entsorgung/Recycling) sind unterschiedliche Unternehmen (Ausrüster, Anlagenbauer, Ver- und Entsorger, Ingenieure und Architekten) zum Teil branchenübergreifend tätig. Entsprechend heterogen ist auch die Unternehmensstruktur in Rheinland Pfalz. Abbildung 2 gibt eine Übersicht, in welche Sektoren sich die Umwelttechnikbranche in Rheinland-Pfalz einteilen lässt. Es gibt viele kleine Unternehmen, die hochspezialisierte Produkte und Dienstleistungen anbieten. Andererseits werden weltweit verstärkt so genannte Turn-Key-Solutions, d.h. schlüsselfertige Lösungen, die von der Vorplanung über den Aufbau von technischen und logistischen Systemen bis hin zum dauerhaften Anlagenbetrieb reichen, nachgefragt. Dieses stellt gerade KMU vor große Hürden. In internationalen Ausschreibungs- und Bieterverfahren können sie oftmals nicht als "schlüsselfertige Lösungsanbieter" auftreten oder müssen sich dem Wettbewerbs- und Margendruck der Großkonzerne beugen. Die Bildung von virtuellen, lösungsorientierten Unternehmensnetzwerken (Branchen-Cluster) für eine strategische Kooperation auf neuen Märkten kann den Unternehmen helfen, ihre Erfolgschancen zu steigern. Das Kompetenznetzwerk Umwelttechnik RLP fungiert hierbei als Kooperationsplattform für kleine und mittlere Unternehmen der Umwelttechnikbranche aus Rheinland-Pfalz, die sich aktiv am Aufbau dieser Branchen-Cluster beteiligen wollen.

---

[14] Vgl. http://waste.eionet.eu.int/wastebase/prevention

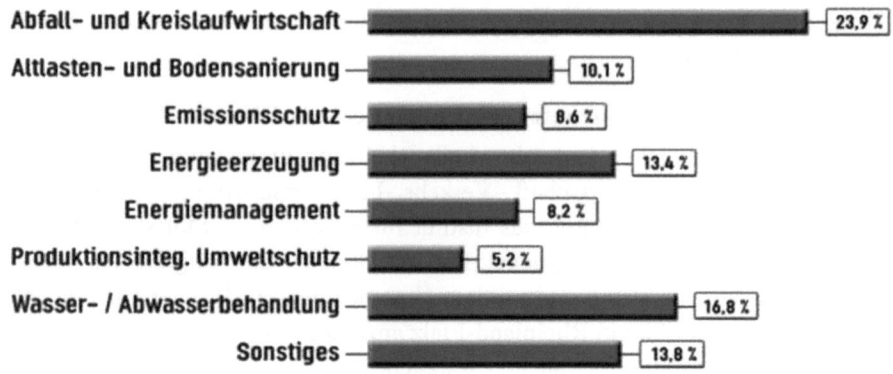

Abbildung 2: Sektoren die Umwelttechnikbranche in Rheinland-Pfalz[15]

Die Impulsstrategie der Initiative beruht im wesentlichen auf fünf komplementären Säulen:

- Stärkung des brancheninternen Dialoges

Neben dem jährlich stattfindenden "Tag der Umwelttechnik Rheinland-Pfalz" leisten vor allem thematische Workshops sowie Besichtigungen von innovativen Unternehmen und Organisationen einen wichtigen Beitrag zur Stärkung des brancheninternen Dialoges.

- Vermarktung und Außendarstellung der Branche

Eine Internetplattform mit integrierter Unternehmensdatenbank bildet gemeinsam mit dem Branchenführer "Umwelttechnik Rheinland-Pfalz"[16] wesentliche Schwerpunkte der Vermarktungsaktivitäten. Beide Angebote sollen zukünftig auch in englischer Sprache umgesetzt werden.

---

[15] Die Einteilung der Sektoren geht über die klassische Einteilung der Umwelttechnikbranche der Ver- und Entsorgungswirtschaft hinaus und stammt aus den Bereichen betriebliches und regionales Stoffstrommanagement. Die Statistik entstammt einer Erhebung des Kompetenznetzwerk Umwelttechnik Rheinland-Pfalz vom Juli 2002. Rund 150 Unternehmen aus RLP beteiligten sich an der Datenerhebung. Vgl. Branchenführer Umwelttechnik Rheinland-Pfalz, 2003, S. IV.

[16] Vgl. Branchenführer Umwelttechnik Rheinland-Pfalz 2003.

- Bereitstellung von Trainings-, Beratungs- sowie länder- und branchenspezifische Informationsdienstleistungen

Problemorientierte und speziell zugeschnittene Trainings- und Beratungsprogramme sowie Informationsdienstleistungen sollen den Unternehmen helfen, ihre Transaktionskosten der Informationsbeschaffung zu senken und einen Überblick über aktuelle Trends auf den internationalen Umwelttechnikmärkten zu gewinnen.

- Aufbau von Unternehmensnetzwerken in den verschiedenen Bereichen der Umwelttechnik

Das Dienstleistungsangebot reicht von Partner-, Kontakt- und Technologie-Recherche bis hin zur Mithilfe beim Aufbau von projekt- bzw. länderbezogenen Interessens-, Projekt- und Bietergemeinschaften.

- Praxisorientierte Forschung und Entwicklung

Der Standort und die enge Verzahnung der Initiative mit dem Institut für angewandtes Stoffstrommanagement an der Fachhochschule Trier, Standort Umwelt-Campus Birkenfeld, bilden die Rahmenbedingungen für die Entwicklung von Forschungskooperationen zwischen kleinen und mittleren Unternehmen und der Wissenschaft.

3.3 IncoWest GbR

Allein in Rheinland-Pfalz zählt die Ingenieurkammer etwa 900 beratende Ingenieure, mit durchschnittlich nicht mehr als fünf Mitarbeitern, die Ingenieurdienstleistungen (nicht ausschließlich) im Umweltbereich liefern. Eine zu geringe Personaldecke, beschränkte Leistungsspektren, eine geringe Kapitalausstattung und limitierte Kreditrahmen hindern oftmals beratende Ingenieure am Zugang zu mittleren und großen Projekten für Umweltschutz- oder auch Infrastrukturmaßnahmen.

Die Gründung eines Arbeitskreises „Ausland" der Ingenieurkammer Rheinland-Pfalz führte im Jahr 2001 zum Entstehen des Gedankens, ein Ingenieurnetzwerk auf privatwirtschaftlicher Basis zu gründen. Die Bündelung vorhandener Ressourcen veranlasste mehrere Mitglieder, in neue, ausbaufähige Strukturen zu investieren. Der rasche Anschluss weiterer Ingenieurbüros mündete bereits im Januar 2002 in der Gründung der IncoWest und letztendlich in die heute neun

Mitglieder zählende IncoWest GbR. Ein intensiver Erfahrungsaustausch sowie der Austausch von Kontakten und Informationen standen zu Beginn im Focus der Partnerunternehmen, wobei die Erschließung neuer nationaler und internationaler Märkte das übergeordnete Ziel darstellte. Um das Leistungsspektrum des einzelnen Partnerunternehmens auszudehnen wurde beschlossen, die vorhandenen personellen und technischen Ressourcen zu bündeln und gemeinsam als IncoWest nach außen aufzutreten. Die Akzeptanz seitens Kunden und Kapitalgebern erforderte allerdings eine eigne Rechtsform, was letztendlich durch die Errichtung einer Gesellschaft des bürgerlichen Rechts auch geschah.

Die IncoWest GbR ist heute ein Netzwerk von neun rheinland-pfälzischen Ingenieur- und Beratungsbüros aus dem Bau- und Ausrüstungsbereich. Im Jahr 2003 erbrachte IncoWest mit mehr als 130 Mitarbeitern Beratungsleistungen im Wert von über sechs Millionen EURO. Zu den potentiellen Kunden der IncoWest GbR zählen Industrieunternehmen, Privatkunden, Versorgungsunternehmen, die öffentliche Hand mit Städten, Gemeinden, Gebietskörperschaften und Ministerien sowie internationale und nationale Finanzinstitutionen. In folgenden Bereichen bietet die IncoWest GbR Dienstleistungen an: Architektur, Konstruktiver Ingenieurbau, Gebäudetechnik, Grundbau Bodenmechanik, Verkehrswegebau, Verkehrsplanung, Flughafenbau, Bauleitplanung, Regional- und Stadtplanung, Wasserver- und –entsorgung, Geo- und Hydrogeologie, Regenwasserentsorgung, Abfallmanagement, Geotechnik und Bodenkunde, Elektro- und Maschinentechnik, Vermessung, Energiemanagement, Umwelttechnik, Boden- und Grundwassersanierung, Flächenrecycling, Institutionelle Beratung, Finanzen und Personal, Qualitätsmanagement, Facility Management.

4. Perspektiven virtueller Netze im Umweltbereich

Virtuelle Netze ermöglichen das Kennenlernen von Akteuren und können auf vielfältige Art und Weise deren Kooperation unterstützen. Erfahrungen (z.B. VERC, PIUS, KNUT) zeigen, dass sich viele Akteure ohne das virtuelle Netz nicht gefunden hätten. Wenn sich Partner mit Hilfe von virtuellen Netzen gefunden haben, werden i.d.R. konkrete gemeinsame Projekte geplant und umgesetzt. Hier besteht eine Analogie zu virtuellen Unternehmen. Wenn die gemeinsamen Aktivitäten erfolgreich sind, entstehen für zu realisierende Projekte „reale" Unternehmen mit eigener Rechtsform (z.B. Inco West GbR).

Die zukünftige Entwicklung virtueller Netze im Umweltbereich wird die Weiterentwicklung der verwendeten Technologien positiv beeinflußt. Die internetgestützte Videokonferenz entwickelt sich zum Standardwerkzeug der virtuellen Kommunikation. Darüber hinaus wird auf europäischer Ebene die Bildung von virtuellen Netzen gefördert. Im Bereich der EU-Förderung werden virtuelle Netze als thematische Netzwerke bezeichnet. Thematische Netzwerke sind Netze von Einrichtungen, deren Hauptziel darin besteht, innerhalb einer gegebenen wissenschaftlichen Disziplin, eines Themengebietes oder in anderen Angelegenheiten von gemeinsamem Interesse durch die Zusammenarbeit verschiedener Akteure eine europäische Dimension zu definieren und zu entwickeln. Die Fortschritte im Bereich der Informationstechnik und die weltweite Verbreitung der Internetzugangsmöglichkeiten führen zu einer globalen Vernetzung. Neben thematischen Netzwerken in Europa werden durch die EU daher bspw. auch Kooperationen mit asiatischen und südamerikanischen Partnern gefördert. Die Zielsetzung dieser Programme besteht in der Beschleunigung des Wissens- und Know-how Transfers und der Initiierung von konkreten Projekten. Neben den internetbasierten, virtuellen Kooperationstools werden für den Aufbau der thematischen Netzwerke regelmäßig auch Mittel für die direkte persönliche Kommunikation bereitgestellt. Damit wird das im vorliegenden Beitrag für den Umweltbereich erarbeitete Fazit verallgemeinerbar. Vertrauen und persönliche Beziehungen sind weiterhin die wichtigsten Voraussetzungen für erfolgreiche Geschäftsbeziehungen und Projekte. Die virtuelle Kommunikation unterstützt die Phasen der Informationsbeschaffung und das Finden von Projektpartnern sowie erleichtert in den weiteren Phasen der Kooperation der Akteure.

Literatur

Bundesministerium für Umwelt, Naturschutz und Reaktorsicherheit (Hrsg.): Umweltpolitik: Agenda 21: Konferenz der Vereinten Nationen für Umwelt und Entwicklung im Juni 1992 in Rio de Janeiro; Dokumente, Bonn, 1997

Cebrián, J. L.: Im Netz – die hypnotisierte Gesellschaft. Der neue Bericht des Club of Rome. Stuttgart 1999.

Enquête-Kommission „Schutz des Menschen und der Umwelt" des deutschen Bundestages (Hrsg.): Die Industriegesellschaft gestalten – Perspektiven für einen nachhaltigen Umgang mit Stoff- und Materialströmen. Abschlußbericht der

Enquête-Kommission „Schutz des Menschen und der Umwelt – Bewertungskriterien und Perspektiven für umweltverträgliche Stoffkreisläufe in der Industriegesellschaft" des 12. Deutschen Bundestages, Bonn 1994.

Heck, P./Bemmann, U.(Hrsg.): Praxishandbuch Stoffstrommanagement, Köln, 2002.

Helling, K.: HANDUM – Ein Informationssystem für die Umweltberatung, Frankfurt am Main, Berlin 1996 (Schriften zur Produktion Bd. 11)

Ministerium für Wirtschaft, Verkehr, Landwirtschaft und Weinbau Rheinland-Pfalz (Hrsg.), Branchenführer Umwelttechnik Rheinland-Pfalz, Mainz 2003.

Meadows, D. H., Meadows, D. L. et al: Die Grenzen des Wachstums, Stuttgart 1973.

Rieper, B., Witte, Th.: Grundwissen Produktion: Produktions- und Kostentheorie, 4. Aufl., Frankfurt am Main, Berlin 2001.

Schulmeister, R.: Virtuelles Lehren und Lernen: Didaktische Szenarien und virtuelle Seminare, in: Lehmann, B., Bloh, E. (Hrsg.): Online-Pädagogik, Hohengehren 2002, S. 129 – 145.

Sekretariat der Klimarahmenkonventionen mit Unterstützung des deutschen Bundesumweltministeriums (Hrsg.): Das Protokoll von Kyoto zum Rahmenübereinkommen der Vereinten Nationen über Klimaänderung, Bonn, 1997

Stahlknecht, P., Hasenkamp, U.: Einführung in die Wirtschaftsinformatik. 8. Aufl. Berlin 1997.

Witte, Th., Claus, T., Helling, K.: Simulation von Produktionssystemen mit SLAM: Eine praxisorientierte Einführung, Bonn, Paris 1994.

www.ifas.umwelt-campus.de

www.incowest.de

www.pius-info.de

www.ingenieurkammer-rlp.de

www.umwelttechnik-rlp.de

www.verc.net

http://waste.eionet.eu.int/wastebase/prevention

Technisches Instrumentarium zur Unterstützung virtueller standortübergreifender Lehrveranstaltungen

Andreas Knaden, Rüdiger Rolf

1. Einführung

Durch die Einführung flächendeckender Bachelor- und Master-Studiengänge, den zunehmenden Wettbewerb um Studierende, neue multimediale und Webbasierte Lernformen, die Diskussion um mögliche Studiengebühren und die zunehmenden Anforderungen an Kooperation und Internationalisierung steht die Hochschullandschaft heute vor entscheidenden Veränderungen. Vor diesem Hintergrund sind sich viele Hochschulleitungen, so auch das Präsidium der Universität Osnabrück, darüber im Klaren, dass eine E-Learning-Strategie notwendig ist, die diese Herausforderungen offensiv annimmt[1] und auch standortübergreifende Kooperationen zwischen Lehrenden in dieses Konzept einbezieht.

Klar ist auch, dass diese Strategie angesichts entscheidender Veränderungen in der Hochschullandschaft in Deutschland (Bologna-Prozess: Bachelor/ Master-Studiengänge, Wettbewerb um Studierende, neue Lernformen durch neue Medien usw.) auf höchster Ebene zu unterstützen ist, will man zu nachhaltigen Strukturveränderungen kommen. Diese Überzeugung sowie das Bekenntnis zur virtuellen Lehrkooperation findet - z.B. in Osnabrück - in Förderanträgen (mcantos, epolos, impuls), Strategiepapieren (IT-Konzept, Multimediakonzept CANTOS) und in der Institutionalisierung entsprechender Serviceeinrichtungen[2] (Zentrum zur Unterstützung virtueller Lehre der Universität Osnabrück, virtUOS[3]) deutlichen Ausdruck.

Ziel der Durchführung virtueller Veranstaltungen ist die Qualitätsverbesserung der Lehre sowie die Schaffung eines breiteren Angebots bei gleichem Ressourceneinsatz. Angestrebt wird der Lückenschluss im unvollständigen Fächerspektrum durch IT-basierte Medien[4], ein „flexibler standortunabhängiger Zugriff auf

---

[1] Gieseking, M., Knaden, A., 2003, S. 63
[2] Gieseking, M., Knaden, A., 2003, S. 65
[3] www.virtUOS.uni-osnabrueck.de
[4] IT-Konzept, 2003, S. 16

Lehrangebote"[5] sowie die „Umverteilung von Personalressourcen zugunsten didaktisch anspruchsvollen Tätigkeiten bei komplexen Lernstoffen".[6] Dabei steht „nicht die Technik sondern der didaktisch pädagogische Mehrwert"[7] des Medieneinsatzes im Focus bei dem insbesondere durch medienbasierte Lehrveranstaltungen „gezielt die nötigen Schlüsselqualifikationen bei Studierenden und Lehrenden entwickelt werden sollen" und „möglichst viele auch technisch ungeübte Lehrende Zugriff auf eine stabile eLeraning Arbeitsumgebung"[8] erhalten.

2. Einordnung und Abgrenzung zur personalen / organisatorischen Ebene

2.1 Zur Einordnung technischer Instrumentarien

Als virtuelle standortübergreifende Lehrveranstaltungen soll hier Teleteaching verstanden werden, bei dem regelmäßige Videokonferenzen die Basis für den Kontakt zwischen den Beteiligten bilden.

Verbreiteter Einsatz von e-Learning und insbesondere die Durchführung solcher Lehrveranstaltungen setzen einen grundlegenden Wandel im Denken und Handeln der beteiligten Hochschulen voraus[9]. Der Wandel findet auf technischer, organisatorischer und personeller Ebene statt.

- Auf technischer Ebene ist der Einsatz eines Lernmanagementsystems, die Nutzung von CSCW-Werkzeugen[10], die Verwendung von Videokonferenztechnik sowie die Nutzung von Vorlesungsaufzeichnungen angesiedelt.
- Auf organisatorischer Ebene sind zwischen den die Veranstaltungen unterstützenden Einrichtungen (in Osnabrück z.B. virtUOS, Rechenzentrum, Bibliothek) am eigenen Standort und den Institutionen am entfernten Standort Informations- und Arbeitsbeziehungen zu etablieren, ggf. sind Zuständigkeiten und Verantwortungsbereiche festzulegen. Gleiches gilt bezüglich jeder einzelnen Veranstaltung für die Arbeitsaufteilung der Lehrenden. Ein in der e-Learning Strategie begründetes Change Management sowie das in Gang

---

[5] Hoppe, U., Vornberger, O., 2001, S.7
[6] IT-Konzept, 2003, S. 16
[7] IT-Konzept, 2003, S. 16
[8] Hoppe, U., Vornberger, O., 2001, S.7
[9] Gieseking, M., Knaden, A., 2003, S. 69
[10] Computer Supported Cooperative Work

setzen Kultur verstärkender Prozesse ist zu leisten, wenn es um die Etablierung des breiten Einsatzes von Standort übergreifenden virtuellen Veranstaltungen an einer Hochschule geht
- Auf personaler Ebene sind Informationsvermittlung, Schulung und Training zur Unterstützung einzelner Veranstaltung erforderlich. Dies gilt in gleichem Maß für Lehrende und Studierende[11].

Während technologische Aspekte im Abschnitt angewandte Instrumentarien behandelt werden, soll im Folgenden kurz auf die personale und organisatorische Ebene eingegangen werden.

2.2 Exkurs: personale und organisatorische Ebene

2.2.1 Die personale Ebene

Um die Chancen der neuen Medien wirkungsvoll nutzen zu können, müssen sowohl Lehrende als auch Lernende im Umgang mit den neuen Kommunikationsmöglichkeiten geschult werden[12]. Neben der Einweisung in die technische Nutzung der Werkzeuge gilt es insbesondere, die Lehrenden und Studierenden auf die kritischen Erfolgsfaktoren des Einsatzes der Technologien hinsichtlich Didaktik und Organisation hinzuweisen. Damit sich die Online Kommunikation zu einem erfolgreichen Bestandteil der Lehre entwickeln kann, werden an der Universität Osnabrück für beide Zielgruppen entsprechende Workshops bzw. Trainings angeboten.

Die Workshops für Lehrende bereiten diese darauf vor, die Studierenden als E-Moderator zu begleiten und sie bei der Online-Kommunikation zu unterstützen. Die Ziele des Workshops sind:

- die Werkzeuge Videokonferenz, Audiokonferenz aber auch Chat und Forum für die Lehre sinnvoll[13] einsetzen zu können,
- Einsatzkonzepte dieser Werkzeuge für konkrete Seminarsituationen zu erproben,
- eigene Anwendungsfelder zu entwickeln und

---

[11] Döring, N., 2002, S.253
[12] Döring, N., 2002, S.253, Kerres, M. 2001, S. 292
[13] Kerres, M., Jechle, T. 2002, 267

- zu lernen wie Online-Lerngruppen aufgebaut und motiviert werden, um die Besonderheiten des Online-Lehrens und ihre Auswirkungen in der praktischen Lehre zu kennen.

Für Studierende werden z.B. im Rahmen von Seminaren Medientrainings durchgeführt. Dabei werden die Studierenden von standortverteilten Seminaren in einem medientechnischen Training auf die Arbeit in virtuellen Gruppen vorbereitet. Inhalte sind hier sowohl das Erlernen des praktischen Umgangs mit den Werkzeugen, die in der Online-Kommunikation genutzt werden, wie Audiokonferenz, Chat, Forum und Wiki-Web, als auch die Vorbereitung auf die Kommunikation in standortverteilten virtuellen Referatsgruppen.

2.2.2 Die organisatorische Ebene

Der breite Einsatz von standortübergreifender Lehre an einer Hochschule mit multilateraler curricularer Einbindung der ausgetauschten Veranstaltungen erfordert einschneidende Veränderungen auf organisatorischer Ebene. Veränderungsprozesse dieser Größenordnung tangieren nicht nur einzelne Hochschulmitarbeiter. Dozenten, Verwaltungsmitarbeiter, Studierende und Nachwuchswissenschaftler sind in gleichem Maß betroffen[14]. Dabei können im Zuge des technologisch-prozessualen Wandels erhebliche Stressfaktoren bzw. Ängste entstehen, die den Fortgang des Wandels nachhaltig stören. Es ist zu beobachten, dass die Stresssymptome häufig weniger durch die Veränderungen selbst sondern eher durch problematische Einführungsstrategien ausgelöst werden[15].

Die angestrebten Änderungen erfordern somit den Einsatz qualifizierter Maßnahmen des Change Management, wenn eine zeitnahe und möglichst konfliktarme Reorganisation der Hochschule Erfolg haben soll. Veränderungsmanagment soll hier nicht lediglich als rein technisch orientierte Reorganisation von Produktionstechnologien und organisatorischen Prozessen[16] im Sinne reinen Projektmanagements begriffen werden. Change-Management ist vielmehr als wiederkehrender Prozess der Exploration, Analyse, Evaluation und des Managements von bekannten und unvorhersehbaren Problemen und Erfolgsfaktoren sowie Misserfolgsrisiken und Erfolgschancen zu definieren. Um den Erfolg der an den Veränderungsprozessen mitwirkenden Projektteams zu gewährleisten, ist

---

[14] Gieseking, M., Knaden, A. 2003, S. 65
[15] Greif, S., Runde, B., Seeberg, I., 2004, S. 19
[16] Greif, S., Runde, B., Seeberg, I., 2004, S. 49

daher die qualifizierte Begleitung des Projekts durch Change Agents[17] sicherzustellen.

Zur Durchführung solcher Maßnahmen ist z.b. an der Universität Osnabrück nachweislich erhebliche Kompetenz vorhanden. Im Projekt „Erfolg und Misserfolg von Veränderungen" im Rahmen des vom BMBF geförderten Programms „Identifizierung und Bilanzierung erfolgreicher Veränderungen in der Arbeitsgestaltung und Unternehmensorganisation" wurde das Werkzeug „Change Explorer" für die Begleitung entsprechender Veränderungsprozesse entwickelt. Change Explorer kombiniert Fragebogen-, Interview- und Workshopelemente zu einem Instrumentarium für die Entwicklung eines wissensorientierten, für kontextuelle Besonderheiten offenen Analyserahmens, der bislang in mehr als 350 Fällen bei Unternehmen verschiedener Größen und Branchen im In- und Ausland eingesetzt wurde[18].

Einer der wichtigsten Kontext-Faktoren für die Sicherung des Erfolges solcher den Wandel fördernden Maßnahmen ist das bereits erreichte Niveau des e-Learning Einsatzes. Besonders effizient kann der Veränderungsprozess dort sein, wo z.B. durch Institutionalisierung von Service Angeboten Vorarbeiten für die Entwicklung einer aktiven e-Learning Kultur geleistet wurden. Eine günstige Ausgangssituation könnte wie folgt aussehen:

- Es gibt bereits eine große Zahl von technologieinteressierten Meinungsführern (tigers) unter den Studierenden ebenso wie unter den Lehrenden, die die Lernplattform und zum Teil auch komplexere Kommunikationsmöglichkeiten in der Lehre bereits als Standardtechnologie nutzen. Experimentiert wird dagegen noch mit Selbstlernverfahren.
- Viele nicht technologieaffine aber doch technologieoffene Nutzer (elephants) verwenden zumindest die Lernplattform regelmäßig. Sie haben bereits bestimmte Nutzungsmöglichkeiten der vorhandenen Kommunikationswerkzeuge entdeckt.
- Daneben gibt es auch eine große Zahl abwartender Beteiligter (hypopotamus), die allerdings nur erste Experimente mit medienbasierter Lehre wagen.

Ziel eines o.g. kulturstärkenden Ansatzes muss es dann sein, die Gruppe der zumindest technologieoffenen Anwender zu vergrößern bzw. ihren Einfluss zu

---

[17] Greif, S., Runde, B., Seeberg, I., 2004, S. 59
[18] Greif, S., Runde, B., Seeberg, I., 2004, S. 331

erhöhen und gleichzeitig den Schwerpunkt der Nutzung, soweit dies sinnvoll möglich ist, in den Bereich verdichteter Medienverwendung zu verschieben.

3. Technisches Instrumentarium

Im Folgenden sollen vier mögliche Bestandteile des Instrumentariums betrachtet werden. Es sind dies:

- die Videokonferenztechnik mit automatischer Steuerung VAuSt,
- das Lernmanagementsystem Stud.IP,
- das Werkzeug für kooperative Texterstellung Wiki und
- das Vorlesungsaufzeichnungssystem VirtPresenter[19].

Die ausgewählten Werkzeuge sind spezifische Protagonisten ihrer Klasse, an denen die technologische Konzeption standortübergreifender Lehrveranstaltungen beschrieben werden kann. Sie werden hier exemplarisch aus der Sicht der konkreten Einsatzerfahrungen am Standort Osnabrück dargestellt.

3.1 Videokonferenztechnik mit automatischer Steuerung (VAuSt)

Regelmäßig mit allen Beteiligten gemeinsam durchgeführte Videokonferenzen bilden die Basis der hier skizzierten standortübergreifenden Lehrveranstaltungen[20]. Unter Kostengesichtspunkten ist es dabei wünschenswert, dass der Lehrende selbst bzw. ein nicht besonders zu qualifizierender Dritter sie bedienen kann21. Das in Osnabrück entwickelte System VAuSt entspricht diesen Anforderungen. Die Nutzung von VAuSt setzt das Vorhandensein eines mit Audio- und Videotechnik entsprechend ausgestatteten Medien-Seminarraums voraus.

---

[19] VAust, Stud.IP und Virtpresenter sind Werkzeuge, die von virtUOS im Rahmen der ELAN Förderung des Landes Niedersachsen im ELAN Projekt epolos entwickelt wurden.
[20] Knaden, A, Rolf, R., 2004, S.57
[21] Knaden, A, Zettel, M., 2002, S.86

3.1.1 Technische Voraussetzungen

Ein exemplarischer Seminarraum ist an der Universität Osnabrück mit festinstallierten Komponenten speziell für die Durchführung virtueller Lehre unter Publikumsbeteiligung verfügbar. Durch die Installation von drei motorbetriebenschwenkbaren Kameras sind beliebige Blickwinkel des Raums zu erfassen. Zur Aufnahme des Tons dienen mehrere an der Decke des Raums angebrachte Mikrofone[22].

VAuSt dient vorrangig zur Bedienung der Kameras sowie des Videokonferenzsystems und wird vom Lehrenden mittels einer webbasierten Steuerung am Vortragspult bedient[23]. Der Raum liegt im Sendebereich eines Funknetzes (WLAN), so dass der Zugriff auf die Steuerung auch mittels mobiler Systeme (Notebook) erfolgen kann. Dies ermöglicht es dem Lehrenden, die Anlage nicht nur vom Podiumsplatz sondern auch aus anderen Teilen des Raumes zu steuern. Wahlweise kann auch eine Hilfskraft im Publikum die Kontrolle des Systems übernehmen, was bei technisch eher ungeübten Lehrenden zumindest in der Eingewöhnungsphase eine sinnvolle Alternative darstellt[24].

Die Funktionen der Software können um herkömmliche Mediensteuerungsaufgaben (z.B. die Steuerung eines Projektors) problemlos ergänzt werden. Aufgabenkomplexe sind klar auf unterschiedliche Menüs verteilt. Zu den festgelegten Kamerapositionen können zahlreiche Zusatzinformationen abgerufen werden. Die Kamerapositionen sind Regionen im Raum zugeordnet, so dass nach der Auswahl einer Region alle für diese Region gespeicherten Kameraeinstellungen angezeigt werden. Als Information zu den Kameraeinstellungen werden ein Bild der Position und eine kurze Beschreibung eingeblendet. Die bei den Kamerapositionen gespeicherten Bilder können auch während einer Sitzung aktualisiert werden, wenn dies gewünscht wird. Eine Kameraeinstellung wird ausgewählt, indem der Lehrende auf das dazugehörige Bild drückt. Das Abspeichern der Bilder zu den Positionen bietet den Vorteil, dass auch ein Dozent, der nicht vor Ort ist, die Kameraposition seines gewünschten Ansprechpartners sehr einfach finden und auswählen kann.

---

[22] Knaden, A, Rolf, R., 2004, S.59
[23] Zur Belastung des Lehrenden: Zimmer, C. et al., 2000, S.16
[24] Zimmer, C. et al., 2000, S.16; Knaden, A., Zettel, M., 2002, S.86

Zusätzlich ist es möglich, Kameras während der Veranstaltung frei zu bewegen. Je nach Einsatzzweck stehen dafür zwei Steuerungsmöglichkeiten zur Verfügung:

Zum einen wird ein **Steuerkreuz** dargeboten. Je weiter außen das entsprechende Pfeilsymbol angeklickt wird, desto mehr bewegt sich die Kamera in diese Richtung. Mit den "Schiebereglern" rechts und links des Steuerkreuzes lassen sich Zoom und Bewegungsgeschwindigkeit der Kamera einstellen. Es wird zusätzlich ein Vorschaubild der Kamera angezeigt, mit dem man das Ergebnis der Änderungen kontrollieren kann.

Zum anderen kann auch ein **Koordinatensystem** angezeigt werden, dass alle möglichen Positionen der Kameras erfasst. Klickt der Dozent auf eine Koordinate, bewegt sich die gewählte Kamera sofort dorthin. Diese Variante bietet die Möglichkeit, die Kameraeinstellungen sehr schnell zu ändern, da die Kamera mit einem Klick eine beliebige Position einnehmen kann. Nachteilig erscheint dabei aber, dass die Steuerung grober und damit fehleranfälliger ist und einige Anwender Probleme haben, sich diese Funktionsweise vorzustellen.

Für jeweils zwei Studierende ist eine feste Kameraposition definiert, die per Tastendruck rechnergestützt angesteuert werden[25]. Für jede Kameraposition ist zusätzlich eine Fernbedienung verfügbar. Mit der Fernbedienung ist jede Studentengruppe in der Lage, sich selbst Bild und Ton zuzuordnen, wenn sie z.B. in eine Diskussion eingreifen möchten.[26] Nach erfolgtem Wortbeitrag kann die Kamera von den Studierenden wieder in eine Ausgangsposition zurückgefahren werden. Zur besseren Verständlichkeit der Sprachbeiträge aus dem Zuschauerraum werden auch die im Raum befindlichen Mikrofone je nach gewählter Kameraposition zugeschaltet[27] . Die Wiedergabe von akustischen Signalen erfolgt über einen Verstärker mit angeschlossenen Lautsprecherboxen. Bei der Gestaltung einer effizienten automatisierten Lösung ist naturgemäß die Ausgangssituation und insbesondere die räumliche Anordnung des Lehrenden sowie der Studierenden besonders zu berücksichtigen[28].

---

[25] Zur Bedeutung des face-to-face Eindrucks: Kerres, 2001, S. 265, zur Wahl des Bildausschnitts: Günther, 2001, S. 133 ff
[26] Zur Belastung von Veranstaltungsteilnehmern durch den Technologieeinsatz: Kerres, 2001, S. 262
[27] Knaden, A., Zettel, M., 2002, S. 75
[28] Günther, 2001, S. 101

Die Gestaltung des Raums im Klassenformat führte zu einer relativ statischen Positionierung der Studenten zu jeweils maximal zwei Personen an einem der zehn Arbeitstische. Damit ergab sich eine maximale Teilnehmerzahl von 20 Studenten im Senderaum. Im praktischen Betrieb zeigte sich, dass der verwendete Seminarraum in verschiedenen Bestuhlungsvarianten verwendet wurde[29]. Einerseits gibt es dafür eine Nachjustierungsmöglichkeit an der Fernbedienung um kleinen Veränderungen bzw. leichten Fehlpositionierungen der Kameras Rechnung tragen zu können. Andererseits bietet das System über die webbasierte Steuerung die Möglichkeit zur Abspeicherung verschiedener Raumszenarien (U-Form, Stuhlkreis, Frontalauditorium)[30]. So kann der jeweilige Veranstaltungsleiter mit geringem Zeitaufwand selbst eine Anpassung der Steuerung an bestimmte Raumsituationen vornehmen.

Zwei Datenprojektoren zur Wiedergabe der Folienpräsentation des im Raum verfügbaren Präsentationsrechners sowie zur Visualisierung eines Videobildes von einem entfernten Standort und eine elektronische Tafel zur Eingabe von Annotationen auf dem dargestellten Folienmaterial sind ebenfalls verfügbar. Verschiedene Kontrollmonitore geben Dozent und Zuschauern Rückmeldung über das aktuell gesendete Kamerasignal[31]. An die Audio- und Videokomponenten ist ein Videokonferenzsystem angeschlossen, dass die Kommunikation mit einem entfernten Standort ermöglicht. Zur Übertragung der Folienpräsentation wird je nach Kooperationspartner die Software VNC bzw. MS-Netmeeting verwendet.

3.1.2 Einsatzszenarien

Mittels der Ausrüstung des Medienseminarraums bieten sich im Szenario des virtuellen Seminars verschiedene Möglichkeiten der Nutzung. Folgende prototypische Situationen[32] sind identifizierbar:

- Vorlesungs-Situation

Ein Studierender bzw. der Dozent hält einen Vortrag. Es sind nur gelegentliche Zwischenfragen gestattet. Der Vortragende entscheidet über die Zulassung von Fragen. Bei sehr großer Zuhörerzahl wird auf die Verteilung der Fernbedienun-

---

[29] Knaden, A; Rolf, R., 2003, S. 89
[30] Knaden, A; Rolf, R., 2004, S. 60
[31] Knaden, A; Rolf, R., 2004, S. 60
[32] Knaden, A; Rolf, R., 2003, S. 93

gen verzichtet. Der Dozent kann dann die Kamera direkt auf die Position des Meldenden richten.

- Diskussions-Situation

Eine Anzahl gleichberechtigter Diskussionsteilnehmer sitzt z.B. in einem Kreis zusammen. Jeder Teilnehmer hat eine Fernbedienung mit der er jederzeit die Kameras steuern kann.

- Seminar-Situation

Bis zu 30 Teilnehmer sitzen in einem Seminarraum, die Tische sind z.B. in einer U-Form angeordnet, zwei bis drei Teilnehmer teilen sich eine Fernbedienung, mit der sie sich zu Wort melden können. Ein Vortragender hält ein Referat, das im Anschluss diskutiert wird. Die Teilnehmer an der Diskussion können Zwischenfragen stellen. Die Diskussionsleitung hat entweder der Seminarleiter oder der Vortragende.

- Arbeitsgruppensitzungs-Situation

Mehrere Teilnehmer sitzen in dem Raum, in dem sich das Videokonferenzsystem befindet. Die Teilnehmer melden sich über die verteilten Fernbedienungen zu Wort. Ein Gruppensprecher gibt Mikrofon und Kamera entsprechend der Meldeliste frei[33].

- Präsentationsübungs-Situation

Mehrere Vortragende nutzen das System wechselweise, um den übrigen Teilnehmern des gemeinsamen Vortrags an einem entfernten Standort einen Eindruck des eigenen Vortragsanteils zu vermitteln. Ein „Regisseur" steuert die Abfolge der Vortragendenwechsel entsprechend einer vorab einstudierten Folge.

Die Videokonferenzsteuerung VAuSt lässt sich in verschiedenen Steuerungsbetriebsarten[34] nutzen.

Eine freie Diskussion ermöglicht es den Diskussionsteilnehmern jederzeit die Kamera auf sich zu richten und ihr Mikrofon aufzuschalten. Diese Steuerungsform wurde in der überwiegenden Mehrzahl der Fälle gewählt. Für die Diskussions-Situation ist dieser Modus allerdings nur geeignet, wenn davon auszuge-

---

[33] Zur Bedeutung der Mikrofonsteuerung in Gruppensystemen: Günther, S. , 2001, S. 101
[34] Knaden, A, Rolf, R., 2003, S. 94

hen ist, dass die Diskussionsteilnehmer diszipliniert die Fernbedienungen handhaben. und sich nicht wahllos gegenseitig ins Wort fallen35.

Die Betriebsart **normale Diskussion** ist eine Abwandlung der freien Diskussion. Teilnehmer können nicht mehr jederzeit Kameras und Mikrofone aufrufen, sondern nur wenn diese von niemandem aus dem Teilnehmerkreis benutzt werden. Der Teilnehmer, auf den die Kamera gerichtet ist, kann so lange ungestört reden, bis er seinen Beitrag durch das Drücken der Rückgabetaste seiner Fernbedienung beendet. Dieser Modus erweist sich vielfach im praktischen Betrieb als zu intransparent.

Bisweilen wurde dagegen der Modus der **moderierten Diskussion** gewählt. Hier kann kein Teilnehmer ohne die Einwilligung des Diskussionsleiters die Kameras steuern. Wer sich mit einer Fernbedienung zu Wort meldet, wird sofort in die Warteschlange eingetragen. Der Diskussionsleiter kann nun mit seiner Fernbedienung das Wort erteilen oder entziehen. Er kann auch eine Position in der Warteschlange überspringen und der nächsten Person das Wort erteilen. Dieser Modus erweist sich in Veranstaltungen mit hohem Vortragsanteil als praktisch, da der Vortragende normalerweise nicht möchte, dass er unterbrochen wird[36]. Auch bei einer besonders großen Zahl an Diskussionsteilnehmern ist die Betriebsart empfehlenswert, da hierdurch „überschießende Dynamik" in der Diskussion verhindert wird und der Diskussionsleiter den Ablauf stärker bestimmen kann.

3.2 Lernmanagementsystem (Stud.IP)

Für die Durchführung virtueller standortübergreifender Lehre ist das Vorhandensein eines Lernmanagementsystems (LMS) von besonderer Bedeutung. Gerade bei verteilten Veranstaltungen ist es wichtig, Organisation (Kursanmeldung, Bildung von Maillisten etc.) und Information (Nachrichten, Lehrmaterial, Literaturhinweise) gebündelt und für alle Teilnehmer im Web abrufbar bereitzustellen.

---

[35] Vgl. zu den höherer Anforderungen an Strukturierung virtueller Lehrveranstaltungen: Hesse, W., Garsoffky, B., Hron, A., 2002, S. 294
[36] Kerres, M., 2001, S. 262

3.2.1 Einsatzfeld

Das an der Universität Osnabrück flächendeckend eingeführte LMS Stud.IP bietet allen Lehrenden und Studierenden eine Plattform mit vielfältigen Werkzeugen zum Lehren und Lernen. Bevor Stud.IP zur Nutzung zur Verfügung stand, mussten von den Lehrenden virtueller Veranstaltungen selbst (und für jede Veranstaltung wiederkehrend) z.B. Webseiten entwickelt werden, um Studierenden Seminar-Materialien zentral zur Verfügung zu stellen. e-Learning-Projekte waren vorrangig "Selbsthilfeprojekte", in denen sich die Projektakteure am Bedarf im jeweils eigenen Verantwortungs- und Wirkungsbereich orientierten[37]. Ziele dieser „Pioniere" waren, mit den e-Learning-Projekten die eigene Lehr- und Lernpraxis zu modernisieren, den zunehmenden Medienansprüchen von Studierenden gerecht zu werden und den ungünstigen Lernbedingungen in Massenveranstaltungen an der Universität entgegenzuwirken. Der Einsatz des LMS Stud.IP reduziert den Arbeitsumfang erheblich.

Auch in der standortübergreifenden videokonferenzbasierten Lehre finden Seminare und Vorlesungen meist wöchentlich im festen Zeitrahmen von ca. 90 Minuten statt[38]. Diskussionen und Wissensaustausch sind auf diesen Zeitrahmen festgelegt, so dass eine ergänzende Kommunikationsplattform, die über den eingeschränkten Zeitrahmen hinaus genutzt werden kann, für das Seminar bereichernd ist, weil zusätzlicher Raum gegeben wird, Wissen auszutauschen, Aufgaben zu bearbeiten, Literatur zu erhalten, in Projekten gemeinschaftlich zu arbeiten, etc[39].

LMS bieten neben Organisations- und Materialbereitstellungsfunktionen auch Raum für Studierende, die sich über den Kontakt per Videokonferenz hinaus mit den behandelten Themen in einem Seminar oder einer Vorlesung befassen wollen. Gerade bei virtuellen Veranstaltungen, in denen nur teilweise Austausch und Diskussionen im Rahmen der videokonferenzbasierten Lehrveranstaltung stattfinden können, lassen sich diese Diskussionen mittels Lernplattform virtuell weiterführen[40]. Diese Diskussionen müssen gut didaktisch vorbereitet sein und sollten moderiert werden. In vielen Fällen hat sich gezeigt, das das reine zur

---

[37] Kruse-Heine, M., Krüger, A., 2004, S. 20
[38] Kruse-Heine, M., Krüger, A., 2004, S. 21
[39] Kerres, M., 2001, S. 265
[40] Hesse, W., Garsoffky, B., Hron, A., 2002, S. 289

Verfügung stellen eines Forums nicht zu einer (wie gewünscht lebhaften) Diskussion zwischen den Studierenden führt[41].

3.2.2 Verfügbare Funktionen

Stud.IP bietet die folgenden Funktionen, die in den virtuellen standortübergreifenden Lehrveranstaltungen eingesetzt wurden[42]:

- Datenbereich zum Ablegen von Lernmaterialien
- Forum zur asynchronen Diskussion
- Chat für synchrone (raumverteilte) Sitzungen
- Individuelle Homepage, auf der z.B. ein persönliches Foto hochgeladen werden kann
- Wiki-Web, ein Bereich, in dem gemeinsam Texte erstellt werden können
- Systeminterne Nachricht zum Versenden von Nachrichten an Kursteilnehmer

Im **Dateibereich** können für alle Studierenden zugänglich Dateien eingestellt werden. Hier werden z.B. formale Hinweise, Arbeitspapiere aber auch Kommunikationsregeln für den Umgang in Forum und Chat abgelegt. Soweit urheberrechtlich zulässig werden außerdem Lernmaterialien in Form von PDF Dokumenten mit zusätzlichen Informationen zum Thema eingestellt[43].

Im Forenbereich können verschiedene Themenbereiche angelegt werden. Veranstaltungsbegleitend werden häufig Bereiche wie z.B. Cafeteria (zum persönlichen Vorstellen), Technikforum (für technische Fragen) und Themenstränge für die zu bearbeitenden Aufgaben angelegt.

In Stud.IP stehen dem Benutzer drei verschiedene **Chaträume** zur Verfügung[44]:

- Der globale Chat, für alle Stud.IP- Nutzer
- Der private Chat, in den ein Stud.IP-Nutzerin andere Studierende einladen kann, und
- Der Veranstaltungschat, in den z.B. alle Teilnehmer eines Seminars eingeladen werden können

---

[41] Kerres, M., 2001, S. 269
[42] Kruse-Heine, M., Krüger, A., 2004, S. 24
[43] Kruse-Heine, M., Krüger, A., 2004, S. 24
[44] Kruse-Heine, M., Krüger, A., 2004, S. 24

In virtuellen, standortübergreifenden Veranstaltungen kommen der Veranstaltungschat und der private Chat in vielfältiger Weise zum Einsatz. Sowohl im Techniktraining aber auch bei der Erstellung von Seminararbeiten für die Studierenden kann der Chat regelmäßig zur Absprache der Referatsgruppen untereinander eingesetzt werden.

In Stud.IP wird für jeden Nutzer eine **Webseite** angelegt, auf der er sich mit einem Foto und weiteren Informationen vorstellen kann. Die Teilnehmer virtueller Veranstaltungen werden üblicherweise aufgefordert, ein Foto auf ihrer Seite einzustellen[45]. Die Möglichkeit wird von fast allen Studierenden genutzt, da sie gerade bei standortverteilt arbeitenden Gruppen für ein besseres Vorstellungsbild[46] über den Kooperationspartner sorgt.

Die Veranstaltungsteilnehmer erhalten über Stud.IP häufig auch Aufgaben zur Bearbeitung. Diese Aufgaben werden mit der Stud.IP Funktion der **internen Nachrichten** versendet. Die Aufgabe wird dabei sowohl innerhalb von Stud.IP als auch außerhalb an die von jedem Nutzer in Stud.IP eingetragene Email-Adresse versendet. Innerhalb von Stud.IP kann jeder Studierende aus dem Hauptmenü auf diese Stud.IP internen Nachrichten zugreifen.

3.3 Werkzeug für kooperative Texterstellung (Wiki)

Das Werkzeug Wiki bietet die Möglichkeit, Webseiten interaktiv per Webbrowser zu erstellen und zu verändern. Mit Wiki Systemen kann in standortverteilten Lehrveranstaltungen besonders einfach kooperativ Text erstellt werden.

Der Name „WikiWiki" stammt aus dem Hawaiianischen und bedeutet, der Rationalisierungszielrichtung des Werkzeugs entsprechend, „Schnell, schnell"[47]. Wiki- Seiten erscheinen für den Nutzer auf den ersten Blick als normale HTML-Seiten, sie können aber unmittelbar verändert werden: Klickt man auf den Link „Edit", der sich auf jeder Seite befindet, wird der Seitentext in einem editierbaren Formularfeld angezeigt. Hier sind basale Formatierungen durch einfache Regeln möglich, z.B. erzeugt eine Leerzeile später auf der HTML-Seite einen neuen Absatz, ein * generiert das Aufzählungszeichen.

---

[45] Kruse-Heine, M., Krüger, A., 2004, S. 25
[46] Hesse, W., Garsoffky, B., Hron, A., 2002, S. 286
[47] Thelen, T., Gruber, C., 2003, S. 357

In einem Wiki-Web können gemeinschaftlich Texte erstellt werden. Wiki basiert auf zwei zentralen Prinzipien:

- Freie Editierbarkeit

Jede Seite kann von jedem verändert werden. Beiträge lassen ihren Autor (ihre Autoren) nicht (notwendig) erkennen. Der Zugriff auf den Inhalt ist bedingt durch den simplen Editiermodus sehr unmittelbar. Der Manipulierbarkeit des Inhalts durch „Jedermann" steht die soziale Kontrolle durch den Leser und die damit verbundene jederzeitige Korrekturmöglichkeit gegenüber[48].

- Link-Prinzip

Die Verlinkung beliebiger Seiten mit beliebigen Inhalten ist ein zentrales Prinzip des WWW. Dadurch entsteht bottom-up, dynamisch und selbstorganisiert ein Netz von Informationen. Im WWW ist dazu die Kenntnis einer Adresse nötig, WikiWikiWebs vereinfachen die Verlinkung radikal: Links entstehen durch Nennung, nicht existierende Seiten werden automatisch erzeugt. Das Erstellen von internen Links geschieht mit so genannten WikiWords. Diese Worte beginnen mit einem Großbuchstaben, im Wort muss ein weiterer Großbuchstabe enthalten sein[49].

Gemeinsam können mit diesem Werkzeug auch umfangreiche Texte aufgebaut werden. Dank der einfachen Handhabung kann ein Wiki-Web z.B. von einer Gruppe von Studierenden zum Erarbeiten einer Gliederung für ein Referat eingesetzt werden, ohne das aufwendige Schulung erforderlich ist[50]. Durch Einbindung in das flächendeckend eingesetzte Stud.IP gehört das Beherrschen des „Wiki Dialekts" am Standort Osnabrück bei vielen Studierenden zu den Basiskompetenzen.

Historisch gesehen stellen WikiWebs das konsequente (vorläufige) Ende eines Entwicklungsprozesses dar: Statische Webseiten dominierten zunächst das WWW, gestaltet und gepflegt von spezialisierten Experten, nachteilig weil nur schwerfällig veränderbar. Es folgten dynamische Webseiten, die auf strukturierte Datenquellen zugreifen. Aufwendige Content-Managementsysteme dien(t)en dazu Strukturen festzulegen, Inhalte jedoch per webbasierter Formulareingabe leicht pflegbar zu gestalten. Wiki Systeme schaffen nun die Möglichkeit Web-

---

[48] Thelen, T., Gruber, C., 2003, S. 358
[49] Thelen, T., Gruber, C., 2003, S. 358
[50] Wollermann, T., Busch, K., 2004, S.42

seiten, deren Inhalt vollständig über eine Webschnittstelle erstellt und verändert werden kann, sowohl hinsichtlich Struktur als auch Inhalt einfach zu verändern. Damit kann allerdings durchaus ein Minus an Designgestaltung verbunden sein.

Wiki durchbricht ein zentrales Paradigma text- und literaturkritischer Betrachtungsweisen. WikiWikiWebs präsentieren Texte als prinzipiell Unfertiges, Veränderbares. Dem Grunde nach ist die Rolle des Lesers unverändert[51]. Er nimmt einen am Bildschirm präsentierten Text als Gegebenes hin und wendet bekannte textkritische Strategien der Inhaltserschließung und -beurteilung an. Im Gegensatz zum herkömmlichen Text gibt es jedoch deutliche Unterschiede: Der Autor kann nicht mehr „autoritative" Wissensquelle sein, weil aus dem Text als „fertiges" Produkt keine sicheren Rückschlüsse auf seine Entstehung zu ziehen sind[52]. Der Text ist nicht mehr Resultat eines autonom und konsistent handelnden Autors, sondern Momentaufnahme einer nichtdialogischen Kommunikation vieler Beteiligter. Die Rolle des Lesers ist nicht länger passiv, sondern bereits während des Lesens, spätestens aber beim Eingriff in das Material aktiv-verändernd[53].

Als Vorteile von Wiki Systemen für virtuelle Veranstaltungen lassen sich nennen:
- Wissen und Erfahrungen können aus verschiedenen Perspektiven zusammengetragen werden
- alle Teilnehmenden können ortsunabhängig an der Erstellung der Texte mitarbeiten
- Informationen sind für alle transparent
- ein gemeinsam entstehender Text motiviert zur Zusammenarbeit

Nachteile sind dagegen:
- Beim gemeinsamen Textschreiben ist Disziplin nötig[54]
- Zuordnung zu einzelnen Autoren ist schwierig
- Texte sind nicht urheberrechtlich geschützt
- Eventuell muss die Strukturierung des Textes von einem Verantwortlichen übernommen werden[55]

---

[51] Thelen, T., Gruber, C., 2003, S. 358
[52] Thelen, T., Gruber, C., 2003, S. 358
[53] Wollermann, T., Busch, K., 2004, S.44
[54] Wollermann, T., Busch, K., 2004, S.49
[55] Wollermann, T., Busch, K., 2004, S.49

3.4 Vorlesungsaufzeichnungssystem (VirtPresenter)

Vorlesungsaufzeichnungen sind im Verhältnis zu anderem Kontent kostengünstig zu produzieren und können das z.B. in einer videokonferenzbasierten Veranstaltung vermittelte Wissen zeit- und ortsunabhängig zugänglich machen[56]. Sie können insbesondere den Studierenden in standortübergreifenden multikulturell zusammengesetzten Veranstaltungen helfen, aus sprachlichen Gründen unverstandene Aspekte nachzuarbeiten.

3.4.1 Technische Aspekte

Bei einer automatischen Vorlesungsaufzeichnung werden Film-, bzw. Tonaufnahme während der Präsentation der Folien in einen spezialisierten Aufzeichnungsrechner eingespeist. Die zeitgleiche Aufnahme gestattet es, Folienwechsel und das Auftreten von Effekten synchron zur Film- bzw. Tonspur aufzuzeichnen. Anhand dieser Daten wird anschließend automatisch eine Webseite erzeugt, in der Folien und Film bzw. Ton synchron zueinander abgespielt werden können. Die Synchronisation kann dabei über SMIL (Synchronized Multimedia Integration Language)[57], bei Verwendung von Realmedia über Realevents (Events, die für Realmediafilme definiert werden können)[58] oder auch - wie beim VirtPresenter - über in die Seite integrierte Scriptkomponenten (Java Script oder VB-Script) erfolgen[59].

Zur Aufnahme von Folienwechsel- und Effektzeiten ermöglicht der VirtPresenter den Einsatz zweier unterschiedlicher Vorgehensweisen. In einem Verfahren werden die Folien zunächst in ein proprietäres Format konvertiert und anschließend in einem speziellen Aufnahmewerkzeug präsentiert. Alternativ dazu können die Folien auch direkt in Powerpoint vorgeführt werden. Die Datenaufzeichnung erfolgt über ein sog. Listenerinterface[60].

Aufgrund besserer Foliendarstellung und bisweilen schlechter Erfahrungen mit den Konvertierungsprozessen verschiedener Systeme wird für den virtPresenter die Listenerlösung präferiert angewendet. Auch diese Lösung weist Schwachstellen auf, da Powerpoint nicht alle Typen von Benutzeraktionen weitergibt. Dieses Problem tritt jedoch nicht im Präsentationsmodus auf und lässt sich

---

[56] Mertens, R., Knaden, A., Krüger, A., Vornberger, O., 2004, 429
[57] http://www.w3.org/TR/REC-smil/
[58] http://service.real.com/help/library/guides/realone/IntroToStreaming/htmfiles/rmevent.htm
[59] Mertens, R., Krüger, A., Vornberger, O., 2004, 82
[60] Mertens, R., Krüger, A., Vornberger, O., 2004, 82

durch entsprechende Programmierung auch in der Webwiedergabe weitestgehend vermeiden[61].

Bei der Darstellung im Web verwendet der virtPresenter SVG (Scalable Vector Graphics) für die Präsentation der Folien und RealAudio bzw. Video zum Streaming von Audio und Video.

3.4.2 Einsatzszenario

Je nach Anforderung der virtuellen Veranstaltung ergeben sich unterschiedliche Vorgehensweisen zur Aufzeichnung von Vorlesungen. Zum einen kann die Vorlesung selbst als Audio- oder aber als Videomitschnitt zur Verfügung gestellt werden[62]. Zum anderen kann das in der Vorlesung verwendete Lehrmaterial in verschiedenen Qualitäten bzw. mit sehr unterschiedlichem Darstellungsumfang ins Netz gebracht werden. Das Spektrum reicht dabei vom manuellen Abfilmen des Lehrenden am Podium bzw. bei der Nutzung des Smartboards bis hin zur automatischen Aufzeichnung von Powerpoint-Vorträgen. Die zur Aufnahme verwendete Technik kann vom vollausgestatteten Multimedia-Hörsaal bis hin zu kostengünstigeren Ein-Rechner-Lösungen gehen[63].

Werkzeuge zur Aufzeichnung von Vorlesungen auf der Basis von Powerpoint haben dabei den Vorteil, dass sie sehr weit verbreitet und daher ohne zusätzlichen Lernaufwand von den Autoren zu bedienen sind, kaum Hardware-Voraussetzungen haben und eine inhaltlich gut strukturierte Aufzeichnung ermöglichen. Außerdem kann der Nachbearbeitungsaufwand bei Verwendung derartiger Werkzeuge auf wenige Minuten begrenzt werden[64].

Der Arbeitsablauf zur Erstellung einer Vorlesungsaufzeichnung mittels VirtPresenter besteht aus den Schritten:

- Erstellung der PowerPointfolien
- Konvertierung der Folien

Bei vielen Systemen zur Aufzeichnung von Vorlesungen ist dieser Schritt nötig, um die Präsentation im jeweiligen System verwenden zu können. Bei einer Reihe von Aufzeichnungssystemen geht dieser Schritt mit dem Übergang des Mate-

---

[61] Mertens, R., Krüger, A., Vornberger, O., 2004, 82
[62] Mertens, R., Knaden, A., Krüger, A., Vornberger, O., 2004, 430
[63] Mertens, R., Knaden, A., Krüger, A., Vornberger, O., 2004, 430
[64] Mertens, R., Knaden, A., Krüger, A., Vornberger, O., 2004, 430

rials in pixelbasierte Formate und teilweise auch dem Verlust der Animationsreihenfolge von Folienanimationen einher.

- Aufzeichnung des Vortrags

Um später automatisch eine zeitliche Synchronisation von Film bzw. Ton und Folien im Netz herstellen zu können, nimmt das jeweilige System dabei Rechnerdaten und Film- bzw. Tonspur gleichzeitig auf.

- Upload der synchronisierten Vorlesungsaufzeichnung auf einen Web-Server.

4. Resümee und Ausblick

Die vier dargestellten Werkzeuge stellen den aktuellen Entwicklungsstand an der Universität Osnabrück dar. Besonders effizient können virtuelle Lehrveranstaltungen unterstützt werden, wenn die Systeme im Verbund miteinander eingesetzt werden. Ziel der weiteren Entwicklung wird es sein, das Zusammenspiel zwischen den Werkzeugen weiter zu verbessern.

Virtuelle Lehrveranstaltungen bekommen einen zunehmenden Stellenwert in der strategischen Planung von Hochschulen[65]. Die den technikaufgeschlossenen Lehrenden zur Verfügung stehende Werkzeugpalette hat sich in den vergangenen Jahren drastisch erweitert. Die verwendete Technik ist deutlich zuverlässiger und bedienerfreundlicher geworden als zu „Pionierzeiten" der standortübergreifenden Lehre[66]. An vielen Hochschulen findet sich auch inzwischen ausreichend institutionale Unterstützung zur nachhaltigen Absicherung solcher Kooperationsvorhaben. Hochschulpolitischer Wille, technologischer Fortschritt und vorhandene Serviceangeboten fruchten jedoch nicht, wenn es nicht gelingt, die (auch persönliche!) Vorteilhaftigkeit der Zusammenarbeit über Hochschulgrenzen hinaus in das Bewusstsein der Dozenten zu rücken. Vielfach herrschen hier noch Sorge vor der potentiellen Entbehrlichkeit und Ängste vor Konkurrenz und Vergleichsmöglichkeiten vor, die den Blick auf den Nutzen eines breiteren, qualitativ hochwertigen Lehrangebots verstellen. Es ist aber durchaus wahrscheinlich, dass es den vielerorts tätigen Akteuren in diesem Umfeld – unterstützt

---

[65] Günther, J., 2001, S. 14
[66] Kerres, M., 2001, S. 292

durch kulturverstärkende Fördermaßnahmen – gelingt, ihre Begeisterung auf eine zunehmend größere Zahl von Dozenten zu übertragen.

Literatur

Döring, N.: Online Lernen, in Issing. L, Klimsa, P., Information und Lernen mit Multimedia und Internet, Winheim, 2002, S. 247-264

Gieseking, M; Knaden, A.: Organisatorische Umsetzung eines eLearning-Konzepts einer Hochschule am Beispiel des Zentrums virtUOS der Universität Osnabrück, in Kerres, M., Voß, B. (Hrsg.), Digitaler Campus –Vom Medienprojekt zum nachhaltigen Medieneinsatz in der Hochschule, Münster, 2003, S. 63-73

Greif, S.; Runde, B.; Seeberg, I.: Erfolge und Misserfolge beim Change Management, Göttingen, 2004

Günther, J.: Videokonferenz in der Lehre, Wien 2001

Hesse, W.; Garsoffky, B.; Hron, A.: Netzbasiertes kooperatives Lernen, in Issing. L, Klimsa, P., Information und Lernen mit Multimedia und Internet, Winheim, 2002, S. 283-298

Hoppe, U.; Vornberger, O.: Bericht der Kommission zur Erarbeitung eines Konzeptes zur Computerunterstützten netzbasierten Lehre an der Universität Osnabrück Computer Aided Netbased Teaching in Osnabrück, Osabrück, 2001

IT-Konzept der Universität Osnabrück, Osnabrück 2003

Kerres, M.; Jechle, T.: Didaktische Konzeption des Telelernens, in Issing. L, Klimsa, P., Information und Lernen mit Multimedia und Internet, Winheim, 2002, S. 267-281

Kerres, M.: Multimediale und telemediale Lernumgebungen, München 2001

Knaden, Andreas; Zettel, Mareike: Erfahrungsbericht: Einsatz kostengünstiger audiovisueller Medien zur Liveübertragung virtueller Lehrveranstaltungen via Internet im Fachbereich Wirtschaftswissenschaften der Universität Osnabrück, Osnabrück, 2002

Knaden, A.; Rolf, R.: Automatisierte Kamerasteuerung zur Übertragung von Seminaren und Vorlesungen, In V. Dötsch, G. Schade & K. Hering (Hrsg.), e-Learning and beyond, Leipzig, 2003, S. 87-97

Knaden, A.; Rolf, R.: E-Learning Szenario: Videokonferenzbasiertes Seminar, in Hamborg, K.-C., Knaden, A. (Hrsg.), Good Practice: Netzbasiertes Lehren und Lernen an Universitäten, Osnabrück, 2004, S. 53-58

Kruse-Heine, M.; Krüger, A.: Kommunikation und Kooperation im Internet, in Hamborg, K.-C., Knaden, A. (Hrsg.), Good Practice: Netzbasiertes Lehren und Lernen an Universitäten, Osnabrück, 2004, S. 19-38

Mertens, R.; Krüger, A.; Vornberger, O.: Einsatz von Vorlesungsaufzeichnungen, in Hamborg, K.-C., Knaden, A. (Hrsg.), Good Practice: Netzbasiertes Lehren und Lernen an Universitäten, Osnabrück, 2004, S.79-92

Mertens, R.; Knaden, A.; Küger, A.; Vornberger, O.: Einsatz von Vorlesungsaufzeichnungen im regulären Universitätsbetrieb, in Dadam, P, Reichert, M. (Hrsg): Informatik 2004 – Informatik verbindet, Ulm, 2004, S. 429-433

Thelen, T.; Gruber, C.; Kollaboratives Lernen in WikiWikiWEbs, in Kerres, M., Voß, B. (Hrsg.), Digitaler Campus –Vom Medienprojekt zum nachhaltigen Medieneinsatz in der Hochschule, Münster, 2003, S.356-365

Wollermann, T.; Busch, K.; Einsatz von WikiWikiWEbs zur Projektkoordination und Projektarbeit in Seminaren,m in Hamborg, K.-C., Knaden, A. (Hrsg.), Good Practice: Netzbasiertes Lehren und Lernen an Universitäten, Osnabrück, 2004

Zimmer, C., Meyer, L., Pipek, V., Schinzel, B., Wegerle, A., Won, M., Wulf, V.: Erfahrungsbericht zur Telelehrveranstaltung „Informatik und Gesellschaft" im Sommersemester 1999, Freiburg, 2000

Virtuelle Netze – Chancen für interdisziplinäre Kooperationen in Hochschulen

Matthias Kramer[1]

1. Standortfaktoren und Bildungsangebot

Standortkriterien sind nicht nur bei einem geplanten unternehmerischen Engagement wesentliche Einflussfaktoren für die damit verbundene grundlegende Führungsentscheidung,[2] sondern auch im privaten und öffentlichen Bereich. So stellt beispielsweise der Entscheidungsprozess eines Hauskaufes/-neubaus an den privaten Investor grundsätzlich ähnliche Herausforderungen mit vergleichbaren Fehlerkonsequenzen wie auch an den unternehmerisch motivierten Akteur, der sich auf einen Produktions-, Service- oder Auslieferungsstandort festlegen muss. Die jeweiligen Investitionsbedingungen und Finanzierungsmöglichkeiten erfordern zwingend eine Orientierung an Wirtschaftlichkeitsprinzipien.[3] Gleichwohl erfolgen die Festlegungen in der Regel risikobehaftet, da unvollständige, unsichere und unbestimmte Informationen[4] die Eingangsparameter für den Entscheidungsprozess darstellen.[5] Die Einhaltung des Wirtschaftlichkeitsprinzips kann daher nur eingeschränkt erfolgen. Die Zukunftsorientierung der Entscheidungen bedingt darüber hinaus, dass die konkreten Wirkungen ausschließlich ex post darstellbar sind, durch die Gegenüberstellung heutiger Planmit künftig realisierten Istwerten.

---

[1] Der Autor dankt Dipl.-Ing. (FH) Peggy Sommer für ihre Unterstützung bei der redaktionellen Bearbeitung dieses Beitrages.

[2] Vgl. zu der Wahl des Standortes als Entscheidungsproblem Wöhe 2002, S. 320 ff.

[3] Bea, Dichtl, Schweitzer unterscheiden neben dieser Ausprägung des Ergiebigkeitsprinzips (Rationalität) auch die soziale, technische und ökologische Rationalität. Vgl. Bea, Dichtl, Schweitzer 1990, S. 42 ff. Das Dreisäulenmodell der Nachhaltigkeit basiert ebenfalls auf einer simultanen Betrachtung ökonomischer, ökologischer und sozialer Faktoren. Die lokale Umsetzung dieser dreidimensionalen Zielstellung, die global auf die Darstellung der Wechselwirkungsprozesse abzielt, erfordert auch eine Einbeziehung der kulturellen Dimension. Vgl. Hartmann 2000, S. 65.

[4] Vgl. Bea, Dichtl, Schweitzer 1990, S. 45-46.

[5] Natürlich mit unterschiedlichem Komplexitätsgrad und differenzierten Abstraktionsmöglichkeiten. Mit zunehmender Komplexität nehmen die Möglichkeiten ab, die Realität und deren Bestimmungs- und Prozessfaktoren formal und vollständig abbilden zu können. Zu den diesbezüglichen Einsatzmöglichkeiten und Grenzen entscheidungsorientierter Ansätze vgl. Witte 1979, S. 70 ff.

Vor vergleichbaren Herausforderungen stehen aber auch die Entscheidungskräfte, die für die Sicherung des Gemeinwohls verantwortlich sind. Hierbei handelt es sich in der Regel um politische Verantwortungsträger, die, vom Volk gewählt, für angemessene Rahmenbedingungen zur Umsetzung gesetzlich geregelter Zielstellungen sorgen sollen.[6] Internationale, nationale, regionale und lokale Interessen sind dabei ganzheitlich zu harmonisieren. Zum Ausgleich unterschiedlicher Ausgangsbedingungen und zur Gewährleistung vergleichbarer Entwicklungsmöglichkeiten können die politischen Verantwortlichen durch die gezielte Beeinflussung maßgeblicher Standortfaktoren mittel- und unmittelbaren Einfluss nehmen.[7] Bedeutsam ist in diesem Zusammenhang auch, inwieweit durch eine angemessene Grundversorgung mit Bildungs-, Aus- und Weiterbildungseinrichtungen die intellektuelle Basis erhalten/entwickelt werden kann, von der wiederum das Gestaltungspotenzial für die übrigen Standortfaktoren in hohem Maße abhängig ist. In diesem Zusammenhang stellt sich mitunter auch die Frage, inwieweit durch die Qualifizierungsangebote von Hochschulen zumindest mittelbar Einfluss genommen werden kann auf die Gestaltung einer nachhaltigen Entwicklung.[8] Ist für eine angemessene Grundversorgung mit Bildungsangeboten eine lokale Infrastruktur erforderlich, oder reicht ggf. auch eine standortunabhängige Lehr- und Lernumgebung unter Nutzung der aktuell verfügbaren Informations- und Kommunikationstechnologien aus? Um diese Frage aus Sicht der Hochschulen zumindest näherungsweise beantworten zu können, lohnt ein Blick in die Geschichte unter spezieller Berücksichtigung der Entwicklung in der Betriebswirtschaftslehre (BWL).

---

[6] Für die Bundesrepublik Deutschland z. B. im Grundgesetz geregelt, Art. 5, Abs. 3: Freiheit der Kunst, Wissenschaft, Forschung und Lehre; Art. 12: Freie Wahl des Berufs, des Arbeitsplatzes und der Berufsstätte – Kein Arbeitszwang; Vgl. Grundgesetz 1980.

[7] Hierzu gehören z. B. spezielle Steuersätze, grenzüberschreitende Regelungen, Wirtschaftsordnungen, staatliche Hilfen, Umweltschutzmaßnahmen. Vgl. Bea, Dichtl, Schweitzer 1990, S. 337. Die finanziellen Rahmenbedingungen sind dabei sowohl international, z. B. durch das Leader$^+$-Programm der EU, aber auch national, z. B. durch den Länderfinanzausgleich der Bundesrepublik Deutschland, sowie auch regional grenzüberschreitend (z. B. Interreg) und lokal (z. B. kommunale Wirtschaftsförderung) durch spezifische direkte und indirekte Förderprogramme der Landesbehörden und Kommunen zu schaffen.

[8] Zu den diesbezüglichen Herausforderungen durch Interdisziplinarität und Systemorientierung in der Hochschulbildung vgl. Kramer 2004.

2. Der Einfluss von Standortfaktoren auf die Entwicklungsgeschichte der Betriebswirtschaftslehre

Die ersten Universitäten wurden bereits im Altertum gegründet.[9] Die Motive dafür waren zu dieser Zeit häufig an einzelne Herrscher bzw. Herrscherhäuser gekoppelt, somit sehr standortbezogen determiniert. Der Wissensdrang basierte einerseits auf Erfahrungen durch Eroberungszüge und Kriege und dem damit zusammenhängenden Kennenlernen neuer Kulturen. Der Wunsch, den eigenen Machtbereich zu erweitern, stand im Vordergrund. Für diesen Zweck war es nur von Vorteil, geographische, geologische, kulturelle, aber auch logistische Informationen zusammenhängend bearbeiten zu können.[10] Aber auch die Sehnsucht, über die Welt mehr zu erfahren, spielte bei den Herrschern eine entscheidende Rolle für einen friedlich motivierten Wissenszuwachs. Naturwissenschaftliche, philosophische, künstlerische und religiöse Interessen standen dabei zunächst im Vordergrund. Die Entwicklung von Bürgergesellschaften in Stadt- oder Gemeindestaaten, wie der griechischen Polis und dem römischen Staat, blieb ebenfalls nicht ohne Einfluss. In diesem Zusammenhang sind auch die ersten Abhandlungen zur Wirtschaft, in erster Linie der Landwirtschaft, zu verstehen. Griechische Schriftsteller und Philosophen, wie Xenophon, Platon und Aristoteles, behandelten betriebswirtschaftliche Fragen im Rahmen der Lehre von „Oikos".[11] Die römische Wirtschaftslehre war sehr stark ausgerichtet auf Besitzer landwirtschaftlicher Großbetriebe, z. B. durch die Schriftsteller Cato der Ältere, Varro und Columella.[12] Die erste Hochschule allerdings, die die festen Formen eines „Studium generale" mit unterschiedlichen akademischen Graden implementierte, war die im 12. Jahrhundert mit päpstlichem Privileg ausgestattete

---

[9] 280 v. Chr. gründete Ptolemäos Philadephos das Museion zu Alexandria; verschiedene Schulen der Weltweisheit und der Redekunst in Athen; Gründung des Athenäum durch Kaiser Hadrian in Rom. Im frühen Mittelalter die arabischen Hochschulen mit sehr gutem Ruf, teilweise als Vorbilder für die Entwicklung der abendländischen Hochschullandschaft. Vgl. o. V. 1986, S. 146-147.

[10] Die Ursprünge des Terminus Logistik liegen in der griechischen Sprache. Über das Substantiv „logismus" und das Adjektiv „logistikos" sind inhaltlich „rechnerisch erfahren", „berechnend, logisch denkend" abzuleiten. Der byzantinische Kaiser Leontos VI bezeichnete schon im 10. Jahrhundert Nachschubberechnungen und -maßnahmen als Logistik. Vgl. Bichler, Schröter 1995, S. 15.

[11] Oikos als Inbegriff der damals möglichen Eigentums- und Vermögensbestandteile eines Bürgers. Vgl. Rosemeier 1993, S. 22 ff.

[12] Vgl. Rosemeier 1993, S. 26 ff.

Hochschule zu Paris.[13] Die älteste deutsche Universität wurde 1348 in Prag gegründet, es folgten Wien, Heidelberg, Köln, Erfurt und 1409 Leipzig. Einzelne Landesfürsten erweiterten die Hochschullandschaft bis in das 17. Jahrhundert hinein. Die Entwicklung in den Universitäten wurde im Hoch- und Spätmittelalter entscheidend geprägt durch Veränderungen auf geistigem und allgemein kulturellem Gebiet. „Zu den wichtigsten geistigen Strömungen und Bewegungen dieser Zeit zählen Renaissance, Humanismus, Individualismus und Reformation. Zusammen haben diese einen allgemeinen Kulturwandel ausgelöst, der nicht nur das geistig-religiöse, sondern auch das wirtschaftliche, soziale und politische Leben entscheidend veränderte".[14] Zeitgemäß dominierten die theologischen, juristischen und medizinischen Fakultäten an den Universitäten, ab dem 18. Jahrhundert auch die philosophischen. Das Europa des 19. Jahrhunderts war u. a. geprägt durch die Entfaltung des Liberalismus, der seinen Bezug zu wirtschaftlichen Aspekten durch Adam Smith erhielt.[15] Industrialisierung und Gewerbefreiheit führten zu weiteren dynamischen Prozessen bei Staat und Gesellschaft und somit zwangsläufig auch in den Universitäten. Neben der weiteren Entwicklung der Naturwissenschaften führte dies auch zu Bestrebungen, sich stärker mit betriebswirtschaftlichen Fragen zu beschäftigen. Klein-Blenkers zitiert Seyffert, der den Beginn der so genannten neuen BWL mit dem Gründungsdatum der ersten Handelshochschulen 1898 in Aachen, Leipzig und Wien im Zusammenhang sieht.[16] Durch die damit verbundene wachsende Zahl von hauptberuflich und nicht hauptberuflich tätigen Professoren erfolgte in relativ kurzer Zeit, im Vergleich mit der Entwicklung der alten BWL, die Etablierung der BWL als Wissenschaft mit einer damit verbundenen Ausweitung der Lehr- und Forschungstätigkeiten.[17] Im Mittelpunkt standen z. B. eine stärkere Orientierung an Gewinn und Umsatz bei der Festsetzung unternehmerischer Zielstellungen[18] und die differenziertere Positionierung zur Stellung des Eigentümerunternehmers (aus Sicht der alten BWL) hin zu einer stär-

---

[13] Dieser zeitliche Sprung sei gestattet, für weitergehende Informationen vgl. o. V. 1986, S. 147.
[14] Rosemeier 1993, S. 41-42.
[15] Vgl. Rosemeier 1993, S. 111.
[16] Vgl. Klein-Blenkers 1994, S. 32-33.
[17] In diesem Zusammenhang sind Namen zu nennen wie Gomberg, Schmalenbach, Nicklisch, Rieger, Hellauer, Schmidt und Leitner. Vgl. Klein-Blenkers 1994, S. 32 ff.
[18] Vgl. Deges 1993, S. 206. Wobei die Diskussion hierzu sehr differenziert erfolgte, so haben z. B. Schär, Schmalenbach und Nicklisch die Gewinnmaximierung als Auswahlprinzip der BWL abgelehnt – vgl. Deges 1993, S. 210.

ker institutionen- bzw. organisationsbezogenen Sichtweise.[19] Schließlich führte diese kritische Diskussion Gutenberg zu seinem Konzept des dispositiven Faktors und zu seinem Werk „Grundlagen der Betriebswirtschaftslehre".

Der Stellenwert der BWL und damit auch die Zahl der Fachvertreter nahm natürlich auch durch die Industrialisierung, den technischen Fortschritt und neue Formen der Arbeitsteilung in den Produktions- und Dienstleistungsprozessen zu. Nach den von Kondratieff und Nefiodow festgestellten Wachstumsauslösern gab es ab 1900 eine gewisse Parallelität zwischen dem Wirtschaftswachstum und der Entwicklung in der BWL, mit der Elektrotechnik beginnend, über die Petrochemie und den 5. Zyklus Computer ab 1990. Das 21. Jahrhundert soll geprägt sein von Wachstumsfaktoren in der Informations- und Kommunikationstechnik, dem Gesundheitswesen und der Biotechnologie.[20]

Das Wirtschaftswachstum in der Nachkriegszeit führte Deutschland nicht nur auf einen Spitzenplatz in der Weltwirtschaft, sondern auch zu Wohlstand und einer gewissen Vorbildfunktion beim Aufbau sozialer Sicherungssysteme. Die demographische Entwicklung dieser Zeit bedingte auch ein weiteres Wachstum an Bildungseinrichtungen, so dass bis heute von einer flächendeckenden Versorgung an Lehr- und Lernangeboten ausgegangen werden kann. Standortentscheidungen fielen aber nun weniger aus Sicht klassischer Faktoren, wie die Nähe zu einer leistungs- und entwicklungsfähigen Wirtschaft, traditionellen Wurzeln und verfügbarem Wissen, sondern eher aus dem Anspruch heraus, ein über die gesamte Fläche der Bundesrepublik Deutschland gleichverteiltes Netz von Bildungseinrichtungen aufzubauen. Regional- und kommunalpolitische Aspekte spielten bei dieser Entwicklung eine nicht zu vernachlässigende Rolle. Die Angebotsquantität und -qualität birgt natürlich viele Vorteile in sich, andererseits ging dies ggf. aber zu Lasten der Mobilitätsbereitschaft der Studierenden. Während zu den beschriebenen früheren Zeiten Studierende z. B. gleichermaßen ihre Fußabdrücke in Bologna, Paris, Prag und Salamanca hinterlassen haben, bedarf es heute häufig besonderer Anstrengungen, Studierende zu einem Auslandsaufenthalt zu bewegen. Und dies, obwohl die Lehrsprache nicht mehr Latein ist, sondern sich mittlerweile an fast allen Hochschulen auch englischsprachige Lehr- und Qualifizierungsangebote finden lassen.

---

[19] Vgl. Deges 1993, S. 230.
[20] Vgl. Nefiodow 1996, S. 95, 121.

Dieses Steiflicht durch die geschichtliche Universitätsentwicklung, speziell auch die BWL betreffend, soll die weiteren Ausführungen in diesem Beitrag relativieren helfen. Die aktuelle demographische Entwicklung, das zu geringe Wirtschaftswachstum mit entsprechenden Konsequenzen für die Finanzierung sozialer Systeme, speziell in Deutschland, der technische Fortschritt und nicht zuletzt die Globalisierung stellen auch neue Herausforderungen an die Leistungs- und Entwicklungsfähigkeit von Hochschulen. Kann man den skizzierten Wellenbewegungen von Kondratieff noch bis 1990 annähernd folgen, so sind für die nächsten Jahrzehnte wesentlich kürzere Zyklen mit stärkeren Ausschlägen nach unten und oben zu erwarten. Die Euphorie und die Ernüchterung über den Stellenwert der so genannten new economy für die Weltwirtschaft haben dies eindrucksvoll unter Beweis gestellt. Es stellt sich daher zwangsläufig auch für die Hochschulen die Frage, wie man sich auf aktuelle und künftige Entwicklungen strategisch einstellen will und kann, auch zur Sicherung des eigenen Standortes.

3. Neue Herausforderungen durch Internationalisierung und Globalisierung

Ein internationales Engagement findet grenzüberschreitend statt, somit sind mindestens zwei Länder von dieser Aktivität betroffen. Kreikebaum differenziert in diesem Zusammenhang nach der logistischen Reichweite der Tätigkeit. Diese kann sich sowohl auf eine zwar grenzüberschreitende, aber regional begrenzte, als auch regionenunabhängige länderübergreifende Produktions- oder Dienstleistungsaktivität beziehen. Letztere sieht er im Zusammenhang mit einer Multinationalität.[21] Die Globalisierung umfasst eine weltweite Ausrichtung bzw. ein weltweites Zusammenwachsen[22] und stellt somit die logistisch umfassendste Form der Internationalisierung dar (vgl. Abbildung 1).[23]

Die Ursachen der Globalisierung sind sehr vielfältig. Brauweiler unterscheidet nach marktbezogenen, politischen, sozialen, technologischen, ökonomischen, wettbewerbsbezogenen und internen „Globalisierungstreibern".[24] Hervorzuhe-

---

[21] Vgl. Kreikebaum 1998, S. 7.
[22] Vgl. Wrona, Schell 2003, S. 307.
[23] Vgl. Krystek, Zur 1997, S. 3.
[24] Vgl. Brauweiler 2002, S. 5.

ben sind in diesem Zusammenhang sicherlich die technischen und infrastrukturellen Fortschritte im Verkehrssektor, die Informations- und Kommunikationstechnologien sowie die internationalen Zoll- und Handelsabkommen.

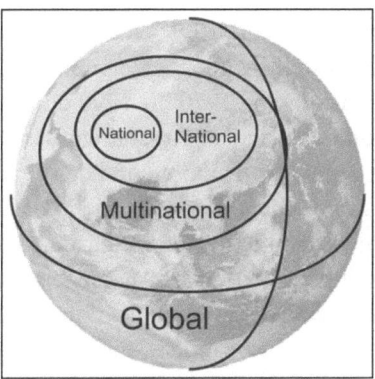

Abbildung. 1: Internationalität, Multinationalität und Globalisierung

Blickt man auch hier kurz in die Geschichte, stellt man fest, dass die Internationalisierung ebenfalls über eine lange Tradition verfügt.[25] Erste grenzüberschreitende Wirtschaftsaktivitäten finden sich bereits im Altertum, bei Phöniziern, Römern, Ägyptern und Griechen. Die Ausweitung grenzüberschreitender Handelsaktivitäten fand jedoch erst im Mittelalter eine neue Dimension. Beispielsweise sind hier die Deutsche Hanse ab 1158 von Lübeck aus zu nennen oder die italienischen Unternehmer Bardi, Peruzzi und Medici Ende des 14., Anfang des 15. Jahrhunderts. Zu nennen ist natürlich auch die schwäbische Kaufmannsfamilie Fugger, die im 16. Jahrhundert als das reichste Unternehmen Europas galt. Die Kolonialisierung spielte in den darauffolgenden Jahrhunderten eine ähnliche Rolle wie auch die Industrialisierung, speziell zwischen 1830 und 1870. Als wesentliche Globalisierungstreiber waren auch hier die Fortschritte im Transportsektor (Eisenbahn und Dampfschiffe) sowie in der Kommunikation (Telegrafie) auszumachen. Ende des 19., Anfang des 20. Jahrhunderts ist dann auch eine stetige Zunahme der Direktinvestitionen zu verzeichnen, die bis in die heutige Zeit anhält. „Die rasante Entwicklung der Internationalisierung verdankt

---

[25] Kreikebaum et al. geben einen Überblick über Vorläufer und geschichtliche Entwicklung international tätiger Unternehmen, auf den bei dieser Darstellung komprimiert zurückgegriffen wird. Vgl. Kreikebaum, Gilbert, Reinhardt 2002, S. 114 ff.

sich der starken Zunahme der Direktinvestitionen, die europäische und asiatische Unternehmen weltweit vorgenommen haben".[26]

Brauweiler zitiert aus dem ersten Welthandelsbericht der WTO aus dem Jahr 1995, in dem zwischen 1950 und 1995 ein jährliches reales Wachstum des Welthandels um 6 % festgestellt wurde.[27] In der Europäischen Union betrug das jährliche Wirtschaftswachstum von 1970 bis 1990 durchschnittlich 2,6 %, das zu ca. 15 % vom internationalen Handel getragen wurde.[28] Die Parallelität der Entwicklung zwischen den genannten Faktoren und den Wachstumsraten des Güter- und Personenverkehrsaufkommens machen die wechselseitige Abhängigkeit deutlich. Die durchschnittlichen jährlichen Wachstumsraten in der Europäischen Union betrugen von 1970 bis 1990 für den Personenverkehr 2,3 % und für den Güterverkehr 3,1 % (bezogen auf Entfernungskilometer). Die Zahl der PKW hat sich jährlich seit 1970 um ca. 4,5 % erhöht, die der Busse und LKW um durchschnittlich 5 %.[29] Die Abhängigkeit zwischen Transportfähigkeit und wirtschaftlichem Wachstum führt aber auch zu weiteren Konsequenzen, und dies zum Teil in doppelter Hinsicht. Die Zuwachsraten wirken einerseits als ein bestimmendes Nachfragesegment bei dem nicht erneuerbaren Energieträger Öl und tragen somit wesentlich zu seiner weiteren Verknappung bei. Andererseits bestimmt der Verbrauch über die energetische Nutzung die Entwicklung der CO_2-Emissionen.[30] Diese so genannten externen Effekte führen zumindest kalkulatorisch auch zu Kosten. „Als externe Effekte sind positive (externer Nutzen) und negative (externe Kosten) Auswirkungen ökonomischer Aktivitäten auf Dritte definiert, die durch den Marktmechanismus nicht oder nur unzureichend dem Verursacher angelastet werden".[31] Dethloff und Seelbach erkennen daher aus Sicht der Logistik zu Recht den Konflikt zwischen „... dem Interesse des Unternehmens, die internen Kosten zu minimieren, und dem Interesse der All-

---

[26] Kreikebaum, Gilbert, Reinhardt 2002, S. 116.
[27] Vgl. Brauweiler 2002, S. 2.
[28] Vgl. Kommission der Europäischen Gemeinschaft 1992; Eden 1997, S. 45.
[29] Vgl. Prehn, Schwedt, Steger 1997, S. 7-8.
[30] Informationen über Zuwachsraten des Güter- und Personenverkehrs in Deutschland und die damit verbundenen Energieverbräuche/Emissionen finden sich bei Kramer 1995, S. 80-93. So betrug der CO_2-Jahresausstoß in Deutschland im Jahr 1999 859 Millionen Tonnen, wovon ca. 22 % vom Verkehr verursacht wurden. Mit 38 % ist die Energieerzeugung jedoch Hauptverursacher der CO_2-Emissionen, knapp 20 % gehen zu Lasten der Industrie und knapp 20 % umfassen die Haushalte. Vgl. Umweltbundesamt, Statistisches Bundesamt 2002, S. 31.
[31] Wicke, Haasis, Schafhausen, Schulz 1992, S. 397.

gemeinheit, die externen Kosten gering zu halten, da eine verminderte Umweltbelastung oft nur durch erhöhten einzelwirtschaftlichen Aufwand möglich ist".[32] Da der Markt offensichtlich nicht in der Lage ist, diese volkswirtschaftlich relevanten Tatbestände in Preisen zu bewerten, ist die Umweltpolitik zunehmend gefordert, zu einer Internalisierung der externen Effekte und den damit zusammenhängenden Kosten und Erträgen beizutragen. Umweltpolitische Instrumente finden ihren Niederschlag mittlerweile in Form von Preis- (z. B. Ökosteuern und Umweltabgaben) und Mengensteuerungen (z. B. Zertifikate).[33] Für die internationale Politik, nicht nur die Umweltpolitik, liegt die Herausforderung der Zukunft in der an Nachhaltigkeitszielen[34] orientierten Gestaltung des weiteren Globalisierungsprozesses. Für die unmittelbar beteiligten Unternehmen, insbesondere den auch aus diesem Grund bezeichneten global player, aber auch den mittelbaren unternehmerischen Akteuren, z. B. im Rahmen eines zwar nationalen Engagements, das aber in eine international wirkende Wertschöpfungskette eingebunden ist, stellen sich somit vielfältige neue Herausforderungen, die gleichermaßen Chancen- und Risikopotenziale beinhalten. Für die strategische Entscheidungsfindung werden daher Wissenskompetenzen benötigt, die durch ganzheitliche und systemische Betrachtungsebenen gekennzeichnet sind. Systemorientierung und Interdisziplinarität werden daher nicht nur von zunehmender praktischer Relevanz sein, sondern auch bestehende Bildungsangebote ergänzen müssen bzw. neue erfordern.

4. Ganzheitlichkeit, Systemorientierung und Interdisziplinarität

Standortfaktoren, Internationalisierung und Globalisierung sind in einem wechselseitigen Prozess mit dem Fortschritt der Wissenschaften verbunden. Informations- und Kommunikationstechnologien stellen mittlerweile ein unerlässliches Verbindungsglied für den Austausch zwischen Akteuren unterschiedlicher Nachfrage- und Angebotssegmente dar. Allerdings sind die im Laufe der Jahr-

---

[32] Dethloff, Seelbach 1998, S. 148.
[33] Zur Relevanz der Umweltpolitik für die Wirtschaft, der definierten Zielstellungen und eingesetzten Instrumente vgl. Möller 2003, S. 215-235.
[34] „Letztlich muss das Thema Nachhaltigkeit in allen Bereichen von Wirtschaft und Gesellschaft weit oben auf die Agenda gesetzt werden, damit der Prozess der Globalisierung mehr Chancen als Risiken bietet.", Caspers-Merk 1998, S. 7.

hunderte erzielten Erkenntnisgewinne häufig einzelwissenschaftlich fundiert worden. Das Prinzip der Arbeitsteilung als Grundlage zur Gestaltung effizienter Prozesse hat zu Spezialisierung und Konzentration geführt. Die Vorteile dieser Entwicklung sind unbestritten, gleichwohl bemängelt Witte in diesem Zusammenhang zu recht, dass „... die Konzentration auf die jeweils im Vordergrund stehenden Einzelheiten zu einer Vernachlässigung anderer Aspekte führt".[35] Diese Erkenntnis müsste zwangsläufig zu ganzheitlichen und vollständigen Ansätzen führen, die Komplexität der Realität steht diesem Anspruch jedoch gegenüber. Die Systemtheorie sieht dies mit dem Ziel als Herausforderung, das vielfältige Beziehungsgefüge realer Zusammenhänge formal abzubilden.[36] Dabei wird ein System als eine Menge von Elementen definiert, zwischen denen Beziehungen bestehen.[37] Sind die Zahl der Elemente und die dazugehörigen Beziehungen sehr vielfältig, erfolgt eine Disaggregation durch Subsystembildung. In der Systemtheorie sind dabei mögliche Fehlerquellen durch die Zergliederung realer Zusammenhänge in einzelne Module sehr präsent.[38] Die Dynamik der internationalen und globalen Entwicklung, basierend auf immer kürzeren technischen Fortschrittszyklen, führt zu einer Ausweitung der Systemgrenzen. Während die historische Entwicklung gezeigt hat, dass Systemgrenzen eher geographisch gezogen wurden, bedingt durch die eingeschränkten Möglichkeiten zur Überbrückung von räumlichen Distanzen, besteht die Herausforderung der Zukunft in der Reduzierung fachlicher Distanzen. Ursachen und Wirkungen sowie Quellen und Senken[39] der von Humanaktivitäten ausgehenden Prozesse müssen ganzheitlich beschrieben und dargestellt werden. Betrachtet man eine fachliche Disziplin, z. B. die BWL, als ein Subsystem der gesamten Wissenschaften, stellt sich auch hier die Frage nach den Systemgrenzen bzw. Schnittstellen zu anderen Disziplinen. In Anlehnung an Konfuzius ist dabei der Weg das Ziel, dessen Ende man nie erreicht. Jeder Wissensfortschritt und Erkenntnisgewinn führt auch zu einer Veränderung der vorher definierten Systemgrenzen, somit handelt es sich um einen dynamischen, unendlichen Prozess.

---

[35] Witte 1986, S. 19.
[36] Zur theoretischen Grundlage bei der Abbildung formaler Systeme als Modelle realer Systeme vgl. Witte 1973, S. 13-17.
[37] Vgl. Kramer 1990, S. 25.
[38] Vgl. Beer 1970, S. 15 ff.
[39] Vgl. zu den Termini „Quelle" und „Senke" u. a. Strebel 1995, S. 114; Schön et al. 2003, S. 47.

Aus dieser Erkenntnis heraus ist die Forderung nach interdisziplinären Ansätzen fast schon als obligatorisch anzusehen.[40] Das Leitbild des sustainable development folgt dieser Zielstellung durch die gleichrangige Zergliederung des Gesamtsystems in die Teilsysteme Ökonomie, Ökologie und Soziales. Um nun aber gewährleisten zu können, dass eine Überbeanspruchung des Gesamtsystems nicht zu Lasten künftiger Generationen geht, ist eine ganzheitliche und systemische Betrachtungsweise unerlässlich. Unabhängig von dem möglichen Bewertungsproblem erfordert dieser Ansatz zunächst eine vollständige Beschreibung sämtlicher Stoff- und Energieflüsse im System, und zwar von der Entnahme als Input bis hin zur Rückgabe als Output. Auf der Inputseite sind dabei Kapazitätsrestriktionen der verfügbaren Ressourcen zu berücksichtigen, die Outputseite muss Betrachtungen zur Aufnahmekapazität des jeweils beanspruchten Mediums umfassen.[41] Die Komplexität des Systems, die Vernetzung des Wirkungszusammenhanges, die Mehrdimensionalität der Zielsetzung, die Unbestimmtheit der angestrebten Endsituation und die Eigendynamik im System[42] bedingen eine Dilemmasituation, die durch verschiedene Defekte gekennzeichnet ist.[43] Diese Einschränkungen könnten die Verfechter einzelwissenschaftlich orientierter Ansätze zu der Annahme verleiten, die Optimierungsbestrebungen ihres Teilsystems einer ganzheitlichen Betrachtungsweise in der Erwartung vorzuziehen, dass von der Verbesserung ihres Teilsystems auch das Gesamtsystem unmittelbar profitiert. Die mittlerweile vorliegenden Erkenntnisse und auch Erwartungen über die weitere Entwicklung, z. B. die globale Erwärmung betreffend, machen aber auch praktisch deutlich, dass das Ganze mehr ist als die Summe seiner Teile. Interdisziplinär orientierte Lehrangebote und Forschungszielstellungen müssen daher in der Zukunft eine noch stärkere Ausrichtung und Implementierung in den Hochschulen erfahren. Auch hierzu sei daher ein kurzer Blick in die Geschichte gestattet.

Als erstes historisches Gemeinschaftsprojekt mit dem Ziel, verschiedene Akteure unterschiedlicher Fachrichtungen international zu verbinden, um auf dieser

---

[40] In der Literatur finden sich häufig Festlegungen zu inter-, intra- und transdisziplinären Ansätzen. Witte subsummiert nach der Multidisziplinarität, vgl. Witte 1986, S. 23-24. Die weiteren Ausführungen in diesem Beitrag folgen der pragmatischen Definition der disziplinenübergreifenden Sichtweise.
[41] Hier lassen sich zwei Fälle unterscheiden: Ratenknappheit und Kumulativknappheit, vgl. Liesegang 2003, S. 76.
[42] Vgl. Witte 1986, S. 23-24.
[43] Witte unterscheidet in diesem Zusammenhang lösungsdefekte, bewertungsdefekte und wirkungsdefekte Probleme. Vgl. Witte 1979, S. 76 ff.

Grundlage neue Erkentnisse über das Gesamtsystem zu gewinnen, können die 1768 begonnenen wissenschaftlichen Expeditionen zur Erkundung des Venusdurchganges am 03.06.1769 bezeichnet werden. Verschiedene Forscher, u. a. der Engländer James Cook, der Wissenschaftler Georg Moritz Lowitz aus Deutschland und der Franzose Jean-Baptiste Chappe, sind seinerzeit nach Tahiti, an das Kaspische Meer bzw. nach San Jose (Baja California) aufgebrochen, um das Vorbeiziehen des Planeten Venus vor der Sonne von unterschiedlichen Standpunkten der Welt aus zu beobachten.[44] Einzelwissenschaftlich betrachtet hätten die Expeditionsergebnisse zwar auch zu einem Wissensfortschritt geführt, wesentliche Neuerungen konnten aber erst durch das zusammenfassende Vergleichen, Analysieren und Interpretieren der Einzelstudien erreicht werden. Während zu dieser Zeit der zu betreibende logistische und damit auch finanzielle Aufwand zur Unterstützung interdisziplinärer Netzwerke die Entwicklung wesentlich dominierte, sind in der heutigen Zeit, auch durch die verfügbare Informations- und Kommunikationstechnik, standortunabhängige und kostengünstigere Studien möglich. Darin liegt für die Hochschulen eine Chance, zu einer weiteren Verbreitung interdisziplinärer Wissenskomponenten beitragen zu können.

Mit der Erkenntnis, dass ökonomische, ökologische und soziale Entwicklungen nicht unabhängig voneinander betrachtet werden können, wuchs auch die Bereitschaft zwischen einzelnen Wissenschaftsdisziplinen, sich interdisziplinär zu vernetzen. Häufig entstand diese Kooperationsbereitschaft aus der Notwendigkeit heraus, ein bestehendes, i. d. R. vom Menschen verursachtes Problem, zu lösen. Die Orientierung erfolgte zunehmend an den ursprünglich stabilen Kreisläufen der Natur mit dem Ziel, ähnliche harmonische und nachhaltige Systeme zu bilden.[45] Als ein richtungsweisendes Forschungsprojekt[46] kann in diesem Zusammenhang das von der Arbeitsgruppe Systemforschung der Universität Osna-

---

[44] Vgl. http://www.venus-transit.de/1769/.

[45] Strebel sieht beispielsweise einen engen Zusammenhang zwischen dem Aufbau industrieller Verwertungsnetze mit den Ökozyklen der Natur, eine über Nahrungsketten organisierte Kreislaufwirtschaft zwischen Lebewesen in ihrem Lebensraum, vgl. Strebel 2003, S. 327-328. Von der Natur als Vorbild lassen sich Wissenschaftler im Rahmen der Bionik leiten, z. B. bei Produktgestaltung und -design. Vgl. u. a. Drack 2002; o. V. 2002.

[46] Die Projektergebnisse sind in dem Abschlussbericht „Intensivlandwirtschaft und Nitratbelastung des Grundwassers im Kreis Vechta" veröffentlicht, vgl. KFA 1991, S. 294. Vgl. hierzu aber auch Lieth (2004) in diesem Band mit „25 Jahre rechnergestützte Netzwerk-Entwicklung für die Umweltsystemforschung in der Universität Osnabrück – Ein Rückblick auf die Anfänge einer interdisziplinären Arbeitsgruppe".

brück bearbeitete Vorhaben zu den Ursachen und Konsequenzen der grundwasserbezogenen Nitratbelastung in einer Region mit Intensivlandwirtschaft eingestuft werden. Witte stellt den diesbezüglichen Kreislauf, der Ursache und Wirkung gleichermaßen verdeutlichen soll, in Anlehnung an Kleinschmidt wie in Abbildung 2 aufgezeigt dar.

Abbildung 2: „Der Kreislauf"[47]

Der von der Arbeitsgruppe Systemforschung definierte Problemlösungsanspruch führte zu einer gemeinsamen Projektbearbeitung zwischen Wirtschaftswissenschaftlern, Naturwissenschaftlern, Sozialwissenschaftlern und Juristen. Aus der erfolgreichen Projektarbeit resultierten nicht nur innovative wissenschaftliche Erkenntnisse, sondern entstand auch die Einrichtung des interdisziplinären Diplomstudienganges Angewandte Systemwissenschaft an der Universität Osnabrück.[48] Während die Wissenschaftler der Arbeitsgruppe von 1986 bis 1993 noch sehr standortbezogen forschten, wuchsen mit der Entwicklung in der Informations- und Kommunikationstechnik auch die Möglichkeiten zur Gestaltung weiterer interdisziplinärer Netzwerke. Welcher strategischen Festlegung interdisziplinäre Lehr- und Forschungsprofile in Hochschulen für die Zukunft bedürfen, wird im Folgenden beschrieben.

---

[47] Vgl. Kleinschmidt, Eimler 1984, S. 170.
[48] Vgl. http://www.usf.uni-osnabrueck.de/.

5. Netzwerkfähigkeit als notwendige Bedingung für Wettbewerbsfähigkeit

Die Darstellung der geschichtlichen Abläufe hat den Zusammenhang zwischen klassischen Standort- und anderen Einflussfaktoren auf die Entwicklung von Hochschulen dokumentiert. Die demographische Entwicklung einerseits und eingeschränkte finanzielle Rahmenbedingungen andererseits werden zukünftig in den meisten westeuropäischen Ländern Veränderungen der Hochschullandschaft bewirken. Die Diskussion um mögliche Standorte für so genannte Eliteuniversitäten in Deutschland und die zu erwartenden Strukturveränderungen durch den Bologna-Prozess werden zu einer Reduzierung der gegenwärtigen Kapazitäten für Lehre und Forschung führen. Unabhängig davon, auf welcher Grundlage und nach welchen Kriterien die diesbezüglichen hochschulpolitischen Entscheidungen fundiert werden, müssen die Universitäten durch innovative und qualitativ hochwertige Angebote ihre Standorte rechtfertigen. Eine wesentliche Festlegung wird dabei in der Beantwortung der Frage liegen, ob man durch Spezialisierung oder Universalismus bzw. eine Mischung aus beidem die notwendigen Alleinstellungsmerkmale zur Existenzsicherung definiert. Im Zeitalter der Dominanz von klassischen Standortfaktoren wäre eine weitere Spezialisierung unausweichlich gewesen. In der heutigen Zeit stehen mit der Informations- und Kommunikationstechnik Möglichkeiten zur Bildung standortunabhängiger bzw. -übergreifender Netzwerke zur Verfügung, durch die standortspezifische Nachteile ausgeglichen werden können. Diese Herausforderung stellt sich insbesondere für kleinere und an peripheren Standorten gelegenen Hochschulen, da zu erwarten ist, dass die großen Hochschulstädte mit keiner grundsätzlichen Existenzfrage konfrontiert werden. Netzwerkfähigkeit wird daher eine Schlüsselgröße für die künftige Entwicklung vieler Hochschulen darstellen. Dies erfordert einerseits eine Spezialisierung, die von den übrigen Netzwerkpartnern nachgefragt wird und andererseits offene Lehr- und Forschungssysteme, in die wiederum das externe Expertenwissen einfließen kann. Die synergetische und konsistente Vernetzung der einzelnen hochschulbezogenen Subsysteme führt somit in der Summe zu einer höheren Qualität des standortspezifischen Lehr- und Forschungsprofils. In Abhängigkeit von der Praxisrelevanz bestimmter Angebote kann auch eine weitere Entwicklungslinie für die Aus- und Weiterbildung unternehmensnah orientierter Interessenten geöffnet werden.

Die genannten Aspekte der Standortunabhängigkeit und Netzwerkfähigkeit zwischen mindestens zwei Akteuren führen in der Kombination, realisiert über einen rechnergestützten Informations- und Kommunikationsfluss, zu einer Interaktionsebene, die mittlerweile als virtuelle Kooperationsmöglichkeit im deutschen Sprachgebrauch verankert ist.[49] Dabei ist das Kriterium der Standortunabhängigkeit zu relativieren, schließlich werden für den Aufbau eines virtuellen Systems/Netzes standortbezogene Technik- und Wissenskomponenten benötigt. Das Merkmal bezieht sich daher vielmehr auf die rechnergestützte Wissensvernetzung zwischen unterschiedlichen Standorten. Helling und Blim berücksichtigen ein weiteres Kriterium, den Informationsfluss über das Internet bzw. online.[50] Somit sind unter virtuellen Lehr-, Lern- und Forschungsumgebungen internet-/onlinebasierte Kommunikationsformen zwischen Netzwerkakteuren an unterschiedlichen Standorten zu verstehen. Durch die Kombination räumlich getrennter Wissenskompetenzen durch virtuelle Netze entsteht ein Wissensfortschritt, der bei isolierter Betrachtung eines Standortes nicht zu realisieren wäre. Virtuelle Netze stellen somit auch eine Grundlage für Innovationen dar, die sowohl standortübergreifend, aber auch an einem einzelnen Standort des aktiven Netzwerkes wirken können.[51]

Am Beispiel des bereits erwähnten Projektes der Arbeitsgruppe Systemforschung der Universität Osnabrück werden forschungsorientierte Möglichkeiten virtueller Vernetzung umrissen. Die Beschreibung eines über drei Hochschulstandorte simultan vernetzten Seminars wird die virtuellen Lehr- und Lernmöglichkeiten verdeutlichen.

6. Perspektiven virtueller Forschung

Der lateinische Begriff Medium steht für Mitte, häufig aber auch für Mittel oder Vermittler. In den Umweltsystemwissenschaften sind Medien von erheblicher Relevanz, repräsentiert über Boden, Luft, Wasser und Organismen. Gemeinsam

---

[49] Zum Begriff der Virtualität und virtuellen Unternehmen vgl. Brauner et al. 1998, S. 375-376.
[50] Vgl. Helling, Blim 2004.
[51] „Unter einer Innovation werden eingeführte, technisch neue Produkte und Prozesse und wesentliche technische Verbesserungen von Produkten und Prozessen aufgefasst, welche eingeführt und angewendet werden", Kramer, Müller 2004, S. 279. Wesentliche Voraussetzung für innovative Entwicklungen ist eine angemessene Wissensbasis.

bestimmen sie das „... komplizierte Wirkungsgefüge des Systems der Erde mit seinen unterschiedlichen Sphären".[52] Für die systemwissenschaftlich orientierte Modellierung fungieren die Umweltmedien als offene Teilsysteme mit Aufnahme-, Transformations- und Transfercharakter. Jedes Teilsystem verfügt über eine Vielzahl von Elementen, die teils in geschlossenen Beziehungsgefügen geordnet sind, teils aber auch im unmittelbaren Austausch mit anderen Umweltmedien stehen. Der Mensch ist ein wesentliches Element dieses Systems. Seine Tätigkeiten und Eingriffe bewirken Veränderungen im komplexen Elemente-/Beziehungsgefüge des Gesamtsystems. Negative Effekte, in der Umweltökonomie als externe Kosten monetär quantifiziert, gefährden die Stabilität des Systems.[53] Während die Dimension der Einflussnahme und die dadurch entstehenden Wirkungen im geschichtlichen Ablauf zunächst eher geringfügig und lokal begrenzt waren, sind mit Industrialisierung, Internationalisierung und Globalisierung in relativ kurzer Zeit wesentliche Veränderungen im Gesamtsystem bewirkt worden.[54] Der Umgang mit den Umweltmedien erfolgte dabei häufig als „learning by doing", wobei sich der Lerneffekt bei den Verursachern i. d. R. erst nach Auftreten eines akuten Problems eingestellt hat. Dadurch erforderliche Reparaturen im oder an dem jeweils betroffenen Teilsystem, in der BWL auch als additive Umweltschutzmaßnahme bezeichnet, sind allerdings keine Lösungen mit Nachhaltigkeitsanspruch. Erforderlich sind ganzheitliche Betrachtungen unter Berücksichtigung des komplexen Wirkungsgefüges mit Kopplungs- und Rückkopplungsbeziehungen im System, zumindest von der Zielstellung her als integrierte Maßnahmen definiert.[55]

Die Spezialisierung der Wissenschaftslandschaft kann dabei unter der Voraussetzung genutzt werden, die häufig isoliert betrachteten Erkenntnisse und Erfahrungen in einem systemwissenschaftlich orientierten Netzwerk zu verknüpfen. Die heute verfügbaren Informations- und Kommunikationstechnologien und -programme bieten dazu eine logistische Plattform an. Virtuelle Forschungs-

---

[52] Seidler, Peschke 2003, S. 1. Zur Kurzcharakteristik der Umweltmedien vgl. Seidler, Peschke 2003, S. 5.
[53] Seidler und Peschke beschreiben medienbezogene Umweltprobleme, wie Treibhauseffekt, Zerstörung der Ozonschicht (Umweltmedium Luft), S. 9 ff.; Verdichtung, Kontamination mit Schadstoffen (Umweltmedium Boden), S. 21 ff.; Wassermangel und Wasserüberschuss (Umweltmedium Wasser), S. 29 f.
[54] Vgl. hierzu Ressourcenverfügbarkeit, Raten- und Kumulativknappheit der Umweltmedien, in diesem Beitrag.
[55] Bei Produktionsprozessen als produktionsintegrierte Umweltschutzmaßnahme (PIUS) bezeichnet. Vgl. u. a. http://www.pius-info.de/.

netze in dem bereits definierten Sinne können somit dazu beitragen, fachliche Distanzen und Defizite standortbezogen und -übergreifend zu reduzieren und durch die Kooperation innovative Erkenntnisse über das Beziehungsgefüge im Gesamtsystem zu generieren.

Der Kreislauf in Abbildung 2 stellt das Beziehungsgefüge zwischen Ökonomie und Ökologie am Beispiel einer speziellen Ausrichtung der Landwirtschaft exemplarisch dar. Auf dieser Grundlage entwickelten Witte und weitere Wissenschaftler der Arbeitsgruppe Systemforschung ein landwirtschaftliches Betriebsmodell mit Schnittstellen zu ökologischen, sozialen und politischen Elementen des Gesamtsystems.[56] Die Modellierungsstruktur wird in Abbildung 3 verdeutlicht.

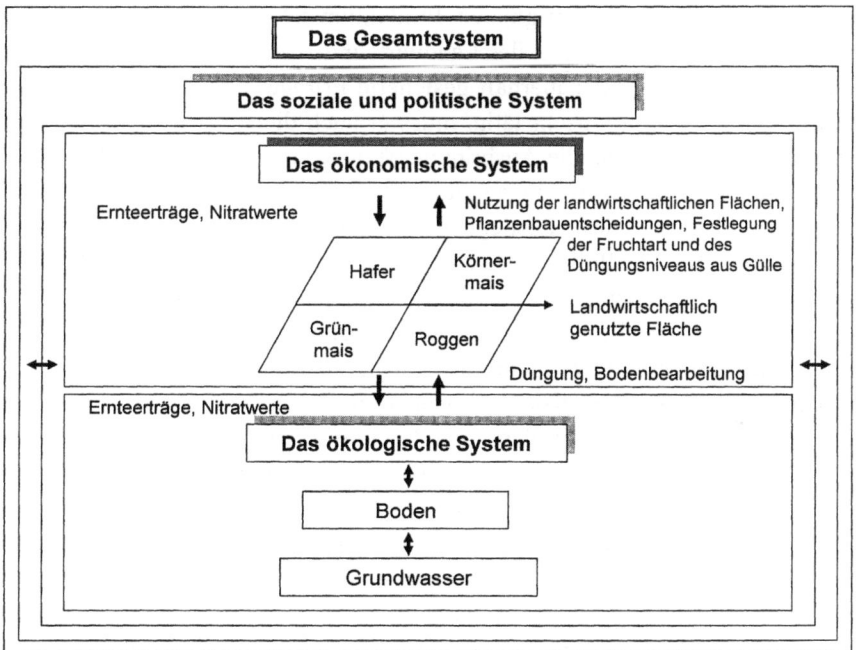

Abbildung 3: Die Verknüpfungen im Gesamtsystem[57]

Der ökonomische Modellteil besteht aus volkswirtschaftlichen und betriebswirtschaftlichen Komponenten. Erstere beinhalten beispielsweise Informationen

---

[56] Vgl. Witte 1983, S. 9; Kramer, Witte 1987, S. 13.
[57] In Anlehnung an Kramer 1990, S. 74.

über Entscheidungsgrößen, die nicht unmittelbar vom Unternehmer beeinflusst werden können, wie Zukaufpreise für Futter-, Dünge-, Pflanzenschutzmittel und Medikamente für die Tiere. Insgesamt geht es um eine möglichst vollständige formale Abbildung der Mengen-, Informations- und Geldflüsse zwischen dem betrachteten Unternehmen und den Beschaffungs- und Absatzmärkten.[58] Eingebettet in diesen Rahmen, der selbstverständlich auch Subventionierungs-, Reglementierungs- und steuerliche Tatbestände umfasst, entscheidet der Landwirt über die Entwicklung in seinem Unternehmen. Der Erfolg des Unternehmens ist darüber hinaus abhängig von der betrieblichen Ausstattung mit Produktionsfaktoren, aber auch dem Managementniveau. Auf dieser Grundlage werden dann im betriebswirtschaftlichen Modellteil Produktions- und Investitionsentscheidungen getroffen. Diese Festlegungen haben unmittelbaren Einfluss auf die Nutzung des originären Produktionsfaktors der Landwirtschaft, dem Boden. Das Hauptanliegen des Landwirts muss darin bestehen, den Boden so zu bewirtschaften, dass dauerhaft gesicherte Erträge möglich sind. Ist er allerdings auch als Tierproduzent tätig, muss er auch die für den Eigengebrauch benötigten Futtermittel und die Ausbringungsnotwendigkeiten der durch die Tiere produzierten natürlichen Düngemittel zum Gegenstand seiner Anbauentscheidungen machen. Diese Festlegungen wirken unmittelbar auf das ökologische System. Im Idealfall wird exakt die Menge an Dünge- und Pflanzenschutzmitteln ausgebracht, die die Pflanze vollständig aufnehmen kann, bei gleichzeitiger Sicherstellung der nachhaltigen Bodenfruchtbarkeit. Treffen die Anbauentscheidungen dieses Optimum nicht, sind Emissionen nicht auszuschließen. Diese möglichen Konsequenzen werden in einem ökologischen Modellsystem abgebildet, das Boden- und Grundwasserkomponenten beinhaltet. Ähnlich wie bei der wirtschaftswissenschaftlichen Modellierung werden die nicht unmittelbar beeinflussbaren Eingangsgrößen, wie Wetterdaten, Wasserverläufe in der gesättigten und ungesättigten Bodenzone, über Simulationsrechnungen bestimmt. In der Summe ergeben sich somit Konsequenzen für das ökologische System, die beispielsweise Nitratwerte im Trinkwasser darstellen, aber auch für das betriebswirtschaftliche System in Form von Ernteerträgen. Es obliegt nun den Modellkomponenten im sozialwissenschaftlich ausgerichteten System, eine Gesamtbetrachtung, ggf. sogar eine Bewertung, vorzunehmen, z. B. im Rahmen einer ganzheitlichen Wohlfahrts- und Nutzenfunktion. Die Ergebnisse finden nun Berücksichtigung im politischen System und führen ggf. zu

---

[58] Meyer et al. 1998, S. 41 ff.

Entscheidungen, die dann wiederum unmittelbar Einfluss nehmen auf die Modellierung in den wirtschaftswissenschaftlichen Teilsystemen.

Dieses Beispiel hat die vielfältigen Kopplungs- und Rückkopplungsbeziehungen zwischen den einzelnen Teilen des betrachteten Gesamtsystems näherungsweise verdeutlicht. Während die Modellierung seinerzeit sehr standortbezogen und an den verfügbaren Rechnerkapazitäten orientiert restriktiv erfolgen musste,[59] ergeben sich durch die heute verfügbaren Informations- und Kommunikationstechnologien auch neue Möglichkeiten für die interdisziplinäre Forschung und Modellierung. Während die Darstellung von Mengen- und Stoffflüssen durchaus ganzheitlich möglich erscheint, teilweise aggregiert über Indikatorsysteme und -modelle,[60] ist die besondere zukünftige Herausforderung für die Wissenschaft in der Wirkungs- und Bewertungsmodellierung zu sehen.[61] Witte hat dazu bereits sehr frühzeitig auf die Zusammenhänge zwischen Bewirken und Bewerten als entscheidungstheoretische Planungsansätze für die Aufstellung betrieblicher Pläne hingewiesen, die eine gute Voraussetzung für die interdisziplinäre Modellierung und Forschung darstellen können.[62]

7. Netzwerk virtueller Lehr- und Lernumgebungen

„Das Ziel der Vernetzung ist die Steigerung der Wettbewerbsfähigkeit".[63] Eine erfolgreiche Umsetzung führt zu einer Stärkung der Marktstellung. Diese Verbesserung wirkt nicht nur netzwerkbezogen, sondern auch unternehmensspezifisch. Die Motivation von Unternehmen zur Netzwerkbildung hat somit ihren Ursprung in der originären Zielstellung der Existenzsicherung. Dies bedingt eine erfolgsabhängige Definition der Netzwerkfähigkeit. Steht keine monetäre Erfolgsorientierung im Vordergrund, löst ggf. ein angestrebter qualitativer Nutzenzuwachs Kooperationsaktivitäten aus. Netzwerkfähigkeit setzt somit unmittelbar auch Kooperationsfähigkeit voraus. Der gewünschte Qualitätssprung kann nicht durch einen einzelnen Akteur, sondern nur im Verbund realisiert werden. Fleischer stellt in diesem Zusammenhang auch die Fähigkeit zur IT-gestützten Ko-

---

[59] Vgl. Lieth 2004.
[60] Vgl. SRU 1996, S. 102-104.
[61] Einen Überblick über Bewertungsmodelle gibt Strebel, vgl. Strebel 2003, S. 335-336.
[62] Vgl. Witte 1979, S. 56-72.
[63] Fleisch 2001, S. 208.

operation heraus.[64] Netzwerkfähigkeit von Hochschulen kann somit als IT-gestützte Wissensvermittlung und -generierung zwischen Hochschulen bezeichnet werden, die durch die Vernetzung ihre standortspezifische Wettbewerbsfähigkeit erhöhen. Die forschungsorientierten Potenziale wurden am Beispiel der modellgestützten interdisziplinären Kooperation bereits erläutert. Inwieweit nun Netzwerke auch in der Lehre wirken können, verdeutlicht ein Kooperationsprojekt zwischen der Universität Osnabrück, der Fachhochschule Trier und dem Internationalen Hochschulinstitut (IHI) Zittau.

Das IHI Zittau wurde 1993 als eigenständiges universitäres Hochschulinstitut gegründet. Die trinationale institutionelle Kooperation mit polnischen, tschechischen und deutschen Hochschulen bedingt eine gewisse Einzigartigkeit in der europäischen Hochschullandschaft. Die vier Studiengänge BWL, Wirtschaftsingenieurwesen, Sozialwissenschaften und Umwelttechnik stehen für die interdisziplinäre Ausrichtung. Die Internationalität wird nicht nur durch verschiedene Sprachangebote (deutsch, polnisch, tschechisch, englisch) gefördert, sondern auch durch interkulturelle Studieninhalte. Pro Studienjahr können 50 Studenten für die BWL immatrikuliert werden. Die Ausrichtung auf das universitäre sechssemestrige Hauptstudium bedingt eine maximale BWL-Studentenzahl von 150. Das Auslandspflichtpraktikum führt zu einer engen Kooperation mit den Unternehmen und Institutionen, die ein unmittelbares Interesse an der Entwicklung der mittel- und osteuropäischen Märkte haben. Die BWL-Absolventen sind gefragte Nachwuchskräfte für speziell internationale Tätigkeiten. Doktoranden und Habilitanden des IHI Zittau verfolgen in ihren Forschungsarbeiten ebenfalls häufig internationale Zielstellungen. Die gewollte Kleinheit des IHI Zittau (max. 375 Studenten, 6 Professoren-, 22 Mitarbeiter- und Verwaltungsstellen) bedingt einen kooperativen Ansatz, der weit über die institutionellen Hochschulpartnerschaften hinausgehen muss. Dies betrifft insbesondere den Aufbau fachlicher Netzwerke, da Angebote über das eigene Hochschulpersonal nur in einem begrenzten Umfang möglich sind. Zittau liegt zwar geographisch in der Mitte Europas, logistisch bzgl. der physischen Erreichbarkeit von Westeuropa aus aber eher am östlichen Rand Deutschlands (vgl. Abbildung 4). Von Polen und Tschechien aus betrachtet stellt sich dieses Problem weniger, die nächsten größeren Städte liegen in der Nähe der deutschen Grenze. Am IHI Zittau studieren daher größtenteils polnische und tschechische Studenten.

---

[64] Vgl. Fleisch 2001, S. 208.

Virtuelle Netze – Chancen für interdisziplinäre Kooperationen in Hochschulen 135

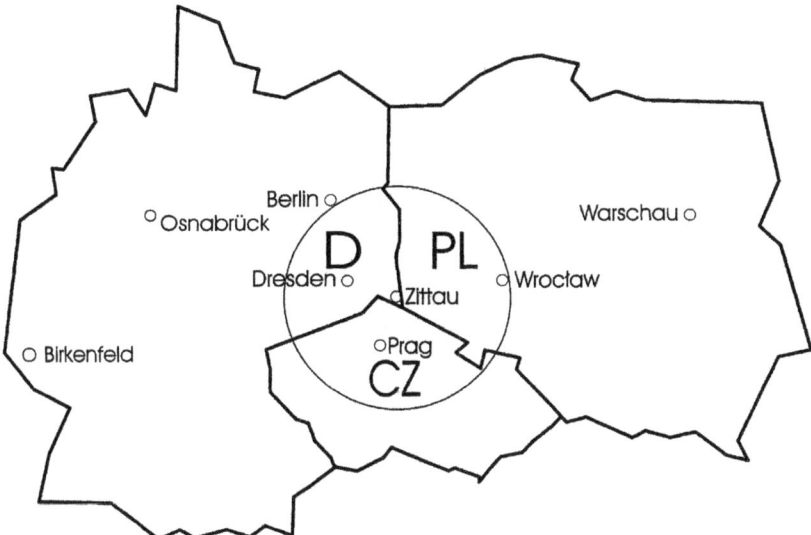

Abbildung 4: Karte Radius Zittau

Der Definition über Netzwerkfähigkeit von Hochschulen entsprechend, stellt die IT-gestützte Kommunikation ein wesentliches Kriterium dar. Allerdings greift dies nur, wenn auch die fachlichen Kernkompetenzen zwischen potenziellen Netzwerkpartnern kommunikations- und damit austauschfähig sind. Ist dies der Fall, stellt die Informations- und Kommunikationstechnik ein mögliches Transfermedium dar. Die Ist-Analyse an den drei Standorten Zittau, Osnabrück und Trier hat unterschiedliche Stärken/Schwächen aufgezeigt. Da es sich um ein Pilotprojekt handelte, bestand der Anspruch darin, durch die Vernetzung standortgebundener Kernkompetenzen nicht nur positive Netzwerkeffekte zu erzielen, sondern auch die Wettbewerbsfähigkeit am einzelnen Standort zu erhöhen. Die Abbildung 5 beinhaltet daher nur die standortspezifischen Stärkenprofile.

Durch die Vernetzung der standortspezifischen Kernkompetenzen wurde ein Lehrangebot konzipiert, das in dieser Form nur im kooperativen Verbund zu realisieren war. Die erste gemeinsame Lehrveranstaltung zur virtuellen Wissensvermittlung im Umweltmanagement stellte somit an jedem der beteiligten Standorte eine innovative Erweiterung des bestehenden Studienangebotes dar. Die virtuelle Lehr- und Seminarveranstaltung kann als erster Schritt zu einem internetbasierten Ergänzungsangebot zu dem standortgebundenen Präsenz- und Selbststudium bezeichnet werden (vgl. Abbildung 6). Mögliche Weiterentwicklungen könnten mittelfristig auch zu Lehrangeboten führen, die spezifische Qualifizierungsmöglichkeiten über Fernstudien zulassen.

Universität Osnabrück	Fachhochschule Trier/ Umweltcampus Birkenfeld	IHI Zittau
• Umfangreiches BWL-Studienangebot; • e-learning Kompetenz; • Internationale Managementkompetenz; • Anwendungsbezogene Projekt- und Modellierungskompetenz.	• Lehr- und Forschungsinstitut zum Angewandten Stoffstrommanagement; • e-learning Kompetenz; • Institutionelle Lehr- und Forschungskompetenz durch den Umweltcampus Birkenfeld.	• BWL-Studien-Spezialisierung „Internationales und Interdisziplinäres Umweltmanagement"; • Internationale Studentenschaft, Schwerpunkt Mittel- und Osteuropa; • Erfahrungen in internationalen Projekt- und Kooperationsmanagement.

Abbildung 5: Vernetzung standortspezifischer Kernkompetenzen

Die erfolgreiche Implementierung dieser internet- und netzwerkgestützten Lehrveranstaltung führte mittlerweile zu erheblichen Multiplikatoreffekten, die unter dem beschriebenen Gesichtspunkt der Wettbewerbsfähigkeit von Hochschulen nicht zu vernachlässigen sind. Bereits 2001 wurde das Lehrangebot als eines von 66 guten Praxisbeispielen zur Bildung für eine nachhaltige Entwicklung ausgewählt.[65] Über den Studiengang BWL des IHI Zittau konnten mittlerweile bereits zwei Projekte zu e-learning gestützten Lehr- und Lernangeboten im Rahmen des Bildungsportals Sachsen, gefördert vom Sächsischen Staatsministerium für Wissenschaft und Kunst, erfolgreich bearbeitet werden, ein drittes wurde kürzlich bewilligt.[66]

Vergleichbare Aktivitäten und Erfahrungen im Institut für Informationsmanagement und Unternehmensführung des Fachbereichs Wirtschaftswissenschaften der Universität Osnabrück führten zur Gründung des Zentrums zur Unterstützung der virtuellen Lehre an der Universität Osnabrück. In Kooperation mit der Universität Oldenburg entstand ein Vorhaben, das mittlerweile als Modell- und

---

[65] Vgl. BLK 2001.
[66] Im Rahmen des Bildungsportals Sachsen wurden bzw. werden im Studiengang BWL des IHI Zittau folgende Projekte bearbeitet: „Multimediales virtuelles Umweltmanagement", „ElaPrax – E-Learning für Lehre, Ausbildung und Praxis", „Blended Learning im Projektmanagement". Vgl. http://www.uni-zittau.de/bwl/projekte/.

Leitprojekt im Rahmen des e-Learning Academic Network Niedersachsen bestätigt wurde.

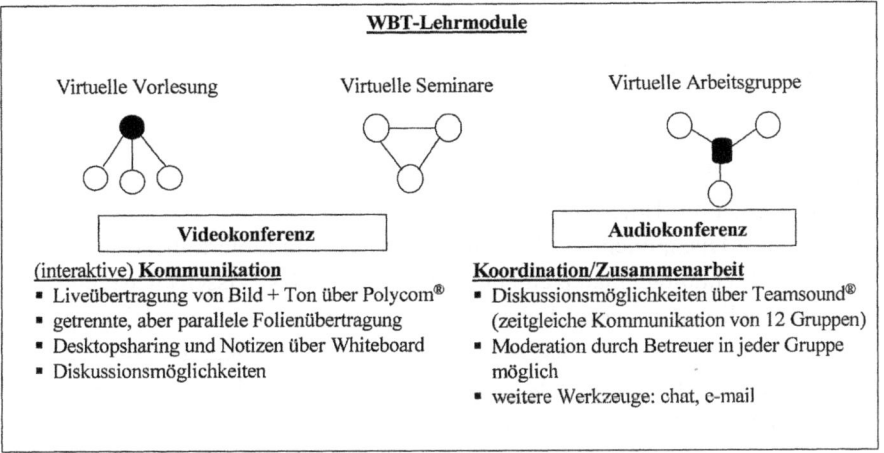

Abbildung 6: Web Based Trainings (WBT) – Lehrmodule[67]

Sofern die curricularen Schnittstellen zu anderen Fachdisziplinen eindeutig formuliert und kompatibel sind, lassen sich mit diesen Erfahrungen auch standortunabhängige interdisziplinäre Studienangebote entwickeln. Eine weitere Herausforderung besteht in der internationalen Vernetzung. Auf Grundlage eines von der Deutschen Bundesstiftung Umwelt geförderten und mittlerweile erfolgreich abgeschlossenen Projektes zum Internationalen und Interdisziplinären Umweltmanagement wird dieses Anliegen die weiteren e-learning Schritte im Studiengang BWL des IHI Zittau strategisch mit bestimmen.

8. Zusammenfassende Bemerkungen

Die Zeitsprünge im Beitrag geben sicherlich zu grundsätzlichen Diskussionen Anlass. Es ist schon gewagt, von der Antike kommend, auf aktuelle Entwicklungen der Internationalisierung und Globalisierung zu schließen. Dies auch noch im Zusammenhang mit interdisziplinär orientiertem Lehr- und Forschungsbedarf für Hochschulen zu interpretieren, mag weitere Kritiker herausfordern. Der Autor ist sich dieses Spagats zwischen oberflächlichen Be-

---

[67] Brauweiler, Knaden, Sommer 2004.

trachtungsmöglichkeiten und dem Ableiten konkreter Handlungsempfehlungen zum Aufbau virtueller Netze und von Chancen für interdisziplinäre Hochschulkooperationen aber durchaus bewusst. Gerade in einer Zeit, die durch immer kürzere technische Fortschrittszyklen gekennzeichnet ist, mag die Berücksichtigung von mittel- und langfristig gewachsenen Erfahrungen und Konzepten als Orientierungshilfe nicht zwangsläufig einleuchten. Anders ist die Entwicklung in den so genannten Neuen Märkten, die teilweise unter Vernachlässigung von substantiellen ökonomischen Ausgangsbedingungen getragen wurden, nicht zu erklären. Auch die Hochschulen blieben von dieser Anfangseuphorie nicht verschont. Neue Disziplinen wurden teilweise kurzfristig kreiert, die vom Informations- und Technologiemanagement kommend über das Wissensmanagement bis hin zu virtuell organisierten Lehr- und Forschungsnetzwerken reichen. Mittlerweile offenbaren aber die praktischen Erfahrungen, vor allem aber die registrierten Fehler, dass nicht ein neues Medium oder eine neue Technik ausreicht, eine innovative Entwicklung in Forschung und Lehre von Hochschulen zu befördern, sondern zunächst eine vollständige Analyse der eigenen Prozesse und der Schnittstellenoptionen zu anderen Subsystemen oder Systempartnern die Grundlage darstellen muss. Bezogen auf das Kooperations- und Netzwerkmanagement von Hochschulen führt dies zu der Quintessenz, dass die Einsatzmöglichkeiten der verfügbaren Informations- und Kommunikationstechnologien zwar als Medium für die logistische Realisierung, aber nicht als Auslöser für fachlich zu fundierende Kooperationsprozesse interpretiert werden dürfen.

Diese Relativierung führt dann im Ergebnis zu einer Konzentration auf die fachlichen Elemente des Systems und zunächst nicht auf die technischen. Die Umsetzungs- und Realisierungsfrage schließt dann natürlich die informations- und kommunikationstechnologischen Möglichkeiten unmittelbar mit ein. Das Vorgangsschema in Abbildung 7 verknüpft den Analyse- mit einem Umsetzungsteil und führt somit zu standortgebundenen und –unabhängigen Kooperationsnetzen.

Virtuelle Netze – Chancen für interdisziplinäre Kooperationen in Hochschulen

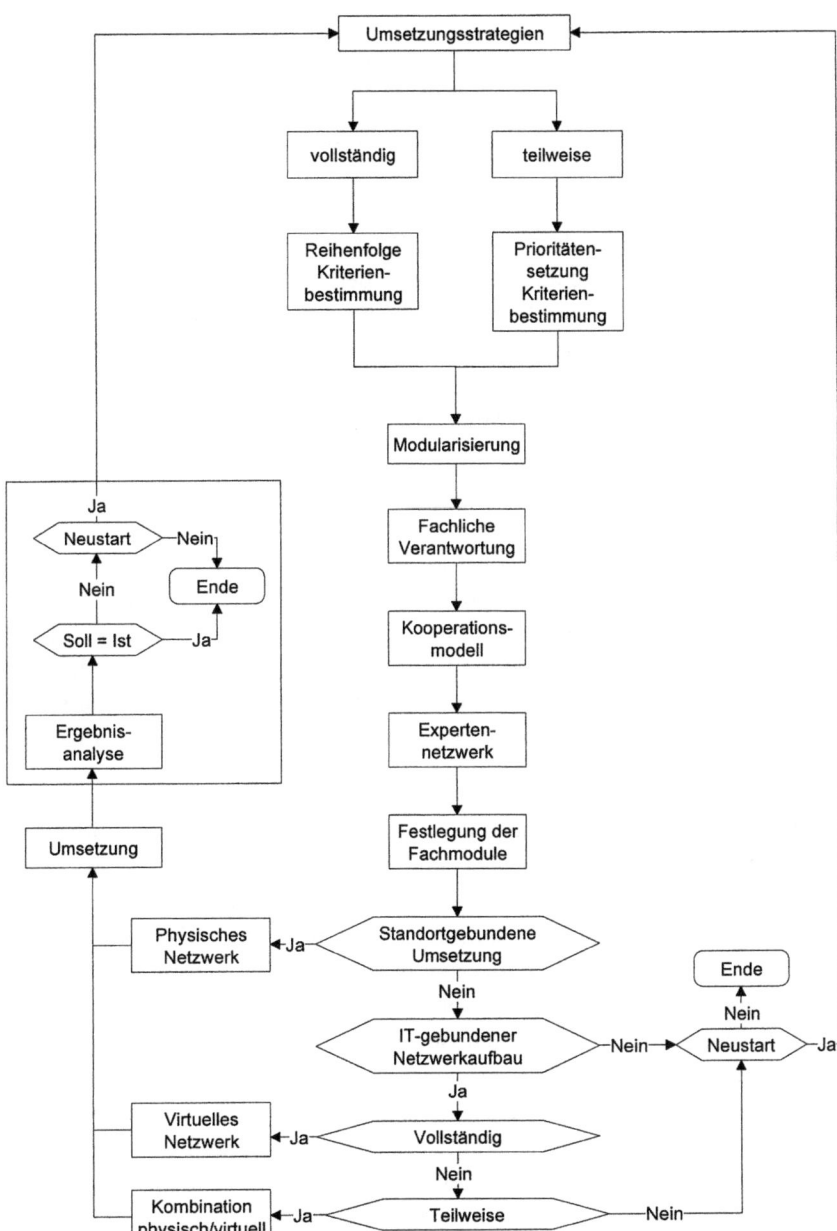

Abbildung 7: Schritte zum physisch realen oder virtuellen Netzwerk

Die Grundlage stellt eine standortbezogene Stärken-/Schwächenanalyse des betrachteten Hochschulprofils in Forschung und Lehre dar. Das Ergebnis führt zu einer kritischen Auseinandersetzung mit dem eigenen Status quo und der Frage, welche wissenschaftlichen und/oder anwendungsorientierten Zielstellungen für die Zukunft formuliert werden sollen. Der modulare Aufbau des Stärken- und Schwächenprofils führt über einen Standortvergleich mit anderen Hochschulen zu einem Transferportfolio, das sowohl als Sender- wie auch als Empfängermedium zu organisieren ist. Die daraus abzuleitenden Umsetzungsstrategien stellen die Eingangsparameter für das Vorgangsschema dar. In Abhängigkeit von den Möglichkeiten, die gemeinsame Projektumgebung vollständig oder nur teilweise darstellen zu können bzw. zu wollen, erfolgt eine Reihenfolgebildung oder Prioritätensetzung mit anschließender Modularisierung. Auf dieser Grundlage werden die fachlichen und organisatorischen Verantwortungsbereiche festgelegt. Ist das angestrebte Ziel nur standortgebunden realisierbar, wird das Netzwerk physisch real implementiert. Ist dies nicht zwingend erforderlich, kann der Aufbau durch Informationstechnologie gestützt im Rahmen eines virtuellen Netzwerkes erfolgen, entweder vollständig oder nur teilweise standortunabhängig. Auf dieser Grundlage werden neue Wege für hochschulübergreifende Kooperationen in Forschung und Lehre möglich, wie in diesem Beitrag durch das interdisziplinäre Forschungsnetzwerk der Arbeitsgruppe Systemforschung der Universität Osnabrück und die virtuelle Lehrveranstaltung zum Umweltmanagement als Kooperationsprojekt zwischen drei Hochschulen dokumentiert.

An den beschriebenen Entwicklungen war Herr Prof. Dr. Thomas Witte vom Institut für Informationsmanagement und Unternehmensführung des Fachbereichs Wirtschaftswissenschaften der Universität Osnabrück jeweils unmittelbar beteiligt. Nicht nur als akademischer Lehrer und wissenschaftlicher Leiter für einige von denen, die in der ihm gewidmeten Festschrift Beiträge verfasst haben, sondern auch als impulsgebender Akteur und Verantwortungsträger für die in diesem Artikel dargestellten Beispiele zum Ausbau virtuell gestützter Lehr- und Forschungsnetzwerke. Der Autor möchte Herrn Prof. Dr. Witte abschließend daher nicht nur für diese Unterstützung, sondern auch für die mittlerweile seit 1979 andauernde richtungsweisende wissenschaftliche Begleitung, die letztendlich viele der in diesem Beitrag beschriebenen Entwicklungen erst möglich gemacht hat, recht herzlich und persönlich danken.

Literatur

Bea, F. X., Dichtl, E., Schweitzer, M.: Allgemeine Betriebswirtschaftslehre, Bd. 1: Grundfragen, 5. Aufl., Stuttgart 1990.
Beer, S.: Kybernetik und Management, 4. Aufl., Frankfurt 1970, S. 15 ff., zitiert bei: Witte, T.: Das Problemlösungspotential multidisziplinärer Modellsysteme, a.a.O., S. 20.
Bichler, K., Schröter, N.: Praxisorientierte Logistik, Stuttgart 1995.
BLK: BLK-Kongress 2001, 12.-13.06.2001, Osnabrück, CD-ROM.
Brauner, D. J., Raible-Besten, R., Weigert, M.: Multimedia-Lexikon, München 1998.
Brauweiler, J.: Benchmarking von umweltorientiertem Wissen auf unterschiedlichen Aggregationsebenen, Wiesbaden 2002.
Brauweiler, J., Knaden, A., Sommer, A.: Nachhaltigkeit an Hochschulen durch blended learning, in: Delakowitz, B., Filho, W.-L. (Hrsg.): Umweltmanagement und Nachhaltigkeit in Hochschulen, Frankfurt a. M. 2004, im Erscheinen.
Caspers-Merk, M.: Vorwort zum Abschlussbericht der Enquete-Kommission „Schutz des Menschen und der Umwelt: Konzept Nachhaltigkeit – Vom Leitbild zur Umsetzung, Bonn 1998, S. 5 – 7.
Deges, F.: Die Beschäftigung mit den Unternehmerzielen in der Literatur der alten und neuen Betriebswirtschaftslehre bis 1966, Köln 1993.
Dethloff, J., Seelbach, H.: Umweltorientierte Logistik, in: Hansmann, K. W. (Hrsg.): Umweltorientierte Betriebswirtschaftslehre, Wiesbaden 1998, S. 145 – 190.
Drack, M.: Bionik und Ecodesign – Untersuchung biogener Materialien im Hinblick auf Prinzipien, die für eine umweltgerechte Produktgestaltung nutzbar sind, Wien 2002 (Download unter: http://www.bionik.tu-berlin.de/institut/drack_eco.pdf, vom 19.08.2004).
Eden, H.: Kleine und mittlere Unternehmen im Prozess der Internationalisierung, in: Krystek, U, Zur, E. (Hrsg.): Internationalisierung, Heidelberg 1997, S. 43 – 75.
Fleisch, E.: Das Netzwerkunternehmen, Heidelberg 2001.
Grundgesetz: Textausgabe mit ausführlichem Sachverzeichnis, Beck-Texte im dtv, München 1980.
Hartmann, E.: Nachhaltigkeit als Leitbild der institutionalisierten Bildung, in: Zabel, H.-U. (Hrsg.): Sustainability als interdisziplinäre Herausforderung, Halle 2000, S. 65 – 74.
Helling, K., Blim, M.: Virtuelle Netze als Instrument zur Stärkung der Kooperation von Akteuren im Umweltbereich, Frankfurt a. M. 2004, in diesem Band.
http://www.pius-info.de/ (vom 18.08.2004).
http://www.uni-zittau.de/bwl/projekte/ (vom 18.08.2004).

http://www.usf.uni-osnabrueck.de/ (vom 18.08.2004).
http://www.venus-transit.de/1769/ (vom 18.08.2004).
KFA – Forschungszentrum Jülich: Nitratversickerung im Kreis Vechta: Simulation und ihr Praxisbezug, Endbericht zum Projekt: „Intensivlandwirtschaft und Nitratbelastung des Grundwassers im Kreis Vechta", Berichte aus der Ökologischen Forschung, Bd. 3, Jülich 1991.
Klein-Blenkers, F.: Die Entwicklung der Betriebswirtschaftslehre bis 1955, in: Klein-Blenkers, F. (Hrsg.): Aufsätze zur Geschichte der Betriebswirtschaftslehre, Nr. 9, Köln 1994, S. 9-63.
Kleinschmidt, N., Eimler, W.-M.: Wer hat das Schwein zu Sau gemacht? München 1984, S. 170, zitiert bei Witte; T., Das Problemlösungspotential multidisziplinärer Modellsysteme, a.a.O., S. 24.
Kommission der Europäischen Gemeinschaft (Hrsg.): Die künftige Entwicklung der gemeinsamen Verkehrspolitik. Globalkonzept einer Gemeinschaftsstrategie für eine auf Dauer tragbare Mobilität. KOM (92) 46 endg., Brüssel 1992.
Kramer, M.: Internationalität und Interdisziplinarität – Notwendige Bedingungen für die Umweltmanagementausbildung an Hochschulen, in: Delakowitz, B., Filho, W.-L. (Hrsg.): Umweltmanagement und Nachhaltigkeit in Hochschulen, Frankfurt a. M. 2004, im Erscheinen.
Kramer, M.: Innovationen zur Vermeidung von Konflikten zwischen Umwelt, Wirtschaft und Verkehr, in: Schriftenreihe der Deutschen Verkehrswissenschaftlichen Gesellschaft, B 175, Bergisch Gladbach 1995, S. 80 – 93.
Kramer, M.: Ein einzelbetrieblich basiertes Simulationsmodell der regionalen Agrarstrukturentwicklung, Münster 1990.
Kramer, M., Müller, D.: Realoptionsmodelle als Instrumente des Investitionscontrollings von Umweltinnovationen, in: Schwarz, E. J. (Hrsg.): Nachhaltiges Innovationsmanagement, Wiesbaden 2004, S. 275-306.
Kramer, M., Witte, T.: Modelling land use changes in a region with intensive agriculture, in: Beiträge der Arbeitsgruppe der Systemforschung der Universität Osnabrück, Osnabrück 1987.
Kreikebaum, H.: Organisationsmanagement internationaler Unternehmen, Wiesbaden 1998.
Kreikebaum, H., Gilbert, D. U., Reinhardt, G. O.: Organisationsmanagement internationaler Unternehmen, Frankfurt 2002.
Krystek, U., Zur, E.: Internationalisierung als Herausforderung für die Unternehmensführung: Eine Einführung, in: Krystek, U, Zur, E. (Hrsg.): Internationalisierung, Heidelberg 1997, S. 3 – 17.
Liesegang, D. G.: Umweltorientierte Produktions- und Kreislaufwirtschaft, in: Kramer, M. et al. (Hrsg.): Internationales Umweltmanagement, Band III: Operatives Umweltmanagement im internationalen und interdisziplinären Kontext, Wiesbaden 2003, S. 71 – 105.

Lieth, H.: 25 Jahre rechnergestützte Netzwerk-Entwicklung für die Umweltsystemforschung in der Universität Osnabrück – Ein Rückblick auf die Anfänge einer interdisziplinären Arbeitsgruppe, Frankfurt a. M. 2004, in diesem Band.
Meyer, B., Bockermann, A., Ewerhart, G., Lutz, C.: Modellierung der Nachhaltigkeitslücke – Eine umweltökonomische Analyse, Heidelberg 1998.
Möller, L.: Relevanz der Umweltpolitik im internationalen Vergleich, in: Kramer, M. et al. (Hrsg.): Internationales Umweltmanagement, Band I: Interdisziplinäre Rahmenbedingungen einer umweltorientierten Unternehmensführung, Wiesbaden 2003, S. 215 – 271.
Nefiodow, L.-A.: Der sechste Kondratieff – Wege zur Produktivität und Vollbeschäftigung im Zeitalter der Information, Sankt Augustin 1996.
o. V.: Das moderne Lexikon in 20 Bänden, Band 19, Gütersloh 1986.
o. V.: Biomechanik: Bäume – besser vollschlank, in: GEO-Magazin, Nr. 10/ 2002.
Prehn, M., Schwedt, B., Steger, U.: Verkehrsvermeidung – aber wie?, Umwelt und Verkehr, Band 1, Bern 1997.
Rosemeier, K.: Der Einfluss von Staat, Gesellschaft und Privatbereich auf die Behandlung betriebswirtschaftlicher Probleme in der Literatur der alten Betriebswirtschaftslehre bis 1898, Köln 1993.
Schön, M. et al.: CuRa: Cooperation für umweltschonenden Ressourcenaustausch zur Nutzung von Kostenreduktionspotenzialen, Projektabschlussbericht, Februar 2003 (Download unter: http://www.isi.fhg.de/u/Projekte/pdf/ cura-gessw.pdf, vom 18.08.2004).
Seidler, C., Peschke, G.: Umweltsystemwissenschaftliche Grundlagen des Umweltmanagementsystems, in: Kramer, M. et al. (Hrsg.): Internationales Umweltmanagement, Band I: Interdisziplinäre Rahmenbedingungen einer umweltorientierten Unternehmensführung, Wiesbaden 2003, S. 1 – 44.
SRU (Rat der Sachverständigen für Umweltfragen): Umweltgutachten 1996 zur Umsetzung einer dauerhaft-umweltgerechten Entwicklung, Stuttgart 1996.
Strebel, H.: Umweltbilanzierung, in: Kramer, M. et al. (Hrsg.): Internationales Umweltmanagement, Band III: Operatives Umweltmanagement im internationalen und interdisziplinären Kontext, Wiesbaden 2003, S. 313 – 343.
Strebel, H.: Verwertungsnetze in und zwischen Unternehmen: Ein Problem betrieblichen Lernens, in: Albach, H., Wildemann, H. (Hrsg.): Lernende Unternehmen, ZfB-Ergänzungsheft 3/1995, S. 113 – 126.
Umweltbundesamt, Statistisches Bundesamt (Hrsg.): Umweltdaten Deutschland 2002, Berlin.
Wicke, L., Haasis, H.-D., Schafhausen, F., Schulz, W.: Betriebliche Umweltökonomie, München 1992.
Witte, T.: Das Problemlösungspotential multidisziplinärer Modellsysteme – Hilfen für Entscheidungsträger, in: Witte, T. (Hrsg.): Systemforschung und Kybernetik für Wirtschaft und Gesellschaft, Berlin 1986, S. 19 – 37.

Witte, T.: Einzel- und gesamtwirtschaftliche Teilsysteme agrarischer Intensivgebiete, in: Beiträge des Fachbereichs Wirtschaftswissenschaften der Universität Osnabrück, Osnabrück 1983.

Witte, T.: Heuristisches Planen, Wiesbaden 1979.

Witte, T.: Simulationstheorie und ihre Anwendung auf betriebliche Systeme, Wiesbaden 1973.

Wöhe, G.: Einführung in die Allgemeine Betriebswirtschaftslehre, 21. Aufl., München 2002.

Wrona, T., Schell, H.: Globalisierungsbetroffenheit von Unternehmen und die Potenziale der Kooperation, in: Zentes, J. et al. (Hrsg.): Kooperationen, Allianzen und Netzwerke, Wiesbaden 2003, S. 305 – 332.

Pragmatismus in virtuellen Netzen

Kai-Uwe Lindner

1. Einführung

Pragmatische Lösungen spiegeln das (erfolgreiche) Anwenden und Umsetzen neuer, richtungweisender Technologien sowie die mit ihnen verbundenen Verfahrensweisen wieder. Im Folgenden wird anhand der Technologie virtueller Netze dargestellt, was in der modernen Kommunikations- und Verhaltenskultur erfolgreiche pragmatische Verhaltensweisen sind, und wie diese Praxis und Wissenschaft bereichern können.

1.1 Historie des Pragmatismus

Der Pragmatismus ist wissenschaftlich aus der griechischen Philosophie, der Empirie[1] und der „Kritik der reinen Vernunft" von Immanuel Kant und weiteren entstanden. Vertreter des klassischen Pragmatismus sind Charles Sanders Peirce, William James und John Dewey. Sie stehen dem Relativismus[2] und anderen Philosophien mit absolut gültigen Wertvorstellungen kritisch gegenüber.

Das Wort „Wahrheit" kann im Sinne von William James in zwei zeitlichen Betrachtungsweisen beleuchtet werden: Wahrheit, also die Qualifizierung und Bewahrheitung einer Handlung, kann entweder retrospektiv geschehen, was dem analytischen Weltbild entspricht. Sie kann aber auch durch die Betrachtung der in Zukunft eintretenden Auswirkungen geschehen, was der pragmatischen Auffassung von Wahrheit entspricht.

Der Pragmatismus[3] stellt Handlungen und Aussagen auf Skalen von „brauchbar bis unbrauchbar" dar. Wahrheit per se ist nicht von Interesse. Darüber hinaus hat

---

[1] Empirie: Erkenntnistheorie. Wissen baut auf Sinneserfahrung auf.
[2] Relativismus: Einstellung die dem Wissenschaftsideal nach absoluter Wahrheitskenntnis (Absolutismus)
[3] Peirce führte 1878 in seiner Schrift „How to make our ideas clear" den eigentlichen Begriff Pragmatismus ein.

Wahrheit im pragmatischem Sinne keine ewige Gültigkeit. Die Wahrheit gilt so lange, wie sie brauchbar ist.

Der heutige Pragmatismus spiegelt eine Renaissance des praktischen Realismus wieder. Wenn das Handeln und Denken einer jeden Person durch ihre Umwelt bestimmt wird, dann liegt ein Realismus in Bezug auf diese Umwelt nahe und ist praktisch lebensnotwendig.

1.2 Pragmatismus in der Kommunikation

Neue Technologien haben neue Kommunikationsformen geschaffen. Im praktischen Umgang wurden sie erprobt und im Laufe der Zeit verbessert. Im gleichen Sinne hat die Selbstregulierung der praktischen Anwendung dazu geführt, dass Unternehmen temporäre Verbindungen eingehen, um über die zeitweiligen Win-Win Unternehmenszusammenschlüsse[4] diese gewinnbringend einsetzen zu können. Ein Bestandteil dieser Konsortien sind Kommunikationswege, die sich aktuell immer mehr in Form virtuellen, themenorientierten Netzen manifestieren.

Gerade neue Technologien, wie z.B: virtuelle Netze, müssen sich der Bewertung des praktischen Realismus stellen, in welchem sie nur Bestand haben werden, wenn sie nützlich sind und damit gewinnbringend im Sinne des Unternehmenszwecks sind. Hierbei ist es für die Bildung virtueller Unternehmen unbedeutend, ob der Gewinn kurz-, mittel-, oder langfristig ist. Alleine der (potentielle) Gewinn, unter Beachtung der Risiken, ist entscheidend für eine Beurteilung virtueller Netze durch die einzelnen Unternehmen.

1.3 Forschung und Praxis

Die analytische Vorgehensweise der Wissenschaft hat zum Ziel, zukunftsorientiert Wahrheit zu bilden. Im Gegensatz zum pragmatischen Ansatz basiert sie auf der grundsätzlichen Annahme, daß allgegenwärtige, zeitlich unbefristete Gesetze bestehen. welche aufgrund vergangener Erfahrungen in die Zukunft projiziert werden können.

---

[4] Im Folgenden als „Konsortium" bezeichnet

Der Pragmatismus nutzt vergangene Erfahrungen, projiziert diese in die Zukunft, überprüft und verwirft sie, wenn sie nicht mehr nützlich sind. Er bildet eine Art Regelkreis der zu überprüfenden Handlung, welche mit der Beurteilung des Ergebnisses bewertet wird. Die Nützlichkeit ist dabei aus Sicht des Beurteilenden bewusst subjektiv.

2. Optimierte Kooperation in virtuellen Unternehmen

Wie in allen Unternehmen ist auch in Unternehmen, welche in virtuellen Netzen zusammengeschlossen sind, die Kommunikation ein wesentlicher Bestandteil der Wertschöpfungskette.

2.1 Kennzeichen virtueller Unternehmen

Auf den ersten Blick erlauben die neuen Technologien eine verbesserte und zielgerichtete Kommunikation zwischen Menschen, welche die Wertschöpfungskette eines Unternehmens erhöhen und damit das Unternehmensziel verbessern.

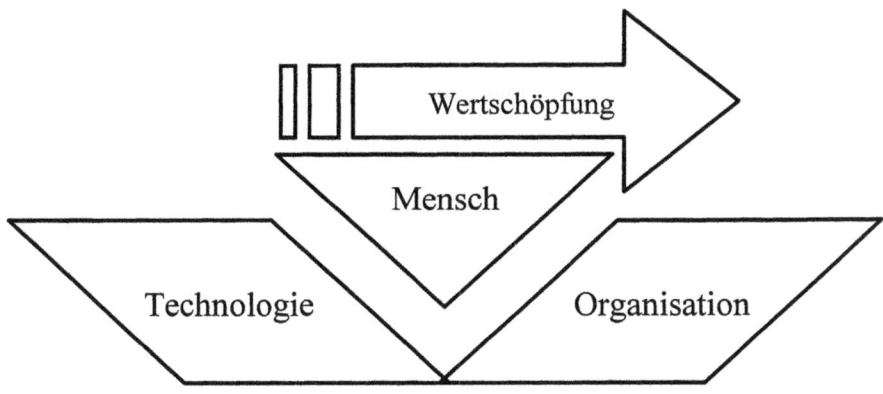

Abbildung 1: Wertschöpfung

Auch in virtuellen Unternehmen bleibt der Mensch mit seinen Facetten das zentrale Subjekt der Wertschöpfungskette. Er nutzt in seiner Arbeit quantitativ und qualitativ die zeitgemäßen technologischen Hilfsmittel. Zentral für den Gewinn eines Unternehmens sind das Engagement und die Fähigkeiten seiner Mitarbeiter, wie die Mitarbeiter es verstehen, die elektronische Netzwerk-Technologie für Produkte, Organisationsformen und ihre individuelle Motivation so zu nutzen, daß sie zu einer Verbesserung der Unternehmensziele führen.

Der Mensch als zentrales Element ist kein grauer, gleichförmiger Arbeitsroboter, welcher austauschbar und hörig einsetzbar ist. In der praktischen Umsetzung wird versucht, über zielgerichtete Einstellungsverfahren, Personalentwicklungsmaßnahmen, Motivationsgespräche, Anreizverfahren usw. die „richtige" Person für eine bestimmte Aufgabe zu finden. Hierin besteht die „Kunst" der Personalpolitik. Sie entscheidet darüber, ob ein Unternehmen erfolgreich ist oder nicht.

Technologische Wettbewerbsvorteile können nur dann ausgeschöpft werden, wenn die Mitarbeiter die Technologie verstehen und nutzen können. Die triviale Erkenntnis der Interaktion von Mensch und Maschine führt zu einer pragmatischen Bewertung des Einsatzes neuer Technologien z.B. in Form virtueller Netze.

Neben den individuellen Kennzeichen virtueller Unternehmen sollten diese hierarchisch flach organisiert sein. Dadurch kann die Dynamik des temporären Zusammenschlusses mit anderen Unternehmen optimal genutzt werden. Flache Hierarchien gewährleisten die notwendige Flexibilität und Schnelligkeit, welche der Einsatz von virtuellen Netzen voraussetzt.

Kurze Entscheidungswege in flachen Hierarchien bilden ein weiters notwendiges Kennzeichen erfolgreicher virtueller Unternehmen. Eine flache Hierarchie bedeutet, dass möglichst viele Mitarbeiter aktiv an der Kommunikation zwischen den verschiedenen Unternehmen beteiligt sind.

2.2 Menschen in virtuellen Unternehmen

Die Wissenschaft war und ist bestrebt, Menschen zu kategorisieren, um ihr Verhalten voraussagen und/oder beurteilen zu können. Die entstandenen Modelle und Schemas sind Hilfskonstrukte, welche die Realität der menschlichen Individualität nur begrenzt abbilden. Trotzdem dienen sie dazu, Unterschiede zwischen Menschen transparent formulieren zu können und „ähnliche" Menschen zu klassifizieren. Durch die Strukturierung besteht die Möglichkeit, Menschentypen zu benennen und diese mit ihren zukünftigen Aufgaben abzugleichen. Die hieraus resultierenden Beurteilungen sollten aufgrund der Mängel der Modelle nur mit dem Bewusstsein der Schwächen einer derartigen Analyse vollzogen werden.[5]

In diesem Sinne scheint es unbestritten, daß es grob strukturierte Typen von Menschen gibt, welche sich im Hinblick auf eine bestimmte Aufgabenstellung ggf. nur in Facetten unterscheiden. Was sind dies nun für Typen, die in virtuellen Unternehmen Fuß fassen und das Unternehmen voranbringen können?

An Stelle einer Modelldiskussion werden einige Persönlichkeitsmerkmale hervorgehoben, welche die Komplexität der Zusammenhänge verdeutlichen sollen. Unter den oben aufgeführten Prämissen sollte ein Mitarbeiter in einem virtuellen Unternehmen folgende Fähigkeiten und Persönlichkeitsmerkmale besitzen:

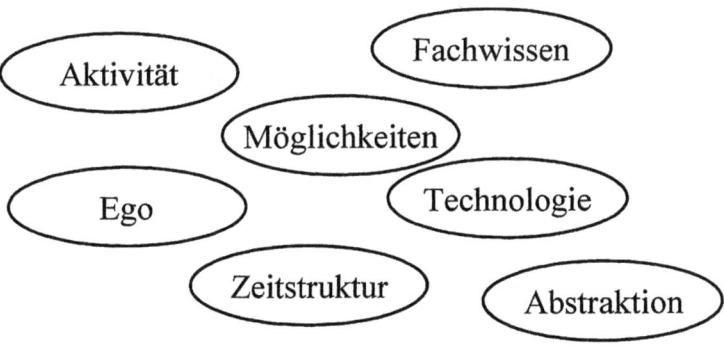

Abbildung 2: Fähigkeiten und Persönlichkeitsmerkmale

---

[5] Ein Modell, welches bis dato in meinem praktischen Umfeld nicht widerlegt wurde, ist das Enneagramm. Im Modell des Enneagramms werden neun Typen von Menschen klassifiziert. Die neun Typen sind mehrdimensional miteinander verbunden, so dass jeder Typ zwei Nachbarn hat. Ein Typ kann mehr zu dem einen Nachbarn als zu dem anderen Nachbarn tendieren (Flügel). Daneben sind die Typen noch auf einer dritten Dimension miteinander verbunden. Alle Typen haben einen Integrationstyp und einen Stresstyp. Der Integrationstyp beschreibt den Typ wo er sich im „Positiven" hinbewegt, der Stresstyp symbolisiert das Gegenteil. Das Ergebnis ist der Enneagrammstern.

Ein geeigneter Mitarbeiter in virtuellen Unternehmen ist versiert in der sinnvollen Anwendung von virtuellen Technologien in Schrift, Ton und Bild. Er kann neue Technologien bedienen, gängige Programme beherrschen und verschiedene Medien sinnvoll koppeln. Er kennt die generellen Regeln, wie der technische Verbund zwischen Unternehmen organisiert ist.

Ein Beispiel: E-Mails werden nicht mit zu großen Anhängen versendet, damit sie vom empfangenden Server angenommen werden können. Angehängte Dateien werden beispielsweise auf zentralen Servern in bestimmte Verzeichnisse oder in ein Wissenssystem gelegt. Bei einer mobilen Infrastruktur des Mitarbeiters repliziert dieser seine für ihn relevanten Daten zusätzlich vom Server oder aus dem Wissenssystem auf seine mobile Technik.

Der Mitarbeiter ist mehrsprachig. Virtuelle Unternehmen kommunizieren in den Unternehmenssprachen des jeweiligen Landes oder in der Regel in Englisch. Jeder nach außen kommunizierende Mitarbeiter sollte der englischen Sprache soweit mächtig sein, dass er E-Mails verfassen und an Video- und Telefonkonferenzen aktiv teilnehmen kann.

Natürlich besteht die Arbeit eins Mitarbeiters aus dem optimalen Einsatz seines Fachwissens. Das Fachwissen ist allerdings nur ein Teil und kann erst durch die Kombination mit allen anderen Fähigkeiten des Mitarbeiters oder durch die Organisation des jeweiligen Unternehmens gewinnbringend eingesetzt werden.

Ein wesentlicher Bestandteil in virtuellen Unternehmen ist das Kommunikationsverhalten jedes einzelnen Mitarbeiters. Virtuelle Unternehmen sind dadurch gekennzeichnet, dass sich die Kommunikationspartner je nach Aufgabenstellung oft ändern. Um die Kommunikation effizient zu halten und für die Mitarbeiter zu vereinfachen, ist eine einfache und praktikable Kommunikationsorganisation zu verwenden. Ohne die konsequente und disziplinierte Anwendung der Regeln der Kommunikationsorganisation hat sich ein Mitarbeiter immer wieder auf neue Kommunikationspartner einzulassen.

Um eine gewinnbringende Kommunikationsbasis mit seinem Gegenüber zu schaffen, muss er deren individuelle Sprache lernen. Ist der Mitarbeiter der zentrale Kommunikationspartner (Single point of entry) des Unternehmens, muss er zusätzlich die Informationen in die Sprache der betroffenen Mitarbeiter im eigenen Unternehmen als auch zu den virtuellen Unternehmen transferieren können.

Ein Mitarbeiter in einem virtuellen Netz kann abstrahieren und analysieren. Durch die flachen Unternehmensstrukturen in virtuellen Unternehmen trägt ein Mitarbeiter umfassende Verantwortung. Er ist Teil verschiedener Prozesse. Um seinen Bereich und seine Verantwortlichkeit regelmäßig im Sinne der Unternehmensziele beurteilen zu können, hat er das Geschäftsverhältnis regelmäßig zu abstrahieren und zu analysieren. Sein Verantwortungsbereich als auch die komplexen, sich ändernden Prozesse erfordern, dass er die Prozesse, den Geschäftszweck als auch deren Inhalte versteht. Neben seinem Fachwissen benötigt er zusätzlich die Fähigkeit, seine Erkenntnisse auf neue Märkte zu transferieren. Ein Mitarbeiter mit fehlenden Abstraktions- und Analysefähigkeiten aber anderen gewinnbringenden Fähigkeiten oder Erfahrungen sollte ein Supervisor zur Seite gestellt bekommen, der ihm bei seiner Aufgabe hilft.

Durch die umfangreichen Kompetenzbereiche in virtuellen Unternehmen ist es notwendig, dass der Mitarbeiter aktiv seine Aufgaben durchführt. Er gestaltet seinen Kommunikationsprozess selbst, bildet sich fort, erschließt neue Märkte, usw. Wie selbstverständlich aktiv ein Mitarbeiter ist, hängt von seiner Persönlichkeitsstruktur und seiner momentanen persönlichen wie auch beruflichen Situation ab.

Ein geeigneter Mitarbeiter identifiziert sich mit den Unternehmenszielen. Seine Persönlichkeitsstruktur erlaubt ihm, sein Ego gleichförmig mit der Struktur des Unternehmens zu gestalten. Seine Integrität zu seinem Arbeitgeber setzt Vertrauen voraus, welches in den flachen Hierarchien des Unternehmens eine Entsprechung hat. Für ein gut funktionierendes, virtuelles Unternehmen müssen geeignete Mitarbeiter auf eine geeignete Organisationsstruktur treffen.

Für eine effiziente Analyse ist entscheidend, wie ein Mitarbeiter seine Zeit strukturiert. Mitarbeiter, die es verstehen, vergangene Erfahrungen aufzuarbeiten und ihr Handeln in der Zukunft darauf aufzubauen, sind keine Selbstverständlichkeit. Mitarbeiter, die sich im Heute und Jetzt bewegen und sich alleine auf künftige Ereignisse orientieren, sind gute Visionäre. Für die tägliche Arbeit in virtuellen Unternehmen sind sie eher ungeeignet.

Auf Basis seiner analytischen Fähigkeiten und seiner Persönlichkeitsstruktur sollte ein Mitarbeiter neue Marktchancen identifizieren können und sein Handeln konkret danach ausrichten. Dies kann ebenso bedeuten, dass das Risiko in neuen Chancen erkannt wird und ggf. das Unternehmen in den traditionellen Produkten gestärkt wird.

Damit der Mitarbeiter seine Selbständigkeit auch in schwierigen Situationen bewahren kann, benötigt er ein gesundes, internes Wertgefüge. Daneben hat er für eine rationale Entscheidung auch externe Meinungen zuzulassen und sollte diese gegeneinander abwägen können. Sein Wertgefüge repräsentiert sich neben seiner Selbständigkeit in seinem individuellen Kommunikationsstil. Die Individualität und deren Nutzen wird hier besonders deutlich.

Damit virtuelle Unternehmen Organisationsformen schaffen, in welchen die Mitarbeiter auf der einen Seite ihre Persönlichkeit entwickeln/leben und andererseits ein gemeinsames Unternehmensziel erreichen kann, bedarf es pragmatischer Ansätze. Diese sollten so gestaltet sein, daß sie auf der einen Seite den Mitarbeitern die Sicherheit bzgl. ihrer Existenz geben und auf der anderen Seite die Flexibilität zulassen, individuelle Charaktere in die Organisation zu integrieren.

Neben all diesen Fähigkeiten und Persönlichkeitsmerkmalen sollte ein Mitarbeiter sowohl visuell als auch auditiv fähig sein, Inhalte so auszudrücken, daß sie von anderen verstanden werden. Er sollte „aktiv" zuhören, die gehörten Inhalte abstrahieren und grafisch oder in Metaphern darstellen können. Kienästhetisch orientierte Personen sind aufgrund ihres niedrigen Analyse- und Abstraktionsbestandteils weniger für derartige Aufgaben geeignet.

Daneben existieren natürlich noch weitere allgemeine Persönlichkeitsmerkmale bzw. Verhaltensweisen, die für eine Kommunikation und damit für virtuelle Unternehmen existenziell sind. Beispielsweise sollte der Mitarbeiter neben fachlichen Details auch größere Zusammenhänge verstehen und damit arbeiten können.

Die Möglichkeiten eines Unternehmens am Markt setzen sich aus den Fähigkeiten seiner Mitarbeiter mit verschiedensten Persönlichkeitsstrukturen zusammen. Dies gilt für Dienstleistungsunternehmen wie auch für Produktionsunternehmen. Auch in der Produktion ist jeder einzelne Mitarbeiter mit seinem Wissen sowie seinen Fertig- und Fähigkeiten die Triebkraft des Erfolgs. Das Marktengagement gepaart mit den technischen Alleinstellungsmerkmalen bilden den Unternehmensgewinn.

2.3 Ambivalenz der Mitarbeiterpersönlichkeiten

Allein die Ambivalenz und der Umfang der einzelnen (optimalen) Persönlichkeitsmerkmale setzt einen Mitarbeiter voraus, den es praktisch in dieser Form nicht gibt. Beispielsweise braucht es in virtuellen Unternehmen Mitarbeiter, die zum einen aufgrund der flachen Hierarchien einen breiten Verantwortungsbereich haben und die Geschäfte und die Kooperation mit den anderen Unternehmen aktiv vorantreiben sollen. Zum anderen gehen sie ihrer täglichen Arbeit anonymisiert nach, zeitlich entkoppelt von ihren direkten Partnern.

Die Technologien der virtuellen Unternehmen schaffen Transparenz, Schnelligkeit und Klarheit dadurch, dass Lösungen durch den konkreten und inhaltsreichen Informationsaustausch gefunden werden. Die Inhalte werden schnell über die jeweiligen Medien E-Mail, Telefon- oder Videokonferenzen kommuniziert. Das Kennen lernen seines Gegenübers als Mensch entfällt und damit auch eine persönliche Bindung. Diese Kommunikationsweise setzt einen Mitarbeiter voraus, der von seiner Persönlichkeitsstruktur her ein geringes ausgeprägtes Kommunikations- und Selbstpräsentationsbedürfnis besitzt.

Aus dem Beispiel wird deutlich, daß ein optimaler Mitarbeiter benötigt wird, der zum einen ein ausgeprägtes Kontaktbedürfnis hat und zum anderen auch tagelang anonymisiert arbeiten sollte.

2.4 Nutzen der Technologien in virtuellen Unternehmen

Neue Technologien sind das Medium, durch welches virtuelle Unternehmen erst möglich werden. Wesentlich gekennzeichnet sind diese Technologien dadurch, dass die einzelnen Kommunikationspartner zeitlich entkoppelt arbeiten können, der Informationsaustausch über weite Strecken schnell möglich ist und die Informationen strukturiert und historisiert ausgetauscht werden können. Ohne den Menschen, welcher es versteht, die Technologien und ihre Vorteile einzusetzen sowie persönlich gewinnbringend zu verwenden, ist der Nutzen jedoch praktisch hinfällig.

Beispielsweise erfordert die Anwendung interkontinentaler Telefonkonferenzen ein erhöhtes Maß an Kommunikationsdisziplin, -regeln und Verhaltensweisen: Ein Moderator leitet die Konferenz, Pausen zwischen den einzelnen Aussagen bleiben wegen der Übertragungszeit und des umfangreichen Informationsaustausches unkommentiert, Mobiltelefone werden wegen möglicher Rückkopplungen vermieden, und das Umfeld der teilnehmenden Gesprächspartner hat einen geringen Geräuschpegel.

Für die neuen Kommunikationsformen wie Video-, Telefonkonferenzen, E-Mail usw., braucht es Menschen mit Persönlichkeiten, welche diese Technologien beherrschen oder erlernen wollen und können.

Neben dem direkten Austausch von Informationen ermöglichen die neuen Technologien auch deren strukturierte Aufbereitung, Bereitstellung und Historisierung. Das hieraus resultierende Wissen, die Erfahrungen und die Fertigkeiten sind ein Unique Selling Point (USP) eines Unternehmens. Aufgrund der Dynamik des Marktes geht das spezifische Wissen im Unternehmen allerdings schnell verloren.

Neue Mitarbeiter haben eigene Strukturen, ihr Wissen zu präsentieren. Somit sollte es das Ziel von Wissensbasen sein, nur grob die Informationen vorzustrukturieren.

Unternehmenswissen wäre in Form eines Intranets zur Verfügung gestellt werden. Zusätzlich benötigt jeder einzelne Mitarbeiter Werkzeuge, mit denen er das vorhandene Wissen nach seinen Bedürfnissen selbst strukturieren kann. Der Nachteil besteht darin, dass die Strukturierung bei jedem Mitarbeiter einmalig ist und über die Zeit verloren geht. Deshalb sollten die Strukturierungen der einzelnen Mitarbeiter in Profilen gesichert werden und allgemein zugängig sein. Das erlaubt anderen Mitarbeitern, die Strukturierungsleistungen eines jeden zu verwenden und zu verfeinern.

3. Bewertung virtueller Netze

3.1 Theoretischer Nutzen

In einem ersten Schritt ist der Sinn und Unsinn einer Technologie theoretisch zu bewerten. Es ist die Frage zu beantworten, welchen Mehrwert virtuelle Netze theoretisch für einen ökonomisch rational handelnden Menschen beinhalten.

Virtuelle Netze können für bestimmte Fragestellungen und Branchen sinnvoll sein. Zum Beispiel für Branchen, in denen viele Informationen dezentral eingegeben, gehalten und intensiv ausgetauscht werden. Die Nutzer der virtuellen Netze brauchen keinen persönlichen physischen Kontakt zu pflegen. Virtuelle Netze können Hindernisse und Verluste[6] verringern, der schnellen und kompetenten Erzeugung neuer Produkte dienen und einen Beitrag für eine gesteigerte Qualität leisten.

Unternehmen haben festgestellt, dass vielfältige Informationen vorhanden sind, welche im Tagesgeschäft oft unberücksichtigt bleiben. Der Aufbau einer strukturierten Wissensbasis kann dem entgegensteuern:

In der Regel steht der Mitarbeiter in einer Holschuld für die Informationssammlung. Dies kann zu erheblichen Reibungsverlusten in den Geschäftsprozessen führen, wenn ein Mitarbeiter seine Holschuld nicht erfüllt. Erst wenn die Wissensbasen in die Geschäftsprozesse integriert sind, kann die Informationssammlung den Geschäftsprozess beeinflussen und damit zu seiner Verbesserung beitragen. Auf diese Weise besteht die Möglichkeit, Wissen strukturiert und sachgerecht zur Verfügung zu stellen und reibungslos gefunden werden. Technologisch sind Prozesskontexte zu bilden, an denen die Informationen zeit- und sachgerecht bereitgestellt werden.

3.2 Optimale Unternehmenskooperationen

Die optimale Unternehmenskooperation basiert auf den technologischen Möglichkeiten und dem menschlichen Potenzial in den einzelnen Unternehmen. Im Gegensatz zu älteren Technologien verschiebt sich der Engpass[7] von der Technologie zum Menschen.

Der Nutzen virtueller Netze beruht auf dem Zusammenspiel der beiden Faktoren Mensch und Maschine. Dessen Optimum ist eine Kombination aus dem Lernverhalten jedes einzelnen Mitarbeiters und dem Einsatz der Technologie.

---

[6] Z.B. Reibungsverluste durch Kommunikationshindernisse und unangemessener Wissensrepräsentationen in dem Unternehmen

[7] Z.B. bestanden bei älteren Technologien nur beschränkte Möglichkeiten der Benutzerinteraktion oder Datenbanktechnologie.

Um den Nutzen zu hinterfragen, ist der theoretische Nutzen bzgl. einer spezifizierten Leistung zu identifizieren (siehe oben) und daraufhin an den vorhandenen organisatorischen wie auch individuellen Möglichkeiten des Unternehmens zu verifizieren. Anschließend ist der real zu erwartende Nutzen zu quantifizieren. Der erwartete Nutzen ist kurz-, mittel- und langfristig zu bewerten. Nur unter Berücksichtigung aller Elemente kann eine optimierte Interaktion von Mensch und Maschine erreicht werden.

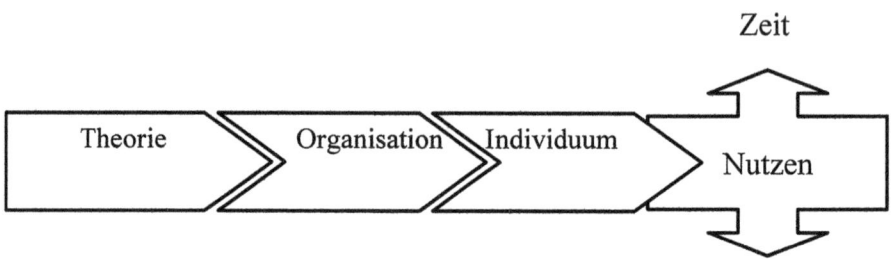

Abbildung 3: Weg zur Unternehmenskooperation

Sollen beispielsweise mehrere Unternehmen zusammen ein Organisationsprojekt durchführen und nach außen als ein einziges Unternehmen auftreten, ist im ersten Schritt festzulegen, welche Informationen zu transportieren sind. Diese Regeln sollten in einer Datei zum Beispiel „Inhalte interner Dokumente" für alle zugreif- und nachlesbar sein. Es ist ein eigener Datenserver bereitzustellen, auf den nur die Projektbeteiligten per virtuellen Intranet zugreifen können. In einem Wissenssystem können alle Daten strukturiert individuell abgelegt werden. Je nach Aufgabenstellung und Zusammensetzung können Wissenssystem und Datenserver identisch sein.

Für die interne Kommunikation sind die Medienkanäle festzulegen, wer mit wem worüber und wann kommuniziert. Anschließend sind die Kommunikationstechnologien festzulegen. Bei interkontinentalen Verbindungen bieten sich Videokonferenzen an. Je nach Größe des Projektes und Verbundenheit der Unternehmen sind die Faktura und Kosten relevanten Daten auszutauschen. Daneben sollten vorhandene ERP-Systeme beider Unternehmen miteinander gekoppelt werden.[8] Die Außenwirkung als Single-Partner-Unternehmen wird

---

[8] Dies widerspricht aufgrund des technologischen Einsatzes und der damit verbundenen Investitionen der heutigen Praxis.

durch eine gemeinsame E-Mail-Adresse, ggf. über einen eigenen Mail- und Webserver untermauert.

Um virtuelle Netze gewinnbringend zu nutzen und die kurz- mittel- und langfristigen Ziele zu erreichen, braucht es also vielfältiger Technik und eine funktionierende Mensch-Maschine-Interaktion.

4. Pragmatismus: Optimierte Kommunikation in virtuellen Netzen

Technologie, Mitarbeiter und Unternehmensziele auf einen Inhalt auszurichten, ist ein schwieriges Unterfangen. Um ein Vielfaches komplexer wird es, wenn die Ausrichtung temporär ist, weil die Unternehmen nur für eine begrenzte Zeit gemeinsam agieren und unter Umständen beim nächsten Vorhaben als Konkurrenten auftreten.

4.1 Pragmatische Bildung virtueller Netze

Die Bildung virtueller Netze ist grundsätzlich mit den eigenen spezifischen Unternehmenszielen zu vereinbaren. Ein loser Verbund von Unternehmen ohne Verbindlichkeiten kann im unternehmerischen Sinne nur der Beginn einer engeren Zusammenarbeit sein. Erst durch vertraglich geregelte und mittelfristig geltende Verbindlichkeiten einer Unternehmenskooperation lassen sich Produkte für Kunden formen, denen der Kunde ebenfalls das am Markt notwendige Vertrauen schenken kann.[9]

Die mittelfristigen Bindungen entsprechen Konsortien verschiedener Unternehmen, die zum Beispiel einen Markt, einen Kunden oder eine Sparte bedienen wollen. Hierbei bringt jedes Unternehmen seine einzigartigen Leistungen in das Konsortium ein. Nur die Einzigartigkeit einzelner Leistungen eines Unternehmens rechtfertigt dessen Teilnahme im Konsortium.

---

[9] Es wird davon ausgegangen, dass es sich aus der Sicht des Kunden nicht um „throw away" Produkte handelt, sondern um Produkte, die der Kunde über eine gewisse Zeitspanne einsetzt.

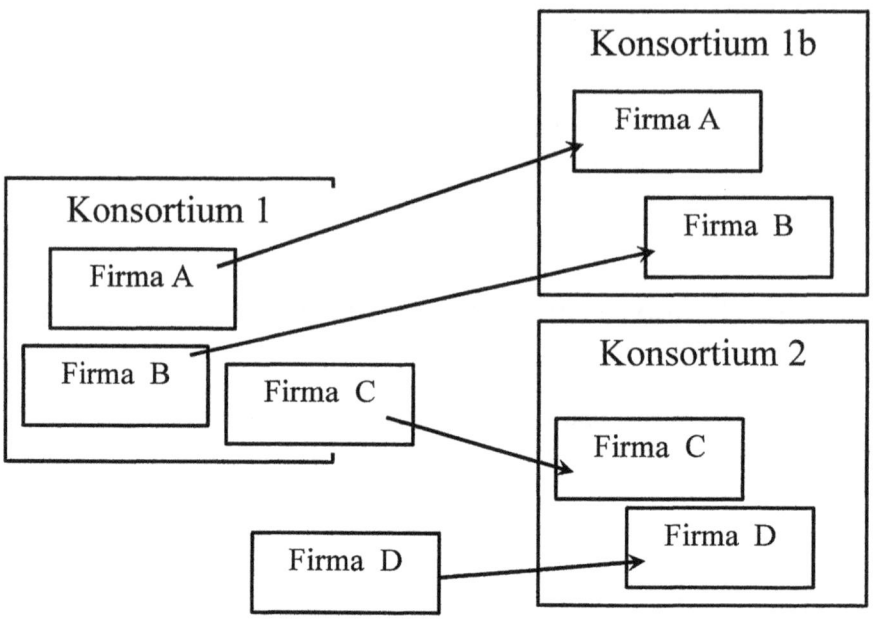

Abbildung 4: Dynamik in Konsortien

Deshalb wird jedes Unternehmen bestrebt sein, seine Einzigartigkeit im Konsortium zu erhalten, auszubauen und Konkurrenz innerhalb des Konsortiums zu vermeiden. Diese existenzielle Haltung jedes einzelnen Unternehmens hat zur Folge, dass der Austausch innerhalb des Unternehmens abnimmt und sich im spezialisierten Verhalten des einzelnen Unternehmens erschöpft. Das Spezialistentum als immanentes Ziel eines an einem Konsortium teilnehmenden Unternehmens nimmt zu. Ist das einzelne Unternehmen im Konsortium unangefochten, kann es sich eine Einzigartigkeit am Gesamtmarkt erarbeiten. Das macht es wiederum für andere konkurrierende Konsortien interessant. Gelingt es dem Unternehmen jedoch nicht, seine Einzigartigkeit zu beweisen, verliert das Konsortium mittelfristig das Interesse an einer weiteren Zusammenarbeit.

Die temporäre Bildung von Konsortien bedeutet, dass es sich wieder auflösen wird und dadurch zu einer existenziellen Gefahr[10] für jedes an einem Konsortium teilnehmende Unternehmen wird. Um diesem entgegenzuwirken, sind weit

---

[10] Da jedes Unternehmen die Stärken und Schwächen der anderen Unternehmen kennt und so am Markt destruktiv agieren könnte.

reichende Verträge und ein ausgeprägtes Vertrauen zwischen den Unternehmen notwendig.

Vertrauen entsteht, wenn die Unternehmen annähernd gleich groß und annähernd gleich kapitalisiert sind. Ansonsten besteht die Gefahr von Übernahmen und Dominanz innerhalb des Konsortiums.

In der Regel fehlt dem einzelnen Unternehmen die Kenntnis über Ziele und Vorhaben der anderen beteiligten Unternehmen. Für ein Unternehmen macht es nur Sinn, sich einem Konsortium zu nähern, indem es zunächst Projekte mit möglichst geringem Risiko eingeht. Das Unternehmen lernt die Praxis im Konsortium kennen und das Konsortium die Einzigartigkeit des neuen Partners. Hat der praktische Umgang miteinander funktioniert und haben beide, Unternehmen und Konsortium, einen Erfolg für sich erreicht, kann die Verbindung ausgedehnt werden. Erst dann sollten Verträge geschlossen werden und die Aufnahme in das Konsortium bzw. in den Verbund stattfinden.

Eine ad hoc-Bildung virtueller Netze ist nur dann erfolgreich, wenn für die beteiligten Unternehmen das Risiko sehr gering ist. Sonst ist die Gefahr eines einseitigen Verlustes zu hoch. Auch risikofreudige Unternehmen gehen derartige ad hoc-Beziehungen nur ein, wenn sie ihre eigene Existenz nicht aufs Spiel setzen.[11]

Nur unter den vorangegangenen Voraussetzungen kann ein Konsortium mittelfristig Bestand haben. Für eine langfristige Zusammenarbeit ist eine gewinnbringende Organisation in Form einer Holding zweckmäßiger.

4.2 Pragmatische Kommunikation in virtuellen Netzen

Die virtuellen Netze bilden die Technologie, mit der jeder einzelne umgehen sollte. Das hat zur Folge, dass nur bestimmte Menschentypen in solchen Unternehmen tätig sind. Analoges gilt für bestimmte Branchen und Berufszweige. Auch dort sind in der Regel bestimmte Menschentypen dominant.[12]

---

[11] Es sei denn der erwartete Gewinn ist extrem hoch.
[12] Einleuchtend ist zum Beispiel, dass nicht jede Person als Unfallarzt oder Verkäufer arbeiten könnte.

Die Anforderungen an Personen in virtuellen Netzen sind derart ambivalent, dass sie in großen Unternehmen eine Spezialisierung einzelner Personen nach sicht zieht. Beispielsweise werden sich Personen(-gruppen) finden, die in den virtuellen Netzen ausschließlich kommunizieren. Andere führen im Back-Office die Produktion durch. Das gilt für Dienstleitungen und physische Produkte, welche sich durch eine dritte Person(-engruppe) verkaufen lassen. Durch die vielen Kommunikationsschnittstellen entstehen Reibungsverluste, die dem Unternehmen bewusst sein sollten.

Da gerade für kleine Unternehmen virtuelle Netze zusätzliche Möglichkeiten zur Teilnahme an der Erzeugung eines am Markt erfolgreichen Produktes schaffen, sind sie die eigentlichen Gewinner in derartigen Konsortien. Hierzu werden in kleineren Unternehmen allerdings Personen benötigt, welche sämtliche Geschäftsprozesse beherrschen. Dies entspricht in den seltensten Fällen dem vorhandenen Mitarbeiterpotenzial.

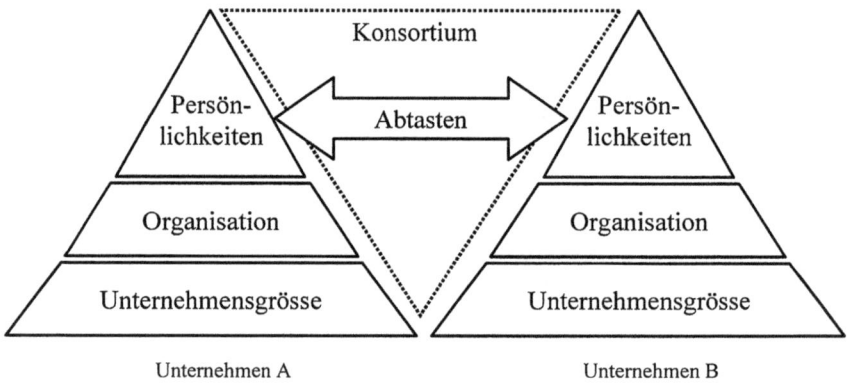

Abbildung 5: Pragmatische Kommunikation

Das Unternehmen hat in seinem Mitarbeiterpotenzial zu eruieren, welcher Mitarbeiter konkret welche Aufgabe erfüllen kann. Hierfür ist die Kenntnis über die Persönlichkeitsstruktur des einzelnen Mitarbeiters als auch die seines Gegenübers oder anderer Kommunikationspartner im virtuellen Netzen notwendig. Da die Personen der anderen Unternehmen in der Regel nicht in dieser Tiefe bekannt sind, ist eine Annährung aller Beteiligten oder ein Kennen lernen notwendig.

Nachdem die einzelnen Personen identifiziert wurden, ist festzulegen über welche Medien und in welchen Abständen zu kommunizieren ist. Passt dies zu den

Persönlichkeitsmerkmalen und Fähigkeiten der ausgewählten Personen, kann mit der konkreten Arbeit begonnen werden. Durch die Interaktion der beteiligten Personen untereinander, die aufzubauende Infrastruktur, und der Konfrontation mit den unterschiedlichen Unternehmenskulturen optimiert der praktische Umgang miteinander die Zusammenarbeit.

Hierzu ist es notwendig die Zusammenarbeit nach pragmatischen Gesichtspunkten regelmäßig neu auszurichten und zu optimieren.

Ein Abtasten der einzelnen Unternehmen dauert in der Regel ein bis zwei Jahre. Erst dann besteht ein begründetes, gegenseitiges Vertrauen bei allen Partnern. Dies baut sich je nach Risiko oft erst durch die tatsächliche Erfahrung auf.

4.3 Trial and Error

Pragmatismus ist nicht gleichzusetzen mit „Trial and Error". Aufgrund der Komplexität und der vielen unbekannten Faktoren bei den anderen Teilnehmern und der eigenen Entwicklung des Unternehmens, ist eine periodische Justierung das adäquate und gewinnbringende Verfahren für alle Beteiligten. Die Disziplin einer regelmäßigen Neujustierung jedes einzelnen Unternehmens ist dabei die entscheidende Größe und damit die Entwicklungschance eines virtuellen Netzes.

Diese Maßgabe schränkt den konkreten Personenkreis in virtuellen Netzen weiter ein. Ständige Organisationsanpassungen, neue Verhaltensweisen etc. gehen mit wechselnden Zuständigkeiten einher. Das wird von bestimmten Persönlichkeiten als Chaos interpretiert. Existenzangst ist die Folge. Andere Persönlichkeiten machen die häufigen Änderungen Spaß, sie lassen sich in der Veränderung der Organisation „treiben".

Beide Personenkreise sind für das einzelne Unternehmen wenig wertvoll. Die einen sind in ihrem Handeln blockiert und können ihre Aufgaben nicht erfüllen. Die anderen bemühen sich nicht, neue Strukturen zu bilden und diese in der Praxis täglich neu zu optimieren.

Ein Unternehmen sollte die Organisationsstrukturen schaffen und die Bereitschaft besitzen, die Nutzung virtueller Netze täglich neu zu justieren und zu optimieren. Hierfür bedarf es einer hohen Disziplin jedes einzelnen Mitarbeiters mit hohem Respekt gegenüber anderen Personen und dem Erkennen der jeweiligen Stärken.

Einem „Teamplayer" ist bewusst, dass er ein Teil des Unternehmens ist und sich dem aktuellem Vorhaben unterordnen sollte. Nur so können die Stärken der anderen Personen sowie das vorhandene Unternehmenspotenzial genutzt werden. „Teamplayer" sind in der Lage, sich in einem virtuellen Netz zwischen Spezialisten „einzufügen".

Darüber hinaus sind weitere Persönlichkeitsmerkmale notwendig, die darin bestehen, dass er eine hohe Transparenz über seine Person zulässt und Ehrlichkeit in den Vordergrund der Kommunikation stellt. Die Offenheit ist zum einen für das Vertrauen im ständigen Änderungsprozess innerhalb des Unternehmens als auch nach außen zu den anderen am Konsortium teilnehmenden Unternehmen notwendig.

4.4 Institutionen und virtuelle Netze

Auch für Institutionen gelten die gleichen Aussagen wie für Unternehmen auf dem freien Markt. Institutionen schaffen Produkte, welche nur schwer monetär bewertbar sind. Jedoch sollten sie einen Mehrwert schaffen. Wie Unternehmen müssen sich auch Institutionen fragen, ob die Bildung virtueller Netze sinnvoll ist, und ob deren Bestand nach einem Projekt weiterhin Sinn macht.

5. Schluss

Die theoretische Basis einer Nutzung und Bildung virtueller Netze ist nur interdisziplinär optimierbar. Wie jede Technologie, die das Tagesgeschäft vieler Menschen beeinflusst, Organisationsstrukturen und das Kommunikationsverhalten ändert, so bilden in der Wissenschaft neben den technologischen Disziplinen die Betriebswirtschaft als auch die Psychologie die Äquivalente zur Praxis.

Den Beweis der Tauglichkeit von virtuellen Netzen zu führen ist zum einen Teil des praktischen Umgangs mit den virtuellen Netzen selbst. Daneben ist die wissenschaftliche Analyse virtueller Netze in Form von Vor- und Nachteile bzw. Analysen mit dessen Umgang Bestandteil wissenschaftlichen Handelns.

In dem Sinne virtueller Netze beinhalten technologische, betriebswirtschaftliche als auch psychologische Disziplinen, nur in geringem Umfang Felder der Grundlagenforschung. Vielmehr handelt es sich um Disziplinen, die praxistauglich weitestgehend von der Wissenschaft in die Praxis überführbar sein sollten.

Netzwerkdenken und Netzwerkhandeln im chinesischen Kontext

Hans-Wolf Sievert

1. Einleitung

Wohl noch nie in seiner 5000-jährigen Geschichte hat das „Reich der Mitte" so sehr im Blickpunkt der Weltöffentlichkeit gestanden wie heute. In dem Maße, wie sich China von seiner sinozentrischen Weltsicht verabschiedet[1], sich als Weltmacht zurückmeldet[2] und das 21. Jahrhundert als „Chinas Jahrhundert"[3] gefeiert wird, in dem Maße schaut die restliche Welt wie gebannt auf das rasante wirtschaftliche Wachstum in der Volksrepublik China und die nicht weniger beeindruckende sozioökonomische Entwicklung in den südostasiatischen Ländern mit einflussreichen chinesischen Minderheiten.

Vor diesem Hintergrund stellt sich aus wirtschaftswissenschaftlicher Sicht die Frage nach den Ursachen für diesen raschen ökonomischen Wandel. In der sozial- und wirtschaftswissenschaftlichen Chinaforschung wird eine Vielzahl von Determinanten genannt, die im Zusammenhang mit dem wirtschaftlichen Aufstieg gesehen werden: So z. B. die asiatische oder neokonfuzianische Wertekonstellation[4], die nach wie vor in nicht unerheblichem Maße das Denken und Handeln der Chinesen bestimmt; des Weiteren der spezifisch chinesische Transformationsprozess mit seiner graduellen Hinführung zu einem Kapitalismus chinesischer Prägung[5]; aber auch die Auslandschinesen, die mit ihren Investitionen die chinesische Wirtschaft wesentlich vorantreiben.[6]

Ein Schlüsselphänomen stellt in diesem Zusammenhang das chinesische Netzwerksystem dar, das sich mit seinen von den Traditionen Chinas geprägten Verpflichtungs- und Vertrauensstrukturen im gesamten chinesischen Kulturkreis als ein wesentlicher Erfolgsfaktor für den ökonomischen Aufstieg der Region erwiesen hat.[7]

---

[1] Schmidt-Glinzer 2000
[2] Seitz 2001
[3] Brahm 2001
[4] Pohl 2002
[5] Gan 1997
[6] Wu 2001
[7] Krug 2002, Redding 1993

Im Folgenden wird die Struktur und Funktionsweise dieser Netzwerke dargestellt und untersucht. Dabei soll insbesondere aufgezeigt werden, wie nachhaltig das Denken und Handeln der Wirtschaft im chinesischen Kontext von Netzwerkvorstellungen geprägt sind.

2. Begriffsbestimmung

In der von hierarchischen Ordnungsvorstellungen geprägten Gesellschaft Chinas wird der vertikale Aufbau des Sozialgefüges von einem Netz von sozialen Beziehungen überwogen, das gleichsam als „sozialer Leim" das chinesische Sozialsystem zusammen und funktionsfähig hält. Die diesen Netzwerken zugrunde liegenden Sozialstrukturen werden *guanxi-wang* oder kurz *guanxi* genannt.

Nach Yang (1994) bedeutet der Begriff *guanxi* zunächst einmal eine allgemeine Beziehung zwischen Objekten, Kräften und Personen. Bezogen auf den sozialen Bereich werden unter *guanxi* im engeren Sinne „zwischenmenschliche Beziehungen" verstanden. Im weiteren Sinne wird mit dem Terminus *guanxi* das tief in der chinesischen Kultur verwurzelte Netz von Verpflichtungsbeziehungen mit Verwandten, Freunden, aber auch mit solchen Geschäftspartnern verstanden, mit denen ein enges, auf gegenseitigem Geben und Nehmen basierendes Vertrauensverhältnis gepflegt und aufrechterhalten wird.

Wie sich anhand der modernen sozialwissenschaftlichen Messinstrumente zur Individualismus- bzw. Kollektivismusforschung[8] empirisch belegen lässt, ist eines der hervorstehenden Merkmale des chinesischen Kulturraums dessen kollektivistische Prägung[9] und die damit verbundene Wertschätzung zwischenmenschlicher Beziehungen. Dies gilt in einem besonderen Maße für die Geschäftswelt. Wie eine Vielzahl von empirischen Untersuchungen belegt, liegt ein wesentlicher Unterschied zwischen den westlichen und östlichen Geschäftspraktiken darin, dass im fernöstlichen Kontext Aufbau und Pflege von persönlichen Beziehungen und Netzwerken eine sehr viel größere Rolle spielen als im Westen[10]. Vor diesem Hintergrund ist es verständlich, dass die chinesische Gesellschaft - auch in ihren verschiedenen asiatischen Erscheinungsformen - als Netz-

---

[8] Bierbrauer et al. 1994
[9] House et al. 2004
[10] Davies et al. 1992

werkgesellschaft[11] und der chinesische Kapitalismus (vor allem in seiner taiwanesischen Ausprägung) als „Netzwerkkapitalismus"[12] bezeichnet wird.

Die große Bedeutung, die den vielgestaltigen Beziehungsgeflechten im chinesischen Kontext beigemessen werden muss, kommt auch darin zum Ausdruck, dass viele Autoren in der Volksrepublik China und im übrigen „Großchina" die Netzwerkstrukturen als die eigentlichen innovativen Wirtschaftseinheiten ansehen. (Krug 2002).

Die Grundlagen für die chinesischen Verpflichtungs- und Vertrauensstrukturen sind historisch gewachsen. *Guanxi*-Netzwerke spielen in der Geschichte Chinas von alters her eine zentrale Rolle. Sie gründen einmal in der Jahrtausende alten Erfahrung von politischer Willkür und sozialer Unsicherheit. Die (bis heute andauernde) weitgehende Abwesenheit von rechtsstaatlichen Verhältnissen in der Volkrepublik China und das traditionelle Misstrauen gegenüber dem Staat haben dazu geführt, dass die Absicherung von Existenz und Lebenschancen sehr weitgehend durch gegenseitige Hilfe und Unterstützung vor allem im Verwandten-, aber auch im Freundeskreis organisiert wird. Hierdurch ist der einzelne Chinese traditionell in persönliche Netzwerke eingebunden, die auf Vertrauen und Gegenseitigkeit basieren.

Der chinesische Alltag mit seinen schwerfälligen hierarchisch-bürokratischen Strukturen konnte seit eh und je nur mit Hilfe eines solchen flexibel gehandhabten Beziehungssystem bewältigt werden. Auch im Berufsleben spielten die über *guanxi*-Netzwerke hergestellten Seilschaften schon immer eine wesentliche Rolle. Hierzu zählen die Beziehungs- und Begünstigungssysteme, die in der Kaiserzeit zwischen Beamten bestanden haben, welche die gleichen Prüfungen bestanden und mitunter auch ihren Prüfern gegenüber lebenslang loyal verbunden blieben.[13] In ähnlicher Weise sind auch im modernen China die Netzwerke organisiert, die auf einem gemeinsamen Schul- und Universitätsabschluss oder auf eine gemeinsame Militärzeit gegründet sind. Vor diesem Hintergrund kann es wenig verwundern, dass der Begriff *guanxi* in der modernen Chinaforschung zu einem Schlüsselwort avanciert ist, mit dem das „spezifisch Chinesische" an der chinesischen Alltags- und Geschäftskultur hervorgehoben wird. „*Guanxi* lies in

---

[11] Panther 2002
[12] Hamilton 1996
[13] Heberer 2003

the heart of Chinese society."[14] Was hierbei typisch Chinesisch ist, erschließt sich am besten dann, wenn man über die bloße Begriffsbestimmung hinaus die konstitutiven Merkmale herausstellt, die sich in der chinesischen Vorstellungs- und Gedankenwelt im Einzelnen mit dem Terminus *guanxi* verbinden. In Anlehnung an Yang (1999) und Wu (2000) haben sich folgende Kriterien für das *guanxi*-Konzept als wesentlich erwiesen:

- Grundlage des durch *guanxi* begründeten Beziehungsnetzwerks bilden Zweier- und partikularistische (d. h. Insider-) Beziehungen, die sich von den Beziehungen zu Outsidern abgrenzen und auf Gegenseitigkeit angelegt sind.
- Die besonderen persönlichen Beziehungen zwischen den Mitgliedern eines *guanxi*-Netzwerkes basieren auf Gemeinsamkeiten wie Verwandtschaft, regionaler Herkunft, gemeinsam erlebten Sozialisationsprozessen in Schule, Universität, Militär oder Arbeitseinheit.
- Jedes Individuum nimmt in dem von ihm mitgestalteten eigenen Beziehungsnetzwerk die für es festgelegte Rolle wahr. Wird der damit verbundenen Rollenerwartung nicht entsprochen, führt dies zu einem Gesichtsverlust des jeweiligen Rolleninhabers.
- Basis der *guanxi*-Netze ist das gegenseitige Vertrauen und das damit in die jeweilige Beziehungsstruktur eingebrachte Sozialkapital.
- Je größer die emotionale Komponente in der Beziehungsstruktur, desto enger ist die betreffende Beziehung. Je tiefer gehend eine persönliche Beziehung, desto größer ist ihr sozialer, politischer und wirtschaftlicher Nutzen.
- *Guanxi* bezeichnet sowohl horizontale als auch vertikale Beziehungen.
- Persönliche, wechselseitige Verpflichtungen erfüllen die Funktion, im
- Alltagsleben Ordnungssicherheit auch dort zu gewährleisten, wo zuverlässige rechtliche Rahmenbedingungen nicht bestehen.
- Dabei können durch die Kooperations- und Koordinationsfunktion von *guanxi* Ressourcen mobilisiert werden, die dem einzelnen Individuum allein nicht zur Verfügung stehen.
- *Guanxi*-Beziehungsnetze sind meistens eher langfristig angelegt.
- Die Aufrechterhaltung von *guanxi*-Strukturen erfordert eine sorgfältige Beziehungspflege. Diese beinhaltet die Gewährung von materiellen und immateriellen Vorteilen verschiedener Art, wie Geschenke, Einladungen zum gemeinsamen Essen, Protektion u. ä.. Der Saldo des gegenseitigen Gebens und

---

[14] Li 2004

Nehmens findet in dem „sozialen Konto" seinen Niederschlag, das auch über lange Zeiträume hinweg unausgeglichen bleiben kann.

Die vielfältigen Facetten des *guanxi*-Begriffes haben deutlich gemacht, dass die allgemein übliche Übersetzung von *guanxi* mit „Beziehungen" oder „Beziehungsgeflechten" zu kurz greift und warum in der sinologischen Forschung kein Konsens über eine allgemein anerkannte Übersetzung des Terminus *guanxi* besteht. Gleichzeitig dürfte deutlich geworden sein, warum *guanxi*-Netzwerke als gegenseitige Verpflichtungs- und Vertrauenssysteme schon immer eine Schlüsselfunktion im chinesischen Denken und Handeln einnahmen.

3. Das vernetzte Denken der Chinesen

China hat in seiner über 5000-jährigen Geschichte mit seinen besonderen ökologischen und wirtschaftlichen Bedingungen sowie der damit verbundenen sozialgesellschaftlichen Entwicklung eine einzigartige Kultur hervorgebracht, die in den dort vorherrschenden Denk- und Verhaltensweisen zum Ausdruck kommen. Basierend auf der neueren psychologischen Forschung[15] lässt sich das „typisch" chinesische Denkmuster als ganzheitlich, dialektisch, sozial- und kontextorientiert, harmoniebetont und veränderungsorientiert charakterisieren. Im hier behandelten Zusammenhang interessiert vor allem dessen sozial-betonte, ganzheitlich-kontextorientierte Ausprägung.

Im Kernpunkt des chinesischen Denkens steht die Vorstellung, dass sämtliche Phänomene des mikro- und makrokosmischen Geschehens zusammenhängen, d. h. in komplexer Wechselwirkung zueinander und in Abhängigkeit voneinander stehen und miteinander vernetzt sind. Auf der psychischen Ebene beinhaltet das „vernetzte Denken" Wahrnehmungs- und Denkvorgänge, die eher holistisch-synthetisch als isolierend-linear ausgerichtet sind. Auf den sozialen Bereich übertragen bedeutet dies, dass im fernöstlichen Kulturkreis die Menschen sich viel stärker in ihren gegenseitigen Beziehungen bzw. Vernetzungen sehen als z. B. in der westlichen Welt.

Die philosophische Grundlage für das vernetzte Denken chinesischer Prägung liefert vor allem das naturalistische und taoistische Gedankengut des alten China. Die Welt ist für die Chinesen ein hochkomplexes Gebilde. Sie ist voller Gegensätze und Widersprüche, die sich aber nicht notwendigerweise gegenseitig ausschließen. Der Taoismus als eine einzigartige Mischung aus Philosophie und

---
[15] Nisbett 2003

Religion verwendet das Yin-Yang-Prinzip, um die Beziehung der Dinge zueinander und zum Universum sowie den immerwährenden Prozess natürlicher Veränderung zu beschreiben und zu erklären. Die in allen Dingen enthaltenen entgegengesetzten Kräfte des Yin (Schatten) und Yang (Sonne) schaffen und umschließen einander, kontrollieren sich gegenseitig und wandeln sich fortwährend. Dabei werden universale Zusammenhänge postuliert: alle Dinge werden als Teile eines großen Ganzen gesehen, kein Ding kann an und für sich selbst existieren, ein einzelnes Phänomen wird niemals von seiner Beziehung zu anderen Phänomenen getrennt betrachtet. So werden Harmonie und Ganzheitlichkeit im Buch der Wandlungen („I Ging") idealisiert. Diese Vorstellungen schlagen sich auch heute noch im Alltagsverständnis nieder, wie z. B. in der chinesischen Medizin: Krankheiten sind dabei Folge von Disharmonien des Körpersystems; eine Ursache kann mehrere Wirkungen haben, mehrere Ursachen können auf dieselbe Größe einwirken; es gibt Rückkopplungen von Wirkungen auf Ursachen. Bei komplizierten und komplexen Sachverhalten ist es daher von besonderer Bedeutung, alle relevanten Zusammenhänge (Vernetzungen und Beziehungen) zu berücksichtigen.

Der Ursprung des chinesischen sozial-vernetzten Denkens liegt historisch gesehen vermutlich in der geographischen Gegebenheit und der physischen Beschaffenheit Chinas[16]. Am Ostrand des eurasischen Kontinents gelegen, umfassen das Tibetische Hochland im Südwesten, die Wüstengebiete im Nordwesten und der unüberwindbare Pazifische Ozean im Osten einen großen inländischen Raum und isolieren China von der Außenwelt. Aufgrund seiner über Jahrhunderte hinweg andauernden Isolations- und Abschottungstendenzen hat sich China nicht zu einer Seefahrernation entwickelt, wie z. B. England, Holland oder Portugal. Stattdessen hat die Agrarwirtschaft in der Geschichte China stets eine dominierende Rolle eingenommen. Bei überwiegend unberechenbaren und ungünstigen Umweltbedingungen sind die in der Landwirtschaft Tätigen bis auf den heutigen Tag auf gegenseitige Hilfe und Mitarbeit angewiesen. Zur Sicherung der Funktionsfähigkeit des agrarwirtschaftlichen Systems wurde insbesondere dem harmonischen Zusammenleben ein besonderer Wert beigemessen. Die sozialen Praktiken und Standards sind daher darauf angelegt, die Beziehung zueinander zu regeln, Ordnung zu halten und Reibungen zu minimieren. Im Zuge des kulturellen Lernens[17] erfährt sich das Individuum nicht als isolierter Einzel-

---

[16] Nisbitt 2003
[17] Keller, im Druck

ner, sondern in seiner wechselseitigen Bezogenheit und Abhängigkeit in seiner Sozial-Umgebung. Das Individuum wird dabei nicht als isolierter Einzelner, sondern in seiner wechselseitigen Bezogenheit und Abhängigkeit mit seiner sozialen Umwelt gesehen: Die eigene Identität verschmilzt mit der sozialen Identität in der Familie, im Clan, im Kreis der engen Freunde. Von Geburt an erlebt sich der Chinese als Bestandteil eines sozialen Netzes, das durch komplexe Verbindungen und Interaktionen gekennzeichnet ist.[18]

Die besondere Ausrichtung auf das Soziale findet auch in der chinesischen Philosophie ihren Niederschlag. Mit Ausnahme des eher individualistisch ausgerichteten Taoismus ist die traditionelle Philosophie Chinas vor allem eine soziale Philosophie. Sie zielt darauf ab, den Menschen harmonisch und friedlich in eine soziale Ordnung einzubinden[19]. Needham zufolge unterscheiden sich abendländische und chinesische Weltanschauung im Wesentlichen dadurch, „dass die europäische Philosophie die Realität in der Substanz zu finden suchte, die chinesische dagegen in Beziehungen"[20]. Als wichtigster Vertreter dieser Weltanschauung gilt der Konfuzianismus. Die konfuzianische Lehre erstrebt eine universale Ordnung und Harmonie in der Gesellschaft als höchstes Ziel - dies vor dem Hintergrund einer von Kriegen und Aufständen gekennzeichneten Umwelt und eines auseinander brechenden Sozialgefüges zu Lebzeiten des Konfuzius um 500 v. Chr. Um die sozialen Beziehungen zu regeln, betont das konfuzianische Denken die Pflicht und Einordnung des Einzelnen in Familie und Gesellschaft. Danach kann das soziale Ordnungsgefüge nur dann aufrechterhalten werden, wenn jeder die Rolle einnimmt, die ihm kraft Geburt oder Ausbildung zukommt. Im Hinblick auf die aus konfuzianischer Sicht grundlegende Ungleichheit der Menschen trägt der hierarchische Aufbau des Rollensystems mit dazu bei, die gesellschaftliche Hierarchie aufrecht zu erhalten. Dabei werden die einzelnen sozialen Rollen immer in ihrer wechselseitigen Bezogenheit, d. h. als Netzwerke, gesehen. Das Netzwerkdenken in China ist danach auch in der Ethik des Konfuzius begründet.

Die im Konfuzianismus und Taoismus begründeten Wertvorstellungen haben also mit dazu beigetragen, dass die Vorstellungen von Harmonie, Ganzheit und Netzwerken tief im Denken der chinesischen Bevölkerung verankert sind und insofern einen wesentlichen Bestandteil der chinesischen Kultur ausmachen.

---

[18] Fiske et al. 1998
[19] Waley 1979
[20] Needham, 1988, S.104

Diese Art von Denken wird wiederum durch die jeweilige soziale Praxis aufrechterhalten, gefördert und verstärkt. Auch heute werden die entsprechenden Denkmuster deutlich sichtbar. Das vernetzte Denken durchdringt weiterhin das Sozialleben und findet seinen Ausdruck in den Einstellungs- und Verhaltensweisen der chinesischen Gesellschaft.

Die aktuelle sozialpsychologische Forschung hat in vielfältiger Weise nachgewiesen, dass das Denken in ganzheitlich–beziehungsorientierten (d. h. netzwerkausgerichteten) Vorstellungsmustern auch Auswirkungen hat auf psychische Funktionen wie Wahrnehmung[21], Aufmerksamkeit[22] und Gedächtnis[23] bis hin zu Entscheidungs- und Problemlöseprozessen[24]. Dabei wurde u. a. festgestellt, dass die Wahrnehmung der Chinesen eher kontextabhängig und ihr kognitiver Stil durch Feldabhängigkeit[25] gekennzeichnet ist. Ihre Aufmerksamkeit und ihr Gedächtnis sind stark auf die soziale Umgebung gerichtet. Bei Entscheidungsprozessen unter Unsicherheit tendieren die Chinesen dazu, Informationen aus dem sozialen Bereich mehr Bedeutung beizumessen als anderen Informationsquellen.

Der Sozialpsychologe Nisbett fasst in seinem Buch *The Geography of Thought* das vernetzte Denken der Chinesen als kulturspezifisches kognitives Verhalten folgendermaßen zusammen:

„They see a great deal of the field, especially background events; they are skilled in observing relationships between events; they regard the world as complex and highly changeable and its components as interrelated; they see events as moving in cycles between extremes; and they feel that control over events requires coordination with others."[26]

4. Die dunkle Seite von guanxi

Mit den „dunklen" Seiten von chinesischen Netzwerkstrukturen soll im Folgenden die Nutzung von *guanxi*-Netzwerken im Kontext krimineller bzw. quasikrimineller Handlungen thematisiert werden. In einer kollektivistisch-beziehungsorientierten Gesellschaft mit einem nur schwach ausgebildeten

---

[21] Ji et al. 2000
[22] Ji & Schwarz 2000
[23] Hedden et al. 2002
[24] Choi et al. 1997
[25] Witking & Goodenough 1981
[26] isbett 2003, S.109

Rechtssystem bleibt es nicht aus, dass Beziehungstrukturen auch zur Durchsetzung illegaler Zielsetzungen genutzt werden. Im chinesischen Kulturkreis spielen seit eh und je solche Netzwerke, in denen nicht legitime Interessen und Belange gebündelt werden, eine besondere Rolle. Hierzu zählen im Wesentlichen die über Geheimgesellschaften organisierte Kriminalität sowie die verschiedenen Formen der Korruption.

Als Geheimgesellschaften sind vor allem die sog. „Triaden" bekannt. Die sinologische Forschung führt die Entstehung der so benannten Geheimbünde im Wesentlichen auf die Rebellion gegen die Qing-Dynastie, die Mitte des 18. Jahrhunderts auf Taiwan stattfand, zurück. Als Triadengruppe wird ein Netzwerk von Männern verstanden, die sich einem gemeinsamen Initiationsritual unterzogen haben. Wesentlicher Bestandteil dieses Rituals ist der Blutschwur mit der Verpflichtung, sich einander wie Brüder zu unterstützen.

Ursprüngliches Ziel der Triaden war die Vertreibung der Manchus aus China und die Wiedereinsetzung eines Ming-Prinzen auf den Thron. Als „Bruderschaft zur gegenseitigen Unterstützung" dienten die Triadengruppen vor allem der wechselseitigen Hilfe. Da es sich bei den Triaden von jeher um illegale Organisationen handelte, wurden auch nicht legale Mittel und Wege beschritten, um die Geheimbünde zu finanzieren, wie z. B. Schmuggel von Salz und Opium, Erpressung von Schutzgeldern u.ä. Die traditionelle Diskriminierung des Standes der Kaufleute durch die konfuzianische Vorstellungswelt dürfte viele Gewerbetreibende in geheimbundorientierte Netzwerke getrieben haben. Als im 19. Jahrhundert die Auswanderung von Chinesen nach Südostasien und Amerika einsetzte, breiteten sich die Triaden auch dort aus. Auf diese Weise entwickelte sich der Terminus Tirade zum Inbegriff für die organisierte chinesische Kriminalität. Als rituell konstituierte Gruppen existieren die Triaden heute vor allem noch in Singapur. Ob und in wie weit kriminelle Netzwerke in den südostasiatischen Ländern, in Europa, Amerika und Australien noch im ursprünglichen Sinne als Triaden bezeichnet werden können, ist ungewiss. Dies gilt auch für entsprechende Netzwerkstrukturen in der Volkrepublik China.[27]

Eine weitere „negative" Form der Nutzung von Netzwerken stellt die im chinesischen Kulturkreis weit verbreitete Korruption dar. Hiermit sind vor allem die vielfältigen Formen der Ausnutzung von öffentlichen Ämtern zur persönlichen Bereicherung gemeint. Auch hierbei handelt es sich um eine Erscheinung mit

---

[27] Ter Haar 2003

einer spezifisch chinesischen Note. Das Phänomen Korruption ist so alt wie China selbst. Schon der Strafkodex der Qin-Dynastie (221 - 207) sanktionierte „Pflichtverletzungen im Amt", wie z. B. Bestechung, Ämterpatronage, Nepotismus und die Vorteilsgewährung durch Annahme von Geschenken. Die chinesische Tradition weist immer wieder Fälle auf, wo an Korruption angrenzende Handlungen im Rahmen der Beziehungspflege als Freundschaftsdienste verlangt und erbracht werden. Kein Wunder, dass die Korruption auch im modernen China immer noch ein zentrales Phänomen darstellt, auch wenn die Regierung mit allen Mitteln versucht, ihrer Herr zu werden.

Im interkulturellen Vergleich zeigt sich, dass in der kollektivistisch orientierten Kultur Chinas die Abgrenzung zwischen korruptem und nicht-korruptem Verhalten sehr viel ungenauer und die entsprechende Grauzone weitaus größer ist als in den eher individualistisch orientierten Kulturen Nordeuropas oder Nordamerikas. Dies liegt vor allem an der Beziehungsorientierung der Chinesen, die traditionell mit der Vorstellung einhergeht, dass die Pflege und Nutzung von Beziehungen eine soziale Verpflichtung darstellt. Vor diesem Hintergrund ist verständlich, dass die „hohe Kunst des *guanxi*" eine ganze Reihe von Praktiken beinhaltet, die aus westlicher Sicht in den Geruch von Korruption kommen: Das, was im chinesischen Kontext - auch im Geschäftsleben - an Vorteilsgewährung, Geschenken, Reiseeinladungen u. ä. zur Beziehungspflege investiert wird, überschreitet häufig das in nicht-beziehungsorientierten Kulturen statthafte Maß. Hierzu zählen auch die vielfältigen Formen der Ämterpatronage und des Nepotismus. Wenn es in China aufgrund seines kollektivistisch-personengebundenen Ordnungssystems geradezu obligatorisch ist, Freunde und Verwandte z. B. bei Stellenbesetzungen zu bevorzugen, dann ist dies eine Verhaltensweise, die bis in die höchsten Kreise der Regierung ganz offen praktiziert wird, so etwa bei der Vergabe von Ämtern an die „jungen Prinzen", welche die Abkömmlinge von hohen Staatskadern sind. Aus Sicht der abendländisch-individualistischen Kulturen ist eine solch intensive Nutzung von Freundes- und Verwandtschaftsnetzwerken streng verpönt: In der westlichen Vorstellungswelt ist eben jeder selbst seines Glückes Schmied. Im Kontext der Schattenseiten von *guanxi*-Netzwerken zeigt sich somit abermals, wie schwer es ist, Normen und Werte allgemein und kulturübergreifend zu definieren. In diesem Sinne wird es auch wohl kaum gelingen, das Phänomen Korruption universal zu definieren.[28]

---

[28] Schramm/Taube 2001

5. Die Netzwerke der Auslandschinesen

Die so genannten Auslandschinesen sind geradezu ein Musterbeispiel für das Netzwerkhandeln und –denken der Chinesen. Als Auslandschinesen gelten i. a. die auf ca. 60 Millionen bezifferten ethnischen Chinesen, die nicht-chinesische Staatsangehörige sind. In diesem Sinne umfasst „off-shore China" die vor allem in Südostasien, aber auch in Nordamerika, Australasien und Europa lebenden „Huaren" bzw. „Wairen" als die aus China emigrierten Chinesen und deren Nachkommen.

Den Grundstein für das weltweite Imperium der Auslandschinesen legten vor allem die chinesischen Kaufleute, die sich schon während der Song-Dynastie (960-1279) vor allem aber während der Ming-Dynastie (1368-1644) im Ausland niederließen. Kriege, politische Unruhen, Naturkatastrophen und Armut führten dazu, dass in zunehmendem Maße auch Bauern, Handwerker und Arbeiter ihre Heimat verließen, um in der Fremde eine neue Existenz zu gründen. Auf diese Weise haben über die verschiedenen Dynastien hinweg Millionen und Abermillionen von Menschen - meistens über den Seeweg - vor allem in solchen Ländern Zuflucht gefunden, in denen schon eine vorwiegend von Kaufleuten begründete chinesische Diaspora bestand.

In der zweiten Hälfte des 20. Jahrhunderts sind die Auslandschinesen relativ unbemerkt zu einer bedeutsamen Wirtschaftsmacht aufgestiegen. Gemessen an dem von den Überseechinesen erwirtschafteten Bruttosozialprodukt bilden nach Seagrave (1995) die „Herren des Pazifik" nach den USA und Japan die drittgrößte Wirtschaftsmacht der Welt. Das Wirtschafts- und Geschäftsleben in ganz Südostasien ist wesentlich von den auslandschinesischen Aktivitäten und Interessen abhängig. Der kaum wahrgenommene Erfolg des „unsichtbaren Wirtschaftsimperiums der Auslandschinesen"[29] ist dabei weniger auf hervorragende Unternehmerpersönlichkeiten oder auf vorbildhafte Unternehmensgebilde zurückzuführen, wie wir sie aus der westlichen Geschäftswelt kennen. Der unübersehbare Erfolg der Auslandschinesen basiert vor allem auf den vorwiegend familiengeprägten und familienähnlichen Netzwerkgeflechten, wie sie für die Zusammenarbeit zwischen auslandschinesischen Unternehmen kennzeichnend ist. In einer von existenzieller Unsicherheit geprägten, kulturell fremden und sozial feindseligen Umwelt haben von Beginn der chinesischen Emigration an die auf

---

[29] Seagrave 1995

Vertrauen und Verlässlichkeit gegründeten Verpflichtungs- und Beziehungsstrukturen den auslandschinesischen Wirtschaftsunternehmen Stabilität und Sicherheit vermittelt. Diese bestehen häufig aus zahlreichen miteinander (meistens nur lose) verbundenen Klein- und Mittelbetrieben, die gesellschaftsrechtlich voneinander unabhängig sind und nur bei Bedarf zusammen arbeiten. So wie sich die Arme eines Tintenfisches gleichsam nach allen Richtungen ausstrecken, breiten die so verknüpften Netzwerke ihre Beziehungsstrukturen über eine Vielzahl von Berufszweigen und Institutionen des öffentlichen und wirtschaftlichen Lebens aus. Sie treten beispielsweise gemeinsam auf Beschaffungs- und Absatzmärkten auf, tauschen Informationen aus und verbinden sich ggf. auch durch wechselseitige Kapitalbeteiligungen. Bei besonders engen Kooperationsformen oder gar wechselseitigen Beteiligungen können sich auch größere wirtschaftliche Einheiten herausbilden, die aufgrund ihrer netzwerkartigen Verbindungen und trotz ihrer Größe eine erstaunliche unternehmerische Flexibilität und Anpassungsfähigkeit zeigen. Wie die empirische Forschung zeigt, zeichnen sich derartige netzwerkgeleitete Unternehmensgruppen dadurch aus, dass sie in der Lage sind, international rasch zu expandieren und große Mengen an Gütern und Kapital (transnational) schnell zu mobilisieren[30]. Dabei trägt die stürmische Entwicklung der modernen Informations- und Kommunikationstechnologie mit dazu bei, dass sich im auslandschinesischen Kontext immer wieder neue Kooperationsformen und Möglichkeiten herausbilden, welche die Kooperationspartner zu ethnisch fundierten weltweit tätigen „elektrischen Gemeinschaften" zusammenführen. „The Internet and the other communication technologies of the 20th century are *guanxi* enablers...They make it quicker, easier, and more affordable to exercise your contacts, keeping them fresh, and building relationships and trust over time."[31]

Die zum Großteil auf Verwandtschaft oder verwandtschaftsähnlichen Beziehungen gegründeten *guanxi*-Netzwerke weisen unterschiedliche Dichtegrade auf. Diese reichen von lockeren Kooperationsbeziehungen (etwa mit besonders vertrauenswürdigen ehemaligen Mitabeitern, die sich selbständig gemacht haben und mit ihrem früheren Arbeitgeber weiter zusammen arbeiten) bis hin zu eng verknüpften Holdinggesellschaften von Familienunternehmen. Insbesondere in der Zulieferindustrie lassen sich vielfach enge langfristige Beziehungsstrukturen

---

[30] Weidebaum 1997
[31] Wolff 2004

beobachten, über die mehrere spezialisierte kleine und mittlere Unternehmen mehr oder weniger informell integriert sind.[32]

Neben den überwiegend klein- und mittelbetrieblichen Netzwerken existieren aber auch größerformatige Beziehungsstrukturen. Dabei kann es sich um konzernähnliche Netzwerke handeln, über welche die Auslandschinesen – teilweise in enger Verflechtung mit den jeweiligen Regierungen – einen Großteil der Wirtschaft Südostasiens beeinflussen und kontrollieren. Dies sind im Wesentlichen extensive Handels-, Kredit- und Solidarnetzwerke des auslandschinesischen Großkapitals. Im Mittelpunkt dieser Netzwerkgeflechte stehen auf familiären Verflechtungen gegründete Unternehmensdynastien, deren Mitglieder zu den Reichsten der Welt zählen.[33]

Das durch Sparsamkeit und Fleiß angesammelte Kapital der Auslandschinesen sucht heute weltweit nach Anlagemöglichkeiten. An erster Stelle stehen dabei Investitionen in der Volksrepublik China, vorzugsweise in der Region der jeweiligen familiären Herkunft. Der Aufstieg Chinas zur Weltwirtschaftsmacht ist ohne die auslandschinesischen Direktinvestitionen nicht denkbar[34]. Vor diesem Hintergrund versteht sich die ökonomische Elite der Auslandschinesen schon lange nicht mehr als ethnische Minderheit. Sie sehen sich vielmehr als globale Avantgarde[35], die einen „asiatischen", d. h. durch Personalisierung ökonomischer Beziehungen gekennzeichneten Netzwerkkapitalismus propagiert. Menzel (2000) sieht in diesem Zusammenhang eine sich speziell in Südostasien entwickelnde neue Form einer kapitalistischen Wirtschaftslogik.

6. Zur Zukunft von chinesischen Netzwerken

Wie bereits oben festgestellt, ist das Phänomen der Netzwerke in Vergangenheit und Gegenwart zutiefst in die Kultur Chinas eingebettet. *Guanxi* und *guanxi*-Netzwerke sind ein konstitutives Merkmal chinesischen Lebens, wo immer in der Welt es stattfindet. Vor diesem Hintergrund bestehen über die zukünftige Entwicklung der chinesischen Netzwerke und der ihnen zugrunde liegenden Denk- und Handlungsmuster wenig Zweifel. Die gegenwärtige Chinaforschung

---

[32] Thiel 1975
[33] Buchholt & Menckhoff 1994
[34] Wu 2000
[35] Döring 2003

ist weitgehend der Auffassung, dass Netzwerkdenken und Netzwerkhandeln auch zukünftig für den Kulturkreis China ein wesentlicher Erfolgsfaktor bleiben[36] und die chinesischen Unternehmen vielleicht sogar an die Spitze der Weltwirtschaft bringen werden.[37]

Neue Untersuchungen deuten jedoch auf eine bedeutende Veränderung in der Struktur der unternehmerischen Netzwerke in China hin. Danach ist erkennbar, dass immer mehr wirtschaftliche Netzwerke entstehen, die - abweichend von den traditionellen Verpflichtungssystemen - weder von gemeinsamen Verwandtschafts- bzw. Clanstrukturen, noch von gemeinsamer regionaler Herkunft oder einer gemeinsamen Ausbildung abgeleitet sind. Stattdessen scheinen sich immer mehr flexibel gestaltete funktional-aufgabengesteuerte Vertrauens- und Verpflichtungsgebilde zu etablieren, die sich für die chinesische Wirtschaft als zukunftbestimmend herausstellen dürften.[38]

Auch dank der ihnen innewohnenden Flexibilität und Veränderungsfähigkeit werden sich die Netzwerke im Kontext der chinesischen Wirtschaft in ihren unterschiedlichen national- und auslandschinesischen Ausprägungen als „chinesisches Modell" eigenständig weiterentwickeln. Dabei fragt sich, inwieweit solche Modelle und die Jahrtausende alten chinesischen Erfahrungen im Denken und Handeln in Netzwerken die westliche Vorstellungswelt befruchten können, die in zunehmendem Maß in Netzwerken zu denken beginnt. In einer Zeit, in der immer öfter gefragt wird, was die westliche Welt von China lernen könne, dürfte der interkulturelle Dialog zwischen Ost und West zu Lösungen führen, von denen beide Kulturkreise nachhaltig profitieren.

Literatur

Bierbrauer, G., Meyer, H., Wolfradt, U. Measurement of normative and evaluative aspects in individualistic and collectivistic orientations: The cultural orientation scale (COS). In Kim, U., und Triandis, H. C. (Hg). Individuallism and collectivism: Theory, method, and applications (Cross-Cultural Research and Methodology, Vol. 18., pp. 189 – 199). Thousand Oaks 1994.
Brahm. J. Chinas Jahrhundert. Weinheim 2001.

---

[36] Wu 2000
[37] Naisbitt 1995
[38] Krug 2002, Menzel 2002

Buchholt, H., Menckhoff, T. Huaqiao, der heute kommt und morgen bleibt. Die Rolle der Nanqang-Chinesen am Beispiel Indonesiens. In: Asien 1994/H 51, S. 25-38.
Choi, I. et al. Culture, category salience, and inductive reasoning, Cognition, 65, 15-32, 1997.
Davies, H. et al. The benefits of Guanxi : The value of friendship in developing the Chinese market. Industrial Marketing Management. 24/1992.
Döring, O. Geöffnete Netzwerke. Neue Zürcher Zeitung, 1. Oktober 1999.
Gan, L. S. Die chinesische Reform und Transformation. Aachen. 1997.
Fiske, Alan; Kitayama, Shinobu; Markus, Hazel Rose; Nisbett, Richard E. The cultural matrix of social psychology. In: The Handbook of Social Psychology (4th ed., Vol 2), 915 - 981. Boston McGrawHill 1998.
Hamilton, G. G. The organizational foundation of Western and Chinese commerce: A historical and comparative analysis In: Hamilton, G. G. (Ed.): Asian business networks, Berlin – New York 1996.
Hedden, T. et al. Cultural and age differences in recognition memory for social dimensions. Atlanta 2002
Herberer, Th. Guanxi In: Starger, Friedrich Schütte (Hg.) Das große China Lexikon, Darmstadt 2000.
Herrmann-Pillath, C. Familienähnlichkeiten in Chinas langfristiger sozioökonomischer Entwicklung 1998.
House, Robert J., Hanges, Paul J., Javidan, Mansour, Dorfmann, Peter W., Gupta, Vipin. Culture, Leadership, and Organizations. The GLOBE Study of 62 Societies, Thousand Oaks 2004.
Ji, L. et al. Culture, central and perception of relationships in the environment. Journal of Personality and Social Psychology 78, 943 – 955, 2000.
Ji, L. & Schwarz, N. Culture, autobiographical memory, and social comparison: Measurement issues in cross-cultural studies. Personality and Social Psychology Bulletin 26, 585-593, 2000.
Keller, Heidi. Die soziokulturelle Konstruktion impliziten Wissens in der Kindheit. In: Enzyklopädie der Psychologie, Band C/VII: Kulturvergleichende Psychologie. Hg: Trommsdorff, G. & Kornadt, H.-J., im Druck.
Krug, B. Kultur und wirtschaftliche Entwicklung in China. In: Religion, Werte und Wirtschaft. China und der Transformationsprozess in Asien. Hg: Nutzinger, Hans-G., Marburg 2002.
Li, Pansy Hon Ying. Entrepreneurial Networks: A Comparison of Western and Chinese Concept http://web.bi.no/forskning/ncsb2004.nsf/23e5e39594c064ee85 2564ae004fa010/746153dcd0cb945cc1256e62002f6751/$FILE/Li.pdf.
Menzel, U. Globalisierung versus Fragmentierung. Frankfurt 2002.
Needham, J. Wissenschaft und Zivilisation in China. Frankfurt 1984.
Naisbitt, J. 8 Megatrends, die unsere Welt verändern. Wien 1995.

Nisbitt, R. E. The geography of thought. How Asians and Western think differently and why. New York 2003.
Panther, St. Sozialkapital und Religion. In: Religion, Werk und Wirtschaft. Hg. Nutzinger, H. G., Marburg 2002.
Pohl, Karl-Heinz. Chinesische und asiatische Werte. In: Religion, Werte und Wirtschaft. China und der Transformationsprozess in Asien. Hg. Nutzinger, Hans-G., Marburg 2002.
Redding, S.G. The spirit of Chinese capitalism. Berlin, New York 1993.
Schmidt-Glintzer, Helwig. Wir und China – China und wir. Kulturelle Identität und Modernität im Zeitalter der Globalisierung, Göttingen 2000.
Schramm, M. & Taube, M. Institutionsökonomische Anmerkungen zur Einbettung von Korruption in das Ordnungssystem chinesischer Guanxi-Netzwerke. Duisburger Arbeitspapiere zur Ostasienwirtschaft. Duisburg 2001.
Seagrove, S. Die Herren des Pazifik. Das unsichtbare Wirtschaftsimperium der Auslandschinesen. München 1995.
Seitz, Konrad. China – Eine Weltmacht meldet sich zurück. Berlin 2000.
Ter Haar, J. Geheimgesellschaften. In: Das große China Lexikon. Darmstadt 2003.
Thiel, F. Die Auslandschinesen und ihr Einfluss in Südostasien. Hamburg 1975.
Waley, A. Lebensweisheit im Alten China. Frankfurt 1979.
Weidenbaum, M. Die Geschäftskultur der Auslandschinesen: Bamboo Connection. In: Harvard Business Manager 1/1997, S. 35 – 45.
Witkin, H. A. & Goodenough. Cognitive style: Essence and organization. New York 1981.
Wolff, Phil. Why guanxi? http://dijest.editthispage.com/identity/guanxi, 6.9.04.
Wu, L. Guanxi. A cross-cultural comparison of New Zealand and Chinese business people. http://www.lilywu.com/chapter1.pdf, 28.11.2003.
Wu. S. X. Die Rolle der Überseechinesen im ökonomischen Transformationsprozess der VR China. Unveröffentlichte Diplomarbeit. Osnabrück 2002.
Yang, K. C. Die Logik von Guanxi. Eine Untersuchung über die chinesische institutionelle Kultur am Beispiel von Kreditgenossenschaften auf Taiwan. Dissertation, Bielefeld 1999.

Optimierte Zusammenarbeit mit Lieferanten auf Basis von Supplier Relationship Management

Wieland Appelfeller

1. Einführung

1.1 Definitionen und Einordnung

In den letzten fünf Jahren haben insbesondere größere Unternehmen damit begonnen, für ihre Beschaffungsprozesse das Internet einzusetzen. Im Vordergrund stand hierbei häufig die katalogbasierte, operative Bestellabwicklung für indirekte Güter, die inzwischen in vielen Unternehmen fest etabliert ist und gut funktioniert. Andere Tools wie z.B. elektronische Ausschreibungen und Auktionen oder Collaborative Sourcing beziehen sich in erster Linie auf direkte Güter und fokussieren stärker auf die strategische Beschaffung. Diese Tools sind ebenfalls vielfach getestet worden, weisen in den Unternehmen aber häufig noch eine nicht so feste Verankerung auf.

Die große Vielfalt der inzwischen verfügbaren internetgestützten Tools macht es erforderlich, die in vielen Unternehmen gestarteten e-Procurement Initiativen im Bereich der Beschaffung zu bündeln und in eine Gesamtkonzeption einzubinden. Hierbei dürfen auch andere Beschaffungstools wie materialwirtschaftliche Module aus ERP-Systemen oder Auswertungstools von Data Warehouse-Systemen nicht außen vor bleiben. Genau diese ganzheitliche Betrachtung der Tools ist ein Hauptgegenstand des Supplier Relationship Managements (SRM).

SRM umfasst die Gestaltung der operativen und strategischen Beschaffungsprozesse sowie die Kooperation mit Lieferanten auf Basis eines abgestimmten Zusammenspiels von konventionellen und internetgestützten Beschaffungstools. Kurz gefasst kann man vom IT-gestützten Beschaffungs- und Lieferantenmanagement sprechen[1]

---

[1] Beckmann/Vlachakis 2002, S. 33

Die Ziele von SRM sind[2]:

- Optimierung der Beziehungen zur gesamten Lieferantenbasis.
- Reduzierung der Prozesskosten für operative und strategische Beschaffungsprozesse.
- Reduzierung von Einstandspreisen.

Nach der obigen Definition kann das SRM als ein Bestandteil des Supply Chain Managements (SCM) angesehen werden. Beim Supply Chain Management (SCM) werden sämtliche ein- und ausgehenden Güterflüsse sowie die dazugehörigen Informations- und Geldflüsse eines Unternehmens betrachtet. SRM begrenzt diese Betrachtung auf die Beziehungen zu den Lieferanten. Als Komplement zum SRM und weiterer Bestandteil des SCM muss dann zwangsläufig das Customer Relaionship Management (CRM) gesehen werden, welches auf die Optimierung der Kundenbeziehungen fokussiert[3]

1.2 Überblick

Der vorliegende Beitrag stellt in Kapitel 2 dar, wie eine Beschaffungsgesamtstrategie entwickelt werden kann. Hierauf aufbauend werden die Ableitung von Materialgruppenstrategien und der operative Beschaffungsprozess beschrieben. Kapitel 3 ordnet den einzelnen Schritten die entsprechenden SRM-Tools zu und erläutert diese. In Kapitel 4 wird aufgezeigt, wie ausgehend von einer übergeordneten Gesamtstrategie und der hiermit zusammenhängenden Normstrategien, eine optimierte Zusammenarbeit mit Lieferanten auf Basis von SRM-Tools realisiert werden kann. Kapitel 5 fasst die Ergebnisse zusammen und gibt einen Ausblick.

2. Beschaffungsstrategien und -prozesse

Die Zusammenhänge des beim SRM im Fokus stehenden strategischen und operativen Beschaffungsprozesses werden in Abbildung 1 verdeutlicht.

---

[2] Beckmann / Vlachakis 2002, S. 33, Barking / König, S. 23
[3] Große-Wilde 2004, S. 61.

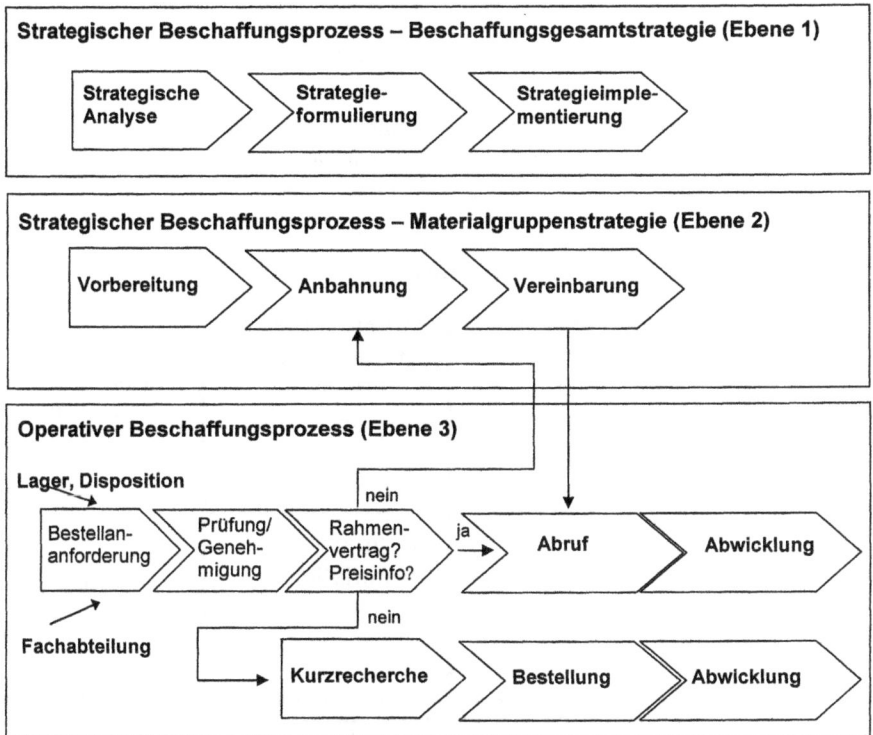

Abbildung 1: Strategischer versus operativer Beschaffungsprozess

2.1 Strategischer Beschaffungsprozess – Gesamtstrategie

Der strategische Beschaffungsprozess beginnt auf Ebene 1 mit der Ableitung der Gesamtbeschaffungsstrategie. Hier ist die erste Phase die **strategische Analyse**. Diese umfasst die Zielbildung, bei der die Ziele der Unternehmensstrategie auf die Beschaffungsstrategie herunter gebrochen werden. Ferner werden die Beschaffungsbedarfe analysiert und die Materialgruppen im Rahmen einer internen Analyse einem Materialportfolio zugeordnet, das die Materialgruppen im Hinblick auf die Aspekte Einkaufsvolumen und Beschaffungsrisiko klassifiziert. Analog geht man bei den Lieferanten im Rahmen der externen Analyse vor. Hier werden die bestehenden Lieferanten bzgl. Beschaffungsrisiko und Entwicklungspotential eingeordnet. Abbildung 2 fügt die Ergebnisse dieser Analysen in einer vereinfachten Darstellung in einem Portfolio zusammen[4]. Über diese Betrachtung hinaus muss mit einer intensiven Beschaffungsmarktanalyse nach alternativen Lieferanten und Materialien gesucht werden. Ferner werden in der Regel neben den obigen Portfoliobetrachtungen weitere Analysen für Materialien und Lieferanten sowie die interne Einkaufsorganisation durchgeführt.

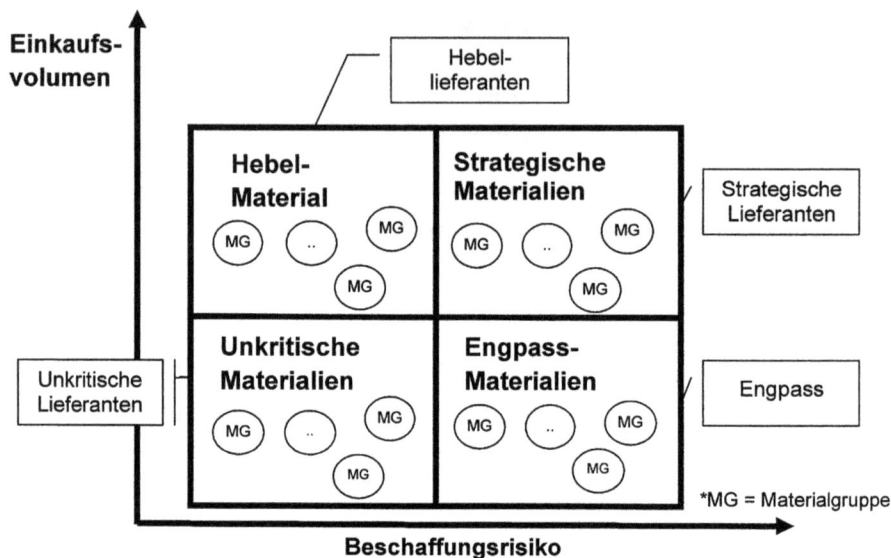

Abbildung 2: Ergebnisse der internen und externen Analyse

Die zweite Phase, der **Strategieformulierung** hat u.a. die Definition von Normstrategien[5] zum Inhalt. In den Normstrategien werden für die einzelnen Portfoliofelder grundsätzliche Handlungsempfehlungen abgegeben (vgl. Abbildung 3). Mit diesen Empfehlungen werden gleichzeitig auf einem materialgruppenübergreifenden Level grobe Festlegungen im Hinblick auf das Lieferanten- und Materialgruppenmanagement und die Sourcingsstrategien getroffen. Z.B. wird hinsichtlich des Materialgruppenmanagements empfohlen, für Materialgruppen im Feld der Hebelmaterialien, die Bedarfe im Konzern zu bündeln. Ein Beispiel aus dem Bereich des Lieferantenmanagements gibt die Normstrategie Lieferantenreduktion im Feld der unkritischen Materialien. Insgesamt heben die Normstrategien mit Bezug zum Lieferantenmanagement sehr stark darauf ab, Differenzie-

---

[4] Für eine ausführlichere Darstellung siehe (Wildemann 2002, S.550)
[5] Wildemann 2002, S. 550 ff.

rungen im Bereich der Abnehmer-Lieferanten-Beziehungen vorzunehmen. Hiermit legen Sie einen wichtigen Grundstein für die im Rahmen des SRM verfolgte Optimierung der Beziehungen zur gesamten Lieferantenbasis.

Die **Strategieimplementierung** beschreibt in der dritten Phase, wie die Umsetzung der definierten Strategien erfolgen soll. Im Wesentlichen ist hierbei zu unterscheiden zwischen der Umsetzung in Form von Projekten, die für bestimmte Themen (wie z.B. Lieferantenbewertung, Optimierung von Prozessen) aufgesetzt werden und der Umsetzung durch die beiden unten beschriebenen Ebenen 2 und 3.

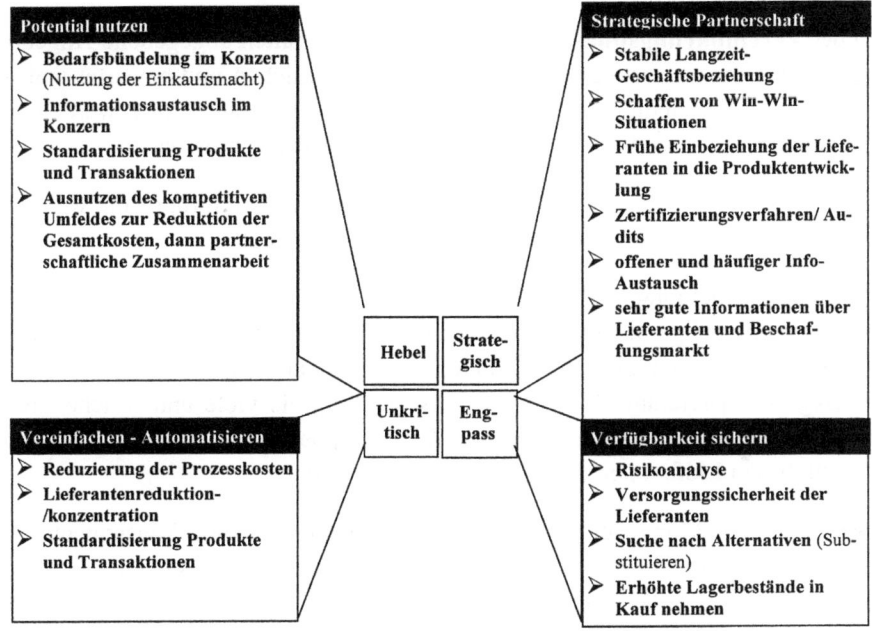

Abbildung 3: Strategieformulierung durch Normstrategien (angelehnt an Hug 2002)

2.2 Strategischer Beschaffungsprozess – Materialgruppenstrategie

Die zweite Ebene (vgl. Abbildung 1) hat zum Ziel, die Gesamtbeschaffungsstrategie durch Materialgruppenstrategien zu konkretisieren. Dabei wird in der ersten Phase, der **Vorbereitung,** zunächst der genaue Bedarf an Materialien einer

Warengruppe analysiert. Im Anschluss werden ggf. Bündelungs- und Standardisierungsmöglichkeiten geprüft und geeignete Sourcingkonzepte ausgewählt. Sollte eine Eigenfertigung der Materialien grundsätzlich in Frage kommen, ist zusätzlich noch eine Make or Buy Entscheidung zu treffen.

Diese Aktivitäten stehen in enger Verbindung mit der **Anbahnungsphase**, in der im Rahmen der Marktsondierung nach geeigneten Lieferanten und Produkten gesucht wird. Die Ergebnisse dieser Beschaffungsmarktforschung können nochmals Auswirkungen auf die in der Vorbereitungsphase getroffenen Entscheidungen haben. So kann die gewonnene Markttransparenz z.B. weitere Standardisierungen sinnvoll machen.

In der **Vereinbarungsphase** werden von den Lieferanten abgegebene Angebote ggf. noch genauer spezifiziert, die Lieferanten verglichen und bewertet und intensive Preisverhandlungen durchgeführt. Am Ende dieser Phase werden mit einem oder mehreren Lieferanten Rahmenverträge abgeschlossen.

Ist die Ebene 2 komplett durchlaufen, sind für eine Materialgruppe die wesentlichen Rahmenparameter und damit die Strategie festgelegt:

- Eine Entscheidung bzgl. Make or Buy liegt vor.
- Ggf. notwendige Standardisierungen der Warengruppe sind durchgeführt.
- Die Sourcingstrategie (multiple/single/local/global) liegt fest.
- Bzgl. des Lieferantenmanagements ist geklärt, wie viele und welche Lieferanten in Zukunft Materialien der Warengruppe liefern sollen und wie eng mit diesen Lieferanten zusammengearbeitet wird.

Bei der Entwicklung der Materialgruppenstrategien ist eine konsequente Berücksichtigung der in der Gesamtbeschaffungsstrategie aufgestellten Normstrategien wichtig. Pro Warengruppe ist sicherzustellen, dass die für das übergeordnete Portfoliofeld aufgestellten Normstrategien (vgl. Abbildung 3) konkretisiert bzw. umgesetzt werden. So sollte z.B. bei Warengruppen, die den unkritischen Materialien zugeordnet werden, die Standardisierung im Vordergrund stehen und eine Lieferantenreduktion erfolgen. Bei Warengruppen aus dem Bereich der strategischen Materialien, müssen Lieferanten gefunden werden, mit denen eine langfristige Wertschöpfungspartnerschaft aufgebaut werden kann.

2.3 Operativer Beschaffungsprozess

Ebene 3 (vgl. Abbildung 1) stellt den operativen Beschaffungsprozess dar. Dieser wird durch einen konkreten Bedarf an einem bestimmten Beschaffungsobjekt angestoßen. Der Bedarf kann hierbei Ergebnis einer periodisch durchgeführten Disposition sein oder ungeplant als Bedarf einer Fachabteilung entstehen. In letzterem Fall sind meistens Prüfungen und Genehmigungen durchzuführen, bevor aus den auf der strategischen Ebene 2 ausgehandelten Rahmenverträgen ein **Bestellabruf** erfolgt[6].

Liegt kein Rahmenvertrag für die konkreten Materialien vor, wird in Abhängigkeit von der Bedeutung der Materialien, entweder der strategische Beschaffungsprozess auf Ebene 2 nachträglich durchlaufen oder lediglich eine **Kurzrecherche** durchgeführt, an die sich die **Bestellung** dann unmittelbar anschließt. Im Rahmen der **Abwicklung** wird die bestellte Ware geliefert und als Wareneingang verbucht. Nach Rechnungserhalt schließen Rechnungsprüfung und Zahlung den operativen Beschaffungsprozess ab.

3. Zuordnung von SRM-Tools zu den Beschaffungsprozessen

Abbildung 4 stellt dar, in welchen Bereichen der Beschaffungsprozesse, die verschiedenen SRM-Tools eingesetzt werden können[7].

---

[6] Large 1999, S.183 ff.
[7] Die Zusammenstellung der SRM-Tools orientiert sich in einigen Teilen an (Eyholzer / Kuhlmann / Münger, 2002)

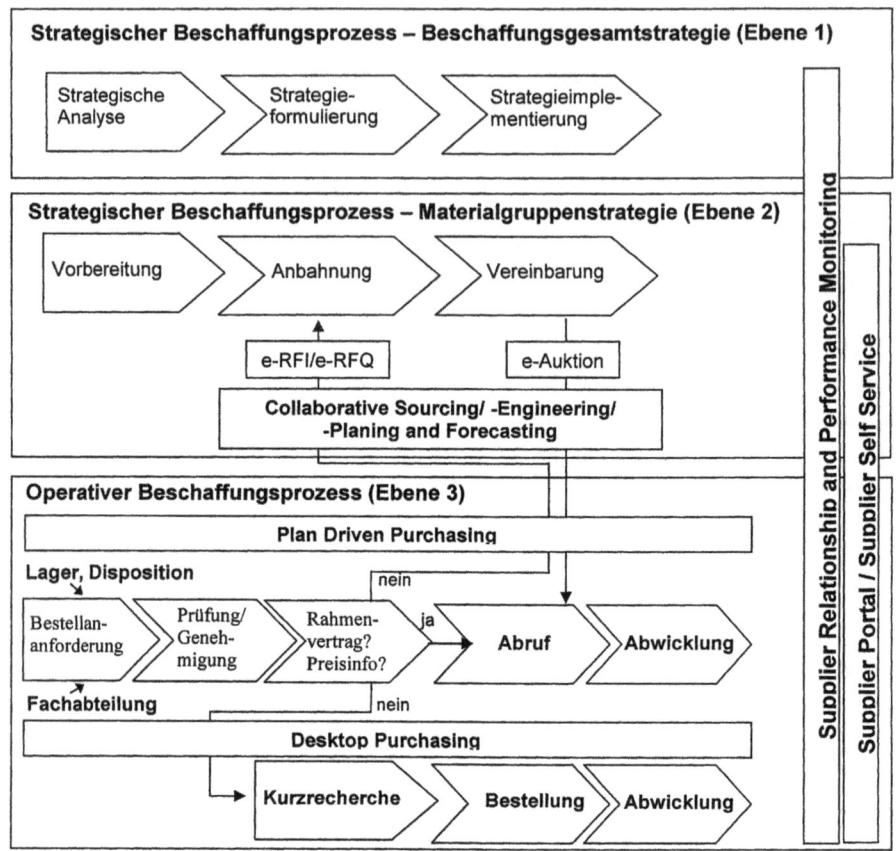

Abbildung 4: Zuordnung von SRM Tools

3.1 SRM-Tools für den strategischen Beschaffungsprozess – Gesamtstrategie

Auf der Ebene 1 kommen die auch für die Ebenen 2 und 3 relevanten **Supplier Relationship and Performance Monitoring** Tools zum Einsatz. Ihre Bedeutung soll an dieser Stelle ebenenübergreifend dargestellt werden.

Mit den genannten Tools werden auf den Ebenen 2 und 3 einkaufsrelevante Daten gesammelt. Hierzu gehören z.B. Bestellhäufigkeiten, Durchlaufzeiten, Termintreue, Reklamationsquoten, Preisentwicklungen, Qualitäten oder auch Auslastungsgrade von Rahmenverträgen. Die Daten stellen die Grundlage für die

Lieferantenbewertung aber auch für die Bewertung der eigenen Einkaufsleistung und Prozesse dar. Auf der IT-Seite werden sie in der Regel primär über das ERP-System oder falls im Einsatz über ein Data-Warehouse bereitgestellt.

Auf den Ebenen 2 und 3 werden die Auswertung der Daten durchgeführt und anschließend entsprechende Maßnahmen eingeleitet. So kann z.B. auf Ebene 2 die Lieferantenbeurteilung zu einer geänderten Lieferantenauswahl führen und entsprechende Veränderungen im Vertragswesen nach sich ziehen. Auf Ebene 3 kann durch die Auswertung der Daten z.B. die strategische Analyse aktualisiert werden. Dies kann nachfolgend zur Neuzuordnung von Gütern im Materialportfolio und ggf. auch zur Korrektur von Normstrategien führen.

3.2 SRM-Tools für den strategischen Beschaffungsprozess - Materialgruppenstrategie

Der strategische Beschaffungsprozess auf Ebene 2 wird in der Anbahnungs- und Vereinbarungsphase stark durch SRM-Tools unterstützt.

Mit **e-RFI** (Request for Information) oder **e-RFQ** (Request for Quotation) werden entweder allgemeine Produktbeschreibungen oder konkrete Angebote von den potentiellen Lieferanten angefordert. Im letzteren Fall können die korrespondierenden Ausschreibungen über einen elektronischen Marktplatz[8] allgemein zugänglich gemacht oder über ein spezielles SRM-Tool[9] ausgewählten Bietern zur Verfügung gestellt werden. Im Falle des SRM-Tools kann der Lieferant sein Angebot direkt in das System des einkaufenden Unternehmens einstellen. Dieses hat nun die Möglichkeit, die eingehenden Angebote sehr einfach zu vergleichen.

Weist das zu beschaffende Produkt bzw. die Materialgruppe bestimmte Eigenschaften wie z.B. eine hohe Standardisierung auf[10], kann die in der Vereinbarungsphase durchzuführende Preisverhandlung in Form einer **e-Auktion** durchgeführt werden. Eine solche Auktion kann insbesondere im Anschluss an eine elektronische Ausschreibung erfolgen. Auch hier kommen auf der IT Seite wie-

---

[8] Ein Beispiel hierzu wäre Supply On, ein Marktplatz über den die Tier 1 Zulieferer der Automobilindustrie beschaffen
[9] SRM-Tools ausgewählter Anbieter: SAP SRM von der SAP AG, Trade Core SRM von der Onventis GmbH, Impact Sourcing von der Healy Hudson Software AG
[10] Appelfeller, 2003, S.37 ff.

der elektronische Marktplätze[11] oder spezielle SRM-Tools zum Einsatz. Der Grundgedanke der Auktionen besteht darin, dass die potentiellen Lieferanten in einem vorher festgelegten Zeitfenster von z.b. einer Stunde sich gegenseitig im Preis unterbieten. Man spricht aus diesem Grund auch von Reverse Auktionen.

Collaborative Sourcing hat zum Ziel, Bedarfe zu bündeln und gemeinsam auszuschreiben. Das gemeinschaftliche Sourcing kann zum einen innerhalb eines Konzerns, z.b. durch verschiedene Tochterunternehmen oder Werke erfolgen. Zum anderen kann diese Idee auch unternehmensübergreifend realisiert werden. In beiden Fällen wird entweder ein spezielles SRM Tool[12] oder ein elektronischer Marktplatz eingesetzt. Diese haben für bestimmte Materialgruppen hinterlegt, wer an einem gemeinschaftlichen Ausschreiben und Einkaufen interessiert ist. Liegt nun ein Bedarf vor, bekommen die für die entsprechenden Materialgruppen eingetragenen Unternehmen eine Mail, über die ihre Bedarfe an vorher festgelegten Produkten, abgefragt werden. Die so zusammengeführten Bedarfe können dann gemeinsam beschafft werden.

Collaborative Engineering ist ein insbesondere im Anlagenbau relevantes Thema. Hier wird häufig in Projektform mit einer Vielzahl von Lieferanten zusammengearbeitet. Das projektführende Unternehmen muss hierbei mit seinen Lieferanten eine Vielzahl von Dokumenten wie z.B. Zeichnungen austauschen, die einer hohen Änderungshäufigkeit unterliegen. Dieser primär in der Anbahnungs- und Vereinbarungsphase relevante Austausch, ist per Post und Fax kaum noch zu realisieren. Collaborative Engineering Tools wickeln den Austausch der Dokumente über Supplier Portale oder elektronische Marktplätze ab[13]. Diese bieten häufig weitere Funktionalitäten für das Änderungs-, Aufgaben und Terminplanungsmanagement bzw. die gemeinsame Projektabwicklung an. Als Basis stellen die Tools hierzu eine gemeinsame Plattform zur Verfügung, die es projektführenden Unternehmen und Lieferanten erlaubt, dezentral auf die relevanten, aktuellen Informationen zuzugreifen.

Beim **Collaborative Planing and Forecasting** geht es um die Abstimmung der Produktionsprozesse von Abnehmer und Lieferant. Durch den Zugriff über ein Lieferantenportal bekommt der Lieferant die Möglichkeit, die Planungen des

---

[11] Marktplätze die Auktionen unterstützen sind z.B. Portum, Newtron und Goodex
[12] Die Onventis GmbH bietet mit Trade Core SRM ein Tool an, dass das Collaborative Sourcing unterstützt
[13] Für Beispiele siehe (Schirmer 2001, S.228 ff.)

Abnehmers frühzeitig einzusehen, um so seine eigene Produktion und Lagerhaltung optimieren zu können.

3.3 SRM-Tools für den operativen Beschaffungsprozess

Beim **Plan Driven Purchasing** werden bestandsmäßig geführte, in der Regel direkte Materialien beschafft. Basierend auf einem Dispositionslauf werden die benötigten Bedarfe ermittelt und anschließend aus einem Rahmenvertrag abgerufen. Die Bestellübermittlung kann hierbei z.B. per XML oder EDI erfolgen. Der Prozess wird in der Regel mit einem ERP-System realisiert, welches in der Abwicklungsphase auch den Teilprozess des Wareneingangs und der Rechnungsprüfung unterstützt.

Beim **Desktop Purchasing** werden indirekte Materialien beschafft. Die Abwicklung erfolgt vom Arbeitsplatz des Bedarfsanforderers aus. Dieser greift über ein Desktop Purchasing System (DPS)[14] entweder auf einen elektronischen Katalog zu und löst direkt eine Bestellung aus, oder er erfasst eine Freitextanforderung, die dann vom Einkauf ggf. nach Angebotseinholung in eine Bestellung umgesetzt wird.

Die Idee von **Supplier Self Service Tools** besteht darin, die Lieferanten in einem System des einkaufenden Unternehmens Informationen abrufen oder einpflegen zu lassen. Diese Tools ermöglichen z.B., dass der Lieferant in der Abwicklungsphase seine Bestellungen eigenständig abruft oder die von ihm gestellten Rechnungen im System des Kunden erfasst. Die Tools können auch als Basis für Vendor Management Inventory dienen, wenn der Lieferant über sie auf Kundenbestandsdaten zugreifen kann. Häufig sind die Supplier Self Service Tools in ein **Supplier Portal** eingebunden, dass dann weitere Funktionen wie Lieferantenbewerbungen oder Austauschmöglichkeiten von Anfragen und Angeboten zur Verfügung stellt[15]. Insofern decken Supplier Self Service Tools und Supplier Portale sowohl die Ebene 2 als auch die Ebene 3 ab (vgl. Abbildung 4).

---

[14] Anbieter und Aufbau von DPS werden bei (Eyholzer 2002, S.76 ff.) beschrieben. Hier wird jedoch die Bezeichnung Direct Purchasing System verwendet.
[15] Ein solches Supplier Portal hat z.B. BMW aufgebaut (Schuff 2002, S.72).

4. Beschaffungsoptimierung auf Basis von SRM-Tools

Das Supplier Relationship Management hat zum Ziel, die Beziehungen zur gesamten Lieferantenbasis zu optimieren und gleichzeitig Prozesskosten und Einstandspreise zu senken. Dieses Ziel soll insbesondere durch die Gestaltung des operativen und des strategischen Beschaffungsprozesses auf Basis eines abgestimmten Zusammenspiels verschiedener Beschaffungstools erreicht werden (vgl. Abschnitt 1.1).

Im Folgenden wird aufgezeigt, wie für einzelne Warengruppen die Zusammenarbeit mit dem Lieferanten und die relevanten Beschaffungsprozesse durch Umsetzung der Normstrategien optimiert werden können. Hierbei wird systematisch dargestellt, wie die SRM-Tools, die für die entsprechenden Portfoliofelder relevanten Normstrategien unterstützen können. Abbildung 5 visualisiert in diesem Zusammenhang, in welchem Umfang die einzelnen Tools für die Warengruppen der verschiedenen Portfoliofelder relevant sind.

4.1 Optimierung der Beschaffung von unkritischen Materialien

Materialgruppen, die im Portfolio den unkritischen Materialien zugeordnet worden sind, weisen per Definition ein geringes Beschaffungsvolumen und ein begrenztes Beschaffungsrisiko auf. Vielfach haben die Unternehmen hier historisch gewachsen eine Vielzahl von Lieferanten. Da die Preise meistens schon ausgereizt sind und das Volumen klein ist, steht die Senkung der Einstandspreise hier im Hintergrund. Die Prozesskostenreduktion hingegen bietet den Hebel zur Erschließung eines erheblichen Optimierungspotentials[16]. Erreicht werden kann sie durch die Reduzierung der Lieferantenanzahl und die Vereinfachung der Beschaffungsprozesse. Im Folgenden wird dargestellt, wie weit die SRM-Tools der Ebenen 2 und 3 (vgl. Abbildung 4), die Vereinfachung unterstützen können.

- Ebene 2:

Der strategische Beschaffungsprozess ist nur dann relevant, wenn es sich um eine Materialgruppe handelt, die genügend Materialien zum Abschluss eines Rahmenvertrags enthält. Andernfalls wird auf Ebene 3 nach einer Kurzrecherche

---

[16] Wildemann 2002, S. 551

eine Bestellung direkt ausgelöst. Im ersten Fall könnten elektronische Ausschreibungen den strategischen Beschaffungsprozess grundsätzlich unterstützen. Es bleibt aber zu berücksichtigen, dass ein detaillierter Preisvergleich, der auf diese Weise komfortabel ermöglicht wird, hier nicht im Vordergrund stehen sollte. Vielmehr muss geprüft werden, welche Lieferanten eine umfassende Belieferung vornehmen und die Abwicklung über elektronische Kataloge anbieten können. Zusammengefasst spielen die hier angebotenen SRM-Tools also eine eher geringe Rolle.

	Strategische Materialien	Engpass-materialien	Unkritische Materialien	Hebel-materialien
E-Ausschreibung	+	++	+	+++
E-Auktionen	-	-	+	++
Collaborative Sourcing	-	-	+	+++
Collaborative Engineering	+++	-	-	+
Collaborative Planning and Forecasting	+++	+	-	++
Plan Driven Purchasing	+++	++	-	+++
Desktop Purchasing	-	+	+++	-
Supplier Relationship and Performance Monitoring	+++	++	+	++
Supplier Portal/ Supplier Self Service	++	++	++	++

− Keine Unterstützung + Geringe Unterstützung
++ Mittlere Unterstützung +++ Starke Unterstützung

Abbildung 5: Bedeutung von SRM-Tools für einzelne Portfoliofelder

- Ebene 3

Der operative Beschaffungsprozess steht bei den unkritischen Materialien auf Grund des häufigen Durchlaufs klar im Vordergrund. Ist die Lieferantenanzahl reduziert worden, kann in ausgewählten Bereichen, mit den wenigen übrig gebliebenen Lieferanten eine Abwicklung auf Basis elektronischer Kataloge aufgesetzt werden. Der Beschaffungsprozess kann bei Nutzung solcher Kataloge und unter Einsatz eines Desktop Purchasingsystems radikal vereinfacht werden[17]. Im Gegensatz zur Ebene 2 kommen die hier zugeordneten SRM-Tools für die Prozessoptimierung also massiv zum Einsatz.

Betrachtet man die Umsetzung der Normstrategien (vgl. Bild 3) so ist festzuhalten, dass die Reduzierung der Prozesskosten und die Standardisierung der Transaktionen durch den Einsatz des Desktop Purchasing Systems und der elektronischen Kataloge extrem begünstigt werden. Im Hinblick auf die Lieferantenbeziehung ermöglichen die elektronischen Kataloge eine optimierte Zusammenarbeit mit den wenigen, noch vorhandenen Lieferanten. Der Abnehmer kann z.B. über den Katalog auf sämtliche Materialien des Lieferanten mit dem jeweils aktuellen Preis zugreifen, ohne selber eine Stammdatenpflege vornehmen zu müssen. Ferner kann eine Bestellung bei einer entsprechenden XML- oder EDI-Verbindung sofort vom Kunden zum Lieferanten übertragen werden. Dies hat eine erhebliche Reduzierung der Durchlaufzeiten zur Folge.

4.2 Optimierung der Beschaffung von Hebelmaterialien

Bei den Hebelmaterialien handelt es sich in der Regel um hochwertige Standardgüter. Sie haben einen hohen Anteil am Beschaffungsvolumen und werden von einer Vielzahl von Lieferanten angeboten. Die wichtigste Normstrategie lautet hier „Marktpotential nutzen, dann partnerschaftliche Zusammenarbeit". Die Normstrategien können durch die SRM-Tools der verschiedenen Ebenen wie folgt unterstützt werden:

- Ebene 2:

Auf dieser Ebene können die SRM-Tools die Ausnutzung des Marktpotentials forcieren. Internetgestützte Beschaffungsmarktforschung und insbesondere elektronische Ausschreibungen (e-RFQ) tragen dazu bei, dass die potentiellen Lieferanten auf einfache Weise und vollständig gefunden werden. Elektronische Auktionen können für ausgewählte Materialgruppen[18] im Anschluss den Wett-

---

[17] In (Appelfeller, 2001) wird der optimierte Prozess detailliert beschrieben. In (Appelfeller, 2003) wird darauf eingegangen, wie bei einer Implementierung vorzugehen ist.
[18] Appelfeller, 2003

bewerb initiieren. Die Lieferanten werden bei elektronischen Auktionen, durch das gleichzeitige Bieten und die Preistransparenz stark unter Druck gesetzt. Auf diese Weise kann das Marktpotential voll ausgeschöpft werden. Umstritten ist hierbei jedoch, wie weit die Reduzierung der Einstandspreise auch durch intensiv geführte konventionelle Preisverhandlungen möglich ist.

Neben der Unterstützung des Hauptziels, das Marktpotential zu nutzen, werden durch den Einsatz der SRM-Tools Prozesskosten gesenkt. So werden durch die elektronische Abwicklung der Ausschreibung viele papierbasierte Aktivitäten, wie z.B. das Ausdrucken und Verschicken der Anfragen, eliminiert. Bei den elektronischen Auktionen wird das sequentielle, persönliche Verhandeln mit den einzelnen Bietern durch den elektronischen, parallelen Bietprozess ersetzt.

Weitere Prozessvereinfachungen ergeben sich bei der Realisierung der Normstrategie „Bedarfsbündelung und Informationsaustausch im Konzern". Die in der Vergangenheit häufig manuell und eher unstrukturiert abgewickelte Bedarfsbündelung lässt sich über das Collaborative Sourcing nach entsprechenden Vorarbeiten (vgl. Abschnitt 3.2) elektronisch und systematisch durchführen.

- Ebene 3:

Auf Ebene 3 ist es die partnerschaftliche Zusammenarbeit, die nach der harten Selektion auf Ebene 2, durch SRM-Tools unterstützt werden kann. Ein Ansatzpunkt ist hier der für die Hebelmaterialien relevante Plan Driven Purchasing Prozess. Der am Ende des Prozesses stehende Bestelldatenaustausch kann wie beim Katalogmaterial elektronisch per XML oder per EDI erfolgen. Auf diese Weise ist es möglich, die Bestelldaten direkt in das System des Lieferanten einzuspielen. Dies hat für das einkaufende Unternehmen und für den Lieferanten Vorteile im Hinblick auf Prozesskosten, Durchlaufzeiten und Fehlerquoten.

Ein anderer Ansatz ist die Nutzung eines Lieferantenportals. Für die Hebelmaterialien könnte das Portal z.B. für ein Vendor Managed Inventory (VMI) genutzt werden (vgl. Abschnitt 3.3). Auch hier würde das SRM-Tool die partnerschaftliche Zusammenarbeit zwischen Abnehmer und Lieferant ermöglichen bzw. optimieren. Der Abnehmer reduziert drastisch seine Aufwendungen für die operative Versorgungsabwicklung und der Lieferant kann seine Produktion, Lagerung und Lieferungsabwicklung optimieren.

4.3 Optimierung der Beschaffung von Engpassmaterialien

Engpassmaterialien haben einen geringen Beschaffungswert und gleichzeitig ein hohes Beschaffungsrisiko. Bei ihnen steht die Sicherstellung der Verfügbarkeit im Vordergrund. Sowohl der strategische als auch der operative Beschaffungsprozess kann durch entsprechende SRM-Tools unterstützt werden.

- Ebene 2:

Der strategische Beschaffungsprozess bietet zwei Möglichkeiten, die Verfügbarkeit von Engpassmaterialien zu erhöhen. Im Rahmen der Anbahnungsphase kann nach Substituten für das Engpassmaterial oder nach alternativen Lieferanten gesucht werden. Diese Suche kann durch e-RFIs und e-RFQs unterstützt werden.

- Ebene 3:

Engpassmaterialien werden primär über den Plan Driven Purchasing Prozess beschafft. Der Dispositionslauf führt zu Bestellvorschlägen für diese Materialien, wenn ein bestimmter Mindestbestand erreicht worden ist. Um die Verfügbarkeit zu sichern, empfiehlt es sich, diesen Mindestbestand vergleichsweise hoch anzusetzen. So kann das Unternehmen bei Lieferproblemen einen längeren Zeitraum mit diesem Bestand überbrücken. Hinsichtlich der Kapitalbindung sind die erhöhten Bestände eher unkritisch, da Engpassmaterialien einen geringen Wert haben.

Eine weitere Unterstützungsmöglichkeit durch SRM-Tools besteht in der Nutzung des Supplier Self Service. Dieser kann insbesondere bei den zum Teil kleineren Lieferanten von Engpassmaterialien für den Bestelldaten- und Rechnungsaustausch zur Reduzierung der Prozesskosten genutzt werden. Hinsichtlich der Optimierung der Zusammenarbeit mit Lieferanten muss hier allerdings angemerkt werden, dass häufig in erster Linie der Abnehmer profitiert. Er hat die auszutauschenden Daten elektronisch in seinem Portal vorliegen. Die Lieferanten pflegen diese Daten über das Internet in das Portal ein oder laden sie herunter. Damit liegen die Daten aber noch nicht in den Systemen der Lieferanten vor. Hier müssen Sie in der Regel nochmals eingegeben werden.

4.4 Optimierung der Beschaffung von strategischen Materialien

Strategische Materialien haben ein hohes Beschaffungsvolumen. Im Gegensatz zu den Hebelmaterialien weisen sie aber ein erhöhtes Beschaffungsrisiko auf, das nicht zuletzt auf die geringere Anzahl in Frage kommender Lieferanten zurückzuführen ist. Wegen dieses geringeren Marktpotentials wird die Optimierung hier nicht durch eine verschärfte Preisverhandlung, sondern durch die intensivere Zusammenarbeit und das gemeinsame Senken von Kosten realisiert. Die übergeordnete Normstrategie lautet dementsprechend „Strategische Partnerschaften bzw. Wertschöpfungspartnerschaften aufbauen". SRM-Tools können diese Zielsetzung wie folgt unterstützen:

- Ebene 2:

Zum Aufbau der Wertschöpfungspartnerschaften ist es zunächst wichtig, die richtigen Lieferanten auszuwählen. Hierzu werden gute Informationen über den Beschaffungsmarkt und die Lieferanten benötigt. Diese Informationen können ähnlich wie bei den Materialgruppen der anderen Portfoliofelder über die elektronische Beschaffungsmarktforschung erhoben werden. Die elektronischen Ausschreibungen (e-RFQ) stehen hier wegen der höheren Komplexität und Individualität der Produkte im Gegensatz zur Situation bei Hebelmaterialien eher im Hintergrund. Die gegenteilige Situation ist hinsichtlich der Nutzung des Collaborative Engineering der Fall. Das Lieferanten-Know-how sollte im Rahmen einer Wertschöpfungspartnerschaft bei der Produkt- und Prozessentwicklung mit einbezogen werden. Hierzu kann das Collaborative Engineering mit der Bereitstellung gemeinsamer Plattformen einen Grundstein legen.

Eine andere bei strategischen Materialien relevante Kooperationsform, die ggf. auch bei Hebelmaterialien von Bedeutung sein kann, ist das Collaborative Planning and Forecasting. Der im betrachteten Portfoliofeld angestrebte, offene und häufige Informationsaustausch (vgl. Abb. 3) kann durch Einsicht in die Planungen und die Forecastrechnungen des Abnehmers forciert werden. Auf SRM-Seite dienen hierzu Lieferantenportale als Basis. Durch den offenen Informationsaustausch wird letztendlich wieder die Wertschöpfungspartnerschaft unterstützt, da der Lieferant seine Produktion und Lagerhaltung durch die frühzeitigen Informationen im beiderseitigen Interesse optimieren kann.

Sollen mit bestehenden Lieferanten intensivere Partnerschaften aufgebaut werden, können mit den Supplier Relationship and Performance Monitoring Tools detaillierte Informationen über diese Lieferanten gesammelt werden. Diese Informationen können als Grundlage für die Entscheidung des Aufbaus einer Wertschöpfungspartnerschaft dienen.

- Ebene 3:

Auf dieser Ebene können die Ausführungen für die Hebelmaterialien weitgehend auf die strategischen Materialien übertragen werden. Ergänzend sollte hier noch intensiver durch eine gemeinsame Prozessbetrachtung von Lieferant und Abnehmer nach weiteren unternehmensübergreifenden Optimierungsmöglichkeiten gesucht werden.

5. Zusammenfassung und Ausblick

Die Ausführungen haben gezeigt, dass die optimierte Zusammenarbeit mit Lieferanten in Abhängigkeit von den Eigenschaften einer Materialgruppe unterschiedlich ausgeprägt werden muss. Um diese materialgruppenspezifischen Ausprägungen vornehmen zu können, sind erhebliche strategische Vorarbeiten durchzuführen. Nur wenn Materialgruppen im Portfolio klar zugeordnet, Normstrategien definiert und im Rahmen der Materialgruppenstrategien konkretisiert worden sind, kann die Zusammenarbeit mit Lieferanten zielgerichtet optimiert werden. Für diese Optimierung bieten SRM-Tools in allen Bereichen Unterstützungsmöglichkeiten an; zum Teil sind sie sogar die Voraussetzung für die Optimierung.

Eine rein IT-getriebene Einführung von SRM-Tools, bei der bestehende Prozesse, Lieferantenstrukturen und Materialsortimente erhalten bleiben, versprechen wenig Aussicht auf Erfolg. Viele Unternehmen haben dies bei ihren ersten e-Procurement Projekten bereits zu spüren bekommen. Für erfolgreiche SRM-Projekte müssen die Entwicklung von Beschaffungsstrategien und das Redesign von Beschaffungsprozessen neben den Einsatzmöglichkeiten der neuen Tools im Fokus stehen.

Literatur

Appelfeller, W.: Tipps für die Beschaffungsoptimierung: Erfolg durch e-Procurement. Broschüre der IHK-Münster, Dezember 2001, http://www.ihk-nordwestfalen.de/e_business/downloads.cfm
Appelfeller, W.: SRM-Einführung - Abstimmung zwischen Strategie, Organisation, IT, Mitarbeitern und Lieferanten. In: Dangelmaier, W., Gajewski, T., Kösters, C. (Hrsg.): Innovationen im e-Business, 2003, Band 10, S. 225-235
Appelfeller, W.: Kriterienkatalog - Auktionseignung von Gütern und Leistungen. In: Beschaffung Aktuell, Heft 7, Juli 2003, S. 37-39
Barking, U./ König, P.: Ganzheitliche Prozessunterstützung durch eine integrierte SRM-Lösung. In: Hildebrand, K. [Hrsg.]: Supplier Relationship Management. Heidelberg, 2002
Beckmann, H./ Vlachakis, J.: Eine integrierte, offene SRM-Plattform zur Unterstützung von Beschaffungsprozessen mittelständischer Unternehmen. In: Hildebrand, K. [Hrsg.]: Supplier Relationship Management. Heidelberg, 2002
Eyholzer, K./ Kuhlmann, W. / Münger, T.: Wirtschaftlichkeitsaspekte eines partnerschaftlichen Lieferantenmanagements. In: Hildebrand, K. [Hrsg.]: Supplier Relationship Management. Heidelberg, 2002
Eyholzer, K.: Einsatzpotentiale und Auswirkungen von e-Procurement Lösungen. Aachen, 2002
Große-Wilde, J.: SRM – Supplier Relationsship Management. In: Wirtschaftsinformatik, 46. Jahrgang, Heft 1, S. 61 -63, 2004,
Hug, W.: Vortragsunterlagen Procurement World. München, 2002
Hubmann, H., Barth, M.: Portfolio-Methoden im Einkauf: Die Einkaufsmatrix Das neue Strategiebewusstsein im Einkauf. In: Beschaffung Aktuell, Heft 10, S. 26-32, 1990
Large, R.: Strategisches Beschaffungsmanagement – Eine praxisorientierte Einführung. Wiesbaden, 1999
Schirmer, M.: eCollaboration für Einkauf und Projektabwicklung. In: KPMG [Hrsg.] Jahrbuch der Beschaffung 2001. Berlin, 2001
Schuff, G.: Entwicklungsperspektiven für die Beschaffung in der Weltautomobilindustrie. In: Hahn, D., Kaufmann, L.: Handbuch industrielles Beschaffungsmanagement, 2. Auflage, Wiesbaden, 2002
Wildemann, H.: Das Konzept der Einkaufspotentialanalyse – Bausteine und Umsetzungsstrategien. In: Hahn, D., Kaufmann, L.: Handbuch industrielles Beschaffungsmanagement, 2. Auflage, Wiesbaden, 2002

Simulationsverfahren in der Investitionsrechnung -
Das Praxisbeispiel Gewerbeparkentwicklung

Wolfgang Berens, Klaus Segbers, Andreas Siemes

1. Einleitung

Die Anwendung investitionsrechnerischer Verfahren stellt in der betrieblichen Praxis eine absolute Selbstverständlichkeit dar. Versteht man das Controlling als „Beschaffung, Aufbereitung und Analyse von Daten zur Vorbereitung zielsetzungsgerechter Entscheidungen"[1] so wird offensichtlich, dass die Verwendung von Methoden der Investitionsrechnung zum Standardbaukasten des betrieblichen Controllers gehören muss. Im Bereich der öffentlichen Verwaltung ist die Anwendung und Adaption von in der betrieblichen Praxis erprobten Controlling-Instrumenten ein deutlich jüngeres und innovativeres Anwendungsfeld.[2] Es hat hier jedoch in den letzten Jahren ein deutlicher Sinneswandel eingesetzt.

Herkömmlicher Ausgangspunkt der Verwaltungsführung ist der so genannte inputorientierte Ansatz, bei dem basierend auf dem eigentlichen Aufgabenzweck konkrete Vorgaben über die einzusetzenden Mittel gemacht werden.[3] In Literatur und Praxis wird nunmehr jedoch national wie auch international unter dem Schlagwort des New Public Management eine zunehmende Reformierung der Verwaltungsführung gefordert und auch z.T. schon umgesetzt.[4] Im Fokus der Steuerung steht dabei jetzt die zu erbringende Leistung (Outputorientierung).[5] Im Zuge des Wandels finden zudem Konzepte und Methoden wie die Kosten- und Leistungsrechnung, die Globalbudgetierung im Zusammenhang mit Zielvereinbarungen oder eine stärkere Konzentration auf die Bedürfnisse des Leistungsempfängers als Kunden Einzug in das Verwaltungshandeln.[6] In weiterge-

---

[1] Berens, W., Rieper, B., Witte, T. (1996), S. V.
[2] Vgl. zur beispielhaften Anwendung von Controlling in der öffentlichen Verwaltung Hoffjan, A. (1998) sowie Junga, C. (2000).
[3] Vgl. Brede, H. (2001), S. 114.
[4] Vgl. beispielhaft Schmidberger, J. (1994) sowie Thom, N., Ritz, A. (2000).
[5] Vgl. Schedler, K., Proeller, I. (2000), S. 60 ff. In Deutschland wird die Modernisierung des Verwaltungshandelns auch unter dem Begriff des Neuen Steuerungsmodells subsumiert.
[6] Vgl. Brede, H. (2001), S. 199 ff., Damkowski, W., Precht, C. (1995), S. 163 ff., Schedler, K., Proeller, I. (2000), S. 133 ff.

henden innovativeren Ansätzen werden auch bereits die über die reine Leistungserbringung hinausgehenden empfängerbezogenen und gesellschaftlichen Wirkungen der Aufgabenerfüllung mittels Wertschöpfungsanalysen untersucht.[7]

Die Auswahl und Anwendung von geeigneten Controlling-Instrumenten hat sich zur Führungsunterstützung immer an den spezifischen Zielen der Entscheidungsträger zu orientieren. Im Bereich der kommunalen Selbstverwaltung besteht die Zielsetzung neben der Ausführung legislativer Vorgaben auch in der Wahrung und Erfüllung sozialer Aufgaben. Ein mittelbares Instrument hierzu stellt von jeher auch die Wahrnehmung regionalpolitischer Wirtschaftsförderungsmaßnahmen dar. Dadurch sollen sowohl eine Verbesserung der Lebensqualität als auch eine Wohlfahrtssteigerung der Kommune erreicht werden. Eine wesentliche Maßnahme hierbei ist die Schaffung von attraktiven Standortbedingungen für Unternehmen in Form der Entwicklung von Gewerbegebieten. Diese Maßnahme kann aufgrund ihrer Langfristigkeit und der im Zeitablauf auftretenden Zahlungsflüsse als ein investitionsrechnerisches Problem interpretiert werden.[8]

Deshalb werden im Folgenden zunächst diverse Methoden der Investitionsrechnung vorgestellt. Dabei wird eine Unterscheidung zwischen Verfahren unter Sicherheit und unter Unsicherheit vorgenommen. Die dargestellten Erkenntnisse werden anschließend im dritten Kapitel auf das Praxisbeispiel einer Gewerbeparkentwicklung übertragen. Dazu wird anfangs der idealtypische Ablauf eines entsprechenden Projektes vorgestellt und die darauf basierenden Zahlungsströme abgeleitet. Anschließend erfolgt eine Kalkulation der Vorteilhaftigkeit unter der Prämisse der Sicherheit. Der Aspekt der Unsicherheit wird in einem nächsten Schritt unter Verwendung eines Simulationsverfahrens berücksichtigt. Die Ausführungen enden mit einer kritischen Würdigung der Ergebnisse und einem kurzen Fazit.

---

[7] Vgl. Mosiek, T. et al. (2003).
[8] Vgl. zur Investitionsrechnung in diesem Kontext auch den Beitrag von Berens, W., Siemes, A., Segbers, K. (2004), der auf demselben Praxisbeispiel beruht.

2. Verfahren der Investitionsrechnung

Das Ziel der Investitionsrechnung besteht in der Bestimmung der monetären Vorteilhaftigkeit von Investitionsvorhaben. Diese zeichnen sich insbesondere durch ihre Mehrperiodigkeit aus, wodurch die zu unterschiedlichen Zeitpunkten stattfindenden Zahlungen durch Auf- oder Abzinsung auf einen einheitlichen Betrachtungszeitpunkt hin vergleichbar gemacht werden müssen.[9]

2.1 Investitionsrechnung bei Sicherheit

Investitionsrechenverfahren unter Sicherheit zeichnen sich durch die Annahme einer Determiniertheit der verwendeten Eingangsparameter aus. Die wesentlichen Größen sind dabei die Nutzungsdauer einer Investition, die im Zeitablauf auftretenden Zahlungsflüsse sowie die zur Diskontierung verwendeten Zinsfüße. Die existierenden Verfahren der Investitionsrechnung unterscheiden sich nun durch die unterschiedlichen Methoden zur Berechnung der Vorteilhaftigkeit des Investitionsobjektes.[10]

Bei der Kapitalwertmethode werden die zu den jeweiligen Zeitpunkten auftretenden Zahlungen durch Abdiskontierung mit einem fest vorgegebenen Zinssatz auf den Zeitpunkt der Betrachtung vergleichbar gemacht.[11] Ist der Kapitalwert größer Null, handelt es sich bei isolierter Betrachtung um eine vorteilhafte Investition. Bei der Methode des Internen Zinsfußes wird der Zinssatz als Variable betrachtet. Es wird nun der Zinsfuß gesucht, bei dem die Zahlungsströme genau einen Barwert von Null verursachen. Dieser Zinssatz muss zur Bestimmung der Vorteilhaftigkeit nun mit einer Alternativrendite verglichen werden. Beiden Verfahren gleich ist die unterstellte Einheitlichkeit von Soll- und Habenzinssatz.

---

[9] Aufgrund der Verzinsung der Zahlungsgrößen wird auch von dynamischen Verfahren der Investitionsrechnung gesprochen. Vgl. Adam, D. (2000), S. 118 ff. Auf die Betrachtung von so genannten statischen Verfahren der Investitionsrechnung, die zur Vereinfachung als Beurteilungsmaßstab die Betrachtung von Durchschnittsperioden heranziehen, soll hier aufgrund der sehr langen Laufzeit von Gewerbegebietsprojekten verzichtet werden. Vgl. hierzu Kruschwitz, L. (2000), S. 28 ff., Grob, H. L. (2001), S. 17 ff.

[10] Vgl. zu den Verfahren der Investitionsrechnung Adam, D. (2000), S. 41 ff sowie Grob, H. L. (2001), S. 58 ff.

[11] Grundsätzlich ist auch die Verwendung von laufzeitadäquaten Zinssätzen für die einzelnen Perioden bei nicht-flacher Zinsstrukturkurve denkbar. Vgl. Kruschwitz, L. (2000), S. 93 ff., Rolfes, B. (1998), S. 120 ff. Hiervon soll jedoch im Folgenden aus Komplexitätsgründen abstrahiert werden.

Diese Prämisse wird bei der Verwendung des Vollständigen Finanzplans (Vofi) aufgehoben. [12] Bei diesem Verfahren werden die auftretenden Zahlungsströme explizit modelliert und die resultierenden Salden durch Verwendung eines Soll- oder Habenzinssatzes verzinst. Diese äußerst flexible Methode ermöglicht zudem die Berücksichtigung unterschiedlicher Finanzierungs- und Anlagealternativen sowie eine differenzierte Berücksichtigung von Steuern bei der Entscheidungsproblematik. [13] Zielgröße beim Vofi ist der Vofi-Endwert, der sich als Kapitalsaldo am Ende der Investitionsnutzungsdauer ergibt und mit einer alternativen Investitionsmöglichkeit verglichen werden muss.

Aufgrund der expliziten Modellierbarkeit von Zahlungsströmen und der flexiblen Berücksichtigung der Eingangsparameter wird bei der Darstellung des Praxisbeispiels im Folgenden als Basis ausschließlich auf die Methode des Vollständigen Finanzplanes zurückgegriffen.

2.2 Investitionsrechnung bei Unsicherheit

Die bei den bisher dargestellten Verfahren unterstellte Determiniertheit der Modellparameter entspricht i.d.R. nicht der ökonomischen Realität. Durch den problemimmanenten Zukunftsbezug der Entscheidung spielt der Faktor der Unsicherheit eine wesentliche Rolle, der auch im Investitionskalkül berücksichtigt werden muss.[14] Hierzu sollen im Folgenden kurz die Sensitivitätsanalyse, die Szenariotechnik sowie die Simulation vorgestellt werden.

Bei der Sensitivitätsanalyse werden einzelne Parameter gezielt verändert, um deren Auswirkung auf die Höhe der Zielgröße zu untersuchen.[15] Dadurch können grundsätzlich zwei Zielsetzungen verfolgt werden. Zum einen können kritische Werte für die jeweiligen Parameter ermittelt werden, bei denen die Investitionsentscheidung gerade noch stabil bleibt. Zum anderen besteht die Möglichkeit der Identifikation derjenigen Parameter, die den größten Einfluss auf den Zielwert besitzen.

---

[12] Vgl. hier und im Folgenden zur Investitionsrechnung mit vollständigen Finanzplänen Grob, H. L. (1989) oder auch Schmitting, W. (1999), S. 41ff.

[13] Zur Berücksichtigung von Steuern vgl. Schneider, D. (1992), S. 173 ff. Die Besteuerung der Erträge einer Investition soll aber im Folgenden ausgeblendet werden, da beim vorliegenden Praxisfall aufgrund des kommunalen Betreibers die Einzahlungen des Projektes gerade in der Einnahme von Steuerzahlungen bestehen und somit keine Zahlungsmittelabflüsse durch Steuern existieren.

[14] Vgl. hierzu Adam, D. (1996), S. 215 ff.

[15] Vgl. zur Sensitivitätsanalyse Adam, D. (2000), S. 354 ff.

Die Szenariotechnik kann in gewisser Weise als eine Erweiterung der Sensitivitätsanalyse betrachtet werden.[16] Hierbei wird gezielt eine Kombination von Parametern variiert und die Auswirkung auf die Zielgröße analysiert. Ausgehend von einem Basisszenario, dessen Eintritt i.d.R. als am Wahrscheinlichsten betrachtet wird, werden unterschiedliche Alternativszenarien betrachtet. Hierdurch kann z.b. die Erfolgsgröße in einer besonders positiven oder besonders negativen Entwicklung betrachtet werden (Best- bzw. Worst-Case-Szenario).

Die Simulation als drittes Instrument kann wiederum als eine Erweiterung der Szenariotechnik betrachtet werden.[17] Vereinfacht ausgedrückt stellt sie eine Modellierung und Berechnung beliebig vieler Szenarien dar. Dazu müssen für die Eingangsparameter der Investitionsentscheidung (z.B. die einzelnen Einzahlungs- und Auszahlungsströme) Wahrscheinlichkeitsverteilungen geschätzt werden. Auf dieser Basis werden anschließend eine Vielzahl von Inputkombinationen erzeugt und deren jeweilig resultierende Zielgröße errechnet. Die sich aus der Vielzahl der berechneten Zielgrößen ergebende Verteilung kann als Risikoprofil interpretiert werden. Dieses beinhaltet nun z.B. Aussagen bezüglich des wahrscheinlichsten Wertes (Mittelwert) oder der Schwankungsbreite der Zielgröße.

3. Die Gewerbeparkentwicklung als praktisches Investitionsproblem

3.1 Prozess der Gewerbeparkentwicklung

Die Erschließung und Entwicklung eines Gewerbegebietes kann als eine langfristige Maßnahme der regionalen Wirtschaftsförderung aufgefasst werden. Das mittelbare Ziel einer solchen Maßnahme aus Sicht der Kommune stellt die Schaffung von Arbeitsplätzen und die Generierung von Steuereinnahmen für

---

[16] Der Einsatz der Szenariotechnik wird insbesondere im Rahmen der strategischen Planung vorgeschlagen und umgesetzt, vgl. Baum, H. G., Coenenberg, A. G., Günther, T. (1999), S. 338 ff., Welge, M., Al-Laham, A. (2001), S. 297 ff.

[17] Vgl. zur Anwendung der Simulation in betriebswirtschaftlichen Kontexten Witte, T. (1973), Biethahn, J., Witte, T. (1999) sowie Berens, W., Delfmann, W. (2002), S. 130 ff. ADAM und GROB sprechen in diesem Fall auch von der Risikoanalyse, vgl. hier und im Folgenden zur Finanzsimulation Adam, D. (1996), S. 265 ff. Zur Integration von VOFI und der Risikoananlyse vgl. Grob, H.L., Mrzyk, A.P. (1998), S. 120 ff., Grob, H.L. (2001), S. 496 ff.

den kommunalen Haushalt durch die Ansiedlung von Unternehmen dar. Anfänglich müssen jedoch für den Ankauf der Flächen sowie für die infrastrukturelle Erschließung gewisse finanzielle Vorleistungen erbracht werden. Diese Struktur in Form von anfänglichen (Anschaffungs-)Auszahlungen und späteren Einzahlungsüberschüssen entspricht dem klassischen betriebswirtschaftlichen Entscheidungsproblem der Investitionsrechnung.[18]

Der prozessuale Ablauf eines solchen Entwicklungsprojektes lässt sich nun durch vier unterschiedliche Phasen charakterisieren: [19]

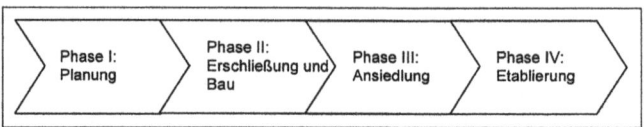

Abbildung 1: Phasenstruktur der Gewerbeparkentwicklung

In der Planungsphase werden die vorbereitenden Tätigkeiten wie die Auswahl und der Ankauf der Grundstücke, die Entwicklung der Bauleitpläne oder die Projektstrukturierung vorgenommen. In der anschließenden Bauphase werden nun die infrastrukturellen Vorleistungen in Form des Straßen- und Kanalbaus erbracht. Nach Herstellung der Infrastruktur folgt idealtypisch in der Ansiedlungsphase der Verkauf der Flächen an die Gewerbetreibenden sowie der Bau von entsprechenden Bürogebäuden sowie Lager- und Produktionshallen durch diese. In der Etablierungsphase, die sich theoretisch bis zum Ende der Nutzungsdauer des Gewerbegebietes erstreckt und somit auch mehrere Dekaden betragen kann, ist die Ansiedlung der Unternehmen abgeschlossen und es kommt durch die Aufnahme der Geschäftstätigkeit zum Aufbau bzw. zum Erhalt von Arbeitsplätzen. Der hier idealtypisch dargestellte Prozess wird in der Praxis i.d.R. nicht streng sequenziell durchlaufen, sondern zeichnet sich durch einen z.T. parallelen bzw. rekursiven Verlauf aus.

3.2 Ableitung der Zahlungsreihe und Vorteilhaftigkeitsrechnung

Die dargestellten vier Phasen sind nun im Sinne der Investitionsrechnung durch recht spezifische Zahlungsströme charakterisiert. Die ersten beiden Phasen

---

[18] Vgl. auch zur Anwendung der Investitionsrechnung im Kontext der öffentlichen Verwaltung Haiber, T. (1997), S. 210ff.

[19] Vgl. hier und im Folgenden zur Projektstrukturierung Junkernheinrich, M. (1994), S. 63 sowie Siemes, A. (2003).

beinhalten dabei überwiegend Auszahlungen in Form des Erwerbs der Flächen und der baulichen Maßnahmen (die Anschaffungsauszahlungen im Sinne der Investitionsrechnung), in den Phasen drei und vier resultieren daraus idealtypisch Einzahlungsüberschüsse durch Verkauf der Flächen und insbesondere durch die Steuereinnahmen. Einen Überblick über denkbare Zahlungsgrößen gibt Abbildung 2.

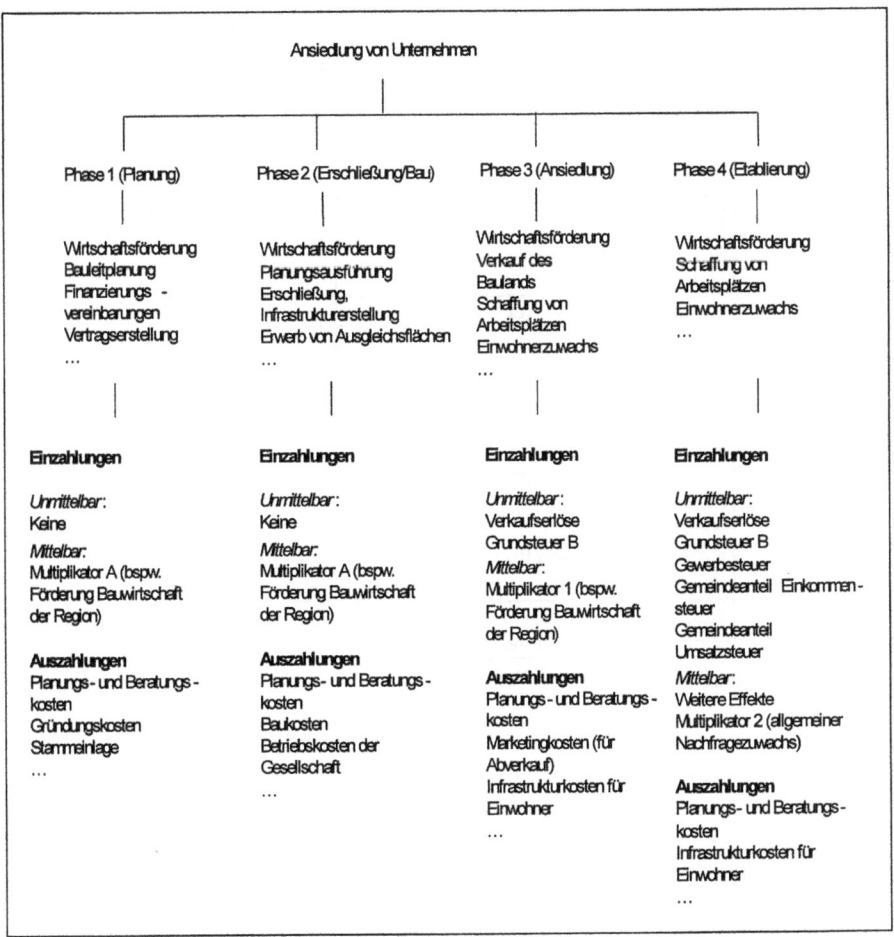

Abbildung 2: Auswahl von Zahlungsgrößen im Rahmen des Vier-Phasenmodells

Zur Berechnung der Vorteilhaftigkeit der Investitionsmaßnahme müssten nun theoretisch sämtliche Größen in Zahlungsströmen erfasst werden. Aufgrund der dadurch verursachten Komplexität muss im praktischen Anwendungsfall eine

Reduktion auf die wesentlichen Faktoren vorgenommen werden. Insbesondere die lediglich mittelbaren Zahlungen werden deshalb im Folgenden beim Investitionskalkül ausgeblendet.

Die dargestellten Größen basieren auf einem konkreten geplanten Entwicklungsprojekt einer mittelgroßen Kommune in Nordrhein-Westfalen. Für die Vorteilhaftigkeitsberechnung wurde ein Vofi erstellt, in dem durch Expertengespräche erhobene Inputparameter Eingang fanden (vgl. Abbildung 3).

Ökonomischer Rahmen	
Inflationsrate	2,00 %
qm je Arbeitsplatz	200
Gemeindeanteil/Einwohner	325,00 €
Familiengröße	2,2
Finanzwirtschaftliche Parameter	
Sollzins	5,30 %
Habenzins	3,00 %
Erstellungsparameter	
Kaufpreis je qm	15,00 €
Straßenbaukosten für 10 % der Bruttofläche	50,00 €
Kanalbauarbeiten je qm	15,00 €
Ausgleichsfläche in %	5,00 %
Ausgleichsfläche €/qm	5,00 €
Plandauer in Jahren	2
Baudauer in Jahren	4
Kosten Betriebsgesellschaft pro Jahr	300.000,00 €
Verkaufsparameter	
Verkaufspreis je qm	50,00 €
Verkaufsdauer in Jahren	4

Abbildung 3: Eingangsparameter des VOFIs

Der Beginn des Projektes ist auf das Jahr 2003 terminiert. Es wird eine 100 ha große Fläche erworben, von der u.a. aufgrund der infrastrukturellen Einrichtungen insgesamt noch 80% zum Abverkauf bereitsteht. In der zweijährigen Planungsphase kommt es zu Abflüssen aufgrund des Ankaufs der eigentlichen Gewerbegrundstücke sowie z.T. von Ausgleichsflächen. Die Entwicklung wird durch eine Betriebsgesellschaft übernommen, deren Kosten im Kalkül berücksichtigt sind. In der sich anschließenden Bauphase werden insbesondere Zahlungen für den Straßen- und Kanalbau zur infrastrukturellen Erschließung getätigt. Ab dem Jahr 2009 gibt es durch den sukzessiven Verkauf der Flächen an die Gewerbetreibenden erste Zahlungsrückflüsse zu verzeichnen. Aufgrund einer unterstellten zeitlichen Verzögerung der Zuweisung von Steuereinnahmen kommt es ab dem Jahre 2012 zu ersten Steuereinnahmen, die sich auf Basis der ökonomischen Rahmendaten bestimmen. Alle Zahlungsgrößen werden im Modell mit einer Rate von 2% inflationiert. Zur Finanzierung wurde von einer vollständigen Fremdfinanzierung zu den konstanten Sätzen ausgegangen. Die Modellierung der Zahlungsströme auf Basis der getroffenen Annahmen führt zu der in Abbildung 4 dargestellten Entwicklung des Vermögensendwertes im Projektverlauf.[20]

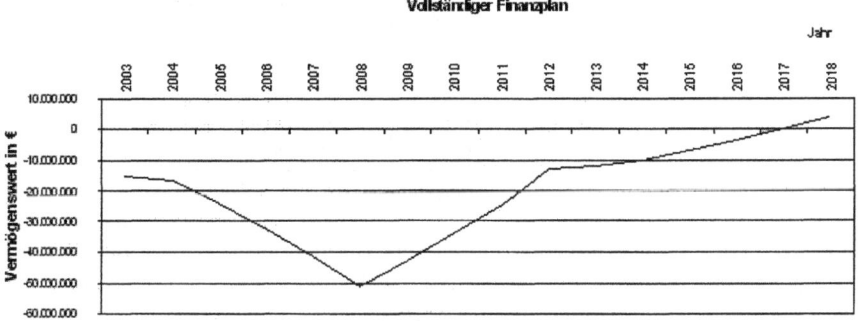

Abbildung 4: Zeitliche Entwicklung des Vermögenswertes

Bei der Darstellung der Vermögenswertentwicklung fällt zunächst auf, dass der Break-Even-Punkt der Investition erst im Jahre 2018 erreicht wird, die Amortisationsdauer somit 15 Jahre beträgt. Der maximale Negativsaldo des Vermögenswertes beträgt beachtliche –51.024.056,88 €. Diese Zahlen belegen bereits ein nicht unbeträchtliches Projektrisiko. Dieses Risiko wird noch einmal durch die aufgrund der langen Investitionslaufzeit bedingten hohen Unsicherheit bei der Festlegung der Inputparameter bestärkt. Deshalb wird im Folgenden die Prämisse der Sicherheit aufgehoben und der Aspekt der Unsicherheit explizit im Investitionskalkül berücksichtigt.

3.3 Berücksichtigung von Unsicherheit durch Simulation

Grundsätzlich unterliegen sämtliche der dargestellten Parameter einer gewissen Unsicherheit, die bei der Entscheidungsfindung berücksichtigt werden könnte.

---

[20] Für eine vollständige Darstellung des Vollständigen Finanzplans vgl. Berens, W., Siemes, A., Segbers, K. (2004), S. 224f.

Die Modellierung aller Unsicherheitsfaktoren macht die Investitionsrechnung jedoch kaum mehr praktisch handhabbar. Deshalb muss in einem ersten Schritt mittels einer Sensitivitätsanalyse eine Vorselektion der wesentlichen Einflussparameter vorgenommen werden. Dies wird in Abb. 5 durch die isolierte Variation der Parameter um eine für das Ergebnis negative Veränderung in Höhe von 1%, 10% bzw. 50% vollzogen, bei der dann die Auswirkungen auf die Veränderung des Vermögenswertes im Jahre 2018 dargestellt werden: [21]

Parameter	-1 %	-10 %	-50 %
Straßenbau	-2,63 %	-26,32 %	-131,68 %
Kanalbau	-10,53 %	-105,28 %	-526,42 %
Ausgleichsfläche	-0,22 %	-2,18 %	-10,88 %
Betriebsgesellschaft	-1,54 %	-15,35 %	-76,76 %
Sollzins	-7,50 %	-78,20 %	-469,35 %
Verkaufspreis	-18,54 %	-185,39 %	-926,94 %

Abbildung 5: Sensitivitätsanalyse ausgewählter Parameter

Eine negative Veränderung des Parameters Straßenbau um 10% bedeutet z.B. den Anstieg der Ausgangskosten von 50 € auf 55 €. Dieser bewirkt eine Verringerung des Vermögenswertes im Jahr 2018 um 26,32%. Beim Faktor Sollzins hingegen bedeutet die Veränderung des Parameters um 10% einen Anstieg des Zinssatzes von 5,30% auf 5,83%, wodurch sich aufgrund der erhöhten Zinszahlungen der Vermögenswert in 2018 um 78,20% reduziert.

Bei der Betrachtung der Ergebnisse fällt auf, dass der Vermögenswert sehr unterschiedlich auf die Variation der Parameter reagiert. Eine besonders hohe Sensitivität ist in Bezug auf die Größen Kanalbaukosten, Sollzins und Verkaufspreis zu beobachten. Aus diesem Grunde soll im Folgenden eine Simulation des Vermögenswertes auf Basis dieser drei als unsicher geltenden Parameter durchgeführt werden. Die restlichen Größen werden weiterhin als konstant angenommen.

Zur Bestimmung der notwendigen Wahrscheinlichkeitsverteilungen der Größen wird aus praktischen Gründen von einer Normalverteilung ausgegangen. Die

---

[21] Auf die Darstellung der restlichen Parameter wird an dieser Stelle verzichtet, da diese entweder zu Projektbeginn bereits relativ sicher feststehen (Kaufpreis), einigermaßen konstant und nicht beeinflussbar sind (steuerliche Parameter) oder sich aufgrund sowohl positiver als auch negativer Wirkungen tendenziell neutralisieren (Inflationsrate). Die dreistufige Berechnung wird vollzogen, um mögliche nicht-lineare Effekte abbilden zu können, die im gegebenen Fall zu geringem Maße aus Zinseffekten resultieren.

Erwartungswerte der Verteilungen werden durch die Ausgangswerte dargestellt. Die Standardabweichungen der Parameter ergeben sich auf Basis eigener Berechnungen aus Beobachtungen am Kapitalmarkt (Sollzins) bzw. Erhebungen durch das Statistische Landesamt NRW (Kanalbaukosten und Verkaufspreise) (vgl. Abb. 6):

Parameter	Erwartungswert	Standardabweichung
Kanalbaukosten je qm	15,00 €	10 %
Sollzins p. a.	5,30 %	30 %
Verkaufspreis je qm	50,00 €	15 %

Abbildung 6: Statistische Parameter der Inputdaten[22]

Auf Basis der gegebenen Daten werden nun mittels eines softwaregestützten Zufallszahlengenerators konkrete Werte für die drei Parameter ermittelt und aus diesen Wertekombinationen der resultierende Vermögenswert des Jahres 2018 ermittelt.[23] Das Histogramm der Verteilung der Vermögenswerte nach 30.000 Ziehungen ergibt nun das in Abb. 7 dargestellte Bild.

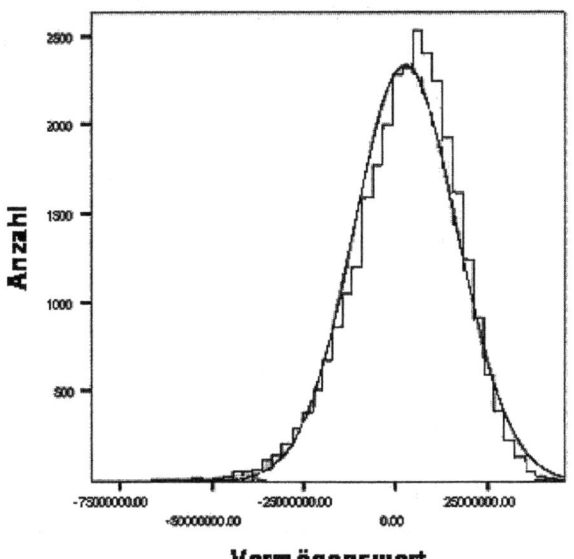

Abbildung 7: Histogramm der Vermögenswerte

---

[22] Die Bestimmung der Inputparameter erfolgte nach eigenen Berechnungen auf Basis des statistischen Rohmaterials.
[23] Aus praktischen Gründen wird von einer stochastischen Unabhängigkeit der Parameter ausgegangen.

Es zeigt sich eine leicht linksschiefe Verteilung. Der Mittelwert liegt mit 2.460.670 € deutlich im positiven Bereich, der Median mit einem Wert von 3.721.988 € sogar noch darüber. Als durchaus kritisch ist die Standardabweichung in Höhe von 14.015.737 € einzuschätzen. Sie zeigt, dass es bereits im Intervall einer einfachen negativen Standardabweichung vom Mittelwert zu einem deutlich negativen Vermögenswert kommt. Diese Problematik wird noch einmal durch die Darstellung der Verteilungsfunktion des Vermögenswertes in besonderem Maße visualisiert (vgl. Abb. 8).

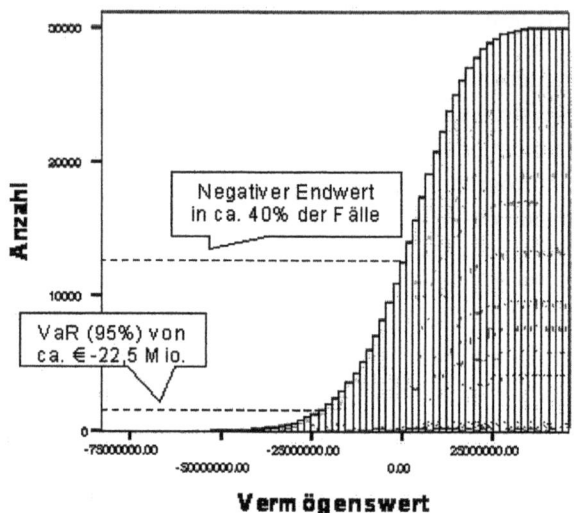

Abbildung 8: Verteilungsfunktion des Vermögenswertes

Hierbei wird deutlich, dass in ca. 40% der gezogenen Realisationen der Vermögensendwert einen negativen Wert annimmt. Zieht man als ein in der Praxis häufig verwendetes Risikomaß den Value at Risk (VaR) heran, so ergibt sich auf einem Konfidenzniveau von 95% ein VaR in Höhe von –22.477.984 €. Dieser Wert ist in Relation zum Mittelwert als sehr hoch einzuschätzen und verdeutlicht den besonderen Risikogehalt der Gewerbeparkentwicklung für die Kommune.[24]

---

[24] Im praktischen Fall ist die Nutzung des Gewerbeparks natürlich nicht im Jahr 2018 abgeschlossen. Da es in den Folgejahren aufgrund der dargestellten Zahlungsstruktur tendenziell nur noch zu Einzahlungsüberschüssen kommt, verringert sich somit auch grundsätzlich der Risikogehalt der Investition. Hierbei ist aber aufgrund des sehr langen Betrachtungshorizontes die hohe Prognoseunsicherheit der Daten zu beachten.

3.4 Kritische Analyse der Ergebnisse

Die dargestellten Ausführungen sollen in einem abschließenden Schritt noch einmal kritisch hinterfragt werden. Eine Kritik kann dabei sowohl an der verwendeten Methodik als auch an den Ergebnissen anknüpfen.

Bezüglich der Methodik ist zunächst einmal die Eindimensionalität des Beurteilungskriteriums zu kritisieren. Das vorliegende Problem der Gewerbeparkentwicklung wurde als ein investitionsrechnerisches Problem aufgefasst und eine Beurteilung anhand des Vermögensendwertes im Jahr 2018 durchgeführt. Im konkreten Entscheidungsfall ist aber zu beachten, dass Kommunen als Non-Profit-Organisationen Investitionen nicht ausschließlich unter dem Aspekt der Rendite-Maximierung tätigen.[25] Vor diesem Hintergrund kann über die Integration weiterer Beurteilungsdimensionen (z.B. sozialer Aspekte) im Wege einer Nutzwertanalyse nachgedacht werden.

Probleme kann zudem die Interpretation des VaR im speziellen Kontext bereiten. Der angegebene VaR besagt, dass in 95% der Ziehungen der dargestellte Verlust nicht überschritten wird. Interpretiert man die Simulation als die sehr häufige Wiederholung einer identischen Entscheidungssituation, kann diese Aussage problemlos akzeptiert werden. Im konkreten Fall der Gewerbeparkentwicklung kann die Entscheidung jedoch nur einmal getroffen werden und somit liegt streng genommen die obige Voraussetzung nicht vor. Allerdings ist eine Interpretation der VaR-Größe im vorliegenden Kontext als Beurteilungshilfe durchaus trotzdem sinnvoll, da sie zumindest tendenziell geeignet ist, das durch die Unsicherheit der Eingangsparameter enthaltene Risiko der Vermögenswertentwicklung auszudrücken und somit als ein zusätzlicher Entscheidungsmaßstab neben dem Mittelwert zu fungieren.

Das verdeutlichte enorme ökonomische Risikopotenzial der Investitionsmaßnahme soll zusätzlich für eine Sensibilisierung bezüglich der wesentlichen Einflussparameter sorgen. Zudem zeigt sich die unbedingte Notwendigkeit eines strikten Projektmanagement und –controlling.[26] Diese müssen für eine straffe Durchführung des Investitionsprojektes sorgen und dabei ein besonderes Augenmerk auf die sensitiven Faktoren legen.

---

[25] Vgl. zur Mehrzielproblematik im Allgemeinen Adam, D. (1996), S. 106ff. und im besonderen Kontext der öffentlichen Verwaltung Schmidt, H.J. (2001), S. 282ff..
[26] Vgl. zum Projektmanagement im öffentlichen Sektor Finken, T. (1999), S. 23 ff.

4. Fazit

Werden in einer praktischen Problemstellung Investitionsprojekte beurteilt, ist die adäquate Berücksichtigung des problemimmanenten Risikos ein wichtiger Faktor. Dies trifft umso mehr zu, je unsicherer die Beurteilungsparameter sind bzw. je langfristiger der Betrachtungshorizont ist.

Aus diesem Grunde wurde im vorliegenden Beitrag anhand eines konkreten Investitionsprojektes aus dem öffentlichen Bereich die Möglichkeit der Berücksichtigung von Unsicherheit in der Investitionsrechnung exemplarisch dargestellt. Nach einer kurzen Darstellung der wichtigsten Methoden zur Investitionsrechnung wurde dann das Beispiel der Gewerbeparkentwicklung vorgestellt und durch die vier idealtypischen Phasen der Planung, Erschließung, Ansiedlung und Etablierung charakterisiert. Diesen vier Phasen wurden aus empirischen Erfahrungen typische Zahlungsgrößen zugeordnet und die abgeleiteten Zahlungsreihen in einem Vollständigen Finanzplan verdichtet. Hier ergab sich ein positiver Vermögenswert der Investition nach 15 Jahren. Aufgrund der Unsicherheit der Eingangsparameter und der Laufzeit eines solchen Projektes von mehreren Dekaden wurde anschließend eine Risikoanalyse in Form einer Finanzsimulation durchgeführt. Bei einer vorgeschalteten Sensitivitätsanalyse wurden die Parameter Kanalbaukosten, Verkaufspreis der Grundstücke und der Finanzierungszinssatz als die wichtigsten Einflussparameter auf den Investitionserfolg ermittelt. Auf Basis von angenommenen Wahrscheinlichkeitsverteilungen der drei Faktoren, die aus empirischen Daten abgeleitet waren, wurde daraufhin eine Simulation der Verteilung des Vermögenswertes vorgenommen. Hieraus ergab sich ein nicht unbeträchtliches Verlustrisiko für die Kommune.

Dadurch zeigt das Beispiel zum Einen die hohe Relevanz einer Analyse des Risikos, das solchen Projekten innewohnt. Zum Anderen wurde insbesondere für das praktische Beispiel gezeigt, dass bei der Steuerung öffentlicher Einrichtungen die Verwendung betriebswirtschaftlicher Instrumentarien eine unbedingte Notwendigkeit ist, um eine rationale Führung zu ermöglichen und möglicherweise existenzbedrohende Risiken zu vermeiden.

Literatur

Adam, D. (1996), Planung und Entscheidung, 4., vollst. überarb. u. wesentl. erw. Aufl., Wiesbaden 1996.
Adam, D. (2000), Investitionscontrolling, 3., völlig neu bearb. u. wesentl. erw. Aufl., München, Wien 2000.
Baum, H. G., Coenenberg, A. G., Günther, T. (1999), Strategisches Controlling, 2., völlig neugest. Aufl., Stuttgart 1999.
Berens, W., Delfmann, W. (2002), Quantitative Planung, 3., überarb. Aufl., Stuttgart 2002.
Berens, W., Rieper, B., Witte, T. (Hrsg.) (1996), Betriebswirtschaftliches Controlling, Wiesbaden 1996.
Berens, W., Siemes, A., Segbers, K. (2004), Die Finanzsimulation als Instrument der Investitionsrechnung, in: Trendberichte zum Controlling, Hrsg: F. Bensberg, J. vom Brocke, M. B. Schultz, S. 213-234 (in Vorbereitung, voraussichtlicher Erscheinungstermin: Februar 2004)
Biethahn, J., Witte, T. (Hrsg.) (1999), Simulation als betriebliche Entscheidungshilfe, Heidelberg 1999.
Brede, H. (2001), Grundzüge der Öffentlichen Betriebswirtschaftslehre, München 2001.
Damkowski, W., Precht, C. (1995), Public Management, Stuttgart et al. 1995.
Finken, T. (1999), Projektmanagement bei der Verwaltungsreform, Wiesbaden 1999.
Grob, H. L. (1989), Investitionsrechnung mit vollständigen Finanzplänen, München 1989.
Grob, H. L., Mrzyk, A. P. (1998), Risiko-Chancen-Analyse in der Investitionsrechnung – Integration von VOFI und Crystal Ball, in: Controlling, 10. Jg., 1998, H. 2, S. 120-129.
Grob, H. L. (2001), Einführung in die Investitionsrechnung – Eine Fallstudiengeschichte, 4., vollst. überarb. u. erw. Aufl., München 2001.
Haiber, T. (1997), Controlling für öffentliche Unternehmen, München 1997.
Hoffjan, A. (1998), Entwicklung einer verhaltensorientierten Controlling-Konzeption für die Arbeitsverwaltung, 2. Aufl., Wiesbaden 1998.
Junga, C. (2000), Entwicklung einer Controlling-Konzeption für Staatsanwaltschaften, Aachen 2000.

Junkernheinrich, M. (1994), Wohnen versus Gewerbe? – Fiskalische Effekte von Baulandausweisungen, in: Informationen zur Raumentwicklung, o. Jg., 1994, H. 1/2, S. 61-74.

Kruschwitz, L. (2000), Investitionsrechnung, 8., neu bearb. Aufl., München et al. 2000.

Mosiek, T. et al. (2003), Wirkungsorientiertes Controlling, in: Controlling, 15. Jg., 2003, H. 1, S. 27-35.

Rolfes, B. (1998), Moderne Investitionsrechnung, 2., unwes. veränd. Aufl., München, Wien 1998.

Schedler, K., Proeller, I. (2000), New Public Management, Bern et al. 2000.

Schmidberger, J. (1994), Controlling für öffentliche Verwaltungen, 2. akt. Aufl., Wiesbaden 1994.

Schmidt, H.J. (2001), Betriebswirtschaftslehre und Verwaltungsmanagement, 5. neu bearb. u. erw. Aufl., Heidelberg 2001.

Schmitting, W. (1999), Auf den Inhalt kommt es an – Glas oder Plastik, in: Controlling in Fallstudien, Hrsg.: W. Berens, A. Hoffjan, W. Schmitting, Stuttgart 1999.

Siemes, A. (2003), Vollständige Finanzsimulation für komplexe öffentliche Investitionen am Beispiel der Ansiedlung von Unternehmen, Verwaltung & Management, 9. Jg., 2003, H. 3, S. 127-133.

Thom, N., Ritz, A., (2000), Public Management, Wiesbaden 2000.

Welge, M., Al-Laham, A., (2001), Strategisches Management, 3., akt. Aufl., Wiesbaden 2001.

Witte, T. (1973), Simulationstheorie und ihre Anwendung auf betriebliche Systeme, Wiesbaden 1973.

Simulation als Methode zur Bewertung der Machbarkeit von logistischen Systemen -

dargestellt am Beispiel eines Marktplatzes für regionale Transportdienstleistungen

Christian Reuels, Uwe Hoppe

1. Einleitung und Problemstellung

Käufe und Verkäufe von Gütern und Dienstleistungen werden zunehmend über elektronische Medien angebahnt, vereinbart und teilweise auch abgewickelt. Ein wesentlicher kritischer Erfolgsfaktor dieses elektronischen Geschäftsverkehrs (Electronic Commerce) ist eine leistungsfähige Logistik für die Auslieferung physischer Güter in der Abwicklungsphase.

Kleine und mittlere Einzelhändler, die überwiegend Konsumenten einer Region bedienen, müssen sich verstärkt mit Fragen des elektronischen Geschäftsverkehrs auseinandersetzen. Hintergrund ist das Eindringen überregionaler, teilweise global agierender Anbieter von Gütern und Dienstleistungen, die über elektronische Medien Markteintrittsbarrieren überwinden und in den angestammten regionalen Märkten tätig werden.[1]

Für den Einzelhändler ergibt sich hierbei ein potenzieller Wettbewerbsvorteil aus der räumlichen Nähe zu seinen Kunden, wenn es gelingt, die im Vergleich geringere Distanz mit niedrigeren Logistikkosten zu überwinden. Durch die Möglichkeit, jederzeit und komfortabel Güter online bestellen zu können, wachsen jedoch auch die Ansprüche der Konsumenten an die Qualität der Auslieferung, was die Logistikkosten schnell in die Höhe treiben kann. So soll die bestellte Ware schnellstmöglich in engen Zeitfenstern, bevorzugt in den Abendstunden, wenn der Kunde zu Hause erreichbar ist, zugestellt werden.[2] Hohe Investitionen in ein regionales Logistik-Konzept sind jedoch von kleineren Händlern schon deshalb nicht zu leisten, weil in einer Übergangszeit von einem ver-

---

[1] Vgl. REINDL UND OBERNIEDERMAIER (2002).
[2] Vgl. REUELS UND HOPPE (2002), S. 91f., PFLAUM, KILLE UND WILHELM (2000) und MUCHA, SPILLE UND WADER (2002).

gleichsweise nur geringen Bestellvolumen über elektronische Medien auszugehen ist.[3]

Um den Bedarf an logistischen Leistungen im elektronischen Geschäftsverkehr mit Endkunden zu bedienen, wurden in der Vergangenheit zahlreiche Dienste, häufig mit hohen Investitionsvolumina, gegründet.[4] Die damit einhergehenden fixen Kosten konnten jedoch oft aufgrund der geringen Auftragsvolumina in der Anfangsphase nicht gedeckt werden, was zahlreiche Zusammenbrüche derartiger Lieferdienste zur Folge hatte.

Hingegen erscheinen Erfolg versprechend solche Ansätze, die aus bereits vorhandenen Logistikkapazitäten bzw. -ressourcen Nutzen ziehen. Viele Einzelhändler bieten ihren Kunden bereits einen Lieferservice an, für den sie eigene Fahrzeuge betreiben. Darüber hinaus bieten Taxi-Unternehmen, zusätzlich zur normalen Personenbeförderung, den Transport von Gütern – teilweise verbunden mit einem Einkaufsservice – an. Fahrrad- und PKW-Kuriere führen (Klein-) Transporte für ihre Kunden durch.

Der Ausgleich von Transportaufträgen mit den vorhandenen Transportkapazitäten kann mit Hilfe eines Marktplatzes für regionale Transportdienstleistungen vorgenommen werden.[5] Solche Marktplätze benötigen für den erfolgreichen Einsatz eine kritische Masse an Transportdienstleistern und Einzelhandelsunternehmen. Das schnelle Eintreten von Netzeffekten[6] ist jedoch zu Beginn des Betriebs eines derartigen Marktplatzes aus den oben genannten Gründen nicht zu erwarten. Daher ist für die Errichtung und den Betrieb eines solchen Systems in der Anfangszeit bis zum Erreichen der kritischen Masse die Bereitstellung von Investitionsmitteln notwendig. Um potenzielle Geldgeber von der Tragfähigkeit des Geschäftsmodells zu überzeugen, müssen Wirtschaftlichkeitsrechnungen angestellt werden. Da der Marktplatz als komplexes Anwendungssystem aus Software, Hardware, handelnden Wirtschaftssubjekten sowie Aufbau- und Ablauforganisation in seiner Zusammensetzung jedoch nicht eindeutig determiniert ist und dadurch zu viele Freiheitsgrade in der Berechnung von Alternativen be-

---

[3] Der für 2003 vom Hauptverband des Deutschen Einzelhandels (HDE) prognostizierte Anteil des Online-Umsatzes beträgt 2,1% vom Gesamtumsatz des gesamten Einzelhandels.
[4] Vgl. PFLAUM, KILLE UND WILHELM (2000).
[5] Vgl. REUELS UND HOPPE (2002).
[6] Vgl. ZERDICK, PICOT UND SCHRAPE (1999), S. 15.

stehen, erweisen sich die klassischen Verfahren der Investitionsrechnung als ungeeignet.[7]

Mit Hilfe des Verfahrens der Simulation kann diesem Problem begegnet werden. Wenn man den geplanten Marktplatz als Simulationsmodell abbildet, so kann in Simulationsläufen sukzessive untersucht werden, ob valide, d.h. den Anforderungen und Gegebenheiten der Realität entsprechende Parameterkonstellationen existieren, für die sich ein funktionsfähiges und wirtschaftlich tragfähiges logistisches System ergibt.

Damit lässt sich die folgende Forschungsfrage formulieren:

Lässt sich ein valides Modell eines Marktplatzes für regionale Transportdienstleistungen aufstellen, mit dem bei einem unterstellten Input (z.B. Transportaufträge) und einer bestimmten Konstellation von Parametern eine logistische Leistung einer bestimmten Qualität erbracht werden kann, die die Anforderungen der beteiligten Akteure erfüllt?

Der geplante Marktplatz soll folglich mit Hilfe der Simulation auf seine Machbarkeit[8] hin untersucht werden.

Nachdem in Kapitel 2 die grundlegenden Begriffe geklärt werden, beschreibt Kapitel 3 das Grundmodell des Marktplatzes. In Kapitel 4 wird die grundlegende Konzeption des Marktplatzes vorgestellt. Kapitel 5 gibt abschließend einen Ausblick auf die weitere Forschungsarbeit.

2. Grundlegende Begriffe

2.1 Logistische Systeme

In Anlehnung an Pfohl definieren wir **Logistik** wie folgt:[9]

„Zur Logistik gehören alle Tätigkeiten, durch die die raum-zeitliche Gütertransformation und die damit zusammenhängenden Transformationen hinsichtlich der Gütermengen und -sorten, der Güterhandhabungseigenschaften sowie der logistischen Determiniertheit der Güter geplant, gesteuert, reali-

---

[7] Zu der Eignung klassischer Investitionsverfahren für Probleme der hier beschriebenen Art vgl. KÜLL (1999), S. 47ff.
[8] Zum Begriffsverständnis der Machbarkeit siehe Kapitel 4 auf Seite 225.
[9] Vgl. PFOHL (1994) und PFOHL (2000) und die dort angegebene Literatur.

siert oder kontrolliert werden. Durch das Zusammenwirken dieser Tätigkeiten soll ein Güterfluss in Gang gesetzt werden, der einen Lieferpunkt mit einem Empfangspunkt möglichst effizient verbindet."[10]

Logistische Systeme sind folglich

„...Systeme zur raum-zeitlichen Gütertransformation [...], die in ihnen ablaufenden Prozesse demnach Logistikprozesse."[11]

Der in Logistiksystemen vorherrschende Güter- bzw. Warenfluss wird stets begleitet von einem Informationsfluss, der ihn vorauseilend auslöst, ihn begleitend erläutert und ihn folgend bestätigt bzw. nicht bestätigt. Die in einem Logistiksystem vorherrschenden Prozesse lassen sich damit dem Güter- bzw. dem Informationsfluss zuordnen:[12]

- Transport-, Umschlags- und Lagerprozesse (Kernprozesse des Güterflusses)
- Verpackungs- und Signierungsprozesse (Unterstützungsprozesse im Güterfluss)
- Auftragsübermittlungs- und Auftragsbearbeitungsprozesse (Informationsfluss)

Unterteilt man logistische Systeme in solche der Beschaffung, der Fertigung/Produktion und der Distribution, so lässt sich ein Marktplatz für regionale Transportdienstleistungen primär der Distributionslogistik zuordnen.

2.2 Marktplätze für Logistik-Dienstleistungen

Unter einem **elektronischen Markt** verstehen wir

„...einen Teilmarkt eines bestimmten Gütermarktes, der sich dadurch abgrenzt, dass der Vertragsabschluss und einzelne Phasen der Markttransaktion durch informationstechnische Systeme unterstützt werden."[13]

Hieraus leitet sich die Definition für **elektronische Marktplätze** ab:

---

[10] PFOHL (2000), S. 12.
[11] PFOHL (2000), S. 5.
[12] Vgl. PFOHL (2000), S. 8.
[13] PICOT, REICHWALD UND WIGAND (2003), S. 339 und vgl. HOPPE UND KROHN (2003), S. 7.

> *„Die Informations- und Kommunikationssysteme, die es Käufern und Verkäufern erlauben, Informationen über Preise und Produkte auszutauschen (wie z.B. das Internet), werden als elektronische Marktplätze bezeichnet. [...] Sie stellen – analog zu physischen Marktplätzen – die Infrastruktur für die Aktivitäten der Marktteilnehmer bereit."*[14]

Elektronische Marktplätze in der Logistik sind bereits seit längerer Zeit in Form so genannter **Fracht- und Laderaumausgleichssysteme** in der Diskussion, in denen freie Ladekapazitäten von Transportdienstleistern als auch Ladungen von Versendern gehandelt werden. Sie lassen sich definieren als

> *„...Systeme [...], die den Austausch von Informationen über Fracht- bzw. Laderaumangebote zum Zwecke der besseren Koordination der Akteure umfassen."*[15]

2.3 Simulation

Der Verein Deutscher Ingenieure (VDI) definiert in seiner Richtlinie, Blatt 11, den Begriff **Simulation** folgendermaßen:

> *„Simulation ist das Nachbilden eines Systems mit seinen dynamischen Prozessen in einem experimentierbaren Modell, um zu Erkenntnissen zu gelangen, die auf die Wirklichkeit übertragbar sind. Insbesondere werden die Prozesse über die Zeit entwickelt."*[16]

Die Simulation ist eine heuristische Methode. Sie bietet in vielen Anwendungsbereichen eine Alternative zu den klassischen Methoden des Operations Research, die aufgrund der oft zu hohen Komplexität der zugrunde liegenden ökonomischen Systeme an ihre Grenzen stoßen.[17]

Vor einem Einsatz der Simulation für betriebswirtschaftliche Probleme müssen für den Anwendungsbereich die folgenden Bedingungen überprüft werden:[18]

- Das System ist für das gewünschte Abstraktionsniveau exakt modellierbar.
- Es existieren entsprechende Modell- bzw. Systemdaten.
- Die Modellschnittstellen werden eindeutig modelliert.

---

[14] PICOT, REICHWALD UND WIGAND (2003), S. 340.
[15] BERLAGE UND BÜLLINGEN (1994), S. 13.
[16] VDI (2000), S. 2.
[17] Vgl. KÜLL (1999), S. 47f.
[18] Vgl. KÜLL (1999), S. 56.

Entsprechend der Beschaffenheit des betriebswirtschaftlichen Problems lassen sich Beschreibungs-, Erklärungs- und Entscheidungsmodelle unterscheiden. Mit *Beschreibungsmodellen* sollen die komplexe Struktur eines Systems auf einer abstrakten Ebene beschrieben und die Beziehungen zwischen den Systemkomponenten transparent gemacht werden. Im Gegensatz dazu versucht man mit *Erklärungsmodellen* die Kausalbeziehungen zwischen Inputgrößen, Outputgrößen sowie Systemparametern aufzuzeigen und damit das Systemverhalten in Abhängigkeit der Systemparameter über die Zeit zu untersuchen. Mit Hilfe von *Entscheidungsmodellen* sollen mögliche Handlungsalternativen bzw. Parameterkonstellationen identifiziert werden, die vorgegebene Outputgrößen erzeugen bzw. eine Zielfunktion optimieren.[19]

Bei der Wahl einer geeigneten **Simulationsmethode** bieten sich dem Modellierer mehrere Alternativen an.[20] Die *kontinuierliche Simulation* geht von einer über die Zeit stetigen Zustandsänderung des Modells aus. Demgegenüber zeichnet sich die *diskrete Simulation* dadurch aus, dass sich der Modellzustand zwischen zwei Zeitpunkten nicht ändert, d.h. jede Zustandsänderung erfolgt sprunghaft zu diskreten Zeitpunkten. Diskrete Simulationen finden sich besonders in den Unternehmensbereichen wieder, in denen Sachverhalte und Vorgänge des realen Systems am einfachsten als Realisierungen von Zufallsgrößen oder stochastischen Prozessen abgebildet werden können.[21] Die diskrete Simulation lässt sich weiterhin differenzieren in die zeitgesteuerte bzw. die ereignisgesteuerte Simulation. Bei der *zeitgesteuerten Simulation* wird die Simulationszeit jeweils um konstante Inkremente erhöht, und die in diesem Zeitraum entstandenen Modellzustandsänderungen werden durchgeführt. Im Gegensatz dazu wird bei der *ereignisgesteuerten Simulation* der Simulationsvorgang jeweils bei Eintritt vorab festzulegender Ereignisse unterbrochen, um den jeweiligen Modellzustand zu untersuchen. Betriebswirtschaftliche Problemstellungen, für die sich der Einsatz der Simulation eignet, lassen sich in vielen Wirtschaftsbereichen identifizieren.[22] Ein Überblick über typische Anwendungsbeispiele in der Logistik wird im folgenden Abschnitt dargestellt.

---

[19] Vgl. KÜLL (1999), S. 51.
[20] Vgl. SCHUMACHER UND WENZEL (2000), S. 7f.
[21] Vgl. WITTE (1991), S. 13.
[22] für eine Übersicht über betriebliche Anwendungsgebiete der Simulation siehe WITTE (1973), S. 39.

2.4 Simulation logistischer Systeme

In den vergangenen Jahrzehnten konnte eine immer stärkere Verkettung von Fertigungs- und Logistikprozessen beobachtet werden. Hierdurch entstehen immer komplexere Logistiksysteme, deren Abhängigkeiten meist so groß sind, dass die klassischen Berechnungsmethoden für das Prozessverhalten versagen (vgl. Abschnitt 2.3), insbesondere bei der Untersuchung dynamischer Abläufe. Hier kann die Simulation aufgrund der oben beschriebenen Eigenschaften einen Lösungsansatz bieten. Es gibt zwei zentrale Aufgabenbereiche in der Logistik, für welche die Simulation geeignet ist. Zum einen ist es möglich, die Simulation als ein Instrument zur Planungsunterstützung einzusetzen. Hierbei lassen sich durch die Simulation bspw. qualitative Aussagen in der Funktionsprüfung oder auch quantitative Aussagen zur Dimensionierung von Transporten und Personal treffen. Weiterhin können mittels Simulation Steuerungsstrategien identifiziert und Abläufe optimiert werden. Letztendlich kann die Simulation ein geeignetes Hilfsmittel zur Verbesserung der Prozessführung darstellen. Als Beispiele wären hier die Prozessverfolgung, Abweichungserkennungen und die Simulation möglicher Folgen zu nennen.[23]

3. Konzept eines Marktplatzes für regionale Transportdienstleistungen

Das Konzept des Marktplatzes für regionale Transportdienstleistungen soll den in der Einführung beschriebenen Problemen der Endkundenbelieferung des regionalen Einzelhandels begegnen. Bei der Modellierung dieses Anwendungssystems sind jedoch nicht nur die relevanten Informationsflüsse Gegenstand der Betrachtung. Auch die logistischen Prozesse, die zur schnellen und zeitgenauen Erfüllung eines Transportauftrags notwendig sind, und die damit verbundenen Akteure müssen berücksichtigt werden. Die hierbei auftretenden Güter- und Informationsflüsse bilden ein logistisches System, das neben der reinen Software für das Anwendungssystem „Marktplatz für regionale Transportdienstleistungen" modelliert werden muss.

---

[23] Vgl. STÜBIG (1988), S. 22.

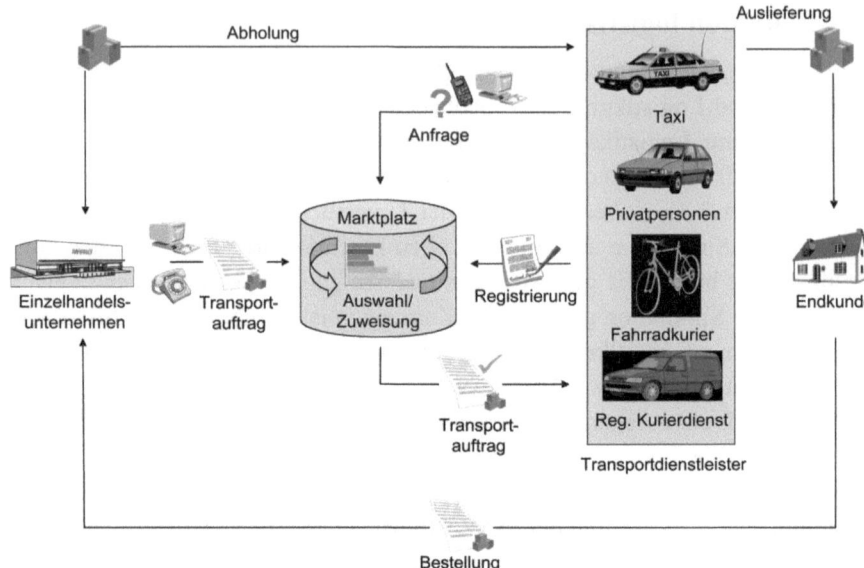

Abbildung 1: Grundmodell des Marktplatzes für regionale Transportdienstleistungen

Abbildung 1 stellt das Grundmodell dieses Marktplatzes im Überblick dar. Grundidee des Marktplatzes ist die bessere Ausnutzung und Koordination bereits vorhandener Transportkapazitäten einer Region. Dies können bspw. Taxis, Kurierfahrzeuge oder Fahrradkuriere, aber auch Privatpersonen, die bereit sind, in den Abendstunden gegen Entgelt Auslieferungen durchzuführen, sein. Die Eignung der Transportdienstleister muss vor Anschluss an das System anhand festgelegter Zugangsvoraussetzungen überprüft und während des laufenden Betriebs kontinuierlich überwacht werden. Bei Auftragseingang in das System wird ein Preis für die Transportleistung ermittelt und den angeschlossenen Transportdienstleistern über geeignete Kommunikationssysteme angeboten. Nachdem ein Transportdienstleister einen Auftrag angenommen hat, wird der physische Transport zum gewünschten Termin ausgeführt.

Simulation als Methode zur Bewertung 225

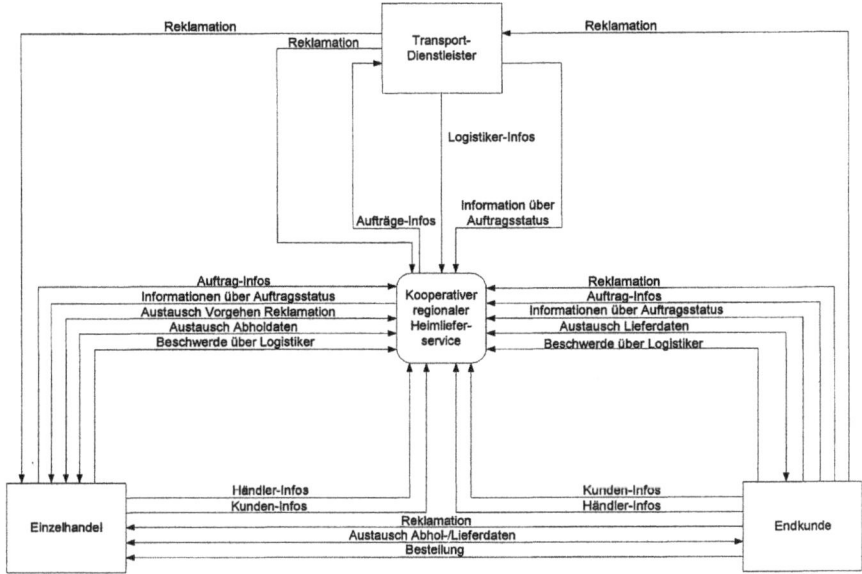

Abbildung 2: Informationsflüsse zwischen den Akteuren eines Marktplatzes für regionale Transportdienstleistungen

Für die Erfassung von Transportaufträgen werden den angeschlossenen Einzelhändlern, neben der Möglichkeit der telefonischen Auftragsübermittlung an ein Servicebüro, entsprechende Web-Formulare zur Verfügung gestellt. Für die Transportdienstleister bieten sich ebenfalls mehrere Alternativen, geeignete Transportaufträge auszuwählen. So enthält der Marktplatz neben dem Web-Formular auch eine WAP-Schnittstelle[24]. Die Abb. 2 verdeutlicht die Komplexität der zu berücksichtigenden Flüsse.[25]

4. Simulationsmodell eines Marktplatzes für regionale Transportdienstleistungen

Die Forschungsfrage dieser Arbeit soll mit Hilfe der Simulation beantwortet werden. Hierzu gehen wir von folgenden Annahmen aus:

---

[24] WAP = Wireless Application Protocol
[25] Auf die Darstellung der modellrelevanten Güter- und Werteflüsse wird an dieser Stelle verzichtet (vgl. REUELS UND HOPPE (2003), S. 22).

Ein Marktplatz für regionale Transportdienstleistungen ist realisierbar, wenn

- die Erwartungen aller beteiligten Akteure erfüllt, und damit eine allgemeine Akzeptanz erreicht wird, sowie
- eine wirtschaftliche Lösung für alle beteiligten Akteure existiert.

Zur Erfüllung dieser Anforderungen erweist sich die Modellierung eines ereignisgesteuerten Entscheidungsmodells als sinnvoll (vgl. Abschnitt 2.3). Dieses lässt sich direkt aus der Einleitung hergeleiteten Forschungsfrage ableiten: Ziel der Simulation des Marktplatzes für regionale Transportdienstleistungen ist es, eine Konstellation der Parameter des Modells zu identifizieren, die bei einem bestimmten Input (u.a. Transportaufträge) einen Output hervorbringt, der bestimmten vorher definierten Anforderungen genügt. Wie in Abbildung 3 dargestellt, sind für dieses Simulationsmodell als Schnittstellen Input, Output, Parameter und Ergebnisse zu unterscheiden.

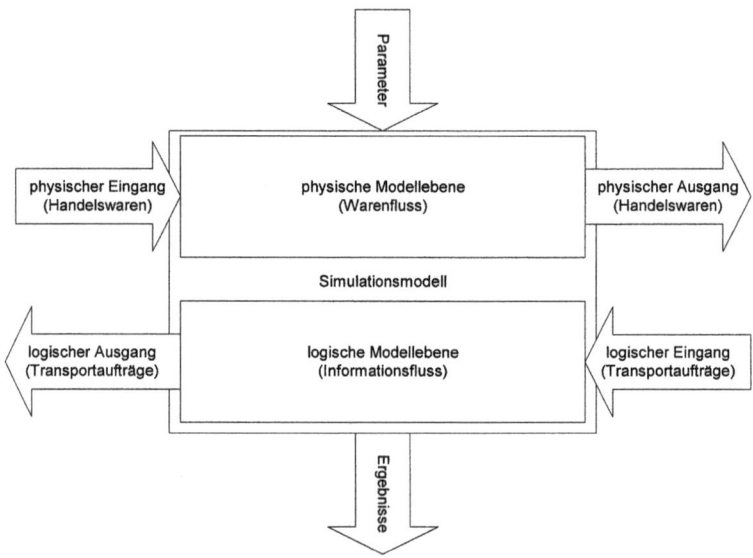

Abbildung 3: Schnittstellen des Simulationsmodells[26]

---

[26] In Anlehnung an SCHÜRHOLZ (1999), S. 52ff.

Input

Die in das Simulationsmodell eingehenden Transportaufträge stellen die zentralen Input-Elemente des zu modellierenden Marktplatzes dar. Dieser Input kann in den unterschiedlichen Simulationsläufen bspw. in Bezug auf

- die Anzahl der zu bewältigenden Transportaufträge,
- die zeitliche Verteilung der Transportaufträge,
- die Entfernungen zwischen Lieferpunkt (Einzelhändler) und Empfangspunkt (Endkunde),
- die gewünschten Liefertermine und
- die gewünschten Lieferzeitfenster

variieren.

Darüber hinaus ist jeder Transportauftrag mit Handelsgütern oder einer Kombination von Handelsgütern verknüpft. Die Eigenschaften dieser Handelsgüter beeinflussen ebenfalls die Simulationsdurchläufe eines Transportauftrages. So bestimmen bspw. die Maße, das Gewicht, die Menge und der Wert der Handelsgüter die Eignung und Auswahl geeigneter Transportdienstleister für den entsprechenden Transportauftrag sowie dessen Durchführung.

Alle oben beschriebenen Input-Werte sind zu Beginn eines Simulationsdurchlaufes mit Hilfe stochastischer Methoden zu erzeugen. Die hierfür notwendigen Daten liegen zum größten Teil bereits als Ergebnisse durchgeführter Untersuchungen vor.[27]

Output

Analog zum Input stellt der erledigte Transportauftrag den Output des Simulationsmodells dar. Über den Simulationszeitraum hinweg hat sich der Zustand eines bestimmten Transportauftrags mehrmals verändert. So lassen sich bspw. die folgenden Zustände eines Transportauftrags unterscheiden:

- Der Transportauftrag wurde erzeugt und in das System eingestellt.
- Der Transportauftrag wurde von einem Transportdienstleister übernommen.
- Die zugehörige Handelsware wurde vom Einzelhändler (Versender) an den entsprechenden Transportdienstleister übergeben.

---

[27] Vgl. REUELS UND HOPPE (2003).

- Die zugehörige Handelsware wurde vom Transportdienstleister an den entsprechenden Empfänger (Endkunden) übergeben.

Wurden alle genannten Zustände durchlaufen, gilt der entsprechende Transportauftrag als erfolgreich abgewickelt.

Parameter

Als Parameter lassen sich für das Modell bspw. identifizieren:

- die Anzahl der im System befindlichen Transportdienstleister sowie deren jeweiligen Eigenschaften:
    Zeitfenster, in denen der Transportdienstleister aktiv ist und für Transportaufträge zur Verfügung steht,
    Eigenschaften der verwendeten Transportmittel,
    maximal zurückzulegende Entfernungen und
    durchschnittliche Geschwindigkeit des verwendeten Transportmittels.
- erwartete Lieferzeitfenster,
- maximale Zahlungsbereitschaft,
- Parameter zur Variation des Preisfindungsalgorithmus,
- Parameter zur Festlegung der maximalen Entfernungen im System (Festlegung des Liefergebietes) und
- Parameter zur Variation von im System auftretenden Kosten.

Ergebnisse

Die Güte einer Parameterkonstellation des Simulationsmodells soll sich an den oben beschriebenen Anforderungen der Akzeptanz und der Wirtschaftlichkeit messen lassen. Um eine bestimmte Parameterkonstellation sowohl absolut als auch im Vergleich zu anderen Parameterkonstellationen bewerten zu können, ist es notwendig, die Kriterien zu operationalisieren.

Dieses kann zum einen mit Hilfe zu berechnender Kennzahlen, die die Leistungs- und Service-Merkmale einer Distribution[28] bewerten, geschehen. Hierunter fallen bspw. die durchschnittliche Lieferzeit, die Lieferqualität, die Lieferzuverlässigkeit und der Lieferbereitschaftsgrad, aber auch die mittlere Transportmenge und das mittlere Gewicht.

---

[28] Zu den Begriffen der logistischen Leistung und des Logistikservices vgl. PFOHL (2000), S. 19ff. und EHRMANN (1999), S. 37.

Zum anderen werden an den Marktplatz von Seiten der beteiligten Akteure (Einzelhandel, Transportdienstleister und Endkunde) Anforderungen gestellt, deren Erfüllungsgrad den Nutzen des Systems für die Akteure und damit deren Akzeptanz bestimmen.

In diesem Zusammenhang wurden die Logistikketten des Einzelhandels im Osnabrücker Raum im Juli/August 2003 untersucht, um die speziellen Anforderungen des Einzelhandels an einen regionalen Transportdienstleister zu erheben.[29] Hierbei wurden u.a. Angaben über erwartete Lieferzeiten gewonnen.

Eines der primären Untersuchungsziele des Simulationsmodells stellt die Wirtschaftlichkeit des abgebildeten Systems dar. Der Wirtschaftlichkeit soll in diesem Zusammenhang ein rein wertmäßiges Verständnis zugrunde gelegt werden. Den erbrachten Leistungen (Vergütung für die Erbringung der Transportdienstleistungen) werden die zum Erreichen der definierten Leistungsanforderungen entstehenden Kosten gegenübergestellt:

$$Wirtschaftlichkeit = \frac{Leistungen}{Kosten}$$

Dieses Verständnis der Wirtschaftlichkeit als Verhältnis zwischen Istgrößen wird in der Literatur auch als Ökonomität, wirtschaftliche Ergiebigkeit oder Wirtschaftlichkeit im engeren Sinne bezeichnet.[30]

Für die Untersuchung der Wirtschaftlichkeit des Systems sind Kosten- und Leistungsangaben in das Modell zu integrieren. Dazu müssen bei jedem für die Simulation notwendigen Modellbaustein Informationen über die auftretenden Kosten hinterlegt werden. Bspw. sind für ein Element „Transportmittel" die durchschnittlichen Kosten pro Kilometer anzugeben. Ein weiteres Beispiel sind die Personalkosten, die bei der Güterübergabe zwischen Händler und Transportdienstleister anfallen. Leistungen ergeben sich in dem Simulationsmodell durch die Vergütung der logistischen Leistungen durch die Auftraggeber (Transportpreis). Ein Einzelhändler kann Transportaufträge in den Marktplatz einstellen. Für jeden Transportauftrag wird abhängig von Parametern wie der gewünschten Liefergeschwindigkeit oder der Entfernung zwischen dem Lieferpunkt (Einzelhändler) und dem Empfangspunkt (Endkunde) der Transportpreis berechnet. Dieser Preis muss den entstehenden Kosten gegenübergestellt werden. Als Er-

---

[29] Zu den Details der Untersuchung siehe REUELS UND HOPPE (2003).
[30] Vgl. CORSTEN UND REIß (1996), S. 21 und KOCH (1995), S. 149.

gebnis eines Simulationsdurchlaufes ergeben sich also die aggregierten Kosten aller durchgeführten Transportaufträge, die sich den ermittelten monetär bewerteten Leistungen gegenüberstellen lassen.

Diese Angaben zur Akzeptanz und zur Wirtschaftlichkeit gelten als Gütekriterien für das zu modellierende System. Dementsprechend ist es notwendig, das Erreichen dieser Vorgaben mit Hilfe des Simulationsmodells zu überprüfen. Die zu ermittelnden Werte werden entsprechend der ereignisgesteuerten Simulation erhoben. Wesentliche Ereignisse sind die Zustandsänderungen eines Transportauftrags, bei deren Eintreten die für die Berechnung der Kennzahlen notwendigen Daten erfasst werden.

Aus den vorhergehenden Ausführungen ergibt sich somit ein erstes Datenmodell, das dem Simulationsmodell zugrunde gelegt werden kann (Abbildung 4).

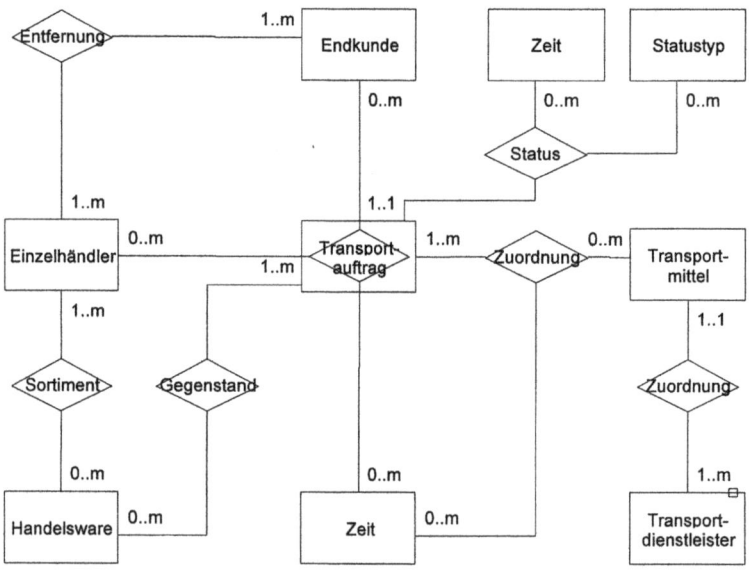

Abbildung 4: Grundlegendes Datenmodell

5. Ausblick

In dem vorliegenden Beitrag wurde die Simulation als ein Instrument zur Bewertung der Machbarkeit von logistischen Systemen vorgeschlagen und begründet, wie der Einsatz der Simulation in diesem Zusammenhang durchgeführt werden kann. Als konkreter Untersuchungsgegenstand wurde der Marktplatz für regionale Transportdienstleistungen vorgestellt. Nach einer Beschreibung des konzeptionellen Modells eines solchen Marktplatzes wurden die Grenzen traditioneller Methoden des Operation Research in Bezug auf die Fragestellung dargestellt und damit die Notwendigkeit des Einsatzes der Simulation hergeleitet.

Anschließend wurde eine geeignete Simulationsmethode ausgewählt, das grundlegende Simulationsmodell aufgestellt und die Schnittstellen des Modells beschrieben.

Als Maßgrößen für die Beurteilung der Machbarkeit wurden die Akzeptanz der beteiligten Akteure und das Erreichen einer wirtschaftlichen Lösung für alle beteiligten Akteure hergeleitet. Diese Maßgrößen wurden operationalisiert und gehen mit Hilfe der definierten Schnittstellen in das System als Parameter oder als erwarteter Output in das Simulationsmodell ein.

In einer weiteren Untersuchung des Konzeptes des Marktplatzes für regionale Transportdienstleistungen sollen nun die folgenden Schritte verfolgt werden:

Zur Vorbereitung der Simulationsdurchführungen muss das Modell des Marktplatzes weiter detailliert werden. Dieses beinhaltet neben den ablaufspezifischen Parametern, die als Vorgaben für das Simulationsmodell zu verstehen sind, zusätzlich eine umfassende Definition der während der Aktivitäten im Simulationsdurchlauf anfallenden Kosten. Die hierfür noch nicht aus Voruntersuchungen vorliegenden Daten sind zu erheben oder abzuschätzen. Um die Vielzahl der möglichen Parameterkonstellationen und damit die Anzahl der durchzuführenden Simulationsdurchläufe auf ein handhabbares Maß zu reduzieren, sind im Vorfeld plausible Konstellationen zu identifizieren.

In einem weiteren Schritt muss ein geeignetes Simulationstool ausgewählt werden. Hierbei ist insbesondere auf wiederverwendbare und anpassbare Bausteine zu achten, die bereits durch das Werkzeug zur Verfügung gestellt werden.

Literatur

BERLAGE, M., BÜLLINGEN, F. (1994): Einsatz und Diffusion von Telekommunikation im Güterverkehr – Das Beispiel der elektronischen Fracht- und Laderaumausgleichsbörsen, Wissenschaftliches Institut für Kommunikationsdienste, Diskussionsbeitrag Nr. 133, Bad Honnef.

CORSTEN, H., REIß, M. (1996): Betriebswirtschaftslehre, 2. Aufl., Oldenbourg, München.

EHRMANN, H. (1999): Logistik, 2., überarb. Aufl., Kiehl, Ludwigshafen.

HOPPE, U., KROHN, J. (2003): Grundlagen zu B2B-Marktplätzen, in: Gramlich u. a. (Hg.): Rechtshandbuch B2B Plattformen – Rahmenbedingungen elektronischer Marktplätze, Beck, München, S. 1-22.

KOCH, U. (1995): Bewertung und Wirtschaftlichkeitsermittlung logistischer Systeme: zur Bedeutung von Informationen in der Logistik, Gabler, Wiesbaden.

KÜLL, R. (1999): Petri-Netz-basierte Simulation von Geschäftsprozessen – Einsatzmöglichkeiten und Vorgehensmethodik, Difo-Druck OHG, Bamberg.

MUCHA, A., SPILLE, J., WADER, P. (2002): Endkundenbelieferung – Neue Konzepte in der letzten Meile, online verfügbar unter: http://bow.oec.uni-osnabrueck.de/ccelogistics/ service/download/cc_letztemeile_flyer.pdf

PFLAUM, A., KILLE, C., WILHELM, M. u. a. (2000): Consumer Direct – The Last Mile, Fraunhofer-Anwendungszentrum für Verkehrslogistik und Kommunikationstechnik, Nürnberg.

PFOHL, H.-CHR. (1994): Logistikmanagement – Implementierung der Logistikkonzeption in und zwischen Unternehmen. Bd.1. Funktionen und Instrumente, Springer, Berlin.

PFOHL, H.-CHR. (2000): Logistiksysteme – Betriebswirtschaftliche Grundlagen, 6., neu bearb. und aktualisierte Aufl., Springer, Berlin.

PICOT, A., REICHWALD, R., WIGAND, R. (2003): Die grenzenlose Unternehmung – Information, Organisation und Management, 5. aktualisierte Auflage, Gabler, Wiesbaden.

REINDL, M., OBERNIEDERMAIER, G. (2002): eLogistics – Logistiksysteme und -prozesse im Internetzeitalter, Addison-Wesley, München.

REUELS, C., HOPPE, U. (2002): Regionale Transportbörsen für das Fulfillment – ein Ansatz zur Überbrückung des Zustellproblems im Electronic Commerce B2C, in: WEINHARDT, C., HOLTMANN, C. (Hg.) (2002): E-Commerce – Netze - Märkte - Technologien, Physica-Verlag, Heidelberg.

REUELS, C., HOPPE, U. (2003): Empirische Untersuchung der Logistikketten des Einzelhandels in Osnabrück und Umland als Grundlage für die Modellierung eines Marktplatzes für regionale Transportdienstleistungen, Arbeitsbericht des Fachgebiets Betriebswirtschaftslehre/Organisation und Wirtschaftsinformatik, Universität Osnabrück, Osnabrück, erscheint 2003.

SCHUMACHER, R., WENZEL, S. (2000): Der Modellbildungsprozeß in der Simulation, in: WENZEL, S. (Hg.) (2000): Frontiers in Simulation – Referenzmodelle für die Simulation in Produktion und Logistik, SCS-Europe BVBA, Ghent.

SCHÜRHOLZ, A. (1999): Synthese eines Modells zur simulationsgestützten Potentialanalyse der Distribution, 1. Auflage, HNI-Verlagsschriftenreihe, Paderborn.

STÜBIG, H. (1988): Simulation und Logistik – was erwarten die Nutzer?, in: ASIM – Arbeitskreis für Simulation in der Fertigungstechnik (Hg.) (1988): Simulationstechnik und Logistik, Gesellschaft für Management und Technologie – Verlags AG, München.

VDI (Hg.) (2000): Richtlinie 3633: Simulation von Logistik-, Materialfluss- und Produktionssystemen – Grundlagen. Blatt 1, Entwurf, VDI-Handbuch Materialfluss und Fördertechnik, Band 8, Beuth, Berlin.

WITTE, T. (1973): Simulationstheorie und ihre Anwendung auf betriebliche Systeme, Betriebswirtschaftlicher Verlag Dr. Th. Gabler, Wiesbaden.

WITTE, T. (1991): Simulation und Simulationsverfahren, Beiträge des Fachbereiches Wirtschaftswissenschaften der Universität Osnabrück, Nr. 9113.

ZERDICK, A., PICOT, A., SCHRAPE, K. u. a. (1999): Die Internet-Ökonomie – Strategien für die digitale Wirtschaft, European Communication Council Report, 2. korr. Aufl., Springer, Berlin.

Denkansätze zur Untersuchung nichtlinearer dynamischer Effekte in produktionstechnischen Systemen

am Beispiel der Herstellung von Biopolymeren in verteilten Produktions- und Herstellungssystemen

Michael Meiß

1. Einleitung

Einleitend ist festzuhalten, dass die Produktionsplanung unter Unsicherheit und Unbestimmtheit erfolgt, weil sich die Rahmenbedingungen, unter denen geplant und gesteuert wird (Planungsgrundlagen), durch Faktoren unternehmensinterner (Nichtverfügbarkeit von Ressourcen, kürzere oder längere Bearbeitungszeit als durchschnittlich, höherer Ausschuss etc.) und -externer Art (Eilauftrag, Stornierung, Änderung der Bestellmenge etc.) ständig ändern können. Ein einmal aufgestellter Plan, der nur einen begrenzten, in Planungsperioden eingeteilten Planungshorizont umfasst und daher laufend angepasst werden muss, wird mit fortschreitender Zeit (Alter) obsolet.

Bezogen auf den heutigen Markt beobachten wir: variantenreiche Fertigung mit kleinen Losgrößen, hohe Qualität bei gleichzeitig niedrigen Produktionskosten und kurzen Lieferzeiten. Die Produktion nutzt heute komplexe Systeme und realisiert extreme Leistungsanforderungen mit derzeit unkontrollierbaren Effekten.

Daher müssen Produktionsplanungs- und Steuerungs-Systeme (PPS) eine regelmäßige Anpassung des Plans vorsehen. So wird bei einer rollierenden Planung und Steuerung in festen Zeitabständen (den Planungsperioden) des Planungshorizonts, bei ereignisorientierter dagegen in Abhängigkeit von produktionssteuerungsrelevanten Ereignissen wie z.B. dem Ausfall eines Betriebsmittels, geplant. Neben dieser zeitlichen Festlegung der Planungsdurchführung unterscheiden wir hinsichtlich der Planungsgrundlage zwischen Neu- und Änderungsplanung. In der Praxis finden wir häufig Kombinationen aus allen vier Prinzipien der Planung: Feste Planungsperiode, ereignisorientierte Planungsperiode, Neu- und Änderungsplanung.

Da bei jeder Produktion mit kurzfristig auftretenden Änderungsereignissen zu rechnen ist, können die Material-, Termin- und die anschließende Kapazitätsplanung lediglich Grobpläne sein. Diese Pläne werden aus „pragmatischen" Gründen in vielen PPS-Systemen nicht umgesetzt, obwohl einzelne Änderungsinformationen vorliegen. Erst im Rahmen der Produktionssteuerung wird auf der für den betroffenen Planungsbereich zeitlich und räumlich eingeschränkten Datenbasis und auf den übergeordneten, eventuell nicht mehr aktuellen Daten der Grobplanung basierend eine Feinplanung mit Hilfe von einfachen Regeln, heuristischen Verfahren, wissensbasierten Ansätzen oder durch eine kurzfristige Koordination durchgeführt. Die Produktionssteuerung umfasst also neben veranlassenden, überwachenden und sichernden Funktionen überwiegend eine kurzfristige und meist lokale ggf. dezentrale Feinplanung der Zuordnung von Betriebsmitteln zu Produktionsvorgängen der eingetakteten Aufträge. Bisherige Ansätze in diesem Bereich erschöpfen sich in einer rein statischen operativen Produktionsplanung, was aufgrund der sich vielfach schnell ändernden Datenlagen völlig unzureichend ist.

Demgegenüber ist eine sich anpassende, adaptive Steuerung für ein Produktionsteilsystem so zu konzipieren:

- eingetretene Änderungen oder Störungen sind sofort zu erfassen,
- echtzeitnah zu verarbeiten,
- die Planungsvorgaben und/oder den Produktionsvollzug sowie
- das Produktionsergebnis an die veränderten aktualisierten Rahmendaten ohne wesentliche, zeitliche Verzögerung zielbezogen anzupassen.

Die Abweichungen zwischen Planzustand und Realzustand des Systems lassen sich durch geschickte Mess- und Kontrollaktivitäten im Rahmen eines Monitorings des Produktionsteilsystems ermitteln. Herkömmlich werden realisierte Werte als Kontrollwerte herangezogen. Übersteigen die Abweichungen vorgegebene Toleranzintervalle sind ihre Ursachen (und Unsicherheiten) zu analysieren. Ein definiertes Steuerungsverfahren bewertet und veranlasst Anpassungsmaßnahmen, sofern die Unsicherheiten das noch zulassen. Die Effizienz dieses Konzepts hängt sowohl von der Zeitdauer, die bis zur Bestimmung einer Anpassungsmaßnahme mit dem Steuerungsmodell vergeht, als auch von der Häufigkeit eines zukünftigen Wiederauftretens der erfassten Prozesssituation ab. War die Abweichung auf eine Störung (intern oder extern) zurückzuführen, so ist die Wirkung eingetreten und kann bestenfalls noch ausgeglichen werden.

Der Anpassungsspielraum und damit die Wirksamkeit einer adaptiven Steuerung ist erheblich größer, wenn die Notwendigkeit von Anpassungsmaßnahmen vor dem Veranlassen von Prozessaktivitäten erkannt wird und die zielorientierten Veränderungen der Planvorgaben vor ihrer Realisierung vorgenommen werden können. Eine derartige Steuerung basiert auf einer Ex-ante-Korrektur der Vorgabewerte. Hierfür sind die Planwerte, die im Planungszeitpunkt auf der Grundlage des zu diesem Zeitpunkt angenommenen Systemzustands ermittelt wurden, mit Sollwerten zu vergleichen, die aufgrund des vor dem Realisationszeitpunkt gegebenen Systemzustandes als Kontrollwerte zu bestimmen sind.

2. Theorie nichtlinearer Dynamik

Auf einem anderen Abstraktionsniveau sind die Überlegungen aus der Theorie der nichtlinearen Dynamik. Die Literatur zum Thema nichtlineare Dynamik und zur Systemtheorie[1] lässt sich konkretisieren a. H. der Beispiele „das ebene Dreifachpendel und das parametrisch getriebenen Pendel". Diese wurden behandelt durch Autoren in den von der ASG unterstützten Publikationsreihen (z.B. „Synergie, Syntropie, nichtlineare Systeme" u. a.).

Zum einen ist schon das einfache Pendel ein nichtlineares dynamisches System mit periodischen, aber ohne die chaotischen Zustände bei einer Phasenraumdimensionalität d = 2. Zum anderen ist aber das einfache Pendel ein getriebenes; dann kann Chaos auftreten, weil der Parameter der Anregung als ein zusätzlicher Freiheitsgrad des getriebenen Systems gilt. Schon in diesem Fall haben wir nicht integrierbare Bewegungsgleichungen. Parallel zum mathematischen Problem sind die interessanten und schwieriger physikalischen nichtlinearen Effekte zu bewältigen.

Mit Hilfe des Arnold'schen Stabilitätskriterium lassen sich z. B. beim parametrisch getriebenen Pendel die stabilen von den instabilen Lösungen unterscheiden, die periodischen und quasi-periodischen von den chaotischen. Man kann für gegebene Anfangsbedingungen und Parameter der Anregung entscheiden, ob eine Bewegung im Gültigkeitsbereich der linearisierten Gleichung

---

[1] Unbehauen, R.: Systemtheorie 2 (Allgemeine Grundlagen, Signale und lineare Systeme im Zeit- und Frequenzbereich), R. Oldenbourg Verlag, München, Wien 1998

verbleiben wird. Damit sind Stabilitätskarten für das nichtlineare dynamische System konstruierbar.[2]

Die Mehrdimensionalität zeigt sich schon als Systembesonderheit beim Zweifach- und Dreifachpendel (d = 4 und 6), so dass die Chaosbedingung (d≥3) erfüllt sein kann. Dass sich Chaos (anfängliche Trajektorienabstände bleiben zeitlich nicht stabil, sondern werden zeitlich instabil und exponentiell anwachsend) ausbilden kann, erfordert zudem auch die Erfüllung einer energetischen Bedingung (anfängliche Auslenkung). Die komplexen dynamischen Systeme können also Instabilitäten aufweisen, die mit den üblichen Methoden (linearisierte Näherungen) nicht erklärt, vorhergesagt (Zeitbeschränkung) oder gar beherrscht (Chaossteuerung) werden können.

Am einfachsten lassen sich die Bewegungsformen aus den Integralen der Bewegung ableiten. Die Nichtlinearitäten in den systemaren Bewegungsgleichungen verhindern z. Z. eine partikuläre oder vollständige Lösung der Bewegung durch Integrale bzw. machen dies wie schon beim Dreikörperproblem für den allgemeinen Fall prinzipiell unmöglich. Somit ist man vor allem auf numerische Untersuchungen angewiesen.

Die Schwingungsformen des Dreifachpendels reichen je nach Anregung der Pendelglieder von der harmonischen Schwebungsschwingung, wie sie für linear gekoppelte Federpendel bei kleinen Auslenkungen bekannt sind, bis hin zur irregulären, oftmals chaotischen Bewegung bei starker Auslenkung. Zumeist ist hierbei zu beobachten, dass ruhige Phasen mit unruhigen „Zappelbewegungen" scheinbar zufällig wechseln, und dies, obwohl die zugrunde liegenden Bewegungsgleichungen deterministisch und sogar konservativ (Energie erhaltend) sind. Der Grund für das komplexe Verhalten liegt in den nichtlinearen Kopplungen durch die trigonometrischen Funktionen. Zur Charakterisierung der Bewegungsformen gibt es verschiedene Darstellungen. Die einfachste ist die des Phasenraumes selbst. Wegen der hohen Zahl an Freiheitsgrade (f=6) ist selbst die Projektion des Phasenraumes nicht zur Analyse geeignet, da der Phasenraum im Fall nichtperiodischer Bewegung mit der Zeit durch die Trajektorie ausgefüllt wird. Die Existenz einer fraktalen Struktur des Phasenraumes – liegt hier nicht vor. Andere oft verwendete Darstellungsformen des Bewegungszustandes sind der Poincaré-Schnitt (vereinfachte Darstellung), die auch in der Technik effektiv

---

[2] Schiele, K.: Über das parametrisch getriebene Pendel, in: Dynamik und Synergetik, S. 65

genutzte Spektraldichte, die Autokorrelation und die Darstellung mit zeitverzögerten Koordinaten. Die Statistik und auch das Spektrum der Folge von Wiederkehrzeiten sind auch für höherdimensionale Systeme geeignet, da hier nur die eindimensional zusammengesetzten Ereignisse betrachtet werden. Damit lassen sich Aussagen zur Stabilität (siehe Stabilitätskarte des dynamischen Systems) gewinnen. Besonders relevant für die Stabilitätskarte komplexer dynamischer Systeme ist die Erkenntnis, dass auch im chaotischen Regime periodische Orbits möglich, jedoch instabil sind. Solche Orbits sind für die Steuerung chaotischer Systeme wichtig.[3]

3. Vorgehen in der Systemtheorie

Diese Vorgehensweise der Gegenüberstellung von analogen Problemstellungen in der Betriebswirtschaft und der Physik entspricht dem Vorgehen in der Systemtheorie und kennzeichnet ihre Entwicklungsrichtung für dynamische (lineare und nichtlineare) Systeme. Nachfolgend eine Stichwortliste, um die Entwicklungsrichtung in der Systemtheorie zu charakterisieren:

- Wenn die Systemdynamik durch Gesetze und Linearität gekennzeichnet ist, reichen die üblichen mathematischen Verfahren (z.B. Laplacetransformationen) zur Beschreibung der Systemdynamik aus.
- Systeme ohne „Gesetzmäßigkeiten" (schlecht strukturiertes Problem) werden beherrscht durch Unschärfen, Unsicherheiten, auch im linearen Fall.
- Bei nichtlinearer Systemdynamik kann unter bestimmten Umständen eine Linearisierung zur Beschreibung und Ergebnisfindung erfolgreich sein.
- Wesentlich nichtlineare Systeme zeichnen sich aus durch Sensibilitäten gegenüber Schwankungen, Abweichungen vom Anfangswert, weil ein Aufschaukeln der Abweichungen (exponentielles Aufschaukeln) einen Methodikwechsel zur Methodik der nichtlinearen Dynamik erzwingt, die z.B. durch Chaos, Bifurkationen, Chaossteuerung usw. gekennzeichnet ist.

---

[3] Eisenberg, W., Reinicke, G.-W., Renner, U.: Das ebene Dreifachpendel. In: Dynamik und Synergetik, S. 77 und 95, Abschnitt: Bewegungsformen des Dreifachpendels zwischen Regularität (Periodizität) und Chaos

- Die Nichtlinearitäten können in den Einzelprozessen vorhanden sein (Systemelemente) oder durch die Kopplungen der Systemelemente zustande kommen (z.B. Synergetik).
- Die Komplexität ist ein zentrales Problem der Systembeschreibung.

Die Dynamik nichtlinearer Systeme ist bisher keinem allgemeinen Lösungsschema zugänglich. Deshalb verfolgen wir neue Ansätze auf einer breiten theoretischen Grundlage, um auch irreguläres Verhalten der dynamischen Systeme verstehen zu können.[4]

4. Der Markt als Driving Force

In der Betriebwirtschaft war man lange der Idee vom Determinismus von Produktions- und Fertigungssystemen verhaftet, mit dem sehr verlässliche Prognosen für die Zukunft zu erhalten waren. Im Operations Research gibt es dazu Algorithmen, die dem Anwender einen Determinismus vorspiegeln. Im Rahmen der Anwendung und dem dahinter liegenden Theoriegebäude ist dies ein durchaus probates Mittel, das aber keinen Bezug zur Realität mehr aufweist. Diese Realitätsferne der Anwendungen wurde immer schon beklagt und ist letztlich bestimmend für das Versagen von Steuerungs- und Planungsinstrumenten bei zunehmender Dynamisierung der Märkte.

Deshalb ist es nahe liegend für schlecht strukturierte Problemstellungen[5], die Realität in Computermodellen abzubilden. Es entsteht dadurch ein Abbild, das im Hinblick auf das zu lösende Problem wie auch dessen Sachverhalt eine Funktionalität und dessen Datenraum korrekt abbildet. Gängiges Mittel, um derartige Sachverhalte abzubilden und einer Lösung zuzuführen, ist die Simulation mit digitalen Modellen.[6]

---

[4] Theorie dynamischer Systeme und Chaostheorie, in: Vojta, G.: Teubner-Taschenbuch der statistischen Physik. – B. G. Teubner Stuttgart, Leipzig 2000, S. 432
[5] „Schlecht Strukturiert" meint in diesem Zusammenhang, dass mit konventionellen Operation Research Verfahren, z.B. Linearer Programmierung, keine Lösung mehr für Planungsprobleme erreicht werden können.
[6] Meiß, K.-M.: Ein Simulationsmodell zur Beurteilung der ökonomisch-ökologischen Umweltverträglichkeit landwirtschaftlicher Betriebe, Berichte aus der Betriebswirtschaft, Aachen 1996

Die Abbilder der realen Systeme sind in der Theorie aber nur so weit Struktur erhaltend, wie sie in der Lage sind, verlässliche Lösungen für Planungs- und Steuerungsprobleme zu liefern.

Ein wichtiger zu beachtender Aspekt kann mit dem Begriff „Fuzzy Logic" umrissen werden. Die Anfänge von Fuzzy Logic wurden zwar in den USA mit Lofti Zadeh[7] gelegt, doch deren Akzeptanz war gleich null, da damals niemand so recht deren Nutzen erkennen konnte. Ein Gutachter der National Science Foundation forderte noch 1989: „Löschen sie alles, was sie über Fuzzy Logic gespeichert haben. Es entbehrt jeder mathematischen Grundlage."[8]

Fuzzy Logic entspricht begrifflich nicht der Übersetzung „Unscharfe Logik", sondern beschreibt eine Logik, Unschärfen mathematisch zu beschreiben und handhabbar zu machen. Genau genommen handelt es sich um eine Theorie der Unscharfen Mengen, von Mengen also, deren Elemente unbestimmte Größen darstellen. Fuzzy Logic beruht auf dem Umstand, dass reale Erscheinungen (Realitäten) Abstufungen zulassen. Es gibt bestimmte Ausmaße der Arbeitslosigkeit, Regionen mit viel oder wenig Arbeitslosigkeit, Temperaturzustände lassen sich in warm oder kalt klassifizieren, Astronomen weisen dem Jupiter Ähnlichkeiten mit bestimmten Sternen zu. Manchmal ist es sogar unmöglich, Elemente einer bestimmten Menge zuzuweisen. Letztendlich kommen die traditionelle Logik und Mengenlehre nicht ohne „unlogische" Setzungen aus, gerade weil sie gezwungen sind, harte Abgrenzungen vorzunehmen, die keine Entsprechung mit der Realität besitzen.

Wir können heute davon ausgehen, dass diese oben beschriebenen Systeme oft nichtlineare- dynamische Effekte enthalten. Die Grenzen der aktuellen Planungs- und Steuerungsansätze werden besonders deutlich, wenn man sich Steuerungssysteme von biologisch geprägten Produktionsprozessen vergegenwärtigt, die heute unter dem Begriff Bioinformatik in entsprechende Fachdisziplinen eingeordnet werden. Die Nichtlinearität ist systemimmanent wie auch deren Unschärfebeziehungen oder Unbestimmtheiten.

---

[7] Zadeh, L., From Curciut Theory to Systemtheory, in: Proceeding of Institute of Radio Engineers 1962, S. 857
[8] McNeill, D., Freiberger, P., Fuzzy Logic - Die >unscharfe< Logik erobert die Technik, Berlin 1993

5. Herstellung von Biokunststoffen (PHB)

Rohstoff für die Herstellung von PHB (Polyhydoxybuttersäure) sind organische Substanzen, die entweder natürlichen Ursprungs sind oder bei der industriellen Herstellung als Residuum bzw. Ab-Stoffe entstehen. Diese Rohstoffe bzw. Rohprodukte liegen in unterschiedlichen Qualitäten vor und werden fermentativ zu Biogas weiterverarbeitet. Dieser Schritt dient zur Aufkonzentration und Standardisierung der Kohlenstoff-Quelle. Biogas liegt nach diesem Aufbereitungsschritt als ein „schwefelfreies" hochkonzentriertes Gas vor, das Ausgangsstoff bzw. Substrat für die nächste Produktionsstufe ist, der (wiederum fermentativen) Erzeugung des PHB-Grundstoffes. Die Stufe selbst gliedert sich in drei Verfahrensstufen, wobei nur zwei in der Substrat-Prozesskette liegen: Die Vermehrung der Mikroorganismen und die Produktbildung von PHB. Die Züchtung und Reinhaltung des natürlichen Stammes geschieht außerhalb der Prozesskette.

Nach dem Fermentationsprozess findet eine Aufkonzentration statt, d.h. unnötiges Wasser wird abgetrennt und zurückgeführt. Damit kann eine Transportwürdigkeit des Grundstoffes erzielt werden und die nächste Stufe der Aufbereitung findet statt. Ein klassischer Weg ist die Extraktion vermittels Lösungsmitteln in mehrstufigen Verfahren oder im Gegenstromverfahren. Dazu findet nach einer Vorextraktion, d.h. dem „Öffnen" der Zellhülle, das eigentliche Herauslösen der PHB-Einschlüsse statt. Zurück bleibt die Zellhülle mit Resten von PHB (alles biologisch abbaubar) und dem PHB im Lösungsmittel gelöst. Nach einer weiteren Aufkonzentration und Entfernen des Lösungsmittels liegt das PHB als Granulat vor.

Die eigentlichen Planungs- und Implementationsprobleme liegen nicht nur in der Steuerung der biologischen Prozesse und/oder der einzelnen Anlagen sondern zeigen sich im Zusammenspiel der Verfahrensschritte in den Teilsystemen und im Gesamtsystem. Ziel einer kommerziellen Herstellung ist entweder die kontinuierliche Erzeugung des PHB-Granulats in definierter Qualität und Menge oder, je nach Marktlage, die komplette Umlenkung des Verfahrens zur Herstellung anderer Produkte mit anderen Produkteigenschaften. Da beispielsweise parallel Verstromung gefahren werden kann, ist es möglich, mehr oder weniger Anteile in die Verstromung aber auch in die Kunststoff-Grundstoffproduktion zu steuert. Ein weiteres Ziel ist die Austauschbarkeit von Prozessschritten gegen andere oder deren Kombination. Weiterhin ist es vorstellbar und gängige Technik, dass PHB nicht über das Substrat Biogas ausschließlich hergestellt wird, sondern auch über andere Substratprozessketten erschlossen werden, beispielsweise die über Methanol oder Sacchosen. Dazu werden die Verfahren in sich gemischt, d.h. beide Substrate werden gleichzeitig eingesetzt im gleichen Verfahren (bzw. Verfahrensschritt) oder aber um einen separaten parallelläufigen Prozessschritt ergänzt. D.h. beispielsweise, dass Methan und Saccharose im gleichen Fermenter über die Mikroben verstoffwechselt werden kann oder parallel eine Fermentation mit ausschließlich dem Substrat Saccharose aufgelegt wird. Letzterer Schritt würde eine Biogasproduktion obsolet machen, benötigt allerdings ein anderes Aufbereitungsverfahren für den Rohstoff Saccharose. Die Herstellung über das Substrat Saccharose kann in sich auch wieder in die Verfahrenskette zur Ethanol-Herstellung eingebunden sein und liefert auch wiederum ein alternatives Produkt.

Alle Halbprodukte (Halbfabrikate) wandern dann wieder in die Aufbereitung und Extraktion. Neben der Lösungsmittelextraktion gibt es andere Verfahren, die weniger aufwändig sind, dafür aber die entsprechenden Reinheitsgrade des PHB, der Bestimmungsfaktor für die Produktqualität ist, nicht erreichen können. Damit ändern sich Produktqualität und der Produktpreis des Kunststoffgranulates und dessen Anwendungsgebiet.

Das Verfahren hat in sehr vielen Entscheidungsstufen unscharfe Entscheidungssituationen mit nichtlinearen dynamischen Effekten. Dabei sind die Grade der Unschärfen von den Anfangsbedingungen und vom Prozessverlauf abhängig. Eine reine Möbel-Produktion, als Beispiel diskreter Fertigung, zeigt in nur wenigen Punkten Unschärfe und Komplexität. Im kontinuierlichen Produktionsprozess nehmen die Unschärfesituationen und die Komplexität dann deutlich zu. Die PHB-Herstellung ist schließlich hoch komplex und kann mit einfachen Planungs- und Steuerungssystemen nicht mehr begriffen werden.

Im Beispiel eines Möbelbaus[9] sind die Stuhlbeine nicht mehr eindeutig zuzuordnen, also unscharf. Die Beine können eine der vier Sitzplattenpositionen einnehmen. Auch die Identifikation eines Stuhles ist nicht eindeutig, es sei denn, man findet den idealen Prototypen. Weitere Fragen sind: Lassen sich auch die Arbeitsgänge, die zur Herstellung der Grundeinheiten eines Möbels nötig sind, und deren Arbeitsgänge auf diese Weise vorteilhaft beschreiben. Findet man eine Anleitung, die zur Herstellung eines geeigneten Sitzmöbels führen. Die Ar-

---

[9] Vgl. Rieper, B., Witte, Th.: Grundwissen Produktion, 4. Aufl. Frankfurt a M. 2002.

beiter, die ein solches Sitzmöbel hergestellt haben, besitzen aus ihrer „Erfahrung" ein Bild eines Stuhles und könnten den Stuhl auch ohne Anleitung bauen. Die Erfahrungen kann jeder auch selber sammeln, wenn er mal versucht, ein Baumarkt-Möbel ohne Anleitung zusammenzusetzen. Das klappt, wie man umgangssprachlich sagen würde, auch intuitiv.

Beispielhaft kann hierzu Rosch zitiert werden, wobei sehr stark auf eine Kategorisierung von Begriffen abgehoben wird: Der Zweck von Kategorisierungen sei, „ein Maximum an Informationen bei einem Minimum an kognitivem Aufwand herzustellen"[10]. Gerade die Erfahrungen von Rosch zeigen, dass der Mensch hervorragend mit Unschärfe-Situationen umgehen kann. Dennoch verbleiben die Effekte nichtlinearer Dynamik, die aber erst sichtbar werden, wenn der Planer in detaillierte Betrachtungen übergeht, in der Hoffnung verbesserter Planbarkeit.

Ziel dieser Diskussion muss es sein, zu konkreten Entscheidungssituationen zu gelangen. An dieser Stelle sei auf einen Artikel der „Arbeitgemeinschaft Fuzzy Logic und Soft Computing"[11] verwiesen, der einen Überblick über unterschiedliche Algorithmen und Programmierungen gibt. Die Autoren leiten die Entstehung der Algorithmen (und Programmierungen) aus der Evolutionstheorie Darwins her und verweisen auf konkrete Anwendungen, deren Erfolge aber höchst unterschiedlich waren.

Selbstverständlich erwartet der Entscheider über betriebliche Systeme, der sich zur Unterstützung seiner Entscheidungen Computerprogramme bedient, alle notwendigen Entscheidungsstrukturen zu finden und verlangt auch nach Schätzparametern zur Beurteilung von Fehlentscheidungen und deren Folgen, ausgedrückt u.a. durch die Angabe von Fehlerwahrscheinlichkeiten. Der Mensch, in der Position des Entscheiders, fällt seine Entscheidungen aus „Unscharfem Wissen (93%)" heraus, d.h. die meisten Fakten und Regeln zur Entscheidungsfindung sind unscharf, ungenügend bekannt oder gar nicht bekannt. Dahinter stehen Systeme nichtlinearer Dynamik.

Letztendlich sind „Unscharfe Systeme" „Improvisierte Systeme", die so lange „zusammengebastelt" worden sind, bis sie den Anforderungen entsprechen. Die

---

[10] Rosch, E., Prinziples of Categorisation, in: Rosch, E. und Lloyd (Hrsg.), Cognitation and Catigorization, Hillsdale 1978, S. 28
[11] Nissen, V., Evolutionäre Algorithmen – Überblick und betriebswirtschaftliche Anwendungsmöglichkeiten, in: Arbeitsgemeinschaft Fuzzy Logic und Soft Computing, Braunschweig 1998, S. 62 bis 72

Intelligenz der Systeme besteht darin, die Input-Output-Transformation nicht zu kennen und dennoch zu entscheiden. Der Fachmann oder Entscheider verkörpert dieses System selbst, kann es aber nicht oder ungenügend ausdrücken geschweige denn beschreiben.

In weiterführenden und in Vorbereitung befindlichen Artikeln wird auf Lösungsansätze mit Hilfe der „Event-Driven-Simuation" eingegangen und der Umgang mit nichtlinearen dynamischen Systemen demonstriert. Beispielhaft seien hier auf Anwendungen für die Strombörse Leipzig und die Gestaltung des gesellschaftlichen Übergangs von der Industriegesellschaft zur Informationsgesellschaft[12] verwiesen. Weitaus pragmatischer ist ein Beispiel aus der Werkstattfertigung eines Leipziger Unternehmens, das Schienenfahrzeuge wartet und repariert. Eine Reihe unscharfer Systeme müssen zur Bewältigung des Tagesgeschäftes kombiniert werden. Ebenfalls aus dem Servicebereich ist eine anderes Beispiel: Das Bedienverhalten in einer McDonalds-Filiale, in der gleichzeitig geprüft wurde, ob sich Mehrweg-Geschirr einführen lässt und wie dessen Reinigung zu bewältigen ist. [13]

6. Verteilte Produktion biochemischer Produkte mit biologischen Rohstoffen

Wesentlich aufwändiger sind verteilte Systeme, die sich vordergründig jeglicher Prognose entziehen, wenn herkömmliche Planungs- und Steuerungsinstrumente eingesetzt werden. Am Beispiel der fermentativen Erzeugung von PHB[14], einem Biokunststoff, lässt sich diese Problematik verdeutlichen. Es kann aber erwartet werden, dass diese nichtlinearen Systeme einer Lösbarkeit mit Algorithmen der nichtlinearen Dynamik zugänglich sind, in Kombination mit Ereignis gesteuerten Simulationstools wie z.B. AweSim.

---

[12] Wichtige Arbeiten sind hier in der Arbeitsgruppe Regionale Zukunftsmodelle am UFZ entstanden, deren Leiter Dr. W.-D. Grossmann war. Von ihm wurden eine Reihe Modelle zur Thematik erstellt, in der er Unschärfe-Situationen abbildet.
[13] Die Modelle, die die Teilbereiche von Unternehmen abbilden, sind nicht veröffentlicht und basieren auf: Meiß, K.-M., diverse Projekte aus der Wirtschaft
[14] Meiß, K.-M. et al., Implementationsstudie zur biotechnologischen Herstellung von Polymeren, Projekt der ASG und mit finanzieller Förderung des Umweltbundesamtes, 2001, FKZ 200 66302

Ein Gedankenmodell wäre, die Produktion in so genannten Layern zu ordnen, wie sie in GIS- Systemen eingesetzt werden. Diese Layer mit mindestens einer Merkmalsgleichheit der Elemente beinhalten nichtlineare dynamische Elemente und sie sind zwischen den Ebenen (Layern) vernetzt. Diese dargestellten Layer sind von hierarchischen Modellsystemen zu unterscheiden. Hierarchische Strukturen existieren auf den genannten Abbildungsebenen nicht.

7. Verbreitern der theoretischen Grundlagen auf der Basis der physiktheoretischen Konzepte

Zum Verstehen des irregulären Systemverhaltens kann man moderne Erweiterungen der Theorie dynamischer Systeme und der Chaostheorie heranziehen.[15] Die Konzeption der dynamischen Systeme ist sehr allgemein und führt über die Naturwissenschaft und Technik hinaus bis in die Dynamik nichtlinearer Systeme. Das Interesse basiert auf folgenden Besonderheiten dieser Systeme:

- Stochastizität der dynamischen Prozesse: chaotische Systeme können sinnvoll durch probabilistische Methoden charakterisiert werden (analytische deterministische Beschreibung kaum möglich);
- Ununterscheidbarkeit von deterministischem und stochastischem Verhalten bei bestimmten Klassen diskreter dynamischer Modellsysteme (symbolische Dynamik), Unterschiedlichkeit der Ausprägung des chaotischen Verhaltens (z. B. Turbulenz) für konservative und dissipative Vielteilchensysteme;
- Verallgemeinerung der Entropie- und Informationsbegriffe aus dem ursprünglichen physikalischen Entropiekonzept;
- Bereicherung der Ergodentheorie Boltzmanns durch die Chaotizität dynamischer Systeme.[16]

Ein dynamisches System ist vereinfacht gesagt, ein Objekt, das seinen Zustand zeitlich ändert. Dabei ist der Zustandsbegriff unterschiedlich definierbar (makroskopisch oder mikroskopisch). Systembeispiele sind mechanische oder

---

[15] Vojta, G.: Teubner-Taschenbuch der statistischen Physik. – B. G. Teubner Stuttgart, Leipzig 2000, S. 432 ff.

[16] Vojta, G.: Teubner-Taschenbuch der statistischen Physik. – B. G. Teubner Stuttgart, Leipzig 2000, S. 433 ff

auch hydrodynamische Systeme, reaktive Systeme der Chemie und biologische Systeme.

Die mathematische Theorie dynamischer Systeme basiert auf der Formalisierung der Systemkonzeption durch Abbildungen zwischen parameterabhängigen Zeitfunktionen. Der Definitionsbereich umfasst die Anfangswerte der inneren Systemzustände oder/und die Systemeingänge (Inputs). Entsprechend enthält der Wertebereich die inneren Systemzustände oder die Systemausgänge (Outputs).

Gegenstand der Theorie ist die Klärung von Ursache-Wirkungs-Beziehungen und die Erforschung der allgemeinen qualitativen und globalen Verhaltensweisen dynamischer Systeme. Zudem unterscheidet man die deterministischen (messtheoretischen) von den stochastischen dynamischen Systemen.

Nichtlineare dynamische Systeme zeigen wegen der Vielfalt der zugrunde liegenden dynamischen Gleichungen (System- oder Evolutionsgleichungen) die unterschiedlichsten Verhaltensweisen, z. B. Hysterese, kinetische Phasenumwandlungen oder/und Chaos bzw. Turbulenz. Die Grundgleichungen sind meist nicht streng analytisch lösbar (Ausnahme: Solitongleichungen). Daher ist der Einsatz qualitativer Methoden besonders wichtig.

Besonders interessant sind dissipative dynamische Systeme. Sie sind durch die Existenz von Attraktoren charakterisiert, die „anziehend" auf jede Trajektorie in einer Nachbarschaft wirken. Auf dem Attraktor findet auch die asymptotische Bewegung des Systems statt. Es gibt Punktattraktoren (stabile Fixpunkte der Bewegung), periodische Attraktoren oder Grenzzyklen (geschlossene Kurve im Zustandsraum) und chaotische oder seltsame Attraktoren (fraktale Begrenzungen). Fraktale Begrenzungen haben auch Seperatrizen, die die Wirkungen der Attraktoren begrenzen. Die Attraktorenlandschaft eines Systems kann sich qualitativ durch Attraktorenverschmelzung oder – neuentstehung ändern.

Zur Analyse nichtlinearer Systeme mit chaotischer Dynamik werden spezielle Theorien und Methoden eingesetzt: Bifurkationstheorie, Ljapunov-Exponenten, dynamische Entropien, diskrete iterative Abbildungen, symbolische Dynamik und fraktale Dimensionen.

Deterministisches oder dynamisches Chaos (extrem empfindlich gegen Variationen der Anfangsbedingungen) kann bei Einteilchensystemen oder Vielteilchensystemen (Turbulenz von Flüssigkeiten) auftreten. Notwendig für die chaotische

Dynamik sind die Nichtlinearitäten, die realisiert werden können (genügend Energie im Anfangszustand oder Energiezufuhr) und genügend hohe Dimensionalität d des Phasenraumes ($d \geq 3$). Trotz der meist fehlenden analytischen Lösung (Dominanz der Numerik) existieren viele quantitative Beziehungen und allgemeine strenge Aussagen, also „Ordnung im Chaos". Das ist nicht überraschend, da es sich um deterministische Systeme handelt.

Es gibt drei universelle Wege ins Chaos, Szenarien oder Paradigmen des Chaos.

Im Ruelle-Takens-Szenarium treten von einem stabilen Ausgangszustand aus durch Änderung physikalischer Parameter Bifurkationen, d. h. Verzweigungen von Zustandskurven, auf. Nach etwa 3 oder 4 Bifurkationen entsteht Chaos. Das Feigenbaum-Szenarium wird bei Änderung physikalischer Parameter beherrscht durch eine unendliche Kaskade von periodenverdoppelnden Gabel-Bifurkationen. Am Ende tritt Chaos ein. Das Pomeau-Manneville-Szenarium führt über Bifurkationen zu einem sogar intermittierenden (zeitlich wiederholt unterbrochenem) Chaos. Vom System und der physikalischen Situation hängt das eintretende Szenarium des Chaos ab. Am häufigsten ist das Feigenbaum-Szenarium. Die Universalität der Wege zum Chaos wird vor allem auch durch das Feigenbaum-Szenarium demonstriert. Seine Allgemeingültigkeit wurde zuerst 1978 von dem amerikanischen Theoretiker M. J. Feigenbaum gezeigt. Vorläufer ist der deutsche Physiker S. Großmann.

Wann muss eine Bewegung chaotisch (stochastisch) genannt werden?

Die Begriffe Chaos und Chaotizität (Stochastizität) sind zunächst schwer quantitativ zu erfassen. Quantitativ ist diese Bewegung durch charakteristische Ljapunov-Exponenten (der Abstand a zweier benachbarter Bahnpunkte wächst im Chaosfall exponentiell an: $a = a(0) \exp(Lt)$ mit einem $L > 0$), fraktale Dimensionen der chaotischen Attraktoren und dynamische Entropien gekennzeichnet.

Beschreibung im Phasenraum

Vereinfachung der Bewegungsbeschreibung ist durch die Registrierung einer Kurve der Schnittpunkte der vollen Bewegung mit einer konstanten Ebene möglich:– Poincare-Abbildung mit Verringerung der Dimensionalität des Phasenraums. Ein Feigenbaum-Diagramm entsteht, wenn man die Lage der Punkte einer Poincare-Abbildung in Abhängigkeit vom Parameter 1/r (reziproke Reibungskonstante) aufträgt; damit ergibt sich ein Bild der Bifurkationskaskade, die bis zum Chaos führt. Die Universalität des Feigenbaum-Diagramms bei dissipativen wie konservativen Systemen ist schon auffällig.

Die subharmonischen Bifurkationen treten bei konkreten Werten des Nichtlinearitätsparameters δ auf. Sie zeigen einen universellen Grenzwert

$$\lim_{n \to \infty} \frac{\delta_{n+1} - \delta_n}{\delta_{n+2} - \delta_{n+1}} = \delta = 4{,}6692016.$$ Für die relativen Amplituden ε der Partialwellen (Subharmonische) ergibt sich dann sogar eine zweite Feigenbaum-Konstante

$$\lim_{n \to \infty} \frac{\varepsilon_n}{\varepsilon_{n+1}} = \alpha = 2{,}5029787.$$

Die Klärung dieser Merkwürdigkeit ist mit zeitdiskreten dynamischen Systemen, iterativen Abbildung (z. B. logistische Abbildung) möglich. Die Feigenbaum-Konstanten sind oft wertspezifisch für Systemklassen. Im chaotischen Regime existieren oft periodische Fenster, also reguläre Strukturen. Die Chaosbereiche werden dabei immer größer und beim voll entwickelten Chaos überdecken die Iterationen den gesamten Wertebereich.

Dynamische Entropien

Dynamische oder systemtheoretische Entropien sind eine wichtige Verallgemeinerung des klassischen Entropiebegriffs der statistischen Mechanik. Die wichtigste Entropie ist die Kolmogorov-Sinai-Entropie. Ausgang für die Definition dieser Entropie ist die Shannon-Entropie oder informationstheoretische oder maßtheoretische Entropie H(Z) einer feinen Zerlegung (Z=X_1, .., X_n). Die dynamische oder metrische Entropie K(Z) = sup H(Z), wobei sup das Supremum aller möglichen endlichen (messbaren) Zerlegungen ist.

Ein anderer Zugang ist der über die klassische Entropie, die die möglichen Systemzustände (möglichen Trajektorien – deren Unterscheidbarkeit hängt von der gewünschten Genauigkeit ab), Konfigurationen und verwandte Größen misst.

Ein weiterer Zugang zur dynamischen Entropie K(μ) ist der von der topologischen Entropie her. Das Ergebnis ist eine metrische Entropie eines invarianten ergodischen Wahrscheinlichkeitsmaßes. Der Unterschied zur zweiten Definition ist das Weglassen untypischer Anfangsbedingungen der Trajektorien vom Maße Null. Diese Entropie hat interessante Eigenschaften. So gilt z. B. das Pesin-Theorem: K(μ) = $\sum_k \lambda_k$ mit λ_k >0. Für ein chaotisches System ist K(μ) >0. Darauf beruht die strenge Definition der chaotischen Dynamik. Eine Hierarchie der deterministischen (klassischen) dynamischen Systeme zeigt folgende Ordnung des zeitlichen asymptotischen Systemverhaltens: integrables, ergodisches, mischendes, instabiles/chaotisches System und Bernoulli-Systeme/vollentwickeltes Chaos.

Traditionell konzentriert sich die Naturwissenschaft auf die Erforschung einfacher Strukturen und Prozesse mit hauptsächlich analytischen Methoden. Im Zentrum der interdisziplinären Forschung (Chaosforschung, Informationstheorie, nichtlineare Dynamik) sind heute komplexe Strukturen und Prozesse. Heute verstehen wir das Entstehen komplexer Strukturen durch einfache Regeln. Es gibt verschiedene Möglichkeiten der Beschreibung und quantitativen Charakterisierung komplexer Strukturen mit Hilfe der verschiedenen Entropie- und Informationsmaße.[17]

Zum Komplexitätsverständnis[18] lässt sich folgendes konstatieren: Als komplex bezeichnen wir eine (aus vielen Teilen zusammengesetzte) ganzheitliche Struktur, die durch viele (hierarchisch geordnete) Relationen bzw. Operationen miteinander verknüpft ist. Die Komplexität einer Struktur spiegelt sich in der Anzahl der gleichen bzw. verschiedenen Elemente, in der Anzahl der gleichen bzw. verschiedenen Relationen und Operationen sowie in der Anzahl der Hierarchie-Ebenen wider. Im strengeren Sinne liegt Komplexität dann vor, wenn die Anzahl der Elemente sehr groß (unendlich) ist.

Die Komplexitätstheorie beschäftigt sich vordergründig mit der Analyse von Problemen im Hinblick auf ihre Komplexität. Dabei ist neben der methodischen Intention der Komplexität deren Quantifizierung von zunehmender Bedeutung. Dabei knüpfen einige Entwicklungen an die algorithmische Komplexität nach Kolmogorov und Chaitin an.

Da wir es in der Produktion mit computertechnisch realisierbaren Methoden zu tun haben, liegt ein auf Algorithmen bezogenes Zeitmaß für die Komplexität nahe.

---

[17] Ebeling, W., Freund, J., Schweitzer, F., Komplexe Strukturen, Entropie und Information. – B. G. Teubner Verlagsgesellschaft Leipzig 1998, S. 5
[18] Ebeling, W., Freund, J., Schweitzer, F., Komplexe Strukturen, Entropie und Information. – B. G. Teubner Verlagsgesellschaft Leipzig 1998, S. 18

Im Allgemeinen wird ein Algorithmus dann als effizient angesehen, wenn seine maximale Rechenzeit in Abhängigkeit von der Länge der Eingabe eine polynomiale Funktion ist. Die Komplexität ist dann durch die Rechenzeit des günstigsten Algorithmus für dieses Problem gegeben. Eine Präzisierung des Begriffs der Rechenzeit eines Algorithmus ergibt sich durch die Turing-Maschine. Dabei lassen sich Entscheidungsprobleme stets auf das Problem einer Worterkennung, also auf die Mustererkennung, zurückführen.

Funktionale Komplexität von Algorithmen

Die Güte eines Algorithmus ist nicht allein bestimmt durch Menge der Eingangsdaten mit Lösungsstruktur, durch Geschwindigkeit des Rechnerprogramms (Effizienz der Implementierung) und Änderung der Rechenzeit bei Änderung der Größe der Eingangsdaten. Letzteres schlägt dann zu Buche, wenn der Algorithmus mehrere Daten nacheinander bearbeitet, um ein Ergebnis zu erlangen.

Als Komplexität des Algorithmus wird dann die Art bezeichnet, in der die Rechenzeit mit dieser Anzahl skaliert.

Diesem konzeptionellen Verständnis der Komplexität liegt zugrunde, dass die komplexen Strukturen gewissermaßen zwischen den Extremen der maximal geordneten (periodischen) und der maximal ungeordneten (unkorrelierten) Strukturen liegen. Eine typische komplexe Struktur ist die turbulente Strömung.

Heute existiert immer noch ein Nachholbedarf bei der Präzisierung des Begriffes Komplexität. Wir halten es für sinnvoll, bei einer effektiven Lösungsprozedur nach dem adäquaten Komplexitätsniveau zu fragen, insbesondere dann, wenn chaotische Strukturen auftreten können. Ein probates Mittel ist, definierte Komplexitätsklassen heranzuziehen:

Ist w ein Wort, das von einer Turing-Maschine M akzeptiert wird, so ist wesentlich die minimale Länge einer akzeptierenden Berechnung von w. Sei L eine Sprache, dann sind die Komplexitätsklassen TIME, NTIME, P, NP wie folgt definiert.

TIME($f(n)$), wenn es eine deterministische $O(f(n))$-rechnerzeitbeschränkte Turing-Maschine M mit $L = L(M)$ gibt.

NTIME($f(n)$), wenn es eine nichtdeterministische $O(f(n))$-rechnerzeitbeschränkte Turing-Maschine M mit $L = L(M)$ gibt.

Hieran ist ersichtlich, dass die verschiedenen Komplexitätsbegriffe beherrscht werden müssen, um effektiv arbeiten zu können. Neuerdings wird ein Komplexitätsmaß der Automatentheorie genutzt.[19] Das Verfahren besteht darin, zu einer gegebenen (linearen) Struktur einen probabilistischen Automaten zu konstruieren (eine so genannte ε- Maschine), der Folgen erzeugt, die zu der Ausgangsstruktur äquivalent sind. Als Komplexitätsmaß wird die Shannon-Entropie der Automatenzustände definiert.

Wichtig für unsere Themenstellung getriebener Systeme mit dynamischen Chaos ist der Zusammenhang von Entropie und Vorhersagbarkeit. Jaynes befasste sich mit dem Problem des Schlussfolgerns und einer unvollständigen Information. Mit dem Zusammenhang der statistischen Entropie eines Makrozustandes und der notwendigen Information für die Aufklärung der zugehörigen Mikrozustände ergeben sich Konsequenzen für die so wichtige Vorhersagbarkeit, nicht nur in der Physik, sondern auch in der analogen Theorie der verteilten Produktionssysteme. Chaotische Dynamik impliziert strikte Grenzen der Vorhersagbarkeit.

Eine kleine Unsicherheit in der Kenntnis der Anfangsbedingungen führt schon nach kurzer Zeit zu weitgehender Unkenntnis des tatsächlichen Systemzustandes.

8. Schlussfolgerungen für Forschungsbedarf

Komplexität

Es wird davon ausgegangen, dass die Physik, die Informatik und die Betriebswirtschaft über das jeweils fachspezifische Modell-Know-how ein Zusammenführen des Komplexitätsbegriffs erlauben (im systemtheoretischen Sinn). Die Verknüpfung findet nicht auf den Real-Ebenen statt, sondern auf deren Modellebenen (Beschreibungsebenen). Unter Zugrundelegung der Begriffe und Definitionen von Kolmogorov können nun alle beteiligten Disziplinen Komplexität definieren und vergleichbar machen.

---

[19] Ebeling, W., Freund, J., Schweitzer, F., Komplexe Strukturen, Entropie und Information. – B. G. Teubner Verlagsgesellschaft Leipzig 1998, S. 28

Die Komplexität (Algorithmische Entropie) ist ein direktes Maß der in einer Sequenz gespeicherten Information. Sie erzeugt eine definierte Ordnung der Komplexität unter den Sequenzen, z.B. Biosequenzen. Beispielsweise: Die Schnitt- und Kommunikationspunkte zwischen dem betriebswirtschaftlichen System (Knoten-Kanten-Modell von AweSim, Lineare Programmierung) und dem Physiksystem (Graphentheoretische Darstellung, Phasenraum) sind hiermit gegeben.

Das vorgenannte Darstellungs-Konzept ist eine Möglichkeit zur Unterscheidung von zufälligen und regulären Sequenzen. Bei der Übertragung in betriebswirtschaftliche Systeme sind diese Zusammenhänge wie Netzwerke zu handhaben und zu beurteilen. Die allgemeine Idee der Komplexität verknüpft die Komplexität eines Knotens mit der Größe (Umfang) eines Netzwerkes.

Für die Physik ist zu konstatieren nach Vojta (2000):

- Bei bestimmten Komplexitätsniveaus tritt Chaos auf, wenn die Dimension größer gleich drei im entsprechenden Phasenraum ist.
- Ist das Komplexitätsniveau niedriger als das o.a. kann kein Chaos auftreten.

Es gibt drei universelle Wege zum Chaos (drei bis vier Bifurkationen; endliche Kaskade von Perioden verdoppelnden Gabeln/Bifurkationen; Bifurkationen zu einem zeitlich wiederholt unterbrochenem Chaos: nach Vojta 2000).

Die Produktionssysteme werden uns nicht immer die „Freude machen", sich im dreidimensionalen Phasenraum aufzuhalten und beschreiben zu lassen. Die Einschränkung gilt nicht für getriebene Systeme (der Markt als driving Force).

Die Komplexität biologisch-technischer Produktionssysteme und deren Vernetztheit (Biokunststoffherstellung als reales Problem)

Rapid Prototyping ist nur über stochastische Annahmen möglich, die aus der Welt der Physik bzw. der Produktionstechnik entnommen werden. Für das laufende Projekt „Implemetationsstudie zur Herstellung von Biokunststoff" (gefördert durch das UBA) ist die Abstraktion und die Darstellung in Netzwerken zum Optimieren von Teilsystemen der Produktion (Fermenter, Biogasherstellung, Trocknung, Extraktion usw.) von entscheidender Bedeutung, um das Gesamtsystem zu optimieren.

Das Gesamtsystem ist ein ultra-hoch-komplexes System, dass sich in unterschiedlichsten Aggregationsebenen der Teilsysteme abbilden lässt. Dabei lassen sich die Komplexität der Teilsysteme und deren Aggregationsniveaus überhaupt nicht eindeutig beschreiben. Es gibt nun eine vereinfachte Beschreibung im Phasenraum.Vereinfachung der Bewegungsbeschreibung ist durch die Registrierung einer Kurve der Schnittpunkte der vollen Bewegung mit einer konstanten Ebene möglich:– Poincaré-Abbildung mit Verringerung der Dimensionalität des Phasenraums. Ein Feigenbaum-Diagramm entsteht, wenn man die Lage der Punkte einer Poincaré-Abbildung in Abhängigkeit der Parameter aufträgt; damit ergibt sich ein Bild der Bifurkationskaskade, die bis zum Chaos führt.

Diesen Gedanken übertragen wir auf das Modell zur Herstellung der Biokunststoffe bzw. auf die Teilsysteme und das Gesamtsystem und in der Abstraktion auf das Knoten-Kanten-Modell der entsprechenden Aggregationsebenen unter zur Hilfenahme von AweSim.

Wir folgern daraus Ansätze für einen Forschungsbedarf

- Die Methoden und Konzepte der Nichtlinearen Dynamik in der Physik zur Beschreibung produktionswirtschaftlicher Abläufe (Prozesse) zu nutzen.
- Uns erscheint das Herstellungs- und Produktionssystem „Biokunststoffe" als eine ausgezeichnete Explorationsgrundlage.
- Analyse der chaotischen Systemteile zur Systematisierung (Stabilitätskarte) und Abbildfindung.
- Erweiterung des Modell-Kernels „AweSim" zur Analyse von Komplexität und zum Heranführen an neue Planungs- und Steuerungssysteme.
- Eine verbesserte (optimierte) Lösung für das Biokunststoffherstellungssystem.
- Minimierung des Chaoseinflusses; Chaossteuerung mit/ohne Chaos.
- Übertragen der Ergebnisse aus der Anwendung auf das bestehende „Biokunststoff-System" und auch auf andere Produktions- und Fertigungssysteme mit diskreten und kontinuierlichen Herstellungsprozessen.
- Erweiterung auf Verteilte Systeme (Raum- und zeitliche Dimensionen).
- Vergleich mit anderen PPS-Systemen.
- Erklärung der Grenzen der Vorgängerkonzepte (z.B. unerwarteter Ausschuss).

Erfolgsorientierte Bewertung von Produktionsvorhaben mit Hilfe der investitionstheoretischen Kosten- und Erlösrechnung

Bernd Rieper

1. Einführung in die Aufgabenstellung

Produktionsvorhaben sind Systeme gestaltender Maßnahmen, die Faktoreinsatzmengen über die Beschaffungsmärkte bereitstellen, die Einsatzmengen in Erzeugnisausbringungsmengen transformieren und anschließend diese Ausbringungsmengen auf den Absatzmärkten verwerten.[1] Die miteinander sachlich und zeitlich zusammenhängenden Gestaltungsmaßnahmen können strategisch-taktischer oder operativer Art sein und der Faktor-, Prozess- oder Programmplanung entstammen. Um ein Produktionsvorhaben auf seine Zielwirksamkeit hin beurteilen zu können, lassen sich einerseits die investitionsrechnerischen Verfahren heranziehen, die auf die Ein- und Auszahlungswirkungen des Produktionsvorhabens zurückgreifen und dessen Kapitalwert bestimmen. Andererseits können die kosten- und erlösrechnerischen Verfahren verwendet werden, die auf den Kosten- und Erlöswirkungen des Produktionsvorhabens im Zeitablauf basieren und dessen Gewinnreihe ermitteln. Unabhängig davon, ob das Produktionsvorhaben zahlungs- oder kosten- und erlösorientiert beurteilt werden soll, muß es stets denselben Entscheidungswert aufweisen. Andernfalls hinge seine Güte von der jeweils gewählten Rechnungsgröße ab. Folglich sind die zahlungs- sowie kosten- und erlösbezogene Entscheidungsrechnung äquivalent zu entwerfen.

Einen derartigen Zusammenhang zwischen der zahlungsorientierten Investitionsrechnung und der erfolgsorientierten Kosten- und Erlösrechnung stellt das Konzept der investitionstheoretisch fundierten Kosten- und Erlösrechnung dar, das von Hans-Ulrich Küpper 1985 erstmals vorgeschlagen wurde. Es bestimmt aus den durch den Produktionsfaktoreinsatz hervorgerufenen Auszahlungen die Kosten dieses Faktoreinsatzes und aus den durch die Leistungsverwertung erzielten Einzahlungen die Erlöse dieser Leistungsverwertung. Ausgangspunkt der

---

[1] Vgl. hierzu auch das Konzept des produktiven Systems bei Rieper/Witte 2001, S. 18ff. sowie Witte/Claus/Helling 1994, S. 13ff.

investitionstheoretischen Kosten- und Erlösrechnung ist mithin stets die zahlungsorientierte Betrachtung des Produktionsvorhabens. Die zugehörigen Kosten- und Erlösreihen werden dann unter der Voraussetzung, dass eine Ertragswerterhaltung als langfristiges Ziel verfolgt wird, aus einer auf der Kapitalwertmethode basierenden Investitionsrechnung unter Beachtung des Lücke-Theorems äquivalent abgeleitet. In diesem Beitrag soll das Konzept der investitionstheoretisch fundierten Kosten- und Erlösrechnung in seinen Grundzügen vorgestellt (Teil B) und an einem Beispiel für ein Produktionsvorhaben erläutert werden (Teil C). Der abschließende Teil D fasst die gewonnenen Ergebnisse knapp zusammen.

2. Erörterung der Grundlagen der investitionstheoretisch fundierten Kosten- und Erlösrechnung

2.1 Ursprung und Grundgedanke der investitionstheoretischen Kosten- und Erlösrechnung

Im Jahre 1985 veröffentlichte Hans-Ulrich Küpper in der Zeitschrift für betriebswirtschaftliche Forschung seinen grundlegenden Aufsatz über die investitionstheoretische Fundierung der Kostenrechnung.[2] Die dort präsentierte Konzeption verallgemeinerte eine Vorgehensweise, die am Beispiel der Bestimmung von Anlagenabschreibungen seit längerem in der Literatur erörtert worden ist und mit den Namen H. Hotelling, G. A. D. Preinreich, F. A. und V. Lutz, D. Schneider, H. Mahlert, P. Swoboda, A. Luhmer und K.-P. Kistner verknüpft ist.[3]

Der Grundgedanke dieser Vorgehensweise zur Ermittlung der Anlagenabschreibung besteht darin, zunächst die mit dem Einsatz der Anlage im Zeitablauf verbundene Auszahlungsreihe aufzustellen, mithin den Anlageneinsatz als Investitionsobjekt zu begreifen.[4] Der Auszahlungsreihe liegt eine bestimmte Beschäftigungssituation während der wirtschaftlich optimalen Nutzungsdauer der Anlage zugrunde. Am Ende dieser Nutzungsdauer wird die Anlage durch eine neue, identische Anlage ersetzt. Dieser Vorgang wiederholt sich unendlich viele Male, so dass der Anlageneinsatz letztlich durch eine unendliche Kette identischer

---

[2] Vgl. Küpper 1985a, S. 26ff.
[3] Vgl. Küpper 1984, S. 798, Küpper 1985b, S. 170 u. 176.
[4] Vgl. Küpper 1985b, S. 170f.

Auszahlungsreihen wiedergegeben werden kann. Berechnet man nun, getrennt für den Zeitpunkt t−1 und den benachbarten Zeitpunkt t, den Kapitalwert sämtlicher nach diesem Zeitpunkt anfallenden Auszahlungen der unendlichen Kette identischer Auszahlungsreihen, dann stellt die Differenz dieser Kapitalwerte den Abschreibungsbetrag der Anlage für den Zeitraum zwischen den Zeitpunkten t−1 und t dar. Aus einem investitionsrechnerischen Kalkül, der auf den Auszahlungen des Anlageneinsatzes beruht, werden folglich die Kosten des Anlageneinsatzes in der Form von Abschreibungen hergeleitet.

2.2 Begriff und Aufgaben der investitionstheoretischen Kosten- und Erlösrechnung

Die investitionstheoretische Kosten- und Erlösrechnung ist ein Konzept, das

- aus den durch den Produktionsfaktoreinsatz insgesamt hervorgerufenen Auszahlungen die Kosten dieses Faktoreinsatzes sowie
- aus den durch die Leistungsverwertung insgesamt anfallenden Einzahlungen die Erlöse dieser Leistungsverwertung

für ein fest umrissenes Produktionsvorhaben bestimmt. Darüber hinaus werden die Kosten und Erlöse in die Komponenten der Ab- und Zuschreibungen, der Betriebskosten und Betriebserlöse sowie der Zinskosten und Zinserlöse zerlegt. Eine Saldierung der Kosten und Erlöse ermöglicht eine Erfolgsrechnung für den Faktoreinsatz und die zugehörige Leistungsverwertung.

Mit der investitionstheoretischen Kosten- und Erlösrechnung sollen die folgenden Aufgaben erfüllt werden:[5]

- Verbindung der kurzfristigen, planungsorientierten Kosten- und Erlösrechnung mit der mittel- und langfristigen dynamischen Investitionsrechnung zur Vereinheitlichung der betrieblichen Planung und deren Ausrichtung auf ein einheitliches Erfolgsziel, die Maximierung des Kapitalwerts,
- Verwendung der begrifflich eindeutigen sowie zu beobachtenden und meßbaren Auszahlungen durch den Faktoreinsatz sowie Einzahlungen aus der Leistungsverwertung als Basisrechengrößen sowohl für die Investitionsrechnung als auch für die Kosten- und Erlösrechnung,

---

[5] Vgl. Schweitzer/Küpper 1998, S. 212ff., Küpper 1985a, S. 26ff., Küpper 1993, S. 79ff.

- Schaffung eines theoriegestützten Fundaments für eine nachvollziehbare und begründete Herleitung der Kosten des Faktoreinsatzes und der Erlöse der Leistungsverwertung aus den zugehörigen Aus- und Einzahlungswirkungen,
- Bereitstellung von Kosten- und Erlösinformationen zur Durchführung von kurzfristigen Periodenerfolgsrechnungen sowie zur Unterstützung kurzfristiger Entscheidungsrechnungen.

2.3 Basiskonzepte der investitionstheoretischen Kosten- und Erlösrechnung

Die investitionstheoretische Kosten- und Erlösrechnung stützt sich auf drei Basiskonzepte. Sie ist auf die langfristige Zielsetzung der Ertragswerterhaltung einer Unternehmung ausgerichtet, setzt das Modell zur Bestimmung der optimalen Nutzungsdauer einer unendlichen Kette identischer Investitionsobjekte mit Hilfe der Kapitalwertmethode ein und beachtet bei der Transformation der Aus- und Einzahlungen in Kosten und Erlöse das Lücke-Theorem.

Gemäß dem Grundsatz, dass nicht wie auch immer definierte Kosten und Erlöse darüber bestimmen, was Gewinn bedeutet, sondern umgekehrt erst die Vorstellung, was als Gewinn angesehen werden soll, darüber entscheidet, was als Kosten und Erlöse aufzufassen ist[6], wird bei der investitionstheoretischen Kosten- und Erlösrechnung vom kapitaltheoretischen oder ökonomischen Gewinn ausgegangen. Dieser Gewinn kann erst entstehen, wenn die Unternehmung ihre wirtschaftliche Leistungsfähigkeit sichergestellt hat. Dies ist im Rahmen eines vollkommenen und vollständigen Kapitalmarkts dann der Fall, wenn die Unternehmung eine Ertragswerterhaltung betreibt.[7]

Der Ertragswert einer Unternehmung am Ende eines Jahres t, der zugleich als deren Marktwert am Ende dieses Jahres bezeichnet werden kann, entspricht dem Kapitalwert aller nach diesem Zeitpunkt anfallenden Auszahlungen durch den Faktoreinsatz und Einzahlungen aus der Leistungsverwertung einschließlich des Liquidationserlöses für die Unternehmung am Ende der Lebensdauer. Die Differenz der Ertragswerte am Ende der benachbarten Jahre t–1 und t spiegelt die ertragswertabhängige Abschreibung des Jahres t wider. Der kapitaltheoretische Gewinn des Jahres t bestimmt sich aus der Differenz von laufendem Einzah-

---

[6] Vgl. Schneider 1984, S. 2523.
[7] Vgl. Schneider 1984, S. 2523f., Schneider 1997, S. 41ff. u. 264ff.

Erfolgsorientierte Bewertung von Produktionsvorhaben

lungsüberschuss und Ertragswertabschreibung dieses Jahres und entspricht den jährlichen Zinsen auf den Ertragswert am Ende des Jahres t−1. Er stellt denjenigen Betrag dar, der entnommen werden kann, ohne den künftigen Ertragswert zu verändern.[8]

Zur Berechnung dieser Ertragswerte wird in der investitionstheoretischen Kosten- und Erlösrechnung das Modell zur Ermittlung der wirtschaftlichen Nutzungsdauer einer unendlichen Kette identischer Investitionsobjekte mit Hilfe der Kapitalwertmethode herangezogen.[9] Das einzelne Investitionsobjekt wird durch eine Zeitreihe von Auszahlungen durch den Faktoreinsatz und Einzahlungen aus der Leistungsverwertung beschrieben, deren Struktur eine bestimmte Beschäftigungssituation während des noch zu bestimmenden Nutzungszeitraums des Investitionsobjekts widerspiegelt. Nach Ablauf dieses Nutzungszeitraums wird das Investitionsobjekt in identischer Weise unendlich viele Male wiederholt. Die sich hieraus ergebende unendliche Kette von Ein- und Auszahlungen wird nun dazu herangezogen, die Kosten des Faktoreinsatzes sowie die Erlöse der Leistungsverwertung zu ermitteln, indem für bestimmte Zeitpunkte innerhalb der wirtschaftlichen Nutzungsdauer des als erstes durchzuführenden Investitionsobjekts die Ertragswerte und daraus abgeleitete Größen, getrennt nach Ein- und Auszahlungen, berechnet werden.

Bei der Herleitung der Kosten des Faktoreinsatzes sowie der Erlöse der Leistungsverwertung aus den zugehörigen Aus- und Einzahlungswirkungen muß das Lücke-Theorem[10] beachtet werden, um die Äquivalenz von zahlungs- und erfolgsorientierten (Entscheidungs-)Rechnungen zu wahren. Nach diesem Theorem müssen

- sämtliche Auszahlungen durch den Faktoreinsatz (ohne Zinsauszahlungen) als Kosten (ohne Zinskosten) sowie sämtliche Einzahlungen aus der Leistungsverwertung (ohne Zinseinzahlungen) als Erlöse (ohne Zinserlöse) verrechnet werden und
- die Zinskosten und Zinserlöse im Zuge einer Kapitalbindungs- und Kapitalfreisetzungsrechnung ermittelt werden, sofern Auszahlungen und Kosten ei-

---

[8] Vgl. Schneider 1997, S. 41.
[9] Vgl. Adam 1997, S. 193ff.
[10] Vgl. Lücke 1955, S. 310ff., Kloock 1997, S. 67ff.

nerseits sowie Einzahlungen und Erlöse andererseits zeitlich unterschiedlich anfallen.[11]

Als Folge davon stimmen der Kapitalwert der Auszahlungen durch den Faktoreinsatz mit dem Kapitalwert der zugehörigen Kosten einschließlich der Zinskosten überein; das gleiche gilt für den Kapitalwert der Einzahlungen aus der Leistungsverwertung und den Kapitalwert der Erlöse einschließlich der Zinserlöse.

3. Erläuterung der Vorgehensweise der investitionstheoretischen Kosten- und Erlösrechnung an einem Produktionsvorhaben

3.1 Erörterung des Produktionsvorhabens

Die Vorgehensweise der investitionstheoretischen Kosten- und Erlösrechnung soll auf dem Hintergrund einer Beispielsituation erläutert werden. Eine Unternehmung will über die kommenden sechs Jahre ein Projekt für einen Kunden abwickeln, das als Produktionsvorhaben begriffen und mithin durch die beiden Zeitreihen der Aus- und Einzahlungen sowie – ergänzend – durch die Zeitreihe der Ein-/Auszahlungsüberschüsse charakterisiert werden kann (vgl. Tabelle 1). Auszahlungen weisen ein negatives, Einzahlungen ein positives Vorzeichen auf und beziehen sich stets auf das Ende des jeweils angegebenen Jahres.

Die Auszahlungsreihe umschließt eine Anfangsauszahlung (z.B. die Vorleistungsauszahlungen zuzüglich der Anschaffungsauszahlung für eine maschinelle Anlage), laufend anfallende Auszahlungen (z.B. für den Einsatz von Roh-, Hilfs- und Betriebsstoffen sowie von Arbeitsstunden) und eine Beendigungsauszahlung (z.B. die Nachleistungsauszahlungen und die Abschaffungsauszahlung für die maschinelle Anlage).[12]

Die Einzahlungsreihe spiegelt die mit dem Kunden vereinbarten Zahlungsmodalitäten wider. Die Anfangseinzahlung entspricht der ersten Vorauszahlung des Kunden, die laufend anfallenden Einzahlungen stellen die vereinbarten jährlichen Abschlagszahlungen des Kunden dar, und die Beendigungseinzahlung gibt die Zahlung des Kunden aufgrund der Schlussrechnung an. Alle drei Arten

---

[11] Vgl. Kloock 1981, S. 876ff.
[12] Vgl. Rieper 1999, S. 451ff.

von Ein- und Auszahlungsgrößen lassen sich saldieren und führen zur Zeitreihe der Ein-/Auszahlungsüberschüsse.

Ende des Jahres t	0	1	2	3	4	5	6
AA	-300	0	0	0	0	0	0
LA_t	0	-40	-41	-42,5	-44,5	-47,5	-50
BA	0	0	0	0	0	0	-30
AE	150	0	0	0	0	0	0
LE_t	0	110	110	110	110	110	110
BE	0	0	0	0	0	0	130
AZÜ	-150	0	0	0	0	0	0
$LZÜ_t$	0	70	69	67,5	65,5	62,5	60
BZÜ	0	0	0	0	0	0	100

Legende:
t [-]: Nummer des betrachteten Jahres innerhalb der Dauer des Produktionsvorhabens mit t = 1, 2, ..., T,
AA [€]: Anfangsauszahlung,
LA_t [€]: laufend anfallende Auszahlungen des Jahres (mit der Nummer) t,
BA [€]: Beendigungsauszahlung,
AE [€]: Anfangseinzahlung,
LE_t [€]: laufend anfallende Einzahlungen des Jahres (mit der Nummer) t,
BE [€]: Beendigungseinzahlung,
AZÜ [€]: Anfangsaus- oder -einzahlungsüberschuss (= AA + AE),
$LZÜ_t$ [€]: laufend anfallende Ein- oder Auszahlungsüberschüsse des Jahres (mit der Nummer) t (= LA_t + LE_t),
BZÜ [€]: Beendigungsaus- oder -einzahlungsüberschuss (= BA + BE).

Tabelle 1: Datensituation des beispielhaft betrachteten Produktionsvorhabens (in Tsd. €)

Der Kapitalwert der Auszahlungsreihe des Produktionsvorhabens KWA beträgt für den Bezugszeitpunkt ‚Beginn der Dauer des Produktionsvorhabens' bei einem jährlichen Kalkulationszinsfuß i = 0,1 und q = 1 + i:

$$(1) \quad KWA = AA + \sum_{t=1}^{T} LA_t \cdot q^{-t} + BA \cdot q^{-T} = -507,22 \, [\text{Tsd. €}].$$

Die analoge Anwendung der Formel (1) auf die Einzahlungsreihe des Produktionsvorhabens ergibt einen Kapitalwert von KWE = 702,46 [Tsd. €], so dass das Produktionsvorhaben insgesamt gesehen mit einem Kapitalwert der Zahlungsüberschüsse in Höhe von KWZÜ = KWA + KWE = 195,24 [Tsd. €] vorteilhaft ist.

Der Kapitalwert einer sich in identischer Weise unendlich oft wiederholenden Auszahlungsreihe des Produktionsvorhabens KWKA lautet für denselben Bezugszeitpunkt mit i > 0 und T > 0:

(2) $$\begin{aligned}KWKA &= KWA \cdot (1 + q^{-T} + q^{-2 \cdot T} + ...) = KWA/(1 - q^{-T}) \\ &= KWA + KWKA \cdot q^{-T} = -1.164{,}63\,[\text{Tsd. €}].\end{aligned}$$

Die entsprechende Berechnung für die Einzahlungsreihe des Produktionsvorhabens ergibt einen Wert von KWKE = 1.612,90 [Tsd. €].

3.2 Abschreibungen, Betriebskosten und Zinskosten als Bestandteile der Faktorkosten pro Jahr

Gegenstand der folgenden Betrachtungen[13] ist ausschließlich die sich in identischer Weise unendlich oft wiederholende Auszahlungsreihe für den Faktoreinsatz des Produktionsvorhabens. Zur Bestimmung der aufgrund des Faktoreinsatzes jährlich vorzunehmenden Abschreibung wird zunächst der Barwert $KWKA_t$ der unendlichen Auszahlungsreihe am Ende des Jahres t, t = 0, 1, 2, ..., T−1, berechnet (vgl. Tabelle 2):

$$KWKA_t = q^t \cdot \left(\sum_{s=t+1}^{T} LA_s \cdot q^{-s} + BA \cdot q^{-T} + KWKA \cdot q^{-T} \right).$$

Er umfasst alle ab dem Jahre t+1 anfallenden Auszahlungen durch den Faktoreinsatz und stellt den auszahlungsbestimmten Teil des Ertragswerts des Produktionsvorhabens dar. Für $KWKA_T$ wird ein Betrag in Höhe von KWKA + BA angesetzt.

Ende des Jahres t	auszahlungsbestimmter Teil des Ertragswerts $KWKA_t$
0	− 864,63
1	− 911,09
2	− 961,20
3	− 1.014,82
4	− 1.071,80
5	− 1.131,48
6	− 1.194,63

Tabelle 2: Entwicklung des auszahlungsbestimmten Teils des Ertragswerts innerhalb der Dauer des Produktionsvorhabens (in Tsd. €)

---

[13] Vgl. Rieper 1999, S. 455ff.

Die Differenz der Kapitalwerte $KWKA_t$ und $KWKA_{t-1}$ wird als Abschreibung DA_t aufgrund des Faktoreinsatzes im Jahre t, t = 1, 2, ..., T, begriffen (vgl. Tabelle 3, Spalte (2)):

(3) $\quad DA_t = KWKA_t - KWKA_{t-1} = i \cdot KWKA_{t-1} - LA_t$

wegen $KWKA_t = q \cdot KWKA_{t-1} - LA_t$.

Die Abschreibung des Jahres t lässt sich als zahlungsmäßiger Nachteil auffassen, der durch die Weiterführung des Faktoreinsatzes im Rahmen des Produktionsvorhabens während des Jahres t entsteht: An die Stelle des Barwerts aller künftigen Auszahlungen $KWKA_{t-1}$ am Ende des Jahres t–1 tritt der niedrigere Barwert $KWKA_t$ am Ende des Jahres t. Diese Abschreibung stellt den auszahlungsbestimmten Teil der Ertragswertabschreibung des Produktionsvorhabens dar. Im durchaus möglichen Falle eines sich einstellenden positiven Betrags für DA_t müsste von einer Zuschreibung gesprochen werden.

(1) Jahr t	(2) Abschreibung DA_t	(3) Betriebskosten CA_t	(4) Zinskosten IA_t	(5) $i \cdot KWKA$ = (2) + (3) + (4)
1	– 46,46	– 40,00	– 30,00	– 116,46
2	– 50,11	– 41,00	– 25,35	– 116,46
3	– 53,62	– 42,50	– 20,34	– 116,46
4	– 56,98	– 44,50	– 14,98	– 116,46
5	– 59,68	– 47,50	– 9,28	– 116,46
6	– 63,15	– 50,00	– 3,31	– 116,46
Summe	– 330,00	– 265,50	–	–

Tabelle 3: Jährliche Abschreibungen, Betriebskosten und Zinskosten als Bestandteile der Faktorkosten des Produktionsvorhabens (in Tsd. €)

Addiert man die jährlichen Abschreibungen über die Jahre der Dauer des Produktionsvorhabens, ergibt sich ein Betrag, der gerade der Summe aus Anfangs- und Beendigungsauszahlung entspricht (vgl. Tabelle 3, Spalte (2)):

(5) $\quad \sum_{t=1}^{T} DA_t = KWKA_T - KWKA_0$

$\quad\quad\quad = KWKA + BA - (KWKA - AA) = BA + AA$.

Die aufgrund des Faktoreinsatzes für das Produktionsvorhaben im Jahre t, t = 1, 2, ..., T, anfallenden Betriebskosten CA_t werden mit den im gleichen Zeitraum laufend anfallenden Auszahlungen LA_t gleichgesetzt (vgl. Tabelle 3, Spalte (3)):

(6) $\quad CA_t = LA_t$.

Die Gleichungen (5) und (6) erfüllen die erste Bedingung des Lücke-Theorems, nach der die Summe der Auszahlungen durch den Faktoreinsatz gleich der Summe aus Abschreibungen und Betriebskosten des Faktoreinsatzes für das Produktionsvorhaben ist:

(7) $\quad AA + BA + \sum_{t=1}^{T} LA_t = \sum_{t=1}^{T} (DA_t + CA_t)$.

Der unterschiedliche zeitliche Anfall von Auszahlungen und Kosten des Faktoreinsatzes für das Produktionsvorhaben erfordert gemäß der zweiten Bedingung des Lücke-Theorems die Verrechnung von Zinsen als weitere, dritte Kostenart. Diese Zinskosten üben eine Ausgleichsfunktion zwischen der auszahlungsorientierten und der kostenorientierten Betrachtung des Faktoreinsatzes für das Produktionsvorhaben aus.[14] Die für das Jahr t, t = 1, 2, ..., T, zu verrechnenden Zinskosten IA_t aufgrund des Faktoreinsatzes für das Produktionsvorhaben errechnen sich aus dem Produkt von Kalkulationszinssatz und am Ende des Jahres t−1 durch den Faktoreinsatz gebundenem Kapital KBA_{t-1}, das während des gesamten Jahres t unverändert bleibt. Letzteres ergibt sich aus der Differenz zwischen den bis zum Ende des Jahres t−1 kumulierten Auszahlungen und kumulierten Kosten des Faktoreinsatzes für das Produktionsvorhaben. Daher gilt (vgl. Tabelle 3, Spalte (4)):

(8)
$$IA_t = i \cdot KBA_{t-1} = i \cdot \left[AA + \sum_{s=1}^{t-1} LA_s - \sum_{s=1}^{t-1} (DA_s + CA_s) \right]$$
$$= i \cdot \left(AA - \sum_{s=1}^{t-1} DA_s \right) = i \cdot (KWKA - KWKA_{t-1}).$$

Im durchaus möglichen Falle eines sich einstellenden positiven Betrags für IA_t müsste von Zinserlösen gesprochen werden.

Wie bereits die Spalte (5) der Tabelle 3 zeigt und sich unter Heranziehung der Gleichungen (4), (6) und (8) nachweisen lässt, besteht ein fundamentaler Zu-

---

[14] Vgl. Lücke 1955, S. 314f.

sammenhang zwischen den Kosten des Faktoreinsatzes für das Produktionsvorhaben und den zugehörigen Auszahlungen:

(9) $\quad DA_t + CA_t + IA_t = i \cdot KWKA \quad \text{für} \quad t = 1, 2, ..., T.$

Die Summe aus jährlichen Abschreibungen, Betriebskosten und Zinskosten ist in jedem Jahr der Dauer des Produktionsvorhabens gleich hoch und stimmt mit der Annuität der unendlichen Auszahlungsreihe für den Faktoreinsatz des Produktionsvorhabens überein.

3.3 Zuschreibungen, Betriebserlöse und Zinserlöse als Bestandteile der Erlöse pro Jahr

Die analoge Übertragung der im vorhergehenden Abschnitt angestellten Überlegungen nunmehr auf die unendliche Einzahlungsreihe aus der Leistungsverwertung des Produktionsvorhabens erlaubt es, die zugehörigen Zuschreibungen, Betriebserlöse und Zinserlöse zu berechnen. Verwendet werden kann hierfür derselbe Formelapparat (3)–(9), wenn statt der dort herangezogenen spezifischen Auszahlungsgrößen nun die entsprechenden Einzahlungsgrößen angesetzt werden. Folglich genügt es in diesem Abschnitt, die zahlenmäßigen Ergebnisse vorzustellen.

Ende des Jahres t	einzahlungsbestimmter Teil des Ertragswerts $KWKE_t$
0	1.462,90
1	1.499,19
2	1.539,11
3	1.583,02
4	1.631,32
5	1.684,46
6	1.742,90

Tabelle 4: Entwicklung des einzahlungsbestimmten Teils des Ertragswerts innerhalb der Dauer des Produktionsvorhabens (in Tsd. €)

Den einzahlungsbestimmten Teil des Ertragswerts des Produktionsvorhabens $KWKE_t$, t = 1, 2, ..., T, zeigt die Tabelle 4. Die hieraus resultierende Zuschreibung DE_t als einzahlungsbestimmter Teil der Ertragswertabschreibung, die Betriebserlöse CE_t sowie die Zinserlöse IE_t sind in der Tabelle 5 zusammengefasst. Im wiederum möglichen Falle negativer Beträge für die Größen DE_t und IE_t müsste von Abschreibungen und Zinskosten gesprochen werden. Auch hier tritt der fundamentale Zusammenhang zwischen den Erlöskomponenten und den zugehörigen Einzahlungen auf: Die Summe aus jährlichen Zuschreibungen, Betriebserlösen und Zinserlösen ist in jedem Jahr der Dauer des Produktionsvorhabens gleich hoch und stimmt mit der Annuität der unendlichen Einzahlungsreihe des Produktionsvorhabens überein.

(1) Jahr t	(2) Zuschreibung DE_t	(3) Betriebserlös CE_t	(4) Zinserlös IE_t	(5) i · KWKE = (2) + (3) + (4)
1	36,29	110,00	15,00	161,29
2	39,92	110,00	11,37	161,29
3	43,91	110,00	7,38	161,29
4	48,30	110,00	2,99	161,29
5	53,13	110,00	− 1,84	161,29
6	58,45	110,00	− 7,16	161,29
Summe	280,00	660,00	−	−

Tabelle 5: Jährliche Zuschreibungen, Betriebserlöse und Zinserlöse als Bestandteile der Erlöse des Produktionsvorhabens (in Tsd. €)

3.4 Ertragswertbestimmung, Zusammenführung der Erlös- und Kostenkomponenten sowie Berechnung des kapitaltheoretischen Gewinns

Addiert man den ein- und auszahlungsbestimmten Teil des Ertragswerts am Ende eines jeden Jahres der Dauer des Produktionsvorhabens (vgl. Tabelle 2 und Tabelle 4), ergibt sich der gesamte Ertragswert des Produktionsvorhabens in seiner zeitlichen Entwicklung (vgl. Tabelle 6). Dessen Veränderung von Jahr zu Jahr gleicht dem jährlichen Saldo aus Zu- und Abschreibung für das Produktionsvorhaben (vgl. Tabelle 7, Spalte (2)) und stellt die gesamte Ertragswertabschreibung für das Produktionsvorhaben dar. Die Summe aus den jährlichen laufend anfallenden Ein- und Auszahlungen für das Produktionsvorhaben deckt sich mit dem Saldo aus jährlichen Betriebserlösen und Betriebskosten (vgl. Tabelle 7, Spalte (3)). Der jährliche Saldo aus Zinserlösen und Zinskosten (vgl. Tabelle 7, Spalte (4)) vermittelt die durch das Produktionsvorhaben insgesamt in jedem Jahr der Dauer des Produktionsvorhabens hervorgerufenen Kosten der Kapitalbindung. Die Summe der drei saldierten Erlös- und Kostenkomponenten des Produktionsvorhabens schließlich ist wiederum in jedem Jahr der Dauer des Produktionsvorhabens gleich hoch und stimmt mit der Annuität der unendlichen

Reihe der Ein-/Auszahlungsüberschüsse für das Produktionsvorhaben überein (vgl. Tabelle 7, Spalte (5)).

Angemerkt sei, dass man alle in den Tabellen 6 und 7 ausgewiesenen Werte auch dadurch berechnen kann, dass der obige Formelapparat (3)–(9) auf die spezifischen Ein- und Auszahlungsüberschüsse des Produktionsvorhabens angewendet wird.

Der kapitaltheoretische Gewinn G_t für das Jahr t, t = 1, 2, ..., T, ergibt sich aus der Zusammenfassung von Zu- und Abschreibung sowie Betriebserlösen und Betriebskosten dieses Jahres[15]:

(10) $G_t = DZÜ_t + CZÜ_t$.

Ende des Jahres t	Saldo aus ein- und auszahlungsbestimmtem Ertragswert $KWZÜ_t = KWKE_t + KWKA_t$
0	598,28
1	588,10
2	577,91
3	568,20
4	559,52
5	552,98
6	548,28

Tabelle 6: Entwicklung des Saldos aus ein- und auszahlungsbestimmtem Ertragswert innerhalb der Dauer des Produktionsvorhabens (in Tsd. €)

(1) Jahr t	(2) Saldo aus Zu- und Abschreibung $DZÜ_t$ = $DE_t + DA_t$	(3) Saldo aus Betriebserlösen und –kosten $CZÜ_t = CE_t + CA_t$	(4) Saldo aus Zinserlösen und –kosten $IZÜ_t = IE_t + IA_t$	(5) = i · (KWKE + KWKA) = i · KWKZÜ = (2) + (3) + (4)
1	– 10,17	70,00	– 15,00	44,83
2	– 10,19	69,00	– 13,98	44,83
3	– 9,71	67,50	– 12,96	44,83
4	– 8,68	65,50	– 11,99	44,83
5	– 6,55	62,50	– 11,12	44,83
6	– 4,70	60,00	– 10,47	44,83
Summe	– 50,00	394,50	–	–

Tabelle 7: Jährliche Salden der Erlös- und Kostenkomponenten des Produktionsvorhabens (in Tsd. €)

---

[15] Vgl. Schneider 1997, S. 41 u. 264.

Aufgrund der in Tabelle 7 zum Ausdruck kommenden Beziehung

(11) $\quad DZÜ_t + CZÜ_t = i \cdot KWKZÜ - IZÜ_t$

sowie der in Anlehnung an Formel (8) gültigen Berechnungsvorschrift für die Kosten der Kapitalbindung für das Produktionsvorhaben insgesamt

(12) $\quad IZÜ_t = i \cdot (KWKZÜ - KWKZÜ_{t-1})$

gilt für den kapitaltheoretischen Gewinn in (10) auch:

(13) $\quad G_t = i \cdot KWKZÜ - IZÜ_t = i \cdot KWKZÜ_{t-1}$.

Der kapitaltheoretische Gewinn des Jahres t entspricht gerade der jährlichen Verzinsung des am Ende des Vorjahres geltenden Ertragswerts des Produktionsvorhabens.[16]

Abschließend sollen die in der Tabelle 7 errechneten verschiedenartigen Salden von Erlös- und Kostenkomponenten des Produktionsvorhabens im Lichte eines für dieses Produktionsvorhaben erstellten 'Vollständigen Finanzplans' gedeutet werden (vgl. Tabelle 8). Zur Finanzierung des Anfangsauszahlungsüberschusses des Produktionsvorhabens in Höhe von 150 [Tsd. €] wird in gleicher Höhe Kapital aufgenommen, das während der Dauer des Produktionsvorhabens in Höhe des jeweiligen Saldos aus Zu- und Abschreibung sowie am Ende der Dauer des Produktionsvorhabens in Höhe des Beendigungseinzahlungsüberschusses von 100 [Tsd. €] vollständig getilgt wird. Der jeweils verbleibende Kapitalbestand bildet die Basis für die jährliche Zinsauszahlung, die sich gerade mit dem Saldo aus Zinserlösen und Zinskosten des Produktionsvorhabens deckt. Darüber hinaus erfolgt eine jährlich gleichbleibende Ausschüttung in Höhe der Annuität der unendlichen Kette von Ein-/Auszahlungsüberschüssen des Produktionsvorhabens. Diese Annuität, die als jährlicher kalkulatorischer Gewinn interpretiert werden kann, bildet zusammen mit der jährlich vorzunehmenden Zinsauszahlung den kapitaltheoretischen Gewinn eines Jahres.

---

[16] Vgl. Schneider 1997, S. 41 u. 265.

Erfolgsorientierte Bewertung von Produktionsvorhaben 269

Ende des Jahres t Finanzaktion	0	1	2	3	4	5	6
Zahlungsreihe des Projekts (AZÜ)	−150,00	0	0	0	0	0	0
(LZÜ$_t$ = CZÜ$_t$)	0	70,00	69,00	67,50	65,50	62,50	60,00
(BZÜ)	0	0	0	0	0	0	100,00
Kapitalaufnahme	150,00	0	0	0	0	0	0
Zinsauszahlung (IZÜ$_t$)	0	−15,00	−13,98	−12,96	−11,99	−11,12	−10,47
Ausschüttung (−i · KWKZÜ)	0	−44,83	−44,83	−44,83	−44,83	−44,83	−44,83
Kapital-rückzahlung (DZÜ$_t$)	0	−10,17	−10,19	−9,71	−8,68	−6,55	−4,70
(−BZÜ)	0	0	0	0	0	0	−100,00
Finanzierungssaldo	0	0	0	0	0	0	0
Kapitalbestand (−KBZÜ$_t$)	150,00	139,83	129,64	119,93	111,25	104,70	0

Tabelle 8: Der vollständige Finanzplan für das Produktionsvorhaben (in Tsd. €)

4. Schlussbemerkungen

Das Konzept der investitionstheoretischen Kosten- und Erlösrechnung bietet eine in sich geschlossene und begründete Vorgehensweise zur Herleitung der Kosten des Faktoreinsatzes aus den durch diesen Faktoreinsatz hervorgerufenen Auszahlungen sowie zur Ermittlung der Erlöse der Leistungsverwertung aus den durch diese Leistungsverwertung erzielten Einzahlungen. Die sich hieran anschließende Erfolgsrechnung führt zum kapitaltheoretischen Gewinn sowie, nach Berücksichtigung der Zinsen, zum kalkulatorischen Gewinn. Das Konzept läßt sich isoliert auf jede einzelne eingesetzte Faktorart und hervorgebrachte Leistungsart anwenden und erfüllt die oben genannten Aufgaben.[17]

Zentral für diese Form der Kosten- und Erlösrechnung ist die Kennzeichnung der Prozesse der Leistungserstellung und Leistungsverwertung als Produktionsvorhaben. Vorliegen müssen die Aus- und Einzahlungsreihen aufgrund der betrieblichen Gestaltungsmaßnahmen. Dies erfordert eine Kenntnis der Nutzungsdauern und Beschäftigungssituationen der eingesetzten Faktoren sowie der konkreten Zusammenhänge zwischen der Höhe der laufend anfallenden Ein- und Auszahlungen und Beendigungsein- und -auszahlungen einerseits und deren Bestimmungsfaktoren andererseits.[18]

Darüber hinaus beruht die investitionstheoretische Kosten- und Erlösrechnung auf den drei Konzepten der Ertragswerterhaltung, des Lücke-Theorems sowie der Bestimmung der Nutzungsdauer sich unendlich häufig in identischer Weise wiederholender Investitionsobjekte. Aller an diesen drei Basiskonzepten geübten Kritik muss sich auch die investitionstheoretische Kosten- und Erlösrechnung stellen. Von herausragender Bedeutung ist hier die trotz langfristiger Betrachtungsweise unterstellte Existenz der Datensicherheit[19] sowie des vollkommenen und vollständigen Kapitalmarkts.[20]

---

[17] Vgl. zur Anwendung dieses Konzepts auf die Herleitung betrieblicher Kostenfunktionen Rieper 2003.
[18] Vgl. Küpper 1993, S. 122ff., Schweitzer/Küpper 1998, S. 239f.
[19] Vgl. Laux 1995, S. 229f.
[20] Vgl. Schweitzer/Küpper 1998, S. 242f., Ossadnik 2003, S. 62f.

Literatur

Adam, Dietrich: Investitionscontrolling, 2. Aufl., München, Wien 1997.
Kloock, Josef: Mehrperiodige Investitionsrechnungen auf der Basis kalkulatorischer und handelsrechtlicher Erfolgsrechnungen, in: ZfbF, 33. Jg., 1981, S. 873-890.
Kloock, Josef: Betriebliches Rechnungswesen, 2. Aufl., Lohmar, Köln 1997.
Küpper, Hans-Ulrich: Kosten- und entscheidungstheoretische Ansatzpunkte zur Behandlung des Fixkostenproblems in der Kostenrechnung, in: ZfbF, 36. Jg., 1984, S. 794-811.
Küpper, Hans-Ulrich: Investitionstheoretische Fundierung der Kostenrechnung, in: ZfbF, 37. Jg., 1985a, S. 26-46.
Küpper, Hans-Ulrich: Die investitionstheoretische Abschreibung: Eine vergleichende Analyse des Konzepts und seiner Bestimmungsgrößen, in: WiSt, 14. Jg., 1985b, S. 170-176.
Küpper, Hans-Ulrich: Kostenrechnung auf investitionstheoretischer Basis, in: Zur Neuausrichtung der Kostenrechnung: Entwicklungsperspektiven für die 90er Jahre, hrsg. von Jürgen Weber, Stuttgart 1993, S. 79-136.
Laux, Helmut: Erfolgssteuerung und Organisation 1, Berlin usw. 1995.
Lücke, Wolfgang: Investitionsrechnungen auf der Grundlage von Ausgaben oder Kosten?, in: ZfhF, 7. Jg., 1955, S. 310-324.
Ossadnik, Wolfgang: Controlling, 3. Aufl., München, Wien 2003.
Rieper, Bernd: Ermittlung der lang- und kurzfristigen Kosten des Produktionsfaktoreinsatzes – ein vereinheitlichter Ansatz, in: ZfB, 69. Jg., 1999, S. 449-473.
Rieper, Bernd: Produktions- und kapitaltheoretische Fundierung betrieblicher Kostenfunktionen – eine Erörterung am Beispiel einer linear-limitationalen Produktionsfunktion, in: ZfB, 73. Jg., 2003, S. 473-497.
Rieper, Bernd, Witte, Thomas: Grundwissen Produktion: Produktions- und Kostentheorie, 4. Aufl., Frankfurt a.M. usw. 2001.
Schneider, Dieter: Entscheidungsrelevante fixe Kosten, Abschreibungen und Zinsen zur Substanzerhaltung, in: Der Betrieb, 37. Jg., 1984, S. 2521-2528.
Schneider, Dieter: Betriebswirtschaftslehre, Bd. 2: Rechnungswesen, 2. Aufl., München, Wien 1997.
Schweitzer, Marcell, Küpper, Hans-Ulrich: Systeme der Kosten- und Erlösrechnung, 7. Aufl., München 1998.
Witte, Thomas, Claus, Thorsten, Helling, Klaus: Simulation von Produktionssystemen mit SLAM: Eine praxisorientierte Einführung, Bonn, Paris 1994.

Virtuelle Unternehmen – Organisation und Führung
Eine neugierige Auseinandersetzung

Peter Feil

1. Einleitung

Virtuelle Netzwerke sind eines der am häufigsten genannten Synonyme im Zusammenhang mit den Möglichkeiten des Internets und den technischen Möglichkeiten der IuK – Technologie. Die heute diskutierte virtuelle Vielfältigkeit hat den Ausgangspunkt bei den virtuellen Netzwerken und dient als Basis für alle darauf aufbauenden Sinnbilder wie virtuelle Unternehmen, virtuelle Organisation oder virtuelle Führung.

Im Weiteren erfolgen eine Auseinandersetzung mit den Inhalten der virtuellen Organisation und virtuellen Führung sowie ein Vergleich mit Organisationsformen und Führungsverhalten in realen Unternehmen. Der Focus wird bewusst auf das Zusammenspiel der technischen Möglichkeiten und der Integration und Führung des Menschen im Sinne sozi-technischer Systeme gelegt.[1]

2. Begrifflichkeiten

Stellt der Begriff Netzwerk noch für jeden EDV-Interessierten eine klare Begrifflichkeit[2] dar, so sieht es beim Begriff „virtuell" ganz anders aus.

Der Begriff „virtuell" kommt aus der Physik und bedeutet, dass etwas der Wirkung aber nicht der Sache nach vorhanden ist.[3] Am Einfachsten erscheint hier der Einstieg über den Begriff „virtuelle Welten", der bereits fester Bestandteil in PC-Spielen und bei sogenannter Architektur-Software ist. Einfach gesagt, stellt die virtuelle Welt im Gegensatz zur realen Welt eine Scheinwelt dar. Bei Übertragung dieser vereinfachenden Definition auf virtuelle Netzwerke ergibt sich

---

[1] Eberhard, U., u.a., Führung und Organisation, in: Die Orientierung, Nr.81, Schweizerische Volksbank, 1995, S.24.
[2] Die Zusammenarbeit in Netzwerken ist häufig anzutreffen (z.B. bei Beratern, o.ä.). Das Sinnbild eines Spinnennetzes ist jedermann gegenwärtig.
[3] Kemmner, G.-A., Gillensen, A., Virtuelle Unternehmen, Physica -Verlag, 1999, S.11.

das Dilemma, dass es sich nicht nur um scheinbare Netzwerke handelt, sondern um solche, in denen sehr wohl reale Dinge und Menschen zusammen arbeiten.[4]

Allein dieser kurze Versuch zeigt die Problematik der Definition des Begriffes „virtuell" deutlich auf. Der Einzug dieses Wortes in unseren täglichen Sprachgebrauch hat nicht zu einer Klärung der Bedeutung von „virtuell" geführt. In der Anwendung des Begriffes in den Unternehmen zeigen sich diese Unterschiede im Verständnis deutlich - je nachdem, ob man mit der Geschäftsführung, der EDV, den Controllern, den Personalern oder dem „normalen" Mitarbeiter spricht. Der eine denkt dabei an eine völlige Auflösung des Regelwerkes, der andere an ein Netz von Firmenniederlassungen und ein weiterer an die Video-Konferenz zwischen verschiedenen, weltweit verteilten Standorten.[5] Es erscheint sinnvoll, die Definition des Begriffes „virtuell" auf den entsprechenden Verwendungszweck zu beziehen und mit den Betroffenen in den jeweiligen Unternehmen zu beschreiben.

3. Virtuelle Unternehmen

Als virtuelles Unternehmen wird die Zusammenarbeit verschiedener Unternehmen in einem virtuellen Netzwerk bezeichnet.[6] Dieser virtuelle Zusammenschluss kooperierender Unternehmen wird im Weiteren als eine Organisationsform der Zusammenarbeit und nicht als Unternehmen im rechtlichen Sinn gesehen.

Die Merkmale und Eigenschaften, die den Charakter eines virtuellen Unternehmens bilden, lassen sich wie folgt definieren[7]:

- Netzwerk rechtlich und wirtschaftlich selbstständiger Unternehmen,
- Einbringung der Kernkompetenzen der jeweiligen Unternehmen,
- Problembezogene Auftragserledigung in Form von Projektarbeit,
- Verknüpfung durch Informations- und Kommunikationstechnik,

---

[4] Pindel, Th., Führen und Coachen von Netzwerken, Verlag Deutscher Wirtschaftsdienst, 2002, S.56.
[5] Dimmer, Chr., Schwierige Führung auf Distanz, Serie, Süddeutsche Zeitung, 2002, S.1.
[6] Pindel, Th., a.a.O., S.56.
[7] Fischer, S., Virtuelle Unternehmen im interkulturellen Austausch, Deutscher Universitäts-Verlag, 2001, S.154.

- Substitution umfangreicher Vertragswerke durch Vertrauen und lose Verträge,
- ad hoc Entstehung aus einem Netzwerk.

Die Zusammenarbeit der Unternehmen führt zu Synergien, die durch den Zugriff auf die jeweiligen Kernkompetenzen des anderen Unternehmens zurückzuführen sind. Des Weiteren reduziert sich das finanzielle Risiko bei neuen Projekten durch die Anzahl der Unternehmen und die Bündelung der Kernkompetenzen.

Ein virtuelles Unternehmen ist eine Kooperationsform rechtlich unabhängiger Unternehmen, die eine gemeinsame Leistung aufgrund eines gemeinsamen Verständnisses erbringen.[8] Im Weiteren bleibt zu klären, in wie weit sich diese Form der Kooperation zwischen Unternehmen von bisher traditionellen Ansätzen unterscheidet und welche Besonderheiten zu berücksichtigen sind. Tabelle 1 zeigt deutlich die Vielzahl bereits existierender Kooperationsformen und Ihrer Merkmale.

Dem neutralen Betrachter fällt es schwer, diese deutlich vollzogenen Trennungen zwischen den einzelnen Kooperationsformen in dieser Klarheit nach zu vollziehen. Im Hinblick auf virtuelle Unternehmen erscheint lediglich der temporäre Gedanke wirklich neu. Die Bündelung von Kernkompetenzen ist seit Jahren ein erprobtes und gängiges Verfahren bei existierenden Unternehmenskooperationen. Die angesprochene temporäre Zusammenarbeit zwischen realen, gut funktionierenden Unternehmen setzt auf bekannte Organisationsmodelle wie Projekt- oder Teamarbeit.

Handelt es sich also lediglich um eine erweiterte Form der Projekt- / Teamarbeit zwischen Unternehmen? Diese Frage lässt sich nicht eindeutig beantworten, da es sich auf der einen Seite um eine Art von Projektarbeit handelt und auf der anderen Seite die üblichen Formen deutlich erweitert und geöffnet werden. Die Bereitstellung von Kernkompetenzen im Rahmen einer übergreifenden Kooperation ist sicherlich ungewöhnlich und kann nur zwischen Unternehmen funktionieren, die keine gleichen Felder zu ihren Kernkompetenzen zählen.

Deshalb kann es nur darum gehen, einen gesamten Wertschöpfungsprozess auf Basis der Kernkompetenzen der einzelnen Kooperationspartner zusammenzu-

---

[8] Kemmner, G.-A., Gillensen, A., a.a.O., 1999, S.11.

setzen und für die Dauer der Kooperation am Leben zu halten, ohne das individuelle Postulat der Gewinnmaximierung aus dem Auge zu verlieren.

Tabelle 1: Kooperationsformen und ihre Merkmale

Kooperationsform	Merkmale
Strategische Allianz	Zusammenschluss von Unternehmen oder Unternehmen und freien Mitarbeitern zur dauerhaften, gemeinschaftlichen Abwicklung von Kundenaufträgen. Im Vordergrund stehen hier die Kapazitätenbündelung sowie die Erzielung von Skaleneffekten.
Outsourcing	Komplette Verlagerung von »Nicht-Kernkompetenzen« inkl. Verantwortung und Pflichten entweder in eigene, rechtlich verselbständigte Unternehmenseinheiten oder an externe Auftragnehmer.
Franchising	Kooperation zwischen dem Hersteller und einer Mehrzahl von selbständigen Unternehmen zum Vertrieb von Waren oder Dienstleistungen unter einheitlichem Marketing-Konzept nach umfangreichen vertraglichen Regelungen.
Joint Venture	Zeitlich unbefristeter Zusammenschluss von zwei oder mehr unabhängigen Partnerunternehmen in horizontaler, vertikaler oder diagonaler Ebene bei in der Regel gleicher Kapitalbeteiligung und gemeinsamer Leitung. Hierzu Gründung eines realen Unternehmens.
Konsortium	Vertragliche Unternehmensverbindung (meist in Form von Bankkonsortien) zur Durchführung bestimmter, genau abgegrenzter Aufgaben, nach deren Erfüllung die Auflösung des Konsortiums folgt.
Virtuelles Unternehmen	Zusammenschluss von Unternehmen und/oder Einzelpersonen zwecks Bündelung von Kernkompetenzen zur effizienten Ausschöpfung eines zeitlich befristeten Marktpotenzials oder zur Ausführung von Projekten ohne Kapitalbeteiligung, jedoch mit Risiko- und Kostenteilung.

Tabelle 1: Kooperationsformen und ihre Merkmale[9]

4. Organisation

Ein wesentlicher, bisher nicht angesprochener Punkt virtueller Unternehmen ist die Basis der Zusammenarbeit. Bei allen virtuellen Unternehmen wird das Postulat einer „vertrauensvollen Zusammenarbeit" angesprochen und für den temporären Charakter der virtuellen Organisation eingefordert.[10] „Die Kommunikationsfähigkeit der Partnerunternehmen bestimmt den Erfolg der Zusammenarbeit."[11] Es bleibt somit das Abwägen einer offenen Kommunikation mit ihren

---

[9] Gora, W., Scheid, Eva-M., Organisation auf dem Weg zur Virtualität, in: Gora, Walter, Bauer (Hrsg.), Virtuelle Organisationen im Zeitalter von E-Business und E-Government, Springer, 2001, S.12.
[10] Fischer, S., a.a.O., S.151.
[11] Pindel, Th., a.a.O., S.59.

Risiken und dem allgemeinen Sicherheitsdenken, ausgelebt in der heute üblichen und erforderlichen juristisch geregelten Form.

Betrachtet man den immer schärferen Wettbewerb in allen Märkten und ferner die Umgangsformen zwischen Kunden, Produzenten und Lieferanten, sind Zweifel an einer vertrauensvollen Zusammenarbeit gegeben. Es fehlt generell an einer Wirtschaftsethik, die die Zusammenarbeit von Unternehmen auf rein vertrauensvoller Basis fördert.

Abbildung 1 zeigt eine Zusammenarbeit rechtlich selbstständiger Unternehmen durch Bereitstellung von Kernkompetenzen, die in einem virtuellen Unternehmen gebündelt werden[12]. Kernkompetenzen stellen die wesentlichen technischen, technologischen, vertrieblichen und organisatorischen Fähigkeiten eines Unternehmens dar. Die Bewertung ist zuweilen schwierig und zeitaufwändig, da Kernkompetenzen häufig in Produkte oder Dienstleistungen einfließen und so schwer differenzierbar sind.

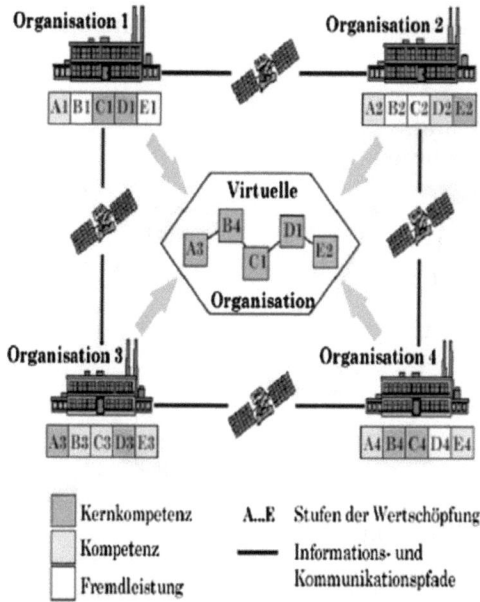

Abbildung 1: Kernkompetenzeinsatz in der virtuellen Organisation

---

[12] Müller, Th., Virtuelle Organisation. Konzept, Theoriebasis, Möglichkeiten und Grenzen, Diskussionsbeitrag Oktober 1998, S.11.

Virtuelle Netzwerke lassen sich in dynamische und statische Netzwerke aufteilen. Abbildung 2[13] zeigt ein hierarchisches Modell, in dem ein Unternehmen als Führungsunternehmen dient, und eines, das an ein sternförmiges EDV-Netzwerk erinnert. Der Unterschied beider Modelle liegt in der Form der jeweiligen Steuerung der virtuellen Organisation. Im hierarchischen Modell geht die Steuerung eindeutig vom Führungsunternehmen aus und es stellt sich die Frage, in wie weit die beteiligten Unternehmen gleichberechtigte Partner sind? Dieser Ansatz erscheint eher aus dem klassischen Bereich der Kunden- / Lieferantenbeziehung bei entsprechender Projektarbeit zu stammen.

Im zweiten Ansatz sind die beteiligten Unternehmen sicherlich gleichberechtigt zu sehen. Um eine unabhängige Instanz zu haben, die offene Fragen klärt und das Netzwerk berät, leistet sich dieses System einen so genannten „Broker". Dieser ist kritisch gesehen nichts anderes als die im Sinne eines virtuellen Unternehmens nicht gewollte Institutionalisierung zentraler Managementfunktionen.[14]

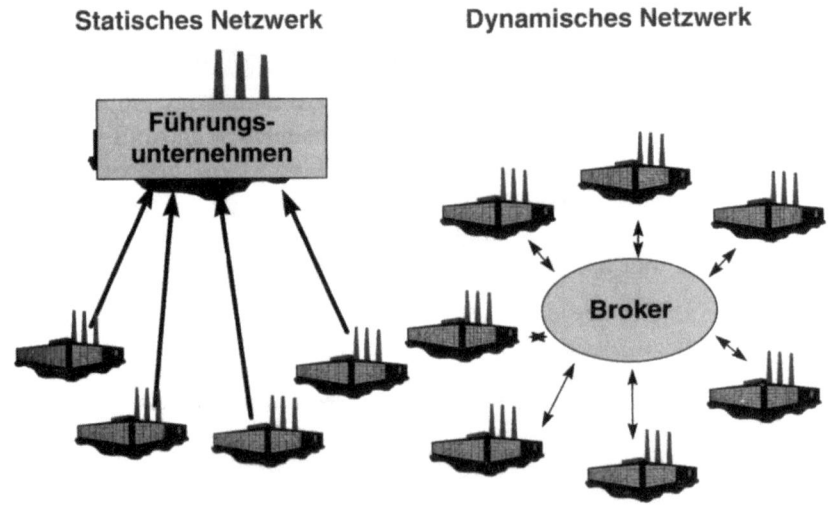

Abbildung 2: Grundstrukturen virtueller Netzwerke

Neben dem Punkt der Steuerung müssen sich die Partner für eine virtuelle Organisation finden. Dies geht am Einfachsten, wenn sie sich bereits über eine Zu-

---

[13] Kemmner, G.-A., Gillensen, A., a.a.O., 1999, S.21.
[14] Kemmner, G.-A., Gillensen, A., a.a.O., 1999, S.22.

sammenarbeit kennen gelernt haben oder zumindest informelle Kontakte im Vorfeld bestanden.[15, 16]

Des Weiteren ist es sicherlich von Vorteil mit einer kleinen Anzahl von Partnern zu starten, um durch offene Kommunikation die schnelle Vertrauensbildung zu fördern.[17] Alle einschlägigen Publikationen weisen auf das Problem der Auswahl von Partnern für eine virtuelle Organisation hin. Damit erscheint das virtuelle Netzwerk nicht mehr als die Weiterentwicklung bisheriger Kooperationsansätze zu sein.

Das Organisationsmodell in Abbildung 3 zeigt die verschiedenen Ebenen, die ein virtuelles Unternehmen benötigt, um zu funktionieren. An dieser Stelle wird klar, dass ein Unternehmen dieser Art nicht ohne Führungskräfte / Projektleiter und Mitarbeiter funktionieren kann. Der Aufbau unterscheidet sich nicht von bekannten Strukturen bei der Projektarbeit. Lediglich die vorhandene räumliche Trennung der Beteiligten stellt einen Unterschied dar.

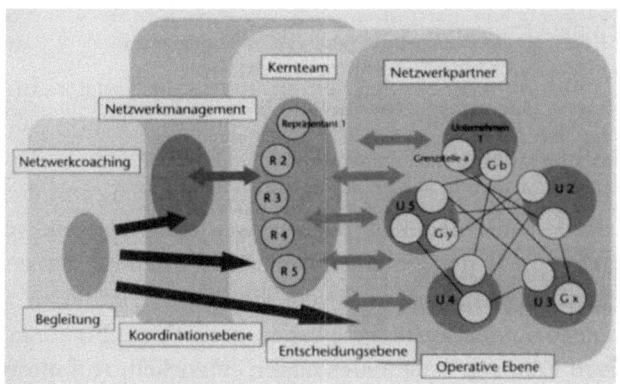

Abbildung 3: Organisationsmodell für virtuelle Unternehmen[18]

Weitere Punkte der Auseinandersetzung mit virtuellen Organisationen betreffen die Prozesse der Entstehung solcher Systeme sowie die erforderliche technische Infrastruktur. Auf diese Punkte soll im Weiteren nicht näher eingegangen wer-

---

[15] Kemmner,G.-A., Gillensen, A., a.a.O., 1999, S.34.
[16] Gertz, S., Das virtuelle Unternehmen als innovative Organisationsform, Symposion Publishing, 08.17, 2003, S.10.
[17] ebenda, S.11.
[18] Pindl, Th., a.a.O., S.91.

den, da sie im Grunde eine Voraussetzung dafür sind, Organisationen im Sinne eines Unternehmens zu schaffen.

5. Führung

Hat die Definition der virtuellen Organisation schon die Komplexität der Thematik gezeigt, so wird sie bei dem Thema der virtuellen Führung um ein Vielfaches übertroffen. Der Definitionsversuch „Eine virtuelle Führung wird als Mitarbeiterführung via Internet verstanden"[19] greift deutlich zu kurz.

Speziell beim Thema Führung muss bewusst gemacht werden, dass es sich nicht um irgendein Ding handelt, sondern um den Mitarbeiter und Menschen, der im Vordergrund steht. Führung hat laut Definition die Aufgabe, „die Ziele der Gruppe zu formulieren und zu verwirklichen und die Mittel hierzu auch unerwarteten Situationen anzupassen." ... „Die Führungsperson ist von der Anerkennung durch die Gruppenmitglieder abhängig."[20]

Beim Thema Führung trennen sich seit eh und je die Geister. In der Literatur werden unendlich viele Führungsstile und -modelle, häufig vom jeweiligen Zeitgeist beeinflusst, dargestellt und erläutert. Die Betrachtung der letzten Jahrzehnte kann im Wesentlichen auf die Auseinandersetzung mit den verschiedenen Führungsstilen und –Modellen reduziert werden. Ausgehend von der hierarchischen Führung, die in den Unternehmen häufig durch Einsatz des Harzburger Modells beschrieben wird, in dem sowohl die Führungskräfte als auch die Mitarbeiter eine genau definierte Aufgabe haben, hat sich das Führungsverhalten bis zur kooperativen Führung in den 90er Jahren entwickelt. Auf diesem Weg wurde die Erkenntnis gewonnen, dass die Zusammenarbeit der Menschen in einem System nicht von der Auseinandersetzung mit den Sachaufgaben gekennzeichnet ist, sondern dass die Bedürfnisse des Menschen berücksichtigt werden müssen. Bei Betrachtung der maslowischen Bedürfnispyramide wird dies deutlich.

Mit der Entwicklung der westlichen Gesellschaft haben sich die Bedürfnisse der Mitarbeiter verändert. Dieser Entwicklung haben im Besonderen die Ansätze der

---

[19] N.N., Virtuelle Führung im Vertrieb, www.vertriebsconsulting.de, 2003.
[20] Der Grosse Knaur, Lexikon, S.137.

"Lean"-Philosophie in den 90er Jahren Rechnung getragen. In diesen Organisationsmodellen wurde die bis dahin häufig betriebene Trennung zwischen technischem und sozialen Teilsystem aufgehoben.[21] Die Erkenntnis, dass technische Systeme nur dann optimal eingesetzt werden können, wenn die Integration der Mitarbeiter mit ihren sozialen Bedürfnissen übereinstimmt, führte zu einem veränderten Führungsverhalten.[22, 23]

Abbildung 4: Maslowische Bedürfnispyramide

Dieses veränderte Führungsverhalten erfordert ein anderes Menschenbild der Führungskraft, verbunden mit der Stärkung der sozialen Kompetenz.[24] Im Folgenden wird dies durch die Gegenüberstellung der Aufgaben-Orientierung (technisches System) und der Mitarbeiter-Orientierung (soziologisches System) deutlich.

Auf der Abszisse sind die klassischen Managementaufgaben aufgeschlüsselt, auf der Ordinate die soziologischen Faktoren im Sinne des Leaderships. Eine Führung in Anlehnung an ein sozi-technisches System wird sich je nach Erfordernis im Feld dazwischen einordnen.

In Übertragung auf die virtuelle Führung ist somit nicht nur der Focus auf die technischen Möglichkeiten virtueller Organisationen ausschlaggebend, sondern im Besonderen die persönliche Auseinandersetzung des Führenden mit seinen Mitarbeitern.

---

[21] Lukas, A., Das Unternehmen Zukunft, Artikel, S.37.
[22] Ulich, E., u.a., Führung und Organisation, Die Orientierung Nr. 81, Schweizerische Volksbank, 1993, S.24 ff.
[23] Feil, P., Organisation und Einführung der Gruppenarbeit bei der Herstellung von Gaszählern, in IfaA: Lean Production II, Erfahrungen und Erfolge in der Metallindustrie, S. 158.
[24] Lauterburg, Ch., Führung in den Neunzigern, in: Organisationsentwicklung 1/1990, S. 21.

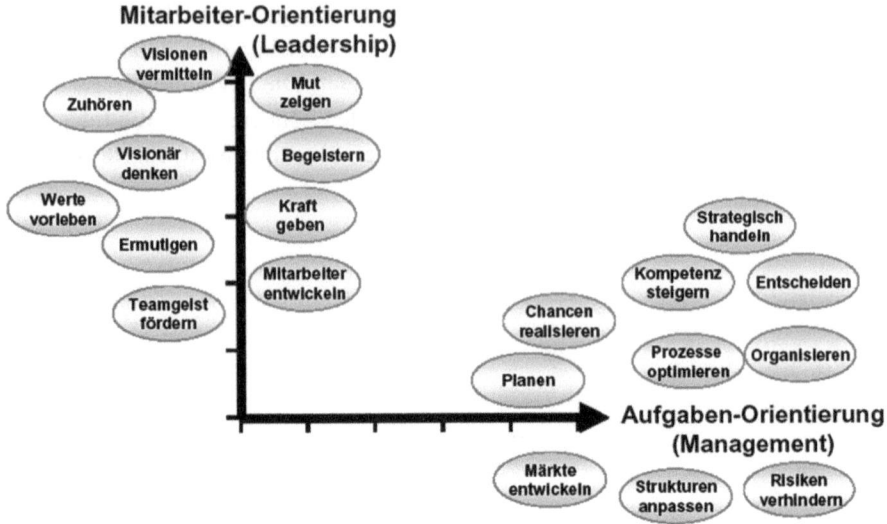

Abbildung 5: Mitarbeiter vs. Aufgaben-Orientierung[25]

Der Aufbau des Projektmanagements zeigt die bekannte Form der Teamarbeit im Unternehmen und in einer übergelagerten Ebene das unternehmensübergreifende Projektteam. Klassisch ist auch ein Steuerungsteam zur Abstimmung aller Erfordernisse in großen Projekten wie z.B. Kostenbudget, Projektmeilensteine etc.

Wer hat nicht schon einmal im Rahmen einer Team-Arbeit über die treffende Übersetzung „Toll, ein Anderer macht's!" nachgedacht. Was also macht den Erfolg der Team- oder Projektarbeit aus? Zum einen ist es sicherlich die Zusammensetzung der Teams mit den besten Spezialisten eines oder mehrerer Unternehmen, zum anderen wird genauso die soziale Kompetenz und Führungsstärke gefordert.

In Übertragung auf die virtuellen Unternehmen bedeutet dies, dass die Führung virtueller Teams mehr als nur die Abstimmung von Aufgaben via Internet ist. Die für eine erfolgreiche Teamarbeit erforderliche Berücksichtigung der sozialen Belange der Mitarbeiter sowie die gesunde Mischung der Teams werden durch die räumliche Distanz erschwert. Dies bedeutet, dass auch virtuelle Unter-

---

[25] Linske, Detlef, Veränderungen im Unternehmen – eine Krise?, Vortrag: IT-Forum, IHK Bonn Rhein-Sieg, 2003.

nehmen einer Führung bedürfen, die sich in der Art und Weise wenig von der klassischen Führung in realen Unternehmen unterscheidet.[26]

Die Mitarbeiter virtueller Unternehmen fordern genauso Führungskräfte, die als Projektleiter akzeptiert werden und sich mit ihnen auseinandersetzen. Außerdem werden von diesen Führungskräften Erfahrungen mit der Führung über räumliche Distanzen erwartet. Die Möglichkeiten der IuK - Technologien werden von den Mitarbeitern nicht als Ersatz für das „human behavior" zu den Kollegen gesehen.[27]

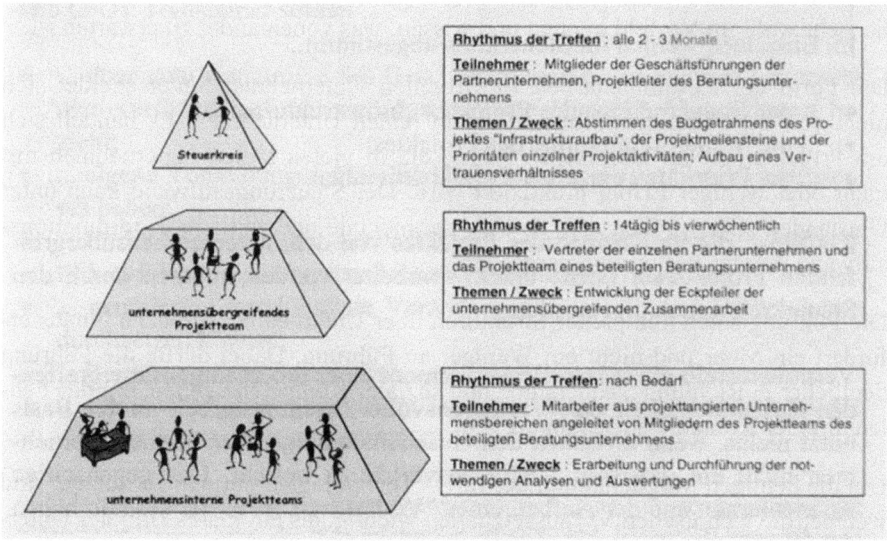

Abbildung 6: Projektmanagement in virtuellen Netzwerken[28]

6. Fazit

Virtuelle Netzwerke bzw. Unternehmen sind mit der Form ihrer Organisation und Führung weniger exotisch als erwartet. Bei genauer Betrachtung der virtuellen Organisation zeigt sich, dass es sich um Kooperationen zwischen Unternehmen handelt. Kooperationen sind aber bereits seit geraumer Zeit gängige

---

[26] Pindl, Th, a.a.O., S. 10.
[27] Demmer, Chr., a.a.O., S.2.
[28] Kemmner, G.-A., Gillensen, A., a.a.O., 1999, S.39.

Praxis, um bei vorliegenden Problemstellungen Synergieeffekte zwischen den beteiligten Firmen durch die Bündelung von Kernkompetenzen zu erzielen. Neu sind lediglich die immer weiter voranschreitenden Möglichkeiten der IuK - Technologien, so dass die räumliche Entfernung zwischen den Kooperationspartnern in den Hintergrund tritt.

Alle bisher realisierten virtuellen Unternehmen[29] haben durchaus eine Regelung der Zusammenarbeit getroffen, da in der heutigen Zeit Vertrauensmodelle in der Wirtschaft selten anzutreffen sind und mit dem Begriff der Wirtschaftsethik kein Geld zu verdienen ist. Die Analyse zeigt ferner, dass sich die Kooperationspartner sehr wohl im Vorfeld kennen und wissen, was voneinander zu erwarten ist.

Die Form der Zusammenarbeit in virtuellen Unternehmen unterscheidet sich nicht von der Zusammenarbeit in einem realen Unternehmen. Es handelt sich um Projektarbeit im klassischen Sinne, die in vielen realen Unternehmen mit mehr oder weniger Erfolg praktiziert wird. Der Steuerungsaufwand kann unter Umständen sogar größer sein, da sich der mentale und zeitliche Koordinationsaufwand mit der Entfernung vergrößert.

Die Führung solch komplexer Strukturen über Unternehmensgrenzen hinaus erfordert ein Mehr und nicht ein Weniger an Führung. Dabei dürfte die Führung deutlicher in Richtung „leadership" und sozialer Kompetenz gehen, um das Fehlen direkter Kontakte aufzufangen.

Um die heutigen Möglichkeiten der IuK – Technologien optimal zu nutzen, sind weniger die technischen Voraussetzungen wichtig, als ein klares Bild der Unternehmen von der eigenen Führungskompetenz ihrer Führungskräfte von ganz oben nach unten.[30] Die Unternehmen tun gut daran, im Sinne einfachen Handelns einen Schritt nach dem anderen zu gehen und sich den Blick für den erforderlichen Wandel und die Zusammenarbeit mit anderen Unternehmen nicht durch

---

[29] Als Beispiel dient ein Netzwerk kleiner Schreinereien, die sich in einer GbR zusammengeschlossen haben. Ihr Vorteil liegt in der schnellen Reaktion gegenüber den Kunden und die zur Verfügstellung von technischen Unterlagen an die Netzwerkpartner, siehe: Demmer, Ch., a.a.O., S.6. Ein weiteres Beispiel findet sich in der Automobilindustrie. Bei diesem Netzwerk haben sich mittelständische Unternehmen mit ihren Kernkompetenzen zusammengeschlossen, um ein größeres Projekt mit den Firmen BMW und VW abwickeln zu können, siehe: Kemmner, G.-A., Gillensen, A., a.a.O., 1999, S. 2 / 42 ff.

[30] Wimmer, R., Die Zukunft von Führung, in: Organisationsentwicklung, Trebsch, K.(Hrsg.), 2000, S.170.

Schlagwörter und virtuelle Welten zu erschweren. Denn lediglich die IuK – Technologien sind virtuell.

Literatur

Der Grosse Knaur, Lexikon.
Dimmer, Chr., Schwierige Führung auf Distanz, SZ-Serie, Süddeutsche Zeitung, 2002.
Eberhard, U. u.a., Führung und Organisation, in: Die Orientierung, Nr.:81, Schweizerische Volksbank, 1995.
Feil, P., Organisation und Einführung der Gruppenarbeit bei der Herstellung von Gaszählern, in IfaA: Lean Production II, Erfahrungen und Erfolge in der Metallindustrie, 1996.
Fischer, S., Virtuelle Unternehmen im interkulturellen Austausch, Deutscher Universitäts-Verlag, 2001.
Gertz, S., Das virtuelle Unternehmen als innovative Organisationsform, Symposion Publishing, 08.17, 2003.
Gora, W., Scheid, Eva-M., Organisation auf dem Weg zur Virtualität, in: Gora, Walter, Bauer (Hrsg.), Virtuelle Organisationen im Zeitalter von E-Business und E - Government, Springer, 2001.
Kemmner, G.-A., Gillensen, A., Virtuelle Unternehmen, Physica -Verlag, 1999.
Lauterburg, Ch., Führung in den Neunzigern, in: Organisationsentwicklung 1/1990.
Linske, Detlef, Veränderungen im Unternehmen – eine Krise?, Vortrag: IT-Forum, IHK Bonn Rhein-Sieg, 2003.
Lukas, A., Das Unternehmen Zukunft, Artikel.
Müller, Th., Virtuelle Organisation. Konzept, Theoriebasis, Möglichkeiten und Grenzen, Diskussionsbeitrag Oktober 1998.
N.N., Virtuelle Führung im Vertrieb, www.vertriebsconsulting.de, 2003.
Pindel, Th., Führen und Coachen von Netzwerken, Verlag Deutscher Wirtschaftsdienst, 2002.
Ulich, E., u.A., Führung und Organisation, Die Orientierung Nr. 81, Schweizerische Volksbank, 1993.
Wimmer, R., Die Zukunft von Führung, in: Organisationsentwicklung, Hrsg. Trebsch, K., 2000.

Aufbau und Pflege eines virtuellen Gefahrenabwehrmanagementsystems am Beispiel der Stadt Lingen

Claudia Haarmann

Für die erfolgreiche Bewältigung der Aufgaben Gefahrenabwehr, Brand- und Katastrophenschutzes ist eine gute Zusammenarbeit, eine enge Vernetzung der beteiligten Dienststellen und Institutionen unabdingbar. Angestoßen durch eine Reihe zeitlich eng aufeinanderfolgender Großschadensereignisse wurde in der Stadt Lingen untersucht, wie hier weitere Optimierungen zu erreichen sind. Hierbei wurde deutlich, dass ein Schwerpunkt der Arbeit bei der EDV-technischen Vernetzung liegt, um einerseits auf die bei den einzelnen Stellen vorhandenen relevanten Informationen in einem Schadensfall unmittelbar strukturiert zugreifen zu können und andererseits durch die Nutzung spezieller Software-Werkzeuge die Datenbasis und damit auch die Entscheidungsgrundlage entscheidend zu verbessern.

Die Stadt Lingen (Ems) mit rund 55.000 Einwohnern ist das wirtschaftliche und kulturelle Zentrum des Emslandes. Die Stadt ist Mittelzentrum mit vorhandenen und geplanten oberzentralen Einrichtungen und liegt im Fördergebiet der Gemeinschaftsaufgabe "Verbesserung der regionalen Wirtschaft". Lingen hat eine vielschichtige Wirtschaftsstruktur. In ca. 2.500 Gewerbebetrieben arbeiten über 21.200 sozialversicherungspflichtig Beschäftigte. Ein Schwerpunkt liegt bei den Betrieben der Energieversorgung. Es gibt 2 Erdgaskraftwerke, ein Kernkraftwerk und eine Erdölraffinerie. Ferner gibt es verschiedene Firmen der chemischen Industrie und des produzierenden Gewerbes.

In den Jahren 1995 und 1996 kam es in Lingen zu einer Reihe von Grossbränden. Betroffen waren zwei Betriebe der chemischen Industrie und ein Unternehmen des produzierenden Gewerbes. Im Rahmen der Brandbekämpfung zeigte sich, dass teilweise kein ausreichendes Datenmaterial bei den beteiligten Dienststellen vorlag, bzw. wichtige Informationen erst während des Einsatzes von den betroffenen Firmen oder dritten Stellen abgefordert werden mussten.

In diesem Zeitraum gleich zweimal von Großbränden betroffen war eine in unmittelbarer Nähe zu einem Wohngebiet liegende Kunststofffabrik. In beiden Schadensfällen verbrannte jeweils eine große Menge Nitrozellulose. Bei dem ersten Brand in dieser Firma konnte die Brandursache nicht ermittelt werden. Bei dem zweiten Brand sind bei Aufräumarbeiten für den Baubeginn einer Halle zur Lagerung von Nitrozellulose Reste von leicht entzündlicher Nitrozellulose und Kunststoffgranulat, die sich auf abzutransportierenden Maschinenteilen befanden, in Brand geraten. Das Feuer sprang dann auf angrenzende Fässer mit Nitrozellulose über. Ausgelöst wurde der Brand durch die Wärmeentwicklung eines Gabelstaplers.

Nicht einmal eine Woche später brach in einem anderen chemischen Betrieb im 5. Geschoss des Produktionsgebäudes ein Feuer aus, das sich auf weitere Stockwerke ausbreitete. In dem vom Brand betroffenen Bereich wurden Additive für die kunststoffverarbeitende Industrie zur PVC-Verarbeitung produziert. Bei dem Brand wurden organische Substanzen und Bleioxyd freigesetzt.

Ein weiterer Großbrand betraf ein Unternehmen des produzierenden Gewerbes. Hier brannte eine 7000 Quadratmeter große Halle ab. Brandursache war ein Fehler bei Wartungsarbeiten einer Entfettungsanlage. Es handelte sich in keinem Fall um eine Katastrophe im Sinne des niedersächsischen Katastrophenschutzgesetzes, so dass jeweils die örtliche Zuständigkeit gegeben war. In einem Schadensfall sind generell zunächst einmal die Städte und Gemeinden als Behörden der allgemeinen Gefahrenabwehr zuständig. Diese Zuständigkeit gilt solange, bis die zuständige Katastrophenschutzbehörde den Katastrophenfall feststellt. Katastrophenschutzbehörden sind in Niedersachsen die Landkreise und die kreisfreien Städte. Erst mit dieser Feststellung geht die Zuständigkeit auf die Katastrophenschutzbehörde über, die dann die zentrale Leitung der Bekämpfungsmaßnahmen übernimmt und die Aufgabenerledigung koordiniert[1].

Bei allen Bränden bildeten Feuerwehr, Polizei und Vertreter der Stadt einen gemeinsamen Einsatzstab. Die Tatsache, dass die beteiligten Behörden/Stellen in den konkreten Einsatzfällen als Einheit mit ihren gesamten vorhandenen Mitteln und Kenntnissen auch über bestehende Zuständigkeiten und Zweckbestimmungen hinaus zusammengearbeitet haben, hat ganz wesentlich zur erfolgreichen Bewältigung dieser Grossbrände beigetragen. Die gute Koordination

---

[1] Vgl. hierzu §§ 1, 2 NBrandSchG (Niedersächsisches Gesetz über den Brandschutz und die Hilfeleistung der Feuerwehren) in der Fassung vom 8. März 1978, §§ 1, 2 NGefAG Niedersächsisches Gefahrenabwehrgesetz in der Fassung vom 12. September 1982 zuletzt geändert durch Verordnung vom 3. Dezember 2002 und §§ 2, 20 NKatSG (Niedersächsisches Katastrophenschutzgesetz) in der Fassung vom 14. Februar 2002.

und Kommunikation der verantwortlich Beteiligten haben sich als entscheidende Erfolgsfaktoren herausgestellt.

Die gemeinsame Einsatzleitung hat dabei zunächst die konkreten Aufgaben und Zuständigkeiten festgestellt und die zu treffenden Maßnahmen festgelegt. Hierzu gehörte auch die Entscheidung über Art und Umfang von Warnungen, Informationen an die Bevölkerung und Evakuierungsmaßnahmen. Ein weiterer wesentlicher Punkt war die Abstimmung und Durchführung einer einheitlichen Öffentlichkeitsarbeit.

In Lingen gibt es eine freiwillige Feuerwehr, die sich in 6 Ortsfeuerwehren unterteilt. Insgesamt hat die freiwillige Feuerwehr Lingen über 280 aktive Mitglieder. Ferner gibt es bei der in Lingen ansässigen Raffinerie eine hauptberufliche Werksfeuerwehr, sowie bei weiteren Firmen mehrere nebenberufliche Werksfeuerwehren. Vor dem Eindruck der Serie von Grossbränden wurden Überlegungen angestellt, die vorbereitende Planung zur effektiven Hilfeleistung in Fällen der Gefahrenabwehr grundsätzlich zu intensivieren und zu verbessern. Es wurde festgestellt, dass sowohl die einsatztaktische Vorbereitung bei Schadensereignissen von größerem Ausmaß als auch die Aufbereitung und Vorhaltung des relevanten Datenmaterials verbessert werden kann. Es wurde daher ein Arbeitskreis „Gefahrenabwehr" aus allen beteiligten Dienststellen (Feuerwehr, Polizei, Bauordnung, Untere Wasserbehörde, Ordnungsamt, Brandschutz) zur Verbesserung des vorbeugenden Brandschutzes gebildet. Die Federführung in dieser Arbeitsgruppe liegt bei der Stadt Lingen. Die Arbeitsgruppe setzt sich zusammen aus dem 1.Stadtrat der Stadt Lingen, dem Leiter des Polizeikommissariats Lingen und 2 weiteren Mitarbeitern, dem Bezirksbrandmeister, dem Stadtbrandmeister, dem Ortsbrandmeister, einem Vertreter des Landkreises Emsland sowie den Amtsleitern des Bauordnungsamtes, der Unteren Wasserbehörde, des Umweltamtes und des Ordnungsamtes.

Ziel war es, eine exakte Risiko- und Gefahrenanalyse durchzuführen, die Gefahrenpotentiale in der Stadt umfassend zu ermitteln, aufzuzeigen, wo welche Gefahrstoffe vorhanden sind und aktuelle Alarmpläne zu entwickeln und vorzuhalten. Dazu war es notwendig, alle Industrie- und Gewerbebetriebe aber auch alle öffentlichen Einrichtungen systematisch zu erfassen, um Gefahrenpunkte und Gefahrenpotentiale aufzuzeigen. Weiterhin galt es, bestehende Mängel und Schwachstellen zu identifizieren. Ein weiteres Ziel war die Erarbeitung zeitgemäßer Sicherheitskonzepte zum Schutz der Bevölkerung vor und in zukünftigen

Großschadenslagen. Diese komplexe Aufgabe konnte und kann nur durch die Zusammenarbeit aller am Brandschutz beteiligten Dienststellen und Institutionen bewältigt werden. Es stellte sich schnell heraus, dass zur Bewältigung dieser Aufgabe ein rechnergestütztes Gefahrenabwehr- und –managementsystem benötigt wird. Die Entscheidung fiel auf das Produkt DISMA (disaster management) vom TÜV Rheinland/ Berlin-Brandenburg.[2] Dieses Programm ging aus einem Forschungsvorhaben hervor, das die Entwicklung eines Softwaresystems für ein Krisenmanagement bei chemischen Unfällen entwickeln sollte. Das Programm wurde darauf aufbauend weiterentwickelt und auf die Belange von Gefahrenabwehr und Katastrophenschutz zugeschnitten. Hierbei wurden die besonderen Anforderungen der Systemnutzer berücksichtigt.

Mit dem Aufbau und der Implementierung des Systems in der Stadt Lingen wurde im Sommer 1997 begonnen. Da Aufbau und Pflege eines solchen Programms einen erheblichen Aufwand erfordern, die mit dem vorhandenen Personal nicht zu leisten war, wurde zunächst eine über eine Arbeitsbeschaffungsmaßnahme finanzierte Mitarbeiterin hierfür eingesetzt.[3]

Ihren Arbeitsplatz hatte die Mitarbeiterin beim Polizeikommissariat Lingen. Es handelte sich um eine Informatikerin aus der ehemaligen UDSSR. Da die Mitarbeiterin nach ca. einem Jahr eine feste Anstellung bei der Polizeiinspektion bekommen hat, stand sie für das DISMA Projekt leider nur noch mit einem sehr begrenzten Stundenumfang zur Verfügung. Anschließend wurde die administrative Betreuung und Weiterentwicklung von Mitarbeitern der EDV-Abteilung der Polizei Lingen übernommen.

DISMA unterstützt die Aufgaben der Gefahrenabwehr und des Gefahrenmanagements in allen Phasen. Es bietet Unterstützung bei den Aufgaben der Notfallplanung. Verschiedenste Schadensszenarien können simuliert, die Auswirkungen analysiert werden. Im Schadensfall werden die in der Planungs- und

---

[2] DISMA ist eine vom Deutschen Patentamt 1998 mit der Nr. 398 04 897 eingetragene Marke ® der TÜV Anlagentechnik GmbH – Unternehmensgruppe TÜV Rheinland/ Berlin Brandenburg

[3] Die Mitarbeiterin war angestellt bei dem Verein Projekt Lingen e.V.. Der Verein Projekt Lingen e.V. ist vor mehr als 10 Jahren als Einrichtung zur Verbesserung der Arbeitsmarktsituation geschaffen worden. Mit Unterstützung der Stadt Lingen (Ems), der Bundesanstalt für Arbeit und des Landkreises Emsland - Sozialhilfeträger - bietet er befristet Arbeitsmöglichkeiten auf dem sog. 2. Arbeitsmarkt an.

Übungsphase erprobten Werkzeuge dann zur Entscheidungsvorbereitung und Entscheidungsunterstützung eingesetzt.

Eine flexible Datenbankstruktur ermöglicht das Erfassen und Verwalten der vielfältigen benötigten Informationen. Es sind Modelle hinterlegt, die zur Abschätzung der Wirkungen von Störfällen dienen (Schadstofffreisetzung, Brand, Explosionen). Dies ist wichtig für eine detaillierte Gefahrenabschätzung. Durch verschiedene Schnittstellen können bereits erfasste Daten (z.B. Stoffdaten, Personendaten, Objektdaten) in das System übernommen werden. Auf einer Bildschirmkarte werden alle Sachverhalte dargestellt und interpretiert. Das System kann flexibel an die Wünsche des Nutzers angepasst werden.

DISMA ist modular aufgebaut. Jedes Modul: Sachdaten, Gefahrenabschätzung, Karte und Planung ist auch selbständig lauffähig. Gegenstand der DISMA-Sachdatenbank sind alle Objekte, die für die Gefahrenabwehr relevant sind. Das sind zunächst die Objekte, von denen eine potentielle Gefährdung ausgeht, also insbesondere die Betriebe, die mit Gefahrstoffen umgehen. In der Sachdatenbank werden ferner alle Objekte erfasst, die gefährdet sind. Drittens enthält die Sachdatenbank Informationen zu den Objekten, die an der Gefahrenabwehr beteiligt sind. Zu allen drei Objektklassen werden die benötigten und relevanten Daten im System hinterlegt. Die Sachdatenbank kann vom Nutzer sehr flexibel gehandhabt werden. Es stehen verschiedene dialogorientierte Masken für die Dateneingabe zur Verfügung und der Nutzer kann die Bezeichnungen dieser Masken selbst konfigurieren. Er kann entscheiden, welche Tabellen für ein Objekt angelegt werden sollen. Das System bietet dem Nutzer zu allen drei Objektklassen komfortable Recherchemöglichkeiten.

Im Rahmen des Aufbaus der Sachdatenbank zeigt sich die dringende Notwendigkeit, die Sammlung der Pläne und Firmeninformationen zu vereinheitlichen, da in der Vergangenheit die Unterlagen bei verschiedenen Quellen und in unterschiedlicher Qualität eingereicht wurden. Die städtische Bauordnung übernahm die Funktion einer zentralen Anlaufstelle, da die Bauordnung über die gesetzlichen Möglichkeiten der Durchsetzung verfügt.

Von der Bauordnung ist eine Aufstellung sämtlicher im Stadtgebiet angesiedelter Gewerbebetriebe erstellt worden. Diese Betriebe wurden in brandschutz- und bauordnungsrechtlicher Sicht in Prioritätskategorien eingeordnet. Diese vorhandenen Betriebe sind zur Vorlage von Brandschutzplänen aufgefordert worden. Bei Neuerrichtung, Erweiterung, Veränderung und Nutzungsänderung etc. werden diese Betriebe im Rahmen des Genehmigungsverfahrens durch Auflagen zur Vorlage von Brandschutzplänen (3-fach) aufgefordert.

Nach Vorlage der Unterlagen werden diese Pläne zusammen mit dem Brandschutzprüfer des Landkreises geprüft und bei Vollständigkeit an Feuerwehr, Einsatzleitzentrale und Polizei zur weiteren Verarbeitung in das DISMA-Programm weitergeleitet. Die Ausfertigung der Polizei wird nach Einarbeitung in das DISMA-Programm an das Bauordnungsamt für die Archivierung in den Bauakten zurückgegeben.

Die DISMA-Karte dient zum Anzeigen und Erfassen von Geo-Daten. Die DISMA-Karte wurde auf der Grundlage von MapObjects[4] entwickelt. Raster und Vektordaten können angezeigt werden. Es stehen auch Werkzeuge zum Erfassen eigener Geometrien zur Verfügung. Die DISMA-Karte unterstützt alle ArcView[5] kompatiblen Rasterformate. Durch das Einfügen von CAD-Zeichnungen, von Anlagen und weiteren durch den Nutzer zu definierenden Objekten wird die DISMA-Karte weiter konkretisiert. Mit der DISMA-Karte können unterschiedliche Ansichten nutzerbezogen generiert und verwaltet werden. DISMA ermöglicht die Verknüpfung von Geodaten und Sachdaten.[6]

Viermal pro Jahr werden die aktualisierten Zweitkatasterunterlagen der Stadt Lingen in das System importiert, aus denen die Lage der Grundstücke, die Flur- und Flurstücksnummern und die vorhandene Bebauung ersichtlich sind. Dies geschieht in Form der sogenannten automatisierten Liegenschaftskarte (ALK). Es handelt sich dabei um die digitale, vektorisierte Form der herkömmlichen analogen Liegenschaftskarte. Die ALK hat wesentliche Vorteile dadurch, dass die Kartenelemente in verschiedenen Ebenen und nach dem Objektschlüsselkatalog vorgehalten werden. Dadurch können die Daten gezielt selektiert und verknüpft werden. Die blattschnitts- und maßstabsfreie Speicherung ermöglicht die Erstellung beliebig gelegener Kartenausschnitte. Der Datenaustausch mit Nutzern über verschiedene Datenformate und Datenträger sowie die Verknüpfungsmöglichkeiten mit unterschiedlichsten Fachdatenbeständen sind weitere wesentliche Vorteile der digitalen Liegenschaftskarte. Weiterhin werden

---

[4] MapObjects ist eine Geoinformationssystem-Software. MapObjects ist ein eingetragenes Warenzeichen von Environmental Systems Research Institute Inc.
[5] ArcView ist eine Geoinformationssystem-Software. ArcView ist ein eingetragenes Warenzeichen von Environmental Systems Research Institute Inc.
[6] Vgl. UnternehmensgruppeTÜV Rheinland/ Berlin Brandenburg TÜV Anlagentechnik GmbH (Hrsg.), Disma, Version 3.0, S. 8

regelmäßig Atkis-Daten[7] von der Stadt bereitgestellt. Atkis bietet digitale Landschaftsmodelle, digitale topographische Karten und digitale Gelände-/Höhenmodelle. Bei der Stadt Lingen (Ems) ist die Geo-Informationssoftware Arc-Info im Einsatz. DISMA ermöglicht den Direktimport von ArcView-Coverages.[8]

In dem Modul DISMA-Gefahrenabschätzung ist eine umfangreiche Stoffdatenbank hinterlegt. Die Hauptnamen in der DISMA-Stoffdatenbank entsprechen den Bezeichnungen der TRGS900[9] (Grenzwerte in der Luft am Arbeitsplatz; Luftgrenzwerte; die technischen Regeln für Gefahrstoffe (TRGS) geben den Stand der sicherheitstechnischen, arbeitsmedizinischen, hygienischen sowie arbeitswissenschaftlichen Anforderungen an Gefahrstoffe hinsichtlich Inverkehrbringen und Umgang wieder. Sie werden vom Ausschuss für Gefahrstoffe aufgestellt und von ihm in der Entwicklung entsprechend angepasst). Zusätzlich kann der Nutzer eigene Stoffdatenbanken anlegen.

Bei den Gefahrenwerten wurde das AEGL[10] (Acute Emergency Guideline Level) Konzept berücksichtigt, das derzeit in Deutschland eingeführt wird. AEGL-Werte sind Spitzenkonzentrationswerte von Schadstoffen, die zur Abschätzung der Auswirkungen einer Exposition der Bevölkerung gegen Chemikalien bei Störfällen dienen. Dabei werden verschiedene Expositionsdauern unterschieden, die nach Effektschwere abgestuft werden. Während z. B. Lebensmittel- oder Arbeitsplatzgrenzwerte zum Ziel haben, eine Konzentration zu benennen, bei der keine Gesundheitsbeeinträchtigungen mehr zu erwarten sind, beschreiben AEGL-Werte bestimmte Schweregrade von Gesundheitseffekten nach Exposition für definierte Zeiträume.

Mittels entsprechender Modelle können die Auswirkungen von Stofffreisetzungen, Explosionen und Bränden abgeschätzt, Gefährdungsbereiche ermittelt

---

[7] Amtlich Topographisch Kartographisches Informationssystem der Landesvermessungsämter, Atkis ist ein Projekt der Arbeitsgemeinschaft der Vermessungsanstalten der Länder der Bundesrepublik Deutschland (Adv), vgl. http://www.adv-online.de/produkte/atkis.htm, Stand November 2003.
[8] ArcInfo ist ein eingetragenes Warenzeichen von Environmental Systems Research Institute Inc.
[9] Die Technischen Regeln für Gefahrstoffe werden vom Ausschuß für Gefahrstoffe (AGS) aufgestellt. Sie werden im Bundesarbeitsblatt (BArbBl.) bekanntgegeben. Vgl. TRGS900 – Grenzwerte in der Luft am Arbeitsplatz „Luftgrenzwerte", BarBl Nr. 10/ 2000, zuletzt geändert am 1. August 2003, BarbBl Nr. 9/ 2003.
[10] Vgl. http://www.umweltbundesamt.de/anlagen/eng/aegl.htm, Stand November 2003.

werden. Für die Beurteilung etwaiger humantoxischer Wirkungen steht ein spezielles Modell zur Verfügung. Theoretische Grundlage für die Modellrechnungen ist der Bericht des Umweltbundesamtes zur Ermittlung und Berechnung von Störfallablaufszenarien.

In DISMA können die Strukturen beliebiger Pläne hinterlegt werden. Dies sind z.B. interne Notfallpläne, externe Notfallpläne, Sonderschutzpläne, Alarmierungspläne, Evakuierungspläne. Den einzelnen Planpositionen können die in der Sachdatenbank hinterlegten Informationen zugeordnet werden.

Mit der Recherchefunktion kann nach vielfältigen Kriterien auf die Sachdaten zugegriffen werden. Die durch die Recherche ermittelten Objekte können direkt einzelnen Gliederungspunkten in den Plänen zugeordnet werden. Es können verschiedene Sortierkriterien eingegeben werden.

Nicht nur bei den beteiligten Dienststellen, sondern auch in der Lingener Industrie hat das Projekt einen breiten Rückhalt, was sich auch dadurch zeigt, dass die hohen Hard- und Softwarekosten durch Spenden der Industrie finanziert werden konnten. Neben der Arbeitsgruppe „Gefahrenabwehr" gibt es seit ca. drei Jahren eine DISMA-Arbeitsgruppe bei der Feuerwehr Lingen. Diese Gruppe wird geleitet von dem Sicherheitsbeauftragen der Stadt Lingen (Ems). Ziel ist einerseits die inhaltliche und konzeptionelle Weiterentwicklung des Gefahrenabwehrmanagementsystems sowie die Eingabe der DISMA relevanten Daten und andererseits auch die Schulung der Mitarbeiter im Hinblick auf die Nutzung von DISMA in einem konkreten Einsatzfall.

Derzeit gibt es insgesamt vier DISMA-Arbeitsplätze in Lingen. Bei der Polizei gibt es einen Arbeitsplatz als Hintergrundarbeitsplatz und Eingabeterminal für den Systemadministrator. Ein weiterer Arbeitsplatz ist auf der Polizeiwache. Die Feuerwehr Lingen verfügt über einen stationären DISMA-Arbeitsplatz und einen Laptop, so dass das System bei entsprechenden Schadensfällen am Einsatzort verfügbar ist. Für die Arbeitsgruppe DISMA der Feuerwehr Lingen steht darüber hinaus ein EDV-Übungsraum zur Verfügung. Es ist daran gedacht, zukünftig gegebenenfalls auch Dienststellen der Stadt wie z.B. die Bauordnung mit DISMA-Arbeitsplätzen auszustatten. DISMA ist ein Entscheidungsunterstützungssystem. Es kann und soll den Sachverstand und die Erfahrung der Einsatzkräfte in einem Einsatzstab bei einem Schadensfall nicht ersetzen, sondern wirkungsvoll ergänzen.

Gesundheitsförderung an Schulen im sozialen Netzwerk

Klaus Neumann

1. Notwendigkeit der Gesundheitsförderung in Organisationen

Auf gesamtwirtschaftlicher Ebene herrscht grundsätzliches Einvernehmen über die Notwendigkeit von Maßnahmen zur Gesundheitsförderung in Deutschland.[1] Die Kosten des deutschen Gesundheitssystems sind in den letzten Jahren drastisch gestiegen. Unser Gesundheitssystem ist an die Grenze der Belastbarkeit gestoßen. Die demographische Entwicklung der deutschen Bevölkerung sowie der zunehmende technische Fortschritt im Gesundheitswesen lassen eine Verschärfung dieser Situation erwarten. Als weitere Kostentreiber treten Bewegungsmangel, Übergewicht, Stress und deren Folgekosten in Erscheinung.

Eine Reduzierung der Kosten des Gesundheitssystems ist unumgänglich. In der Vermeidung von Krankheiten durch Prävention und Gesundheitsförderung wird die Lösung gesehen. Nach Schätzung des Sachverständigenrates können durch zusätzliche Investitionen in die Prävention und Gesundheitsförderung die Gesamtkosten um 30 % gesenkt werden. Doch welche Gründe hindern uns, diese lohnende Investition schnellstmöglich umzusetzen?

Das heutige umfangreiche Angebot von Konzepten und Maßnahmen zur Gesundheitsförderung ist auf die Einzelperson und sein individuelles Gesundheitsverhalten abgestellt. Es zielt primär ab auf die Wissensvermittlung in den Bereichen Ernährung, Bewegung, Stressbewältigung und Suchtprävention. Die Nutzung dieses Angebotes dagegen stößt auf Grenzen. Das Wissen um gesundheitliche Risiken z. B. durch das Rauchen oder übermäßges Essen, allein reicht nicht aus für eine nachhaltige Verhaltensänderung. Die Grenzen der individuellen Gesundheitsförderung sind offensichtlich.

Neue Perspektiven eröffnet die Erkenntnis, dass die Fähigkeit des Einzelnen, Änderungen seines eigenen Gesundheitsverhaltens zu erreichen, entscheidend

---

[1] Vgl. Glaeske 2001; Glaeske 2003.

von den Kräften seines sozialen Umfeldes beeinflusst wird. Dies kann vor allem durch geeignete Organisationsstrukturen unterstützt werden.[2]

Organisationen wie Betriebe, Schulen oder Freizeiteinrichtungen können die Gesundheit und Leistungsfähigkeit ihrer Mitglieder direkt und indirekt beeinflussen. Für Menschen ist die Organisation ein wesentlicher Lebensraum und Lebenszusammenhang, in dem sie einen großen Teil ihrer Zeit verbringen. Dem Einzelnen und der Gemeinschaft werden Dienste (z. B. Bewegungspausen) angeboten oder Rahmenbedingungen (z. B. Rauchverbot) gesetzt, die für die Gesundheit des Einzelnen förderlich sind. Diesen Tatbestand nutzen die sogenannten Setting-Ansätze zur Gesundheitsförderung. Aus gesundheitspolitischer Sicht ist vor allem die Gesundheitsförderung in Kindergärten, Schulen und Betrieben von Interesse.

Auf der Ebene der Organisationen hingegen ist das Bewusstsein in bezug auf Gesundheitsförderung nur gering ausgeprägt. Der Nutzen von gesundheitsfördernden Maßnahmen wird kaum gesehen. Gesundheitsförderung wird häufig auf die Vermeidung von Unfällen und arbeitsbedingter Krankheiten reduziert. Gesundheitsförderung wird als lästige Zusatzaufgabe empfunden und unter Kostengesichtspunkten auf das unbedingt „Notwendige" reduziert.

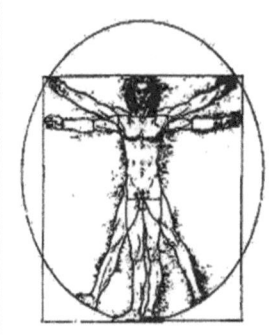

Gesundheitsförderung ist darauf ausgerichtet,
die Ressourcen und die Kompetenzen
des Einzelnen und der Gemeinschaft zu entwickeln,
indem jenes Potenzial optimal ausgeschöpft wird,
das es dem Menschen ermöglicht, mit seinen gesundheitlichen Problemen besser fertig zu werden, sein
Wohlbefinden zu steigern,
ein zufriedenstellendes Leben zu führen
und sich zu entfalten.

Abbildung 1: Gesundheitsdefinition der WHO-Charta, Ottawa 1986

Geht man von der salutogenetischen Gesundheitsdefinition[3] aus, dann eröffnen sich der Organisation zusätzliche Möglichkeiten, die Ressourcen jedes Einzelnen zu fördern und zum Wohle der Organisation zu entwickeln. Gesundheits-

---

[2] Vgl. Nutbeam, Harris 2001, S. 7 f.
[3] Vgl. Gesundheitsdefinition der WHO-Charta zur Gesundheitsförderung, Ottawa 1986.

förderung in diesem Sinne zielt ab auf die Verbesserung des Wohlbefindens und der Leistungsfähigkeit von Individuum und Organisation.

So verstandene Gesundheitsförderung ist praktizierte Organisationsentwicklung. Sie ist keine Zusatzaufgabe für die Mitglieder der Organisation. Vielmehr ist es die gemeinsame Auseinandersetzung mit essenziellen Fragestellungen der Organisation und gemeinsames Suchen und Finden von Lösungen dafür.

Ziel dieses Beitrages ist es, den Nutzen eines gesamtheitlichen Ansatzes zur Gesundheitsförderung in Organisationen sichtbar zu machen und mit dem prozessorientierten Gesundheitsmanagement einen Lösungsansatz vorzustellen, mit dem diese Herausforderung effizient und nachhaltig umgesetzt werden kann. Dies wird am Beispiel der Organisation Schule veranschaulicht.

2. Prozessorientiertes Gesundheitsmanagement als Lösungsansatz

Gesundheitsförderung führt dann zu einer deutlichen Leistungsverbesserung für den Einzelnen und für die Organisation, wenn ein ganzheitlicher Ansatz zum Tragen kommt, in dem alle gesundheitsrelevanten Bereiche, von der Bewegung über die Ernährung bis zur Stressbewältigung, einbezogen werden. Einzelmaßnahmen helfen nicht weiter.

Wichtig für eine hohe Akzeptanz des Gesamtvorhabens ist die Partizipation, d. h. Einbindung und Mitwirkung aller Mitglieder der Organisation. Die i. d. R. sehr unterschiedlichen Vorstellungen über Gesundheit und Gesundheitsförderung sind zu synchronisieren.

Die Zusammenarbeit erfolgt nicht ausschließlich auf der sachlichen Ebene. Jeder Beteiligte diskutiert und handelt als Betroffener aus seinem persönlichen Interesse heraus mit all seinen Emotionen, Erwartungen und Ängsten. Es entsteht eine gewünschte Gruppendynamik, die in eine positive Richtung im Hinblick auf die Gesundheitsförderung zu steuern ist.

Diese Anforderungen machen ein systematisches Vorgehen erforderlich, durch das die Gruppe eine gemeinsame Sichtweise und Diskussionbasis erhält. Gleichzeitig muss der Ansatz gewährleisten, dass sich die Gruppe immer wieder auf die zielführenden Aspekte fokussiert. Der Ansatz, der diesen Anforderungen gerecht wird, ist das integrierte Gesundheitsmanagement auf der Basis eines prozessorientierten Ansatzes, das folgende Komponenten enthält:

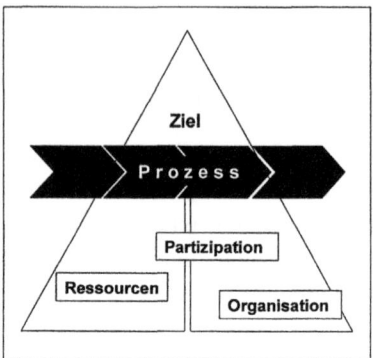

Abbildung 2: Basiskomponenten des prozessorientierten Gesundheitsmanagements

Der prozessorientierte Ansatz gibt der Organisation einen Leitfaden an die Hand, das Vorgehen so zu gestalten, dass die gewünschten Gesundheitsziele termingerecht erreicht werden können.

Das Gesamtvorhaben wird als Prozess betrachtet, der in überschaubare Teilschritte zerlegt wird. Für jeden Teilschritt werden die erwarteten Ergebnisse und die durchzuführenden Aufgaben definiert. Gleichzeitig werden die wesentlichen Entscheidungspunkte festgelegt.

Der Ansatz sorgt für eine Überprüfung der organisatorischen Voraussetzungen, damit der Prozess effizient ablaufen und gesteuert werden kann. Zusätzlich wird überprüft, ob die zur Erreichung der Ziele notwendigen finanziellen und personellen Ressourcen zur Verfügung stehen.

Die Kernaufgabe besteht darin, gemeinsame Gesundheitsziele mit den Mitgliedern der Organisation herauszuarbeiten. Basis dafür ist der spezifische Handlungsbedarf dieser Organisation zur Verbesserung der Gesundheit. Diese Ziele werden explizit vereinbart und haben damit für alle einen hohen Verbindlichkeitsgrad.

Die zur Erreichung der Gesundheitsziele notwendigen Maßnahmen sind zu konzipieren und im Rahmen einer geeigneten Projektorganisation umzusetzen. Die Umsetzung der Maßnahmen erfolgt ergebnisorientiert. Dies bedeutet, dass nicht die Absicht sondern nur das Erreichen des vereinbarten Ergebnisses zählt. Hierzu sind die Ergebnisse permanent mit den vereinbarten Zielen zu kontrollieren.

Das Zusammenspiel dieser Komponenten des Gesundheitsmanagements stellt sicher, dass der Gesundheitsförderungsprozess steuerbar wird, und dass die vereinbarten Ziele erreicht werden. Zur nachhaltigen Sicherung der Leistungsverbesserungen ist dieses Vorgehen in einen sich selbststeuernden Prozess zu überführen, der eine permanente Überprüfung der Gesundheitsziele und Neuausrichtung der Aktivitäten beinhaltet.

3. Die Schule als gesundheitsfördernde Organisation

Die Organisation Schule ist in besonderer Weise prädestiniert für die Anwendung des prozessorientieren Gesundheitsmanagements. Einerseits sollte Gesundheitsförderung möglichst früh, d. h. bereits im Kindesalter greifen. Andererseits hat die Schule die einmalige Chance, durch die Gesundheitsförderung die Qualität ihres Kerngeschäftes deutlich zu verbessern.

Nicht erst seit der PISA-Studie ist bekannt, dass Schulen in Deutschland eine deutliche Qualitätsverbesserung erfahren müssen, um im internationalen Wettbewerb Schritt halten zu können. Zahlreiche Maßnahmen zur Schulentwicklung sind angedacht und in die Wege geleitet. Schulen sollen in die Autonomie und Selbstverwaltung entlassen werden. Die Unterrichts- und Ausbildungsqualität sollen verbessert werden. Gleichzeitig sollen Ausbildungszeiten sowie die Kosten des Bildungssystems reduziert werden.

Wie soll das gehen angesichts leerer Haushaltskassen und einem besorgniserregenden Gesundheitszustand der Lehrer? Lehrer fühlen sich zunehmend ausgebrannt.[4] Die Quote der Frühpensionierungen aus gesundheitlichen Gründen ist bei Lehrern mehr als doppelt so hoch wie in der Privatwirtschaft.[5] Lehrer sind sehr stark als Einzelperson auf den Unterricht in der Klasse fokussiert. Problemlösungsfähigkeiten konnten sich dadurch nicht entwickeln. Ergebnisorientierte

---

[4] Vgl. Bayerischer Lehrer- und Lehrerinnenverband (BLLV) 2001, S. 4 ff.
[5] Nach Berechnungen von Dr. G. Hüffner vom BLLV entstehen dem Staat Bayern jährlich Kosten in Höhe von 250 Mio. Euro für die frühzeitige Pensionierung von Lehrern wegen Dienstunfähigkeit.

Team- und Projektarbeit zur Bewältigung außergewöhnlicher Fragestellungen ist in der Schule eher die Ausnahme.

Die Bedingungen, unter denen Lehrer arbeiten, haben sich verschärft. Bei zunehmender Klassengröße sind Schüler weniger konzentriert und leistungsfähig. Die Konflikt- und Gewaltbereitschaft steigt. Dies ist auf den zunehmenden Bewegungsmangel, die steigende Übergewichtigkeit sowie den abnehmenden Stressbewältigungsfähigkeiten zurückzuführen.

Mit der Entscheidung für die konsequente Einführung eines Gesundheitsmanagements begibt sich die Schule auf den Weg zur gesundheitsfördernden Organisation. Damit entwickelt sie sich von der lehrenden zur lernenden Organisation. Gesundheitsförderung so verstanden ist keine Zusatzaufgabe für die Schule, sondern die Möglichkeit, systematisch die ohnehin anstehende Verbesserung des eigentlichen Kerngeschäftes herbeizuführen.[6]

4. Einführung des Gesundheitsmanagements in der Schule

Um Missverständnissen vorzubeugen, ist folgende Negativabgrenzung hilfreich: Gesundheitsmanagement bedeutet nicht, dass ein ausgewählter Lehrer für die Gesundheitsförderung in der Schule verantwortlich gemacht wird und als „Kümmerer" alle notwendigen Aktivitäten aufzeigen und umsetzen muss.

Gesundheitsförderung durch Einführung eines Gesundheitsmanagements bedeutet vielmehr, gemeinsam mit allen Mitgliedern der Schulgemeinde[7] einen bewussten Prozess aufzusetzen zur sukzessiven und nachhaltigen Verbesserung der Gesundheit und Leistungsfähigkeit von Schülern und Lehrern.

Abbildung 3: Der Gesundheitsförderungsprozess in der Schule

---

[6] Vgl. Paulus 2003.
[7] Die Schulgemeinde besteht aus Schulleitung, Lehrerkollegium, Schülern, Elternbeirat und Personalrat.

Voraussetzung ist die Verankerung der Gesundheitsförderung im Schulprogramm. Die Schulleitung stellt Einvernehmen her bei allen Mitgliedern der Schulgemeinde über die Durchführung des Projektes zur Gesundheitsförderung. Sie delegiert diese Aufgabe an ein dafür eingerichtetes Projektteam.

Dieses Projektteam hat die Aufgabe, den individuellen Handlungsbedarf der Schule in bezug auf die Gesundheitsförderung durch eine Selbstdiagnose herauszuarbeiten. Daraus abgeleitet werden operationale Gesundheitsziele für die gesamte Organisation Schule vereinbart.

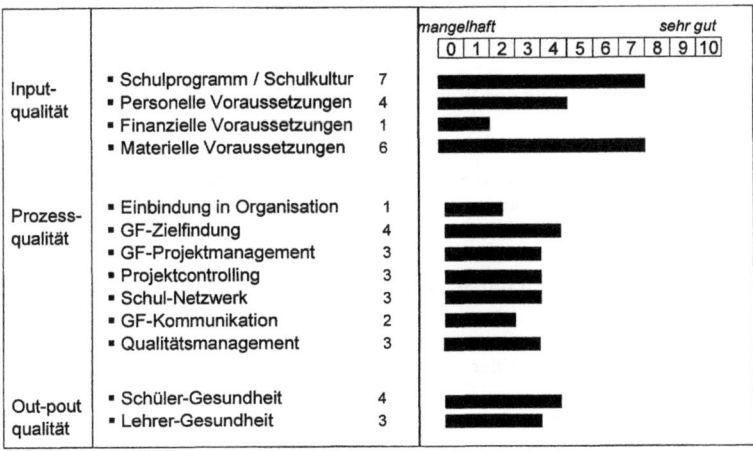

Abbildung 4: Bewertungsübersicht der Selbstdiagnose zur Gesundheitsförderung

Von Anfang an ist für eine effiziente Projektorganisation zu sorgen. Der Projektleiter muss nicht zwingend die größte Sachkompetenz haben. Wichtiger ist eine hohe soziale Kompetenz und die Fähigkeit, das Projekt ergebnisorientiert und termingerecht zu managen. Neben der inhaltlichen Ausgestaltung des Gesamtkonzeptes ist die personelle, finanzielle und zeitliche Machbarkeit der Maßnahmen sicherzustellen. Um möglichst viele Mitglieder der Schule in dieses Vorgaben einzubinden, die Betroffenen zu Beteiligten zu machen sowie die zeitliche Belastung für alle Beteiligten möglichst gering zu halten, sind die Aufgabenpakete möglichst in Teilprojekte zu gliedern, die ihrerseits eigenständig durchgeführt und gesteuert werden.

Die Organisation Schule weist durch die bisherige Fokussierung auf die schüler- und klassenbezogene Wissensvermittlung Besonderheiten auf, die es bei der Projektorganisation und -durchführung notwendig machen, folgende Aspekte besonders zu betonen und explizit im Projekt zu verankern:

- Teamarbeit;
- Ergebnisorientierung;
- interne und externe Kommunikation.

Die Bedeutung der Ergebnisorientierung soll am Beispiel des Trinkens veranschaulicht werden:

Ziel: Verbesserung des Wohlbefindens und der Konzentrationsfähigkeit der Schüler

Kriterium: Mittlere Flüssigkeitszufuhr pro Schüler und Tag während der Schulzeit als wesentlicher Einflussfaktor auf das Wohlbefinden und die Konzentrationsfähigkeit

Ausprägung: ml Flüssigkeit pro Schüler und Tag (mitgebrachte und zugekaufte Flüssigkeit)

Ist-Zustand: 200 ml pro Schüler und Tag

Soll-Zustand: ca. 500 ml pro Schüler und Tag je nach Körpergewicht

---

Es besteht Einvernehmen, dass eine ausreichende und gleichmäßige Flüssigkeitszufuhr während der Schulzeit besonders wichtig ist für das Wohlbefinden und die Konzentrationsfähigkeit der Schüler.[8] Wird durch Schülerbefragung festgestellt, dass ein Flüssigkeitsdefizit von beispielsweise 60 % besteht, ist ein Bündel von abgestimmten Maßnahmen erforderlich, um innerhalb eines vereinbarten Zeitraums von z. B. zwei Jahren das Ziel von 500 ml Flüssigkeitszufuhr pro Schüler und Tag zu erreichen.

Grundvoraussetzung für die Veränderung des Trinkverhaltens ist eine zielgruppenspezifische Information und Aufklärung der Schüler über die Notwendigkeit des Trinkens. Über die Eltern den Anteil der mitgebrachten Flüssigkeit deutlich zu erhöhen, funktioniert in Grundschulen noch sehr gut. In weiter-

---

[8] Vgl. Heseker, Weiß 2003, S. 1 ff. und Heseker 2002.

führenden Schulen kann es kurzfristig nur zu spürbaren Ergebnissen/Verbesserungen kommen, wenn das Trinkwasserangebot in der Schule verbessert wird. An dem Kriterium „Flüssigkeitszufuhr in ml pro Schüler und Tag" ist die Eignung von Verbesserungsmaßnahmen quantitativ zu beurteilen. Wenn die Schule beispielsweise die Anschaffung von Trinkbrunnen als Umsetzungsmaßnahme in Erwägung zieht, sollte unbedingt die Anzahl der Entnahmestellen auf die Schülerzahl abgestellt sein. Geht man davon aus, dass der Anteil des Trinkwassers ohne Kohlensäure bei der deutschen Bevölkerung geringer als 10 % ist, ist die Aufstellung von Trinkbrunnen mit Leitungswasser unter qualitativen Gesichtspunkten innerhalb der nächsten beiden Jahre keine geeignete Lösung. Unter diesen Bedingungen ist es eher sinnvoll, den Schülern direkt im Klassenzimmer mit Kohlensäure versetztes Mineralwasser in 500 ml-PET-Flaschen zur Verfügung zu stellen. Durch den leichten Zugang zu Mineralwasser in einer bedarfsgerechten und mobilen Form sowie dem neuen Bewusstsein in der Gruppe, dass Trinken das Wohlbefinden verbessert, wird es sehr schnell zur eigenen Erfahrung, zur Einsicht und zu einer nachhaltigen Veränderung des eigenen Trinkverhaltens kommen.

Dieses einfache Beispiel zeigt: Will die Schule ernsthaft und nachhaltig das Flüssigkeitsdefizit beseitigen, ist ein klares Ziel zu setzen und solange an der Thematik „Ausreichendes Trinken" zu arbeiten, bis das vereinbarte Ziel von 500 ml Flüssigkeitszufuhr pro Schüler und Tag tatsächlich erreicht ist.

Dies ist für viele Schulen eine ungewohnte Vorgehensweise. Wenn der Umsetzungsaufwand ansteigt oder das gewünschte Ergebnis nicht erzielt wird, sind schnell Gründe gefunden, die gegen die Fortführung der Umsetzung sprechen: Das kann nicht Aufgabe der Schule sein. Das ist zu teuer. Das führt zu einer zusätzlichen Beeinträchtigung des Unterrichts.

Sollen Gesundheitsziele in der Schule nachhaltig erreicht werden, ist auch nachhaltig daran zu arbeiten. Überprüfbare Gesundheitsziele sind daher explizit mit Zustimmung aller Mitglieder der Schulgemeinde zu vereinbaren. Sie können auch nur durch Gremienbeschluss wieder aufgehoben werden.

Gesundheitsförderung im Sinne eines solchen ergebnisorientierten Gesundheitsmanagements bedeutet für die Schule eine große Herausforderung, die sie i. d. R. nicht allein schultern kann. Wie kommt sie aus dieser zunächst ausweglos erscheinenden Situation doch heraus? Wie kann sie sich auf den Weg zu einer gesundheitsfördernden Schule begeben und sogar zur gesunden Schule werden? Das soll im Folgenden näher erläutert werden.

5. Partner-Netzwerk zur Umsetzung und Sicherung der Nachhaltigkeit

Die Schule ist nicht auf sich allein gestellt. Sie befindet sich in einem Netzwerk, das sie nutzen kann und sollte, wenn sie das Ziel der gesundheitsfördernden Schule erreichen will.

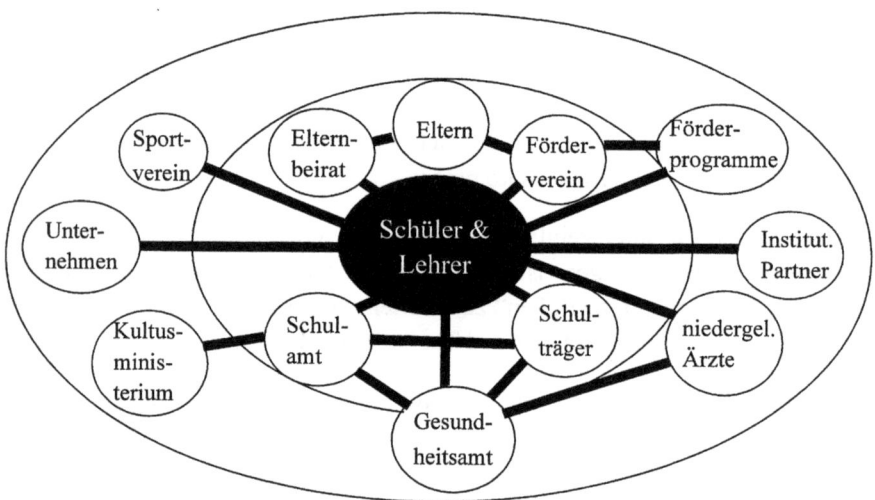

Abbildung 5: Die Schule im Netzwerk

Primär ist das Lehrerkollegium für die Entwicklung zur gesundheitsfördernden Schule zu gewinnen. Lehrer haben durch das Gesundheitsprojekt die einmalige Chance, gemeinsam mit der gesamten Schulgemeinde ihr persönliches Arbeitsumfeld selbst zu gestalten, durch das sie heute einem sehr großen Druck ausgesetzt sind. Lehrer haben Vorbildfunktion für ihre Schüler. Schüler sind eher bereit, neue gesundheitsfördernde Verhaltensweisen zu adaptieren, wenn ihre Lehrer von diesem Verhalten überzeugt sind und dieses vorleben.

Das Thema Gesundheit von Schülern läßt sich nicht vom Elternhaus trennen. Viele Ursachen für ungesundes Verhalten haben ihren Ursprung im Elternhaus.

Beispielsweise kommen über 20 % der Schüler ohne Frühstück zur Schule.[9] Eltern sollten nicht nur über die gesundheitsrelevanten Themen informiert werden. Für den Erfolg des Vorhabens ist es unabdingbar, die Eltern einzubinden. Sie stellen mit ihren persönlichen Erfahrungen eine äußerst wichtige Ressource bei der Konzipierung und Umsetzung der gesundheitsfördernden Maßnahmen dar. Einen großen Nutzen für die Schule hat allein die in der Privatwirtschaft überall vorzufindende Projektmanagementkultur und -erfahrung. Eltern gewährleisten durch ihre pragmatische Unterstützung der Gesundheitsförderungsteams in bezug auf das Projektmanagement nicht nur den konkreten Projektfortschritt. Vielmehr werden Lehrer learning-by-doing vertraut mit den Methoden des Projektmanagements.

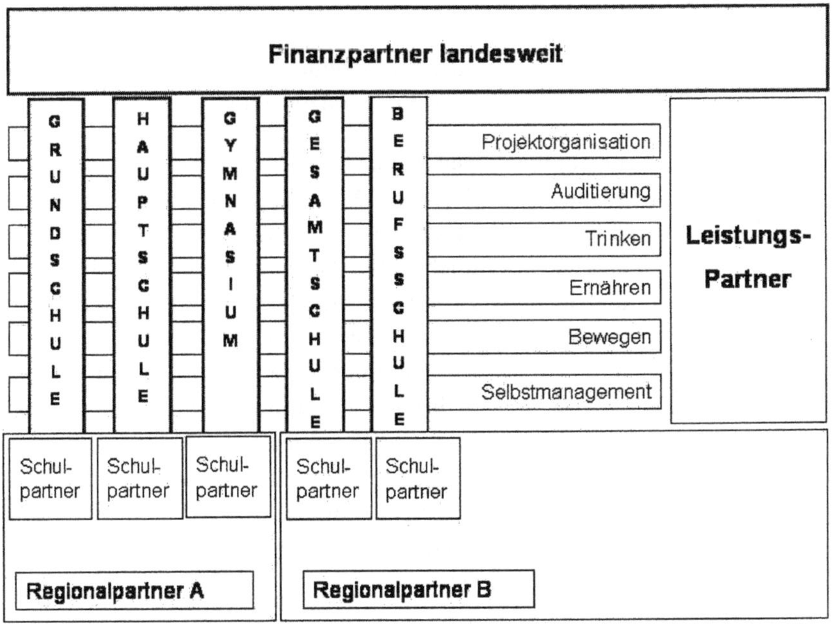

Abbildung 6: Das Partner-Netzwerk der Schule

Partnerschaftliche Kommunikation und Zusammenarbeit zwischen Eltern und Lehrern ist sicherlich eine neue Herausforderung für beide Seiten. Es ist ein wichtiger und notwendiger Schritt, um aktuelle von allen für wichtig gehaltene

---

[9] Vgl. Klocke 2002, S. 18.

Veränderungen in der Schule umzusetzen. Die Schule allein schafft dies nicht. Hierdurch wird die von der Kultusministerkonferenz sowie von den Spitzenverbänden der Eltern, Lehrer und des Sports geforderte „Gemeinsame Erziehungsverantwortung in Schule und Elternhaus"[10] mit Leben gefüllt und systematisch gestärkt.

Der Erfolg eines solchen Vorhabens wird umso größer sein, je besser es gelingt, zusätzlich ein leistungsfähiges Partner-Netzwerk aus Finanz- und Leistungspartnern aufzubauen.

Viele Unternehmen fördern bereits heute als Finanz-Partner/Sponsoren vor allem die sportlichen und kulturellen Aktivitäten von Schulen ihrer Region. Durch systematische Nutzung des Beziehungsnetzwerkes der Eltern hat jede Schule die Möglichkeit, zahlreiche Unternehmen in ihrer Region für ihr Gesundheitsprojekt zu gewinnen. Auf diese Weise tragen Unternehmen dazu bei, gesunde und gut ausgebildete Mitarbeiter in ihr Unternehmen einzustellen.

Für die Umsetzung der notwendigen Maßnahmen in der Schule sind die Leistungs-Partner von besonderer Bedeutung. Diese bieten standardisierte, speziell auf die Erfordernisse der Schule abgestellte Leistungen an. So haben Schulen die Möglichkeit, zu Beginn des Projektes für die Moderation der Selbstdiagnose eine spezielle Beratungsleistung zu nutzen, um innerhalb kurzer Zeit mit dem Projektteam den Handlungsbedarf herauszuarbeiten und operationale Gesundheitsziele für die Schule festzulegen. Die integrierte logistische Versorgung der Schüler mit Mineralwasser bis in das Klassenzimmer mit Wasserdisposition, Leerguthandling und klassenweiser Einzelabrechnung wird durch einen darauf spezialisierten und qualifizierten Getränkefachhändler sichergestellt. Die Aufgabe des jeweiligen Projektteams besteht lediglich darin, diesen Dienstleister abzurufen und zu prüfen, ob die standardmäßig vorgesehene Leistung den Anforderungen der Schule gerecht wird.

Leistungs-Partner tragen dazu bei, notwendige gesundheitsfördernde Maßnahmen zügig und mit wenig Aufwand für die Mitglieder der Schulgemeinde umzusetzen. Die Schule kann sich darauf konzentrieren, die Leistung und den Leistungs-Partner zu managen. Hierdurch steigt die Akzeptanz der Maßnahmen und des gesamten Gesundheitsprojektes.

---

[10] Bonner Erklärung vom 3. Dez. 2003: Gemeinsame Erziehungsverantwortung in Schule und Elternhaus stärken.

Akquisition, Qualifizierung und Management der überregionalen Finanz- und Leistungs-Partner ist primär die Aufgabe des Kultusministeriums und der staatlichen Schulämter gemeinsam mit den Schulträgern. Dies ist sicherlich eine neue Rolle für diese Institutionen neben der Führungs- und Aufsichtsfunktion. Aber die anstehenden Verbesserungen im Schulsystem sind nur möglich, wenn die einzelne Schule von den führenden Stellen ausreichend unterstützt wird.

Immer mehr Unternehmen haben erkannt, dass sie mittel- und langfristig einen erheblichen Nutzen für ihr Unternehmen realisieren, wenn sie bereit sind, soziale Verantwortung zu übernehmen. Neben dem Imagegewinn erreichen sie intern eine höhere Identifikation ihrer Mitarbeiter mit dem Unternehmen sowie die Weiterentwicklung wichtiger sozialer Kompetenzen ihrer Mitarbeiter. Sie sind dabei, Corporate Citizenship bewußt in ihre Unternehmensstrategie zu integrieren und ihre Aktivitäten danach auszurichten.

Die Partnerschaft mit Schulen in bezug auf Gesundheitsförderung ist für viele Unternehmen äußerst interessant. Kinder, Jugendliche und ihre Eltern stellen eine wichtige Zielgruppe dar. Mit der Gesundheitsförderung sind positive Assoziationen verbunden, die sich auf das Unternehmen übertragen.

Mit dieser win-win-Situation für beide Seiten haben wir optimale Voraussetzungen, gemeinsam den Weg zur gesundheitsfördernden Schule zu meistern.

6. Gesundheitsförderung - eine rentable Investition für Organisationen

Die Notwendigkeit der Gesundheitsförderung insbesondere in Organisationen wird von allen Gesundheitsexperten und Gesundheitspolitikern gesehen und wehement eingefordert. Mit der konzertierten Aktion aller Träger des deutschen Gesundheitswesens zur Gründung des Deutschen Forums für Prävention und Gesundheitsförderung wird die Bedeutung der Gesundheitsförderung insbesondere in Organisationen unterstrichen und mit einer umfangreichen finanziellen Förderung auf den Weg gebracht.

In der Praxis spielt diese Gesundheitsförderung heute noch keine große Rolle. Sowohl Profit- als auch Non-Profit-Organisationen sehen mehr den zusätzlichen Aufwand als den Nutzen durch Gesundheitsförderung in ihrer Organisation.

Hier existiert eine große Kluft zwischen gesamtwirtschaftlicher Notwendigkeit und einzelwirtschaftlicher Praxis, die nicht allein durch Information und Bereitstellung finanzieller Mittel überbrückt werden kann. Gesundheit ist nicht Angelegenheit von Experten oder Politikern. Gesundheitsförderung kann nicht angeordnet werden.

Gesundheit entsteht dadurch, dass jeder die Verantwortung für seine eigene Gesundheit übernimmt, dass er sich um sich selbst und für Andere sorgt, dass er in die Lage versetzt ist, selber Entscheidungen zu fällen und eine Kontrolle über die eigenen Lebensumstände auszuüben, sowie dadurch, dass die Gemeinschaft, in der er lebt, Bedingungen herstellt, die allen ihren Beteiligten Gesundheit ermöglichen.

An dieser Stelle ist ein Umdenken erforderlich:
Gesundheit wird zur Kernaufgabe der Organisation. Sie trägt dazu bei, dass Gesundheit zum wesentlichen Bestandteil und Motor der persönlichen Entwicklung eines jeden Mitglieds wird. Hierdurch wird ein beträchtliches Potenzial freigesetzt für den Einzelnen und seine Organisation, in der er lebt.

Die Leistungsfähigkeit einer Organisation hängt zunehmend von dem Humankapital, also von seinen Mitgliedern ab. Die Gesundheit der Mitglieder wird zum entscheidenden Wettbewerbsvorteil. Investitionen in die Gesundheitsförderung auf Basis eines prozessorientierten Gesundheitsmanagements sind somit mittel- und langfristig hoch rentabel.

Literatur

Arbeitsgemeinschaft der Spitzenverbände der Krankenkassen: Gemeinsame und einheitliche Handlungsfelder und Kriterien der Spitzenverbände der Krankenkassen zur Umsetzung von § 20 Abs. 1 und 2 SGB V, Bergisch Gladbach 2003.
Bayerischer Lehrer- und Lehrerinnenverband (BLLV): Arbeitsbelastung in Schulen - Damit Schule nicht krank macht!, München 2001, S. 4 ff.
Bonner Erklärung vom 3. Dez. 2003, Gemeinsame Erziehungsverantwortung, in: Schule und Elternhaus stärken.
Glaeske, G. (Hrsg.): Weichenstellungen für die Zukunft - Elemente einer neuen Gesundheitspolitik, Bonn 2001.

Glaeske, G. (Hrsg.): Prävention und Gesundheitsförderung stärken und ausbauen, Bonn 2003.
Heseker, H.: Untersuchungen zum Trinkverhalten von Schüler/innen und Studenten/innen, Paderborn 2002.
Heseker, H., Weiß, M.: Trinken und Leistungsfähigkeit in Beruf und Freizeit, Paderborn 2003, S. 1 ff.
Klocke, A.: Die Ergebnisse der WHO-Jugendgesundheitsstudie 2002 in Hessen, Frankfurt 2002, S. 18.
Nutbeam, D., Harris, E.: Theorien und Modelle der Gesundheitsförderung - Eine Einführung für Praktiker zur Veränderung des Gesundheitsverhaltens von Inividuen und Gemeinschaften, Gamburg 2001, S. 7 f.
Paulus, P., Schulische Gesundheitsförderung - vom Kopf auf die Füße gestellt. Von der gesundheits-fördernden Schule zur guten gesunden Schule, in: Aregger, K., Lattmann, U. P. (Hrsg.): Gesundheitsfördernde Schule – eine Utopie? Konzepte, Praxisbeispiele, Perspektiven, S. 95-116, Luzern 2003.

Entwicklungspotenziale für Management Support Systeme

Heike Dalinghaus, Anja Mentrup, Bodo Rieger, Michael Wolters

1. Einleitung

Informations- und Kommunikationstechnologie wurde inbesondere in den letzten 10 Jahren zunehmend in Unternehmen installiert, um das Management bei seinen Aufgaben Überwachung, Analyse, Kontrolle und strategische Planung zu unterstützen (Management Support Systems, MSS). Herausragende Beispiele jüngerer Zeit sind Data Warehouses und darauf aufsetzende Business Intelligence Lösungen, z. B. Online Analytical Processing (OLAP), Data Mining, Operations Research oder Simulation. Durch das breite Funktionsspektrum von MSS, ausgehend von einfachen Filter-, Sortier-, Detaillierungs- und Aggregationsfunktionen bis hin zur Definition von komplexen Ausnahmefunktionen wird dem Anwender beim Analysieren und Auswerten der Daten ein sehr flexibles Arbeiten ermöglicht. Die von den MSS-Tools bereitgestellten Online-Hilfesysteme bieten jedoch nur punktuelle Hilfestellungen an. Zur Beantwortung typischer MSS-Fragestellungen müssen stets mehrere Einzelschritte/-funktionen kombiniert ausgeführt werden. Die Online-Hilfesysteme bieten bei der Frage, welche genau und in welcher Reihenfolge, keine entsprechende Unterstützung, der Anwender ist somit auf sich allein gestellt.

Parallel dazu gehören Enterprise Resource Planning (ERP)-Systeme, wie SAP/R3 oder B*aa*N ERP, in den meisten Unternehmen zum Standard. Ein wesentliches Ziel dieser Systeme ist, die operativen Organisations-, Planungs- und Dispositionsaufgaben in einer Geschäftsprozesssicht funktionsübergreifend zu unterstützen. Dabei lässt sich beobachten, dass operative Geschäftsprozesse zunehmend auch komplexe Entscheidungsprozesse beinhalten. Obwohl diese Entscheidungsprozesse maßgeblich durch Parameter der zugehörigen ERP-Prozesse beeinflusst werden, sind sie nicht oder nur eingeschränkt im ERP-System selbst abbildbar. Deshalb werden im Rahmen von komplexen Entscheidungsprozessen MSS-Werkzeuge ergänzend zu ERP-Systemen eingesetzt, so dass eine Aufspaltung des Geschäftsprozesses in einen oder mehrere ERP- und MSS-Prozessteil(e) erfolgt, wobei beide Prozessteile über den gemeinsamen Kontext beschreibende Merkmale (ERP-Parameter) lose gekoppelt in Beziehung stehen. Eine gesamtheitliche Dokumentation des Wissens über ERP- und MSS-Prozessteile existiert jedoch nicht. In der Regel sind in Unternehmen nur Dokumentationen über Funktionen und Prozesse vorhanden, die im Rahmen der Implementierung der ERP-Software erstellt werden. Im Gegensatz zu diesem in der Regel ausführlich dokumentierten Wissen über Prozesse auf Basis von Referenzmodellen in ERP-Systemen ist das Wissen über die ausgelagerten MSS-Prozesse meistens nur in impliziter Form bei wenigen Experten im Unternehmen vorhanden.

All diesen Anwendungen ist somit gemein, dass sowohl das Wissen zu deren effektivem Einsatz als auch das durch deren Einsatz generierte Wissen im günstigsten Fall im jeweiligen System gesammelt, gespeichert und wiederverwendet werden kann. Zur Integration dieser Wissensinseln bzw. zur Bereitstellung dieser für die MSS-Akzeptanz erfolgskritischen Funktionalität bietet sich das derzeit stark diskutierte Wissensmanagement (WM) an.[1] So werden Data Warehouse und MSS-Elemente bereits häufig in Abhandlungen als potenzielle Grundlage für WM genannt.[2] In diesem Beitrag geht es in Anlehnung an die Forderungen von Probst, Raub und Romhardt nach einem pragmatischen WMkonzept[3] um die integrative Anwendung von WM-Konzepten sowohl auf den Bereich MSS selbst wie auch mit MSS unterstützte, betriebliche Anwendungsbereiche.

Der Beitrag ist wie folgt aufgebaut: Zunächst werden MSS-Defizite aus einer Gegenüberstellung von Intention und State-of-the-Art des MSS-Einsatzes abgeleitet. Ausgehend von der begründeten Annahme, dass einige dieser Defizite durch Konzepte, die im Bereich WM entwickelt wurden, behoben bzw. bis zu einem bestimmten Grad ausgeglichen werden können, wird anschließend ein daraus entwickelter *mehrdimensionaler Bezugsrahmen für die Integration von WM und MSS* vorgestellt.[4]

Danach werden zwei konkrete Forschungsarbeiten zur Realisierung der Integrationsaufgabe vorgestellt. Das *Konzept der MSS-Assistenz mittels Softwareagenten*[5] adressiert dabei primär den Aspekt MSS-interner Problemlösungsprozesse.

---

[1] Vgl. Nonaka, Takeuchi 1995; Krallmann 2000; Romhardt 1998; Bach et al. 2000; Bach et al. 1999a; Gentsch 1999; North 1999.
[2] Vgl. Lehner 2000, S. 271; Gentsch 1999, S. 23ff; Probst 1999, S. 71; Jansen 2000, S. 121.
[3] Vgl. Probst et al. 1999.
[4] Vgl. Mentrup 2003.
[5] Vgl. Dalinghaus, Rieger 2003.

Das Management von Prozesswissen an der Schnittstelle von ERP und MSS[6] widmet sich der Bewältigung systemübergreifender Problemlösungsprozesse.

2. Management Support Systeme

2.1 Intention und Entwicklungsstand

Der Versuch, eine angemessene DV-Unterstützung für betriebliche Fach- und Führungskräfte zu gewährleisten, wird schon seit mehr als dreißig Jahren unternommen.[7] Management Support Systeme umfassen in Anlehnung an Scott Morton die ganzheitliche "Unterstützung von Management-Aktivitäten durch den kombinierten Einsatz von Informations- und Kommunikations-Technologien".[8] Der Begriff wurde ursprünglich als Oberbegriff zur Klassifizierung vorgefundener Systemarten geprägt, die unabhängig voneinander entstanden sind und jeweils isoliert nur Teilfunktionen abdecken.

Dementsprechend sind sowohl die verfügbaren Werkzeuge im Bereich Management Support als auch die damit entwickelten Anwendungen in der Regel nur zu einer punktuellen Unterstützung geeignet, d. h. sie sind funktionsklassenorientiert. Beispiele sind:

- Die historisch frühen Management Information Systems (MIS) für standardisiertes Berichtswesen,
- die daraus weiter entwickelten Executive Information Systems (EIS) für ein flexibles, dynamisches, signalisierendes Online-Berichtswesen,
- Managed Query Environments für Ad-hoc-Abfragen,
- On-Line Analytical Processing (OLAP)-Systeme für mehrdimensionale Datenanalysen und
- Decision Support Systems (DSS) für die modellbasierte Generierung, Simulation, Bewertung und Auswahl von Entscheidungsalternativen, im Falle von wissensbasierter Methodenbasis auch als Intelligent Support Systems (ISS) oder Expertensysteme bezeichnet.

---

[6] Vgl. Wolters 2003.
[7] Vgl. Chamoni, Gluchowsky 1999.
[8] Scott Morton 1983, S. 2.

Eine optimale Unterstützung betrieblicher Entscheidungsprozesse von der Problemerkennung und -analyse über die Generierung und Bewertung von Lösungsalternativen bis zu deren Implementierung und Erfolgskontrolle kann jedoch zumeist nur durch den kombinierten Einsatz von Werkzeugen mehrerer MSS-Toolklassen erlangt werden. Diese Forderung erhob Scott Morton bereits 1983.[9] Hinzu kommt, dass verfügbare MSS-Tools überwiegend nur quantitative Aspekte von Entscheidungsprozessen abdecken.

Die Umsetzung der ursprünglichen MSS-Intention erfordert somit Verbesserungen in dreierlei Hinsicht:

- die Integration spezialisierter MSS-Teilapplikationen
- die Ergänzung um qualitative MSS-Teilapplikationen
- und eine zentrale Dokumentation von MSS-Teilen und MSS-Komposita.

Trotz der jüngst beobachtbaren Tendenz seitens der Anbieter einzelner MSS-Tools zu funktionalen Erweiterungen erscheint eine Realisierung dieser Anforderungen in der MSS-Welt allein nicht machbar. Die folgende Diskussion der MSS-Einsatzpraxis dient der Identifikation von Grenzen und Unterstützungsbedarf der MSS-Welt (MSS-Defizite).

2.2 MSS-Defizite und konventionelle Lösungsansätze

Auswahl, Einsatz und evtl. Integration adäquater MSS-Tools erfordern zunächst Kenntnisse über Funktionsumfang, Schnittstellen und Bedienung von MSS-Tools sowie deren Verfügbarkeit im Unternehmen. Schon dieser Auswahlprozess kann derzeit nicht explizit unterstützt werden, da entsprechende Leistungsmerkmal-Beschreibungen allenfalls innerhalb der Tools verfügbar sind. Das nächste Defizit betrifft die Ergebnisse der Arbeit mit einzelnen MSS-Werkzeugen. Diese sollen im Weiteren als Informationsobjekte bezeichnet werden. Beispiele sind etwa konkrete Sichten auf einen OLAP-Würfel als Ergebnis eines analytischen Navigationsprozesses oder formatierte Berichte als Ergebnis einer Ad-hoc-Abfrage gegen das Data Warehouse. Diese Informationsobjekte werden zumeist isoliert im persönlichen Arbeitsbereich des betreffenden Anwenders abgelegt, häufig in arbeitsplatzbezogenen (Spreadsheet-)Anwendungen nachbearbeitet und in der Regel um Zusatzinformationen ergänzt, z. B. Ver-

---

[9] Vgl. Scott Morton 1983.

weise auf andere abgeleitete oder auch neu generierte Informationsobjekte, z. B. textuelle Kommentare. Andere Anwender haben damit in der Regel keinen Zugriff auf diese Analyseergebnisse. Wird ein Zugriff zur Verfügung gestellt, dürfen insbesondere diese Zusatzinformationen nicht verloren gehen. Dies wird am Beispiel des Standardreporting deutlich. Gerade dort fehlt oft eine Information darüber, welche Aussage ein bestimmter Report repräsentiert oder zur Lösung welcher Fragestellungen er einen Beitrag leistet.

Aus Sicht der MSS wird ein Konzept benötigt, das die Verknüpfung beliebig strukturierter Zusatzinformationen ermöglicht. Forderungen aus dem MSS-Bereich nach einem umfassenden Metadatenmanagement, die Mitte der neunziger Jahre aufkamen,[10] weisen in diese Richtung. Viele Bemühungen um ein effizientes Metadatenmanagement beschränkten sich jedoch bislang auf technische Metadaten, die verteilt und in inkompatiblen Strukturen in den einzelnen MSS-Komponenten vorliegen. Zudem decken die technischen Metadaten nicht den Bedarf der MSS-Benutzer ab. So haben Fachanwender in der Regel keine Möglichkeit, ihr Wissen z. B. bezüglich der o. g. Informationsobjekte und des (individuellen) Kontexts im Metadatenmanagement explizit zu machen und somit rechnergestützt zu verwalten oder auf das "Wissen" von anderen Personen zuzugreifen.

In Rieger[11] wird ein erweiterter Metadaten-basierter Ansatz zur Integration quantitativer und qualitativer Informationen durch gezielte Ausweitung um Funktionalitäten aus dem WM beschrieben. Im Weiteren wird der Frage nachgegangen, inwiefern eine konsequentere Integration von Methoden des WMs hier anschließen und das Informationsmanagement weiterführen kann.

2.3 Wissensorientiertes Informationsmanagement als MSS-Perspektive

WM wird in der Literatur in unterschiedlicher Weise von (herkömmlichem) Informationsmanagement abgegrenzt. Teilweise wird beides synonym verwendet, teilweise löst WM das Informationsmanagement im Zeitablauf ab, teilweise ergänzen sich beide koexistent. In Anlehnung an Lehner wird hier der Auffassung gefolgt, dass die Beschäftigung mit dem Thema WM zwar zeitlich den nächsten

---

[10] Vgl. Devlin 1997, S. 52-57.
[11] Vgl. Rieger et al. 2000b.

Schritt nach Informationsmanagement darstellt, logisch allerdings eine Teilaufgabe von Informationsmanagement ist.[12] Dretske betont, dass Wissen durch Information erlangt werden kann, wenn er feststellt: „..., information is that commodity capable of yielding knowledge, and what information a signal carries is what we can learn from it."[13] Durch „Knowledge is identified with information-produced (or sustained) belief, but the information a person receives ... is relative to what he or she already knows..."[14] wird einerseits die starke Personengebundenheit von Wissen betont und andererseits darauf hingewiesen, dass die Generierung von Wissen ein gewisses Vorwissen voraussetzt. Dies bedeutet, dass jegliches Wissen, das zum Zwecke der Konservierung oder Weitergabe explizit gemacht wird, unabhängig von der Form, technologie-gestützt oder verbal, für den Empfänger zunächst immer nur eine Information darstellt. Ob die Information beim Empfänger zu Wissen (im Sinne des WMs) wird, d. h. dieser die Information derart in sein mentales Modell einfügen kann, dass sie ihn befähigt zu handeln, hängt von seinem Vorwissen ab.

Diese Sichtweise impliziert eine Identität von expliziertem Wissen und Information. Jedenfalls können reine Information und das explizite Wissen dann nicht auf der Basis ihrer Repräsentationsform eindeutig unterschieden werden,[15] auch wenn die Explikation von Wissen sicherlich erweiterte Repräsentationsformen erfordert. Denn die Regenerierung zu Wissen ist subjektiv und kann sogar aus nicht expliziertem Wissen erfolgen. Dafür gestattet diese pragmatische Sichtweise, dass explizit gemachtes Wissen analog zu Informationen verarbeitet werden kann, wobei evtl. auch die Informationsverarbeitungsfunktionen geeignet erweitert werden müssen.

Dies geht in umgekehrter Weise auch konform mit der Sichtweise der klassischen KI, die homogen von Wissen spricht und darunter sowohl deklaratives Faktenwissen als auch handlungsbeschreibendes, prozedurales Wissen zusammenfasst. Auch im Forschungsgebiet der Metadaten ist eine Abkehr von dem Streben nach einer eindeutigen ex-ante-Klassifikation von Daten als reine Daten bzw. Metadaten erkennbar.[16]

---

[12] Vgl. Lehner 2000.
[13] Dretske 1982, S. 44.
[14] Dretske 1982, S. 86.
[15] Vgl. Aamodt, Nygard 1995.
[16] Vgl. Devlin 1997, S. 83.

Wenn im Folgenden also von (elektronisch verwaltetem) Wissen gesprochen wird, so ist damit Wissen gemeint, das in einer Form explizit gemacht wurde, die homogen zu Information verarbeitbar ist, zusätzlich aber die (Re-)Generierung von Wissen aus dieser Information fördert. Diese Verwendung des Begriffes Wissen erleichtert die Abgrenzung zu den klassischen Informationsinhalten der MSS bei dem folgenden Integrationskonzept.

3. Integrationskonzept von MSS und Wissensmanagement

3.1 Dimensionen der Integration

Bei der mit der Integration verfolgten Erweiterung von MSS um WM-Funktionalität, sind zunächst zwei Dimensionen zu unterscheiden: zum einen die Art der Bereiche, über die Wissen zu verwalten ist, zum anderen die Funktionen, die zur Verwaltung des Wissens über diese Bereiche notwendig sind. Beide Dimensionen stehen in enger, kombinatorischer Wechselbeziehung.

Die erste Dimension repräsentiert gewissermaßen die MSS-Welt, auf die das WM angewendet werden soll. Sie erscheint notwendig, um bereichs-spezifische Besonderheiten des WMs berücksichtigen zu können. Als Ausprägungen kann zwischen Information(sobjekt)en, Applikationen und (Entscheidungs-)Prozessen unterschieden werden. Die zweite Dimension repräsentiert die WM-Welt, die als Funktionalität der MSS-Welt hinzugefügt werden soll. Die Dimensionsausprägungen reichen von der Wissensrepräsentation bis zu Zugriffsrechten.

Deklarative und prozedurale Wissensarten (im Sinne der KI) entfalten sich bei dieser Sichtweise in der durch die beiden Dimensionen aufgespannten Fläche, und zwar prinzipiell in allen Matrixfeldern. So kann beispielsweise Wissen über Entscheidungsprozesse sowohl taxonomisch als Netzwerk von Einzelschritten hinterlegt werden, als auch als Entscheidungsregel in Abhängigkeit von anderen Informationen oder Wissenselementen.

Dies berücksichtigt jedoch nur den technologischen Ansatz des WMs im Sinne einer objektiven, eindeutigen Wissensbasis. Soll, wie gefordert, prinzipiell jede WM-Funktionalität bezüglich jedes Bereichs individualisierbar sein, ist eine weitere Dimension einzuführen, die die Aspekte des humanorientierten WM-Ansatzes berücksichtigt (vgl. Abbildung 1).[17]

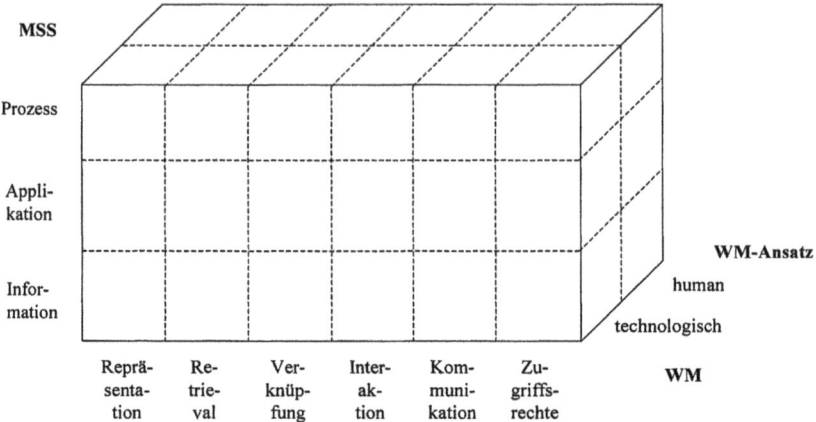

Abbildung 1: Dimensionen der Integration von MSS und Wissensmanagement

Nachfolgend werden zunächst mögliche Ausprägungen der ersten beiden Dimensionen mit konkreten Beispielen und bezüglich ihrer Wechselwirkungen untereinander und zu Aspekten der Human- bzw. Technologieorientierung beschrieben. Im nachfolgenden Kapitel 4 wird dann auf Anwendungsbeispiele des Integrationskonzepts eingegangen.

3.2 Wissensbereiche im MSS-Umfeld

Das Wissen, das im Rahmen eines WMs für MSS zu verwalten ist, lässt sich in drei Bereiche unterteilen:

- Wissen über Informationsobjekte,
- Wissen über Applikationen,
- Wissen über Prozesse.

Im Zentrum des *Wissens über Informationsobjekte* stehen die Objekte, die einzelne Schritte des Entscheidungsprozesses inhaltlich unterstützen. Hierzu sind neben den in den klassischen MSS-Applikationen vorhandenen Informationen, wie Sichten auf OLAP-Würfel, Standard-Berichten oder Ergebnissen einzelner

---

[17] Vgl. Mentrup, Rieger 2001.

Simulationsläufe auch Zusatzinformationen zu zählen. Dabei kann es sich wieder um strukturierte MSS-Informationsobjekte handeln, z. B. eine detailliertere OLAP-Sicht, die durch eine Drill-Down-Verknüpfung zur Zusatzinformation wird, aber auch originär als Informationsobjekt fungieren kann. Viele Zusatzinformationen können jedoch derzeit nicht innerhalb von MSS verwaltet werden oder zugänglich gemacht werden, z. B. qualitative Informationen in Form von Textdokumenten. Diese Objekte sind nur zugänglich, wenn dem Entscheidungsträger bekannt ist, dass sie existieren, wo und wie sie zu finden sind, und vor allem, dass sie inhaltlich im aktuellen Kontext relevant sind. Ein erster Schritt in Richtung WM beinhaltet folglich, die MSS-internen und -externen Informationsobjekte in einem einheitlichen Verzeichnis zu registrieren und physisch zugänglich zu machen. Auf der nächsten Ebene sind beispielsweise inhaltliche Beschreibungen der Objekte, Aussagen über die Aktualität und den Verfasser zu erfassen. Weitere wichtige Informationen für den Anwender sind:

- der Kontext, in dem ein Informationsobjekt, z. B. ein Bericht, entstanden ist,
- Kommentare von anderen Anwendern und
- die Anwendungsdomänen von Informationsobjekten.

Zur Repräsentation dieser Aspekte wurde in Rieger[18] die Unterscheidung zwischen Informationsquellen und typisierten Informationsobjekten eingeführt.

In die Kategorie *Wissen über Applikationen* fallen Beschreibungen über die Anwendungsdomäne von MSS-Anwendungen und die Funktionalität von MSS-Werkzeugen, mit denen diese erstellt wurden. Ferner sollte das Wissen darüber bereitgestellt werden, welche Daten als Input dienen (können), welche Art von Ergebnissen mit dem betreffenden Werkzeug produziert werden können und welche Voraussetzungen für den Einsatz des Werkzeugs bestehen. Dies sollte aus Gründen der Konsistenz vorzugsweise durch Verweise auf entsprechende Informationsobjekte erfolgen. So sind beispielsweise alle Sichten eines OLAP-Würfels (Informationsobjekte) mit dem zugrundeliegenden OLAP-Würfel (Applikation) zu verbinden.

Das *Wissen über Prozesse* umfasst in erster Linie das Wissen über betriebliche Entscheidungsprozesse. Dieses Wissen, das nach Simon generell in die Aktivitäten Intelligence, Design, Choice und Review unterteilt werden kann,[19] ist in

---

[18] Rieger et al. 2000b.
[19] Vgl. Simon 1977.

der Regel organisationsspezifisch ausgestaltet. Die Darstellung dieser organisationsspezifischen Ausgestaltung der Entscheidungsprozesse besteht aus folgenden Punkten:

- den einzelnen Stationen, die bei verschiedenen Entscheidungsprozessen zu durchlaufen sind, und
- der Zuordnung der einzelnen Stationen zu Informationsobjekten und MSS-Applikationen oder -Werkzeugen auf der einen Seite und zu Personen auf der anderen Seite.

Das Wissen über Prozesse stellt also das Bindeglied zwischen der Unternehmensorganisation, den Informationsobjekten und den MSS-Funktionen dar. Auch Ablaufspezifikationen innerhalb von MSS, z. B. Festlegungen der Datenbewirtschaftung, sind hierzu zu zählen.

Diese drei Bereiche stellen in ihrer Gesamtheit das notwendige Wissen dar, das es dem Anwender ermöglicht, effizient mit MSS zu arbeiten. Da dieses Wissen entweder überhaupt nicht explizit, d. h. nur in den Köpfen bestimmter Personen, oder nicht in einer Form vorhanden ist, die einen interpersonalen und vor allen Dingen integrierten Zugriff zulässt, ist jeder Bereich mit WM-Funktionen zu versehen.

3.3 Wissensmanagement-Funktionen für MSS

Repräsentation: Das Wissen aus allen oben beschriebenen Bereichen muss in einheitlich zugänglicher Form explizit gemacht werden. Dies bedeutet nicht zwingend, dass alle Informationen in ein System mit einer allumfassenden Repräsentation überführt werden müssen. Alternativ zur Strategie, alle Informationsobjekte in einer vorgegebenen Struktur auf einem Server abzulegen, können auch lediglich die Existenz und der Speicherort des Objektes als Wissenselement einheitlich erfasst werden. Dies bedeutet, dass insbesondere im Fall von Dokumenten, die in getrennten DMS verwaltet werden, geeignet detaillierte Aufrufparameter repräsentiert werden müssen. Zusätzlich zu dem Zugang zu den Informationsobjekten ist das für den Entscheidungsprozess relevante Wissen zu erfassen. Beispiele für dieses Wissen wurden oben bereits genannt. Von besonderer Bedeutung ist der Kontext.[20]

Retrieval: Um dem Anwender einen integrierenden Zugriff auf Informationsobjekte verschiedenster Quellen zu ermöglichen, müssen diese einheitlich retrievalfähig sein. Dafür genügt es, das jeweilige Quellsystem als Applikation zu repräsentieren und die Parameter der Suchanfrage aus anderen Informationsobjekten abzuleiten. Das Ergebnis ist eine Liste von Informationsobjekten, die vom Benutzer wahlweise und selektiv persistent gemacht werden kann.

Verknüpfung: Dieser Aspekt bezieht sich darauf, Verknüpfungen, die zwischen zwei Informationsobjekten bestehen, zu repräsentieren und für den Anwender abrufbar zu machen. Hierzu gehört auch die Repräsentation der Semantik der Verknüpfung. Ein Beispiel wäre ein Textdokument, das Hinweise zur Erklärung einer rückläufigen Umsatzentwicklung in einem MSS-Bericht enthält.

Interaktion: Wesentlicher Aspekt der Integration von WM und MSS ist, dass der Benutzer in ständigem Kontakt mit dem WM-System steht, wenn er mit dem MSS arbeitet. Er darf nicht wahrnehmbar zwischen den Systemen wechseln müssen. Dadurch wird auf der einen Seite erreicht, dass die zur Verfügung stehenden Informationen nutzbar sind, d. h. es können während der Arbeit mit Systemen des Management Supports Wissenselemente abgerufen werden, zu denen über Verknüpfungen ein Zusammenhang besteht. Auf der anderen Seite beinhaltet der Interaktionsaspekt auch eine Eingabeschnittstelle, die es ermöglicht, das während der Arbeit entstehende neue Wissen oder altes Wissen, das während der Arbeit als relevant in einem bestimmten Zusammenhang erkannt wurde, auf möglichst einfache Weise explizit zu machen. Dies schließt auch die für die Pflege der Wissensbank wichtige Aktualisierung bis hin zum Löschen von Inhalten und Beziehungen ein.

Kommunikation: WM umfasst auch die Verwaltung von Informationen über das Know-how von Personen sowie die Unterstützung der Kooperation in Teams, d. h. die zielgerichtete, kommunikative Distribution der Wissenselemente. Zur Unterstützung des Kommunikationsaspektes können im einfachsten Fall je Informationsobjekt deren Autoren repräsentiert werden, die als Information-Provider erste Ansprechpartner für Rückfragen darstellen. Dabei kann die Kommunikation außerhalb des Systems stattfinden oder von diesem aufgebaut und über dieses

---

[20] Vgl. Rieger, Kleber 2000a.

geführt werden, wodurch sich weitere Möglichkeiten der automatischen Wissensakquisition ergeben, analog zur bereits erwähnten automatischen Kennzeichnung jedes Informationsobjekts mit dessen Autor.

Zugriffsrechte: Bei allen bisher genannten Aspekten stellt sich die Frage, inwiefern Benutzer bereit sein werden, ihr Wissen anderen zur Verfügung zu stellen. Eine umfassende Diskussion über dieses vielschichtige Thema kann an dieser Stelle nicht geführt werden. Aufgrund eigener Projekterfahrungen besteht jedoch Grund zu der Annahme, dass Zugriffsrechte eine entscheidende, erfolgskritische Rolle spielen.[21] Unter diesem Aspekt sind z. B. Fragen zu klären, wer welche Wissenselemente sehen darf bzw. wer festlegt, wer welche Wissenselemente sehen darf. Ein Weg wäre, das Prinzip des Informationseigentums einzuführen. Dieses Prinzip sieht vor, dass der Ersteller eines Wissenselementes selbst entscheidet, wer außer ihm berechtigt ist, auf dieses Element zuzugreifen.[22] Es besteht also die Möglichkeit, das System zunächst als persönliches WM-System einzuführen und zu nutzen. Wenn die Anwender dabei einen persönlichen Nutzen erkennen, werden sie, in der Erwartung, auch von dem Wissen anderer profitieren zu können, eher bereit sein, ihr Wissen auch mit anderen zu teilen. Dieser Prozess ist auf der organisatorischen Ebene durch geeignete Anreizmechanismen zu unterstützen.

4. Beispiele zur Anwendung des Integrationskonzepts

Im Folgenden werden zwei laufende Forschungsarbeiten zur problemorientierten Anwendung des Integrationskonzepts vorgestellt. Die beiden Projekte unterscheiden sich bezüglich des Prozessspektrums. Im ersten Projekt geht es um MSS-interne, im zweiten um MSS-übergreifende Prozessketten. Beiden Vorhaben gemein ist die Orientierung am vorgestellten, mehrdimensionalen Bezugsrahmen, der zum Einen die systematische und damit vollständige Selektion und Integration relevanter Methoden gewährleistet und zum Anderen die spätere Übertragbarkeit bzw. Integration auf höherer Ebene der Anwendungen befördern soll.

---

[21] Vgl. Rieger 2000c.
[22] Vgl. Rieger et al. 2000b.

4.1 Konzept einer MSS-Assistenz mittels Softwareagenten

Der Zweck dieses Projekts ist die Unterstützung der Anwender beim Umgang mit MSS. Eine Analyse der Probleme und Schwierigkeiten von Anwendern mit MSS-Tools ergibt eine Klassifikation des potenziellen Unterstützungsbedarf in zwei Bereiche, und zwar

- inhaltliche Unterstützung und
- funktionale bzw. technische Unterstützung.

Bei einer *inhaltlichen* Unterstützung geht es primär darum, dem Anwender beim Verstehen der Daten und bei der Interpretation der Daten (z. B. eines Berichtes) zu helfen. Beispielsweise indem dem Anwender bestimmte Zusatzinformationen (z. B. die Definition einer Kennzahl) angeliefert werden, mittels derer er die Zusammenhänge besser begreifen kann. Oder dadurch, dass gewisse abgeleitete Daten ermittelt und dem Anwender zur Verfügung gestellt werden. Eine weitere Form der inhaltlichen Unterstützung wäre die automatische Generierung einer Beschreibung der Berichtssichten. Gelingt es, den Berichtskontext zumindest partiell automatisch zu ermitteln und daraus einen Beschreibungstext als Vorschlag zu generieren, könnte der Anwender entlastet und mit einer Ergänzungs- bzw. Anpassungsoption motiviert werden.

Unter *funktionaler bzw. technischer* Unterstützung ist die gesamte Anwendungslogik von MSS-Tools zu verstehen. Sie umfasst Hilfestellungen bei der Bedienung der Tools, beim Konfigurieren und Selektieren der dargebotenen Funktionen. Die Unterstützungsleistung kann soweit gehen, dass der Anwender bei der Nutzung der Software geführt und ihm bei der Auswahl und Vorgabe von Daten geholfen wird.

Zu den beiden Unterstützungsbereichen können nun basierend auf den Beschreibungen über die Vorgehensweise bei der Beispielfragestellung einzelne Basis-Assistenzfunktionen wie Interpretation, Navigation, Selektion, Filtern, Erklärung, Suche usw. identifiziert werden. Entscheidend ist jedoch, dass diese Basis-Assistenzfunktionen fallspezifisch bei der Problemlösung miteinander kombiniert werden können. Ein Assistenz-System muss daher Eigenschaften wie Rekombination, Dynamik, Flexibilität und Adaptivität aufweisen. Durch Konzepte wie Autonomie, Kooperation und Intelligenz soll in der Agententechnologie die Entwicklung solcher dynamischer und flexibler Systeme möglich sein.[23] Aus diesem Grund soll eine Lösung basierend auf der Agententechnologie untersucht werden.

In Anlehnung an Brenner et al. wird ein intelligenter Softwareagent definiert als „... ein Softwareprogramm, das für einen Benutzer bestimmte Aufgaben erledigen kann und dabei einen Grad an Intelligenz besitzt, der es befähigt, seine Aufgaben in Teilen autonom durchzuführen und mit seiner Umwelt auf sinnvolle Art und Weise zu interagieren."[24] Ein Agent gemäß dieser Definition zeichnet sich vor allem durch Eigenschaften wie Intelligenz, Autonomie und Kooperationsfähigkeit aus.

Um dem Anwender eine flexible Unterstützung zu bieten, sieht das Konzept für jede einzelne Basis-Assistenzfunktion (wie Navigation, Interpretation usw.) jeweils einen Agenten vor, der stellvertretend für den Anwender die dazugehörigen Aktionen durchführt. Für das Suchen nach Informationen gibt es z. B. einen Suchagenten, während für das Verschicken eines SQL-Statements an eine Datenbank ein Abfrageagent zum Einsatz kommt. Mit dieser Designentscheidung, die Assistenzfunktionen aufzuteilen und als eigenständige Einheiten in Form von Agenten umzusetzen, soll eine maximale Kombinierbarkeit der Assistenzfunktionen erreicht werden.

Abbildung 2 zeigt das resultierende Konzept der agentenbasierten MSS-Assistenz. Obwohl gewisse Abhängigkeiten zum eingesetzten MSS-Tool (bzgl. seiner MSS-Funktionen) bestehen, soll das MSS-Assistenzmodul, als eine eigenständige Komponente entwickelt werden, die wechselseitig mit Anwender und MSS-Tool interagiert. Im rechten Bereich der Abbildung 2 ist die interne Struktur des Assistenzmoduls vereinfacht dargestellt.

Insgesamt besteht das System aus zwei Typen von Agenten. Einerseits gibt es die so genannten Basis-Assistenz-Funktionsagenten (kurz: Funktionsagenten). Darunter fallen die Such-, Abfrage-, Hilfs-, Navigations-Agenten usw., die jeweils für die Lösung einer ganz bestimmten, abgegrenzten Aufgabe zuständig sind und dabei typischerweise mit dem MSS-Tool interagieren. Demgegenüber steht ein so genannter Vermittlungsagent (Application-Agent), der als Schnittstelle zwischen dem Anwender und den Funktionsagenten fungiert und für die Planung und Steuerung der Prozesse zuständig ist.

---

[23] Vgl. Nwana 1996; Woolridge, Jennings 1995, S. 22.
[24] Brenner et al. 1998, S. 23.

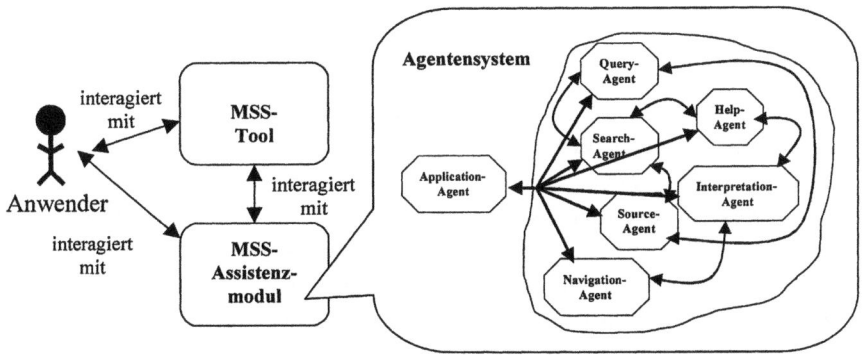

Abbildung 2: Agentenbasiertes Konzept der MSS-Assistenz

4.2 Management von Prozesswissen an der Schnittstelle von ERP und MSS

Ziel dieser Arbeit ist es, bislang undokumentiertes Expertenwissen der MSS-Nutzung in ERP-Prozessen zu identifizieren, zu systematisieren und schließlich so abbildbar zu machen, dass es ähnlich wie vorhandene Dokumentationen im ERP-Bereich zur optimalen Steuerung der MSS-Prozess(teil)e verwendet werden kann. Das dabei angewandte Wissen kann nach Abecker[25] in Funktions- und Prozesswissen unterschieden werden. Unter *Funktionswissen* verstehen sie, inwieweit ein Anwender bei der Ausführung einer wissensintensiven Aktivität inhaltlich und fachlich unterstützt werden kann. Als Beispiele werden aufgaben- und personenspezifische Erfahrungen, Kenntnisse und Fähigkeiten zur Entscheidungsfindung und Problemlösung in einzelnen Prozessschritten genannt. Dagegen definieren sie *Prozesswissen* als das Wissen, welches „die primär für jede Bearbeitung eines Prozesses notwendige Information über Prozessablauf, beteiligte Personen, Rollen bzw. Organisationseinheiten, benötigte Anwendungssysteme und deren Workflow-relevante Daten" beinhaltet. Prozesswissen meint somit nicht nur das Wissen über die Struktur von Abläufen, wie sie in Prozessmodellen z. B. der Geschäftsprozessmodellierung abgebildet sind, sondern auch Wissen über die Gestaltung solcher Prozesse, welches meist als impli-

---

[25] Vgl. Abecker 2002.

zites Wissen vorliegt und sich lediglich in der täglichen Arbeitsweise widerspiegelt.[26]

Der Unterstützungsbedarf durch MSS-Prozessteile ist nicht für alle ERP-Prozesse gleichermaßen relevant. Bezogen auf die Klassifizierung von Picot[27] sind insbesondere *Regelprozesse* von der MSS-Kopplung betroffen, z. B. im Rahmen eines Kundendienstes bei der Auftrags- und Reklamationserfassung oder des Qualitätsmanagements. Aufgrund ihrer höheren Variabilität und des höheren Anteils an Entscheidungs-Aktivitäten zeichnen sie sich durch einen erhöhten Informationsbedarf aus und sind somit wissensintensiver als Routineprozesse. Die Auswahlmöglichkeiten innerhalb eines ERP-Systems erfordern ein höheres Maß an Funktionswissen. Bezüglich der höheren Varianz an Prozessschritten ist ebenfalls ein erhöhter Bedarf an Prozesswissen erforderlich. Regelprozesse sind deshalb am besten für das Untersuchungsziel geeignet, da eine hinreichend große Zahl von MSS-basierten Entscheidungen zu treffen sind, die sich zudem prinzipiell wiederholen.

Aufgrund der Prozessteilung in einen ERP- und einen MSS-Teilprozess kommt es zu einem Informationsbruch. MSS-Werkzeuge sind nicht direkt an die ERP-Systeme gekoppelt und besitzen in der Regel keine Online-Schnittstelle zu ERP-Systemen. Auch Drill-Through operiert zumeist auf einer selektiven Datenkopie des ERP-Systems, dem so genannten Operational Data Store (ODS) und ist somit nicht in das ERP-System und dessen Geschäftsprozess-Steuerung integriert. Die Folge ist, dass für Abfragen und die Suche nach geeigneten Informationsquellen im MSS-Bereich zunächst relevante ERP-Parameter bestimmt und per Dialog eingegeben werden müssen. Abbildung 3 verdeutlicht diesen Sachverhalt.

Ein erfahrener Anwender kann das Problem beschreiben und geeignete Fragestellungen aus dem Geschäftsprozess heraus formulieren, die er auf das MSS anwendet. Aufgrund der formulierten Fragestellung weiß er implizit, welche kontextabhängigen ERP-Parameter in der Informationsquelle berücksichtigt werden müssen, um seine konkrete Fragestellung beantworten zu können. Auf dieser Basis und mit dem Wissen, welche Informationsquellen für ihn in Betracht kommen, wählt er die geeignete aus. Diese Suche nach der geeignetsten Informationsquelle kann dabei iterativ erfolgen. Kann er die Fragen mit der zu-

---

[26] Vgl. Rupprecht et al. 2001.
[27] Picot, Rohrbach 1995.

erst gewählten Informationsquelle nicht (vollständig) beantworten, zieht er die nächst relevante heran. Nachdem er die richtige Informationsquelle zur Beantwortung seiner Fragestellung gefunden hat, kann er diese auswerten, indem er das beschriebene Methodenspektrum der MSS-Werkzeuge anwendet. Ergebnis dieses Prozesses könnten neue Informationsquellen, wie Fallbeschreibungen oder dokumentierte OLAP-Views sein, die der Experte beim Auftreten eines ähnlich gelagerten Problems wieder heranziehen könnte. Bei all diesen Arbeitsschritten kommen der Anbindung und Übernahme von Parametern aus dem ERP-System herausragende Bedeutung zu.

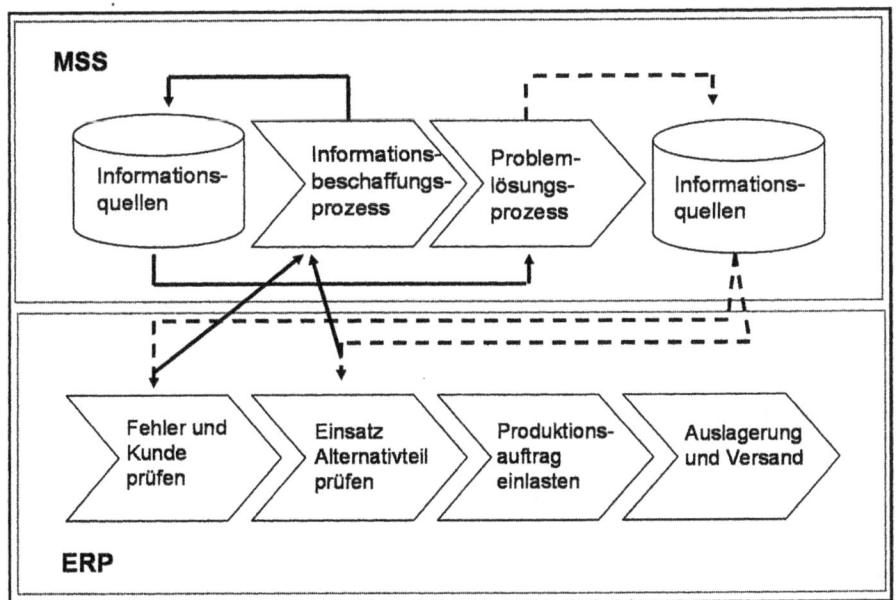

Abbildung 3: Zusammenhang ERP- und MSS-Teilprozess

Das relevante Schnittstellenwissen soll in einer empirischen Untersuchung, die in Form von teilstrukturierten Interviews durchgeführt werden soll, erhoben werden. Dabei werden konkrete reale Anwendungsfälle von Geschäftsprozessen des ERP-Funktionsbereiches „Kundendienst" untersucht, um insbesondere die ERP-Parameter, deren Relevanz und Grad der Domänenabhängigkeit sowie die Rolle der Problemlösungsstrategie der Anwender zu bestimmen. Die empirischen Ergebnisse sollen als konkrete Ansatzpunkte für den Entwurf eines WM-systems zur Verwaltung des Prozesswissens an der Schnittstelle zwischen ERP-

und MSS-Prozessteilen dienen. Dabei sind insbesondere folgende Aspekte auszugestalten:

Speicherung des Kontextes von Informationen: Das WMsystem muss in der Lage sein, das Wissen so zu speichern, dass der Kontext zwischen Problem und herangezogener Informationsquelle nicht verloren geht. Dies bedeutet, dass neben der Speicherung der genutzten Informationsquelle der auslösende ERP-Prozess, die Problembeschreibung und die relevanten ERP-Parameter mit gespeichert werden müssen.

Funktionale Integration: Neben der Integration verschiedener Datenquellen sollen Funktionalitäten der in Unternehmen bestehenden Informationstechnologie mit integriert werden. Bezogen auf die Schnittstelle könnte dies bedeuten, dass die Repräsentation des Schnittstellenwissens z. B. über ein bestehendes Intranet erfolgt. Der Aufruf der Schnittstelle könnte direkt über eine definierte Tastenkombination aus der ERP-Software heraus erfolgen. Hierbei könnten verschiedene Funktionen in Abhängigkeit vom Usertyp gestartet werden. Für einen Key-User wäre die automatische Speicherung der notwendigen Kontextinformationen im Hintergrund, wie beispielsweise auslösender Geschäftsprozess mit Session, ERP-Parameter oder allgemeine Benutzerinformationen, wer den Prozess gestartet hat, denkbar. Für den Normal-User käme die automatische Abfrage der Wissensbasis hinsichtlich ähnlich oder analog gelagerter Probleme aus der Vergangenheit im Sinne eines Vorschlagwesens in Betracht.

Transparenz der Zuständigkeit: Zur Nachvollziehbarkeit, wer welche Informationen wann in die Wissensbasis eingestellt hat und wer damit gleichzeitig für die Pflege der Informationen verantwortlich und berechtigt ist, ist es notwendig, personenbezogene Informationen mit dem Wissen abzuspeichern.

Fachlicher Hintergrund der Information: Um die Anwendbarkeit von fachlichen Informationen auf verwandte Bereiche erkennen zu können, ist es nötig, dass das WM-System die Speicherung und Darstellung dieser Zusatzinformationen ermöglicht.

Orthogonal zu den Geschäftsprozessen gibt es bereits zahlreiche WMsysteme, die eventuell die zu erhebenden Anforderungen vollständig oder in Teilen erfüllen und die für den Einsatz an der Schnittstelle zwischen ERP und MSS geeignet sind. Hierzu zählen unter anderem Daten- und Dokumenten-Management-Systeme, Internet-Technologien, Data Mining, Wissenslandkarten, Groupware, Shared Workspaces, GDSS, Prozess-Management-Systeme, Workflow-Management-Systeme, KI-Techniken, Expertensysteme, Case-Based-Reasoning-Systeme, Filter- und Agenten-Systeme usw. Es ist zu prüfen, ob und inwieweit diese Systeme die einzelnen Wissensprozesse an der ERP-MSS-Schnittstelle unterstützen können. Es wird ein integrativer Ansatz geeigneter Systeme angestrebt, dessen Eignung durch eine prototypische Implementierung am Beispiel des Kundendienstes nachgewiesen werden soll.

5. Schlussbetrachtung

Die Problembereiche im MSS-Bereich, an die sich die hier vorgeschlagene Integration von MSS und WM wendet, decken sich zu einem großen Teil mit den Problembereichen, die Devlin mit Usage Metadata umschreibt.[28] Dass Lösungsansätze aus dem Metadatenmanagement bislang keine entscheidenden Fortschritte erzielt haben, mag an der Verwendung von Konzepten zur Repräsentation liegen, die primär für strukturierte Daten entwickelt wurden und geeignet sind, sowie der Vernachlässigung wesentlicher funktionaler Aspekte für die Anwender. Hierzu zählen insbesondere die im Gegensatz zu (klassischen) Metadaten hohe Dynamik der zu verwaltenden Wissenselemente sowie die hohe Zahl potenzieller, aktiver Anwender (Autoren), die eine Individualisierung der Wissenselemente notwendig macht. All dies sind Domänen des WMs, klassischer KI-Methoden, aber auch der Objektorientierung. Eine Integration von MSS und WM auf Basis objektorientierter Konzepte und unter enger Adaption von KI-Methoden erscheint somit mehr als angezeigt. Aber auch wenn es gelingt, durch den Einbezug von bewährten Methoden der KI wichtige Aspekte des vorgestellten Integrationskonzeptes umzusetzen, existieren viele Bereiche, in denen wohl auf absehbare Zeit weiterhin die intellektuellen Fähigkeiten von Personen gefordert sein werden, wie z. B. der Sicherung der Qualität von expliziertem Wissen und der Erkennung und Behandlung von veraltetem Wissen.

---

[28] Vgl. Devlin 1997.

Literatur

Aamodt, A., Nygard, M.: Different Roles and Mutual Dependencies of Data, Information, and Knowledge: An AI perspective on their integration, Data & Knowledge Engineering (16), 1995, 191-222.
Abecker, A.: Integrationspotentiale für Geschäftsprozesse, in: Abecker, A., Hinkelmann, K.; Maus, H., Müller, H.-J. (Hrsg.): Geschäftsprozessorientiertes Wissensmanagement, Springer, Berlin 2002, S. 1-24.
Bach, V., Österle, H., Vogler, P. (Hrsg.): Business Knowledge Management in der Praxis: Prozessorientierte Lösungen zwischen Knowledge Portal und Kompetenzmanagement. Springer, Berlin 2000.
Bach, V., Vogler, P., Österle, H. (Hrsg.): Business Knowledge Management: Praxiserfahrungen mit intranet-basierten Lösungen. Springer, Berlin 1999a.
Brenner, W., Zarkenow, R.; Wittig, H.: Intelligente Softwareagenten – Grundlagen und Anwendungen, Springer, Berlin 1998.
Chamoni, P., Gluchowsky, P.: Analytische Informationssysteme: Einordnung und Überblick, in: Chamoni, P., Gluchowsky, P. (Hrsg.): Analytische Informationssysteme, 2. Auflage, Berlin 1999, S. 3-25.
Dalinghaus, H., Rieger, B.: Konzept einer MSS-Assistenz mittels Softwareagenten, in: Reimer, U., Abecker, A., Staab, St., Stumme, G. (Hrsg.): Professionelles Wissensmanagement - Erfahrungen und Visionen (WM'2003), 02.-04.04.2003, Luzern, GI-Edition - Lecture Notes in Informatics (LNI), P-28, Bonner Köllen Verlag, 2003, S. 127-136.
Devlin, B.: Data Warehouse from Architecture to Implementation, Addison-Wesley, Reading (Massachusetts) u. a., 1997.
Dretske, F. I.: Knowledge and the Flow of Information, 2. Auflage, MIT Press, Cambridge (Massachusetts), 1982.
Gentsch, P.: Wissen managen mit innovativer Informationstechnologie: Strategien - Werkzeuge – Praxisbeispiele, Gabler, Wiesbaden 1999.
Jansen, Ch., Thiesse, F., Bach, V.: Wissensportale aus Systemsicht, in: Bach, V., Österle, H., Vogler, P. (Hrsg.): Business Knowledge Management in der Praxis: Prozessorientierte Lösungen zwischen Knowledge Portal und Kompetenzmanagement, Springer, Berlin 2000, S. 121-189.
Krallmann, H. (Hrsg.): Wettbewerbsvorteile durch Wissensmanagement: Methodik und Anwendungen des Knowledge Management, Schäffer-Poeschel Verlag, Stuttgart 2000.
Lehner, F.: Organisational Memory, Hanser, München, Wien 2000.

Mentrup, A., Rieger, B.: MSS und Wissensmanagement: Dimensionen und Perspektiven der Integration, in: Stumme, G. et. al. (Hrsg.): Professionelles Wissensmanagement: Erfahrungen und Visionen, Shaker, Aachen 2001, S. 99-112.

Mentrup, A.: Wissensorientiertes Informationsmanagement für Management-Aufgabenträger: Konzeption, empirische Untersuchung von Gestaltungsfaktoren und prototypische Realisierung, Dissertation, Shaker, Aachen 2003.

Nonaka, I., Takeuchi, H.: The Knowledge-Creating Company: How Japanese companies create the dynamics of innovation. Oxford University Press, Oxford 1995.

North, K.: Wissensorientierte Unternehmensführung: Wertschöpfung durch Wissen, 2. Auflage, Gabler, Wiesbaden 1999.

Nwana, H. S.: Software Agents: An Overview, in: Knowledge Engineering Review, Vol. 11, No 3, Cambirdge University Press, 1996, S. 205-244.

Picot, A.; Rohrbach, P.: Organisatorische Aspekte von Workflow-Management-Systemen, in: IM Information Management 01/95, 10. Jg. 1995 H. 1, S.28-35.

Probst, G., Raub, S., Romhardt, K.: Wissen managen: wie Unternehmen ihre wertvollste Ressource optimal nutzen, 3. Auflage, Gabler, Wiesbaden 1999.

Rieger, B., Kleber, A.: Semantic Integration of Heterogeneous Information Sources: Experiences from a MSS Case, in: Roantree, M., Hasselbring, W., Conrad, S. (eds.): Engineering Federated Information Systems, Proceedings of the 3rd Workshop EFIS 2000, Ireland (2000a), pp. 89-100.

Rieger, B., Kleber, A., von Maur, E.: Metadata-Based Integration of Qualitative and Quantitative Information Resources Approaching Knowledge Management, in: Hansen, H. R., Bichler, M., Mahrer, H. (Hrsg.): Proceedings of the 8th European Conference on Information Systems (ECIS 2000), Volume 1, Wien 2000b, pp. 372-378.

Rieger, B.: Entwicklung und Einführung eines Management-Informations-Systems (MIS) zur Verbesserung der Leitungs- und Entscheidungsgrundlagen, Projekt-Abschlussbericht, Universität Osnabrück 10.12.2000c, http://www.oec.uni-osnabrueck.de/pabmis.

Romhardt, K.: Die Organisation aus der Wissensperspektive: Möglichkeiten und Grenzen der Intervention, Gabler, Wiesbaden 1998.

Rupprecht, C., Rose, T., Fünffinger, M., Schott, H., Sieper, A., Schlick, C., Mühlfelder, M.: Management von Prozesswissen in Fahrzeugentwicklungsprojekten, http://sunsite.informatik.rwth-aachen.de/Publications/CEUR-WS/Vol-37/Rupprecht.pdf, 2001-03-06, Abruf am 2002-08-20.

Scott Morton, M. S.: State of the Art in Management Support Systems, Working paper #107, Center for Information Systems Research, Sloan School of Management, MIT, 1983.

Simon, H. A.: The new Science of Management Decision, Prentice-Hall, Englewood Cliffs (New Jersey) 1977.

Wolters, M.: Management von Prozesswissen an der Schnittstelle zwischen Standardsoftware und Management Support Systemen (MSS), Doctoral-Consortium der WKWI, Tautewalde 2003.

Woolridge, M., Jennings, N. R.: Agent Theories, Architectures and Languages: A Survey, in: Intelligent Agents, Wooldridge, M. J.; Jennings, N. R. (Hrsg.), Springer, Berlin 1995, S. 1-22.

Consumers in Face of Product Risks and Product Liability: Shrinking Evidence of Moral Hazard Type

Dirk Standop

1. Introduction

Product safety has become a major issue for the marketing of consumer goods in Western Europe. One reason is the product liability directive of the Council of the European Communities which has been transformed into national laws by the member states. The product liability legislation re-allocates consumption risks, i. e. physical and financial risks associated with the use of defective goods, from consumers to producers and distributors. Ceteris paribus, with the number and kind of injuries and damages given, consumer will be better off than before because of the compensation paid by the firms involved. For those firms stricter product liability means additional costs.

The re-allocation of risks may have consequences for the buying behavior of the consumers as well as for their way to handle and use those risky goods in daily life. A very obvious idea is that consumers may reduce their level of taking-care. If producers accept a greater share of the consumption risks in daily life, one may argue, there are less incentives for consumers to take care, and, lacking the appropriate incentives, people will actually consume in a less careful way.

This is, of course, the essence of moral hazard, a behavioral mode which is very familiar to everyone analyzing insurance contracts. To think of similar behavioral patterns following from stricter product liability is very obvious. The moral hazard hypothesis has doubtless considerable intuitive appeal, and critics of product liability legislation do not hesitate when forecasting moral hazard type behavior.

The empirical evidence, though, is so far much less convincing. Whether the moral hazard hypothesis with regard to product liability is a valid description of real life, thus, remains an open question, important for managerial planning as well as from a consumer policy point of view. This paper contributes to the neglected empirical part of the discussion on moral hazard.

The remainder of the paper goes as follows. Section 2 gives a comprehensive presentation of the moral hazard hypothesis as found in the literature so far. Section 3 discusses the hypothesis with regard to the new empirical evidence. Section 4 gives an outlook to some marketing implications.

2. Moral Hazard Type Behavior: State-of-the-Art

Let me first present the state-of-the-Art. Moral hazard is mostly referred to with regard to insurance. According to Steven Shavell "Moral hazard refers ... to the tendency of insurance protection to alter an individual's motive to prevent loss."[1]

Moral hazard is predominantly analyzed as a problem of welfare economics and general equilibrium. Since Arrow it is a widely accepted thesis that moral hazard leads to an inefficient market allocation.[2] As is demonstrated by Mark Pauly, the competitive equilibrium of insurance markets with moral hazard has, in comparison to the full information social optimum, two less desirable properties: excessive insurance and insufficient accident prevention.[3]

Moral hazard behavior may be analyzed not only in case of insurance, but also with reference to product warranties created by individual contracts and product liability laws. Both cases have very much in common, and increasing the producers' liability for damages and injuries resulting from the use of their products may be, from an economic point of view, somewhat equivalent to granting excessive warranties. This is, of course, the domain of the now fully emerged economic analysis of law, and the protagonists do not hesitate to forecast moral hazard behavior on the side of the consumers as response to well-known US developments and to the new product liability legislation within the European Community.

Let me give a brief outline of the argument in two steps.

The first step refers to the status-quo of consumer choice and product using behavior. Let us look at a consumer household well equipped with the standard durables of Western life, like lawn mower, washing machine, dryer, dish

---

[1] See Shavell 1979, S. 541.
[2] See Arrow 1965, 1968.
[3] See Pauly 1974.

washer, smoothing irons, bicycles etc. Using these tools in everyday life may well result in damages and injuries of minor and of more serious kinds. Whether such misfortunes actually happen depends partly upon the quality of the product involved (product defects yes or no), partly on the level of care practiced by the user of the product, and is partly just a matter of bad luck.

I assume that consumers choose the appropriate level of care exercised with regard to specific durables not by chance, but in a somewhat deliberate way. They compare for a given product the costs and benefits of taking care and finally realize that level of care which minimizes the operating costs of using a given service flow from that durable.

I, thus, think of my consumer as comparing the expected costs of not taking care, i. e., damages and injuries, with the costs of taking care: time for a thorough reading of the instructions, money for regular inspection, time consumption for activities before and after using the durable etc. My consumer, thus, shows considerable cognitive abilities within the consumption process and realizes that level of care x^* which minimizes the sum of both types of costs.

Now the second step of our argument. We have now two regimes of product liability, an old one which leads the consumer to x^*_{old} as a appropriate level of case and a new regime, stricter with regard to the producer. The product liability rules are changed in favor of the consumers: Everything else remaining constant, the producer has to bear a greater share of the burden, and the net expense to remain with the consumer is getting smaller. We have, thus, a new curve representing the expected costs of not taking care.

The new liability regime may impose on producers stricter requirements for avoiding faults, may introduce liability without fault at all, or may enlarge the firm's burden of proof while building up higher and higher barriers for exonerating evidence.

The new curve runs well below the old one and indicates a lower level-of-care being appropriate to the situation of new liability regime: x^*_{new}.

This, then, is the very core of the moral hazard argument. It refers to people who would otherwise exercise a higher level of care, but step down to a lower level in response to confirmed expectation that damages and injuries are effectively covered by the producer.

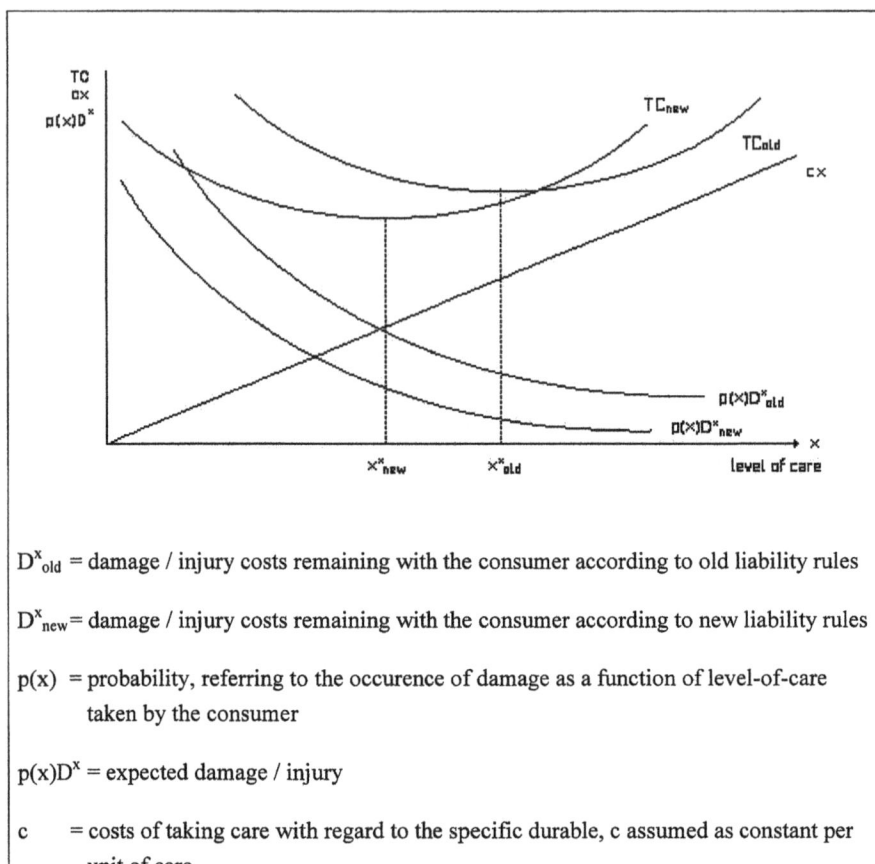

Figure 1: Optimal Consumers' Care with two Regimes of Product Liability

So much to the theoretical side of the argument which is nicely developed in most textbooks to microeconomics and welfare analysis.[4] The empirical side is much less developed, and we may sum up this part of the state-of-the-art as being both confusing and controversial. As I understand it, there is ample evidence of moral hazard type of behavior collected via individual insights and speculative inference. This evidence is of an almost anecdotical type and cannot be regarded as a regular proof. On the other side, there are no trustworthy mass data so far, not from surveys, let alone from systematic observation.

---

[4] See Milgrom, Roberts 1992; Kreps 1990; Pindyck, Rubinfeld 1995; Spulber 1989.

Whether moral hazard is an empirical relevant phenomenon or not, thus, is still an open question.

3. Empirical Evidence

3.1 Research Design

Our moral hazard analysis is part of a more complex project dealing with the determinants of consumer behavior towards risky products. The general model and its results are discussed somewhere else.[5] We focus here on moral hazard.

First the data collection in general. We decided for a structured collection of data from a representative sample of respondents. The personal interviews were performed with a questionnaire covering about 65 questions. Each interview took approximately 30 minutes.

We asked for behavior towards buying and using smoothing-irons and bicycles. The sample contained 1111 persons older than 14 years, representative for Germany. Alltogether, we had 624 interviews about irons and 487 interviews concerning bicycles. The sampling was performed by quota sampling with 57 sample points all over the FRG.

To analyse moral hazard, we need two measurements of the level-of-care taken while using smoothing irons and bicycles. Level-of-care was translated (operationalized) into 5 statements (VS 1 to VS 5) and the reactions of the respondents were measured on five-point-rating scales.

Well after asking for the level of care for the first time, we changed the situation. The respondents were informed that damages/injuries that could possibly happen while using the product would now totally covered by a warranty expressed by the producer. Modeling the new situation via warranties instead of a change in liability laws seemed to us as a clever idea. Explaining the very notion of product liability and the purpose of a shift towards a stricter regime to a normal consumer is not easily done. An adequate instruction on product liability would have put the alarm-clock on and would have caused a special sensibilization of our respondents and could well change attitudes toward risky products.

---

[5] See Standop 1989a, 1989b; Asche 1990; Standop (forth coming).

This kind of experimentation error has been circumvented by referring to product warranties almost everybody is familiar with.

VS 1:	When I notice that something is wrong with my iron, e. g. defect insulation, insufficient heating performance, I look for an immediate repair.
VS 2:	To repair a defect iron, there is no need to contact the dealer or a service-man. The repair can be done by myself easily.
VS 3:	It may well happen now and then that I leave the room during ironing without towing out the plug.
VS 4:	In case I have problems understanding how the iron works I tend to ask the dealer instead of trying out on my own.
VS 5:	1 use the iron as well for jobs which it is not intended to serve, e.g. removing wax stains or smoothing paper-work.

Figure 2: Statements Concerning Level of Care: Irons

VS 1:	When I notice that something is wrong with my bicycle, e. g. defect lights, insufficient performance of my brakes, I look for an immediate repair.
VS 2:	To repair a defect bike, there is no need to contact the dealer. I could as well do the job by myself.
VS 3:	I check my bike, regularly for rust and cracks and control the profile of my tires.
VS 4:	A defect light is not as bad after all, because people will make you out in the dark because of the reflectors back on your bike and in your pedals.
VS 5:	I clean and maintain the brakes including the brake strings at least once a year.

Figure 3: Statements Concerning Level of Care: Bicycles

We, then, had a second measurement of level-of-care now applying to the new situation of extensive warranties. The level-of-care was measured in an identical way as before, and the results were, as before, 5 ratings on statements: My variables MOR 1, MOR 2 etc. until MOR 5.

According to the theory of moral hazard, we would expect differences between VS 1 and MOR 1, between VS 2 and MOR 2 etc., and, more specific, differences indicating a decrease in the level of care. The statistical analysis of these differences would give evidence supporting the moral hazard hypothesis or contradicting this popular view.

3.2 Main Findings

My statistical analysis, so far, is work in progress, and my findings, therefore, are of a preliminary type. One main conclusions seems nevertheless be a rather valid one: Moral hazard is not the general behavioral mode that most critics of the legislation towards stricter liability expected, based on intuitively appealing microeconomics. We have, instead, reason to expect an increase in level of care as response to more warranties and product liability at least in the shorter run. Whether this will be a stable characteristic in the long run is open to question and has to be settled by analysis of time series data.

Irons	VS1-Mor1	VS2-Mor2	VS3-Mor4	VS4-Mor5	VS5-Mor3
Total	0,0052	0,0001	0,7567 n.s.	0,0001	0,4758 n.s.
Age 14-40	0,0458	0,0005	0,5792 n.s.	0,0215	0,6586 n.s.
Age 41-90	0,0479	0,0363	0,8128 n.s.	0,0020	0,5453 n.s.
Sex male	0,2066 n.s.	0,0701 n.s.	0,4336 n.s.	0,0091	0,9501 n.s.
Sex female	0,0073	0,0003	0,7755 n.s.	0,0046	0,3112 n.s.
Income 0-2999	0,0125	0,0005	0,8206 n.s.	0,0102	0,4565 n.s.
Income 3000-5000	0,1761 n.s.	0,0512 n.s.	0,8458 n.s.	0,0042	0,8323 n.s.
Children below 5 years: yes	0,5712 n.s.	0,2074 n.s.	0,7002 n.s.	0,1448 n.s.	0,7014 n.s.
Children below 5 years: no	0,0044	0,0003	0,8900 n.s.	0,0005	0,5212 n.s.
Risk Perception Strive for Safety low	0,0146	0,003	0,3242 n.s.	0,0280	0,6875 n.s.
Risk Perception Strive for Safety high	0,3269 n.s.	0,0486	0,6396 n.s.	0,0764 n.s.	0,3594 n.s.
Risk Perception low	0,0120	0,0045	0,4006 n.s.	0,0031	0,8037 n.s.
Risk Perception high	0,1567 n.s.	0,0077	0,7654 n.s.	0,0136	0,2219 n.s.
Strive for Safety low	0,0054	0,0005	0,4148 n.s.	0,0015	0,8588 n.s.
Strive for Safety high	0,1516 n.s.	0,0161	0,6840 n.s.	0,0057	0,4144 n.s.
Education low	0,1543 n.s.	0,0126	0,7720 n.s.	0,0106	0,7936 n.s.
Education high	0,0098	0,0027	0,4441 n.s.	0,0048	0,4213 n.s.

Figure 4: Moral Hazard Results in Case of Irons: Probability of erroneously not accepting the Null-Hypothesis

Now some of the details. Our data collection leads for each respondent to rates ranking individual points of view to 5 statements on level-of-care with and without legal protection against the financial consequences of damages/injuries. We have for each person 5 differences in the ranks. The obvious thing to do is applying the well-known rank-sum-test designed by Wilcoxon for data on an ordinal-scale level. This test is appropriate for the comparison of two populations when a random sample of univariate measurements is drawn from each population.

Let me skip here the details of statistical analysis. Suppose the ranks with and without product liability are close together or even identical, we would argue that both populations are the same and that there were no effects of changing the liability regime. This is the null-hypothesis of our test. If, on the other hand, we would find considerable differences between the ranks in both cases, we would argue in favor of two different populations and, thereby, assert significant effects of the change in product liability regime.

Bicycle		VS1-Mor1	VS2-Mor2	VS3-Mor3	VS4-Mor4	VS5-Mor5
Total		0.0348	0.0001	0.0001	0.2183 n.s.	0.0068
Age 14-40		0.2345 n.s.	0.0001	0.0002	0.4817 n.s.	0.2091 n.s.
Age 41-90		0.0677 n.s.	0.0001	0.0001	0.3048 n.s.	0.0085
Sex male		0.1017 n.s.	0.0001	0.0004	0.3041 n.s.	0.4061 n.s.
Sex female		0.1746 n.s.	0.0003	0.0001	0.3981 n.s.	0.0018
Income 0-2999		0.0716 n.s.	0.0001	0.0002	0.4888 n.s.	0.0025
Income 3000-5000		0.2496 n.s.	0.0001	0.0001	0.2950 n.s.	0.4948 n.s.
Children below 5 years: yes		0.8153 n.s.	0.0586 n.s.	0.0037	0.8941 n.s.	0.3162 n.s.
Children below 5 years: no		0,0264	0.0001	0.0001	0.1952 n.s.	0.0092
Risk Perception Strive for Safety	low	0,0259	0,0001	0,0111	0,8098 n.s.	0,1956 n.s.
Risk Perception Strive for Safety	high	0,2580 n.s.	0,0001	0,0002	0,3217 n.s.	0,0212
Risk Perception low		0.1061 n.s.	0.0001	0.0029	0.5431 n.s.	0.2669 n.s.
Risk Perception high		0.1036 n.s.	0.0001	0.0001	0.3083 n.s.	0.0104
Strive for Safety low		0.0119	0.0001	0.0001	0.8064 n.s.	0.1018 n.s.
Strive for Safety high		0.6622 n.s.	0.0001	0.0001	0.1682 n.s.	0.0388
Education low		0.1910 n.s.	0.0002	0.0004	0.4231 n.s.	0.0198
Education high		0.0946 n.s.	0.0001	0.0001	0.3297 n.s.	0.1324 n.s.

Figure 5: Moral Hazard Results in Case of Bicycles: Probability of erroneously not accepting the Null-Hypothesis

Testing the null hypothesis results, as usual, in probabilities of erroneously not accepting the null-hypothesis. See fig. 4 for bicycles and fig. 5 for irons. We set the limit for the error probability at an α of .05 and find that in virtually all significant cases the probability of erroneously not accepting the null-hypothesis is well below that limit. We may conclude that in all significant cases the null-hypothesis may be safely accepted and, therefore, no signs of moral hazard behaviour is available.

The conclusion is valid with regard to the total sample as well as with regard to sample segments being formed along socio-economic and psychographic characteristics. So "children below 5 years: yes" indicates that part of the sample with that very characteristics, i. e., people who have kids below 5 years and who, therefore, may exercise a special level of care. On the other hand, we separate groups with high and low risk perception, with high and low strive for safety and groups with low (high) risk perception and strive for safety simultaneously.

Bicycle: Percentage Level of Care II/C/Dl		Number of Cases	VS1-Mor1	VS2-Mor2	VS3-Mor3	VS4-Mor4	VS5-MorS
Total		481	21,2/66,5/12,3	42,6/39,9/17,4	38,4/50,0/11,6	18,6/66,3/15,1	29,2/57,1/13,7
Age 14-40		255	23,1/61,2/15,7	47,0/37,0/16,0	36,7/52,3/11,0	19,5/63,0/17,5	15,2/59,8/25,0
Age 41-90		226	19,0/72,6/8,4	38,0/43,8/18,3	40,3/47,3/12,4	17,7/70,0/12,4,	34,0/54,0/12.0
Sex male		244	20,5/66,4/13,1	47,2/36,2/16,7	34,6/54,4/10,9	16,2/70,0/13,8	22,0/63,0/15,0
Sex female		237	22,3/66,7/11,0	38,5/44,0/17,5	42,2/45,3/12,4	21,1/62,4/16,5	36,7/50,9/12,4
Income 0-2999		328	21,3/67,4/11,3	39,4/42,7/17,8	36,7/50,3/13,0	19,0/64,0/17,0	31,3/56,2/12,5
Income 3000-5000		208	19,2/67,8/13,0	46,8/36,1/17,1	39,1/52,2/8,7	17,8/67,8/14,4	24,7/60,7/10,6
Children below 5 years: yes		75	24,0/60,0/16,0	40,0/36,0/24,0	48,0/37,3/10,6	18,6/61,3/20,0	22,6/60,0/17,3
Children below 5 years: no		399	21,3/67,2/11,5	43,1/40,6/16,3	35,5/52,5/12,0	19,0/66,6/14,4	30,3/56,4/13,3
Risk Perception Strive for Safety	low	209	16,3/74,6/9,1	40,9/39,4/19,7	38,8/50,7/10,5	15,7/17,9/12,4	31,7/57,2/11,1
Risk Perception Strive for Safety	high	113	29,2/55,8/15,0	37,7/45,6/16,7	36,9/17,4/15,8	19,3/59,6/21,1	23,7/59,6/16,7
Risk Perception low		281	19,9/70,1/10,0	42,7/38,1/19,2	40,2/48,8/11,0	16,7/68,1/15,2	31,1/55,0/13,9
Risk Perception high		221	23,4/62,6/14,0	42,3/43,2/14,4	35,0/52,0/13,0	18,8/65,1/16,1	26,6/59,0/14,4
Strive for Safety low		323	17,6/70,1/11,3	42,7/39,6/17,7	38,4/51,4/10,2	16,4/71,0/12,6	31,5/57,6/10,9
Strive for Safety high		206	28,2/58,3/13,5	39,6/42,5/17,9	37,2/50,2/12,6	21,3/59,4/19,3	23,6/57,1/19,3
Education low		463	30,0/57,2/12,6	42,7/40,0/17,3	36,7/50,0/11,3	15,6/65,7/18,7	30,0/57,4/13,2
Education high		219	24,2/61,6/14,2	49,8/36,5/13,7	40,0/48,2/11,8	19,5/66,8/13,6	28,2/55,0/16,8

Figure 6: Moral Hazard Results in Case of Bicycles: Level of Care Increasing/ Constant/Decreasing in %

The Wilcoxon-test treats negative and positive differences in ranks alike, i. e., increasing level-of-care is treated statistically like decreasing level-of-care, that behavioral mode we are interested in. We may analyse the differences more carefully by asking how many persons had responded by increasing, constant, or decreasing level of care. The results are shown in my fig. 6 and 7, again both for bicycles and irons, and again the total sample as well as sample segments. We may argue that the percentage of respondents with decreasing care, our moral hazard group, is considerably high and that dropping the moral hazard hypothesis, thus, could be a quick shot not justified by more thorough inspection of the data.

Iron: Percentage Level of Care IT/C/Dj		Number of Cases	VS1-Mor1	VS2-Mor2	VS3-Mor4	VS4-Mor5	VS6-Mor3
Total		611	19,1/72,1/8,8	28,7/55,9/15,4	20,8/56,8/22,4	32,2/54,0/13 8	21,5/59,0/19,5
Age 14-40		292	21,2/67,9/10,9	32,1/54,1/13,8	19,0/57,8/23,2	32,4/50,5/17,1	24,1/56,4/19,5
Age 41-90		319	17,2/75,8/7,0	25,6/57,6/16,8	22,4/55,8/21,8	31,9/57,2/10,9	19,1/61,5/19,4
Sex male		274	18,9/70,5/10,6	27,2/51,5/21,3	19,9/53,2/26,9	34,1/51,3/14,6	23,2/54,4/22,4
Sex female		337	19,3/73,3/7,4	29,9/59,6/10,5	21,5/59,7/18,8	30,6/56,2/13,2	20,1/62,8/17,1
Income 0-2999		360	21,9/69,0/9,1	32,2/52,7/15,1	21,8/54,3/23,9	30,6/51,8/14,6	22,2/58,0/19,8
Income 3000-5000		329	17,0/74,8/8,2	26,0/58,4/15,6	19,9/58,3/21,8	33,0/52,9/14,1	21,5/58,0/20,5
Children below 5 years: yes		94	21,3/68,1/10,6	29,8/50,0/20,2	19,4/57,2/23,4	35,1/44,7/20,2	26,6/47,9/25,5
Children below 5 years: no		514	18,8/72,6/8,6	28,5/57,0/14,5	21,2/56,7/22,1	31,6/55,5/12,9	20,7/61,0/18,3
Risk Perception Strive for Safety	low	227	14,5/77,5/8,0	23,0/64,0/13,0	22,2/55,6/22,2	28,6/60,4/11,0	24,1/61,0/14,3
Risk Perception Strive for Safety	high	165	23,3/67,3/9,4	35,6/42,9/21,0	18,2/564/25,4	38,4/44,5/17,1	20,7/57,3/22,0
Risk Perception low		340	18,6/72,0/9,4	28,0/57,0/15,0	22,8/54,9/22,3	22,1/64,3/13,6	22,3/59,3/18,4
Risk Perception high		292	19,9/71,9/8,2	30,0/54,8/15,2	18,0/59,9/22,1	34,1/52,6/13,3	20,8/60,1/20,1
Strive for Safety low		384	15,5/77,5/7,0	24,2/65,2/10,6	20,0/58,5/21,2	28,7/60,2/11,1	21,8/61,9/16,3
Strive for Safety high		301	24,2/64,5/11,3	34 9/44,0/21,1	20,3/54,3/25,4	35,1/45,2/16,7	21,7/56,0/22,3
Education low		510	18,6/72,2/9,2	28,3/56,0/15,7	21,7/55,6/22,7	31,2/54,5/14,3	22,3/47,7/20,0
Education high		282	21,3/71,0/7,7	28,8/56,0/15,6	17,5/60,0/22,5	34,0/52,0/14,0	22,8/60,0/17,2

Figure 7: Moral Hazard Results in Case of Irons: Level of Care Increasing/ Constant/Decreasing in %

This is about the point of my analysis right now. I analyzed recently whether the respondents with decreasing care in the first column would show the same mode in the second, third column etc. The result was adequately positive indicating a group with considerable stability in moral hazard responses. The size of the group, though, is not very impressive. The other groups, i. e., those with predominantly increasing and constant level of care are of larger size.

4. Outlook

What is ahead as next step, is the comparison of the moral hazard group with those people who show increasing and constant care. I would like to find out, for instance, whether low risk perception or low strive for safety is more often found in the moral hazard group than with the other people. The obvious thing to do, than, is a discriminant analysis.

Suppose, there are no significant discriminant qualities. This would give more evidence for negating the moral hazard phenomenon, at least with regard to stricter product liability.

The hitherto available results give support to this negative inference, but this is, of course, not the last word on this highly controversial issue.

Literature

Arrow, K. J.: Aspects of the Theory of Risk Bearing, Helsinki 1965.
Arrow, K. J.: The Economics of Moral Hazard: Further Comment, in: American Economic Review 58 (1968), 537-539.
Asche, T.: Das Sicherheitsverhalten von Konsumenten, Heidelberg 1990.
Kreps, D. M.: A Course in Microeconomic Theory, New York 1990.
Milgrom, P., Roberts, J.: Economics, Organization and Management, Englewood Cliffs, New York 1992.
Pauly, M. V.: Overinsurance and Public Provision of Insurance: The Roles of Moral Hazard and Adverse Selection, in: Quarterly Journal of Economics 88 (1974), pp. 44-62.
Pindyck, R. S., Rubinfeld, D. L.: Microeconomics, 3rd. ed., Englewood Cliffs. New York 1995.
Shavell, S.: On Moral Hazard and Insurance, in: Quarterly Journal of Economics 94 (1979), pp. 541-562.
Spulber, D. F.: Regulation and Markets, Cambridge (USA) and London 1989.
Standop, D.: Consumer Behavior and Product Safety: Preliminary Results and Implications of an Empirical Study (paper presented at the XVIII Annual Conference of the European Marketing Academy, April 18-21, 1989 Athens, Greece), Beiträge des Fachbereichs Wirtschaftswissenschaften der Universität Osnabrück, Nr. 8905.

Standop, D.: Consumer Behavior and Product Safety: The Case of Risk Compensation by Dissatisfied Consumers, Journal of Consumer Satisfaction, Dissatisfaction and Complaining Behvaior 2 (1989), pp. 93-97.

Standop, D.: Produktsicherheit und Produkthaftung: Reaktionen von Konsumenten und Anbietern auf sicherheitsorientierte Produktregulation (forth coming).